JN408673

영원한 지금에

박희진시인추모문집

영원한 지금에

박희진시인기념사업회 엮음

황금마루

박희진시인추모문집

영원한 지금에

초판 1쇄 • 2016년 3월 21일

엮은이 • 박희진시인기념사업회
펴낸이 • 이형로
펴낸곳 • 도서출판 황금마루

출판등록 • 제2010-000158호
주소 • 우편번호 10510
경기도 고양시 덕양구 능곡로 30-11, 103동 2503호
(토당동, 현대1차 홈타운)
팩스 • 031-979-9908
휴대폰 • 010-5286-6308
이메일 • iplee6308@hanmil.net

값 • 30,000원
ISBN • 978-89-965832-8-8

| 책을 펴내며 |

지난해 삼월 말일 수연水然 선생께서 훌쩍 니르바나로 떠나신 후, 평소에 선생을 흠모하던 제자들 몇이 그 다음 달 황망한 마음을 추스르며 '박희진시인기념사업회'를 만들고, 금생에 수연 선생과 인연이 닿았던 분들의 시문을 모아 일주기 즈음에 '박희진시인추모문집'을 내기로 뜻을 모았습니다. 기념사업회 운영위원 전원이 추모문집 간행위원이 되어 편집 방향을 잡고 집필할 분들을 선정하여 원고 청탁에 들어갔습니다. 수연 선생과 공유한 시간과 교감한 영적 공간, 그리고 기억되는 선생의 삶 또는 작품 등을 더듬어 시문으로 정리해 주십사 하는 저희의 요청에 국내외에서 무려 백열 분이나 호응하시어 총 백열다섯 편의 시와 산문과 전각을 보내 주셨습니다. 붓과 마음으로 더없는 공덕을 쌓으신 모든 분들께 깊이 고개 숙여 감사드립니다. 이분들 이외에 꼭 참여하셨어야 할 분임에도 불구하고 저희가 불민하여 미처 연락드리지 못한 경우도 있을 겁니다. 이 자리를 빌려 혹시라도 계실지 모르는 그분들께 죄송한 마음을 표합니다.

지난 몇 달간 원고를 매만지는 과정은 한마디로 수연 선생을 더 깊이 알아 가고, 수연 선생과 더 긴밀히 교감하는 과정이었습니다. 간행위원 대개가 40년 이상 선생을 뵈어 온 사람들이지만, 원고 한 편 한 편이 상대적 비교를 불허하는 진실과 울림과 느낌을 담고 있어 선생 가신 후 도리어 새롭게 선생의 참모습을 더 알고 더 깨닫게 된 셈입니다. 선생께서는 무수한 사람들, 그 한 사람 한 사람의 가슴속에 서로 넘볼 수 없는 크기의 깨우침과 감동과 고마움과 추억거리를, 그리고 지워지지 않을 흔적을, 영원한 상처를 남기신 것 같습니다. 추모시 한

행 한 행, 추모글 한 줄 한 줄이 선생에 대한 관상觀想이요 묵상默想이었습니다. 하여 저희 편집진도 덩달아 선생을 관상하고 묵상하곤 하였습니다. 저희는 원고를 통독하며 곳곳에서 시시로 선생과 영통靈通할 수 있었습니다.

본래 어른의 기제사일은 슬픈 날이 아니라고 합니다. 저승에 가신 분과 영적으로나마 다시 만나는 기회가 되기에 오히려 기쁜 날이라는 겁니다. 그래서 절을 할 때도 흉배凶拜가 아니라 길배吉拜를 올립니다. 아직 소상(일주기)도 지나지 않은 '상중'이니 이런 말을 하는 게 외람된 일일 수 있겠으나, 이 원고들은 한편으로는 아쉬운 이별의 기억을 떠올리게 하면서도 또 한편으로는 새로운 인식과 깨달음과 관상과 묵상을 통해, 그리고 이승과 니르바나 사이에서 이루어지는 영통을 통해 아쉬움 너머에서 또 다른 차원의 환희를 느끼게도 하였습니다.

책의 이름을 '영원한 지금에'로 붙였습니다. 저희로서는 사실 이 결정이 지난 열 달간의 책 만들기 장정에서 가장 어려운 일이었는지도 모릅니다. 추모문집인 만큼 표제야말로 무엇보다도 우리가 기리고자 하는 그분의 삶과 세계를 잘 드러낼 수 있어야 하고 수많은 필자들이 써 주신 시문이 뜻과도 맞아야 하기 때문입니다. 또한 책 표제로서 지녀야 할 멋과 품위도 고려해야 하기 때문입니다. 그래서 저희가 처음부터 염두에 두었던 선정 원칙이 있습니다. 첫째, 수연 선생의 문학 세계와 사상, 그리고 삶을 포괄적으로 드러내는 말일 것. 둘째, 시인 박희진의 독창적인 발명품(레토릭상 고도로 세련된 시인 특유의 표현)일 것. 셋째, 책 전체 내용을 아우를 수 있는 말일 것. 넷째, 되도록 명사형은 피할 것.

이런 원칙에 따라 저희는 선생의 첫 시집『실내악』에 수록된「늘 끊임없는」의 마지막 행 '영원한 지금에 사는 당신'에서 앞부분 두 어절의 부사어를 뽑았습니다. 온갖 제약과 처절함으로 점철된 한계상황적 현실 속에서도, 또 무상함이라는 인간의 근원적 존재 조건 아래서도, 순간순간 영원성을 향한 비전과 의지를 잃지 않고 오히려 '지금 여기'서 영원의 세계를 구현코자 노력해 온 그 어느 분을 찬미한 시구입니다. 평생 구도자처럼 살았던 선생 당신의 윤리관과 늘 시공을 초월한 영통을 꿈꾸고 실제로 그러한 영통의 기쁨을 누리며 사셨던 선생 영혼의 우주적 스케일을 이보다 더 잘 담을 말도 없을 듯합니다. 또한 시간의 무한한 연장인 '영원'과 무시간적 점에 불과한 '지금'을 하나로 붙여 놓음으로써 세계 문학사상 그 어느 시인의 기발한 시구보다도 언어적 긴장도tension가 높은 악시모론(모순어법), 파라독스(역설)를 형성하고 있습니다.* 나중에 깨닫고 보니, 백열 분 필자들의 찬미심도 결국엔 '영원한 지금에' 있었습니다. 표제 글씨는 선생께서 생전에 내신 마지막 시집 『영통의 기쁨』의 창작 노트에서 한 자 한 자 찾아 모은 것임을 밝힙니다. 자획에서 고스란히 드러나는 손의 떨림에서 선생의 숨결이 그대로 전해집니다.

이제 모든 작업은 저희 편집진 손을 떠났습니다. 스승 영전에 바치기에 송구스럽지 않은 책을 만들려 나름 애는 썼는데, 선생께서 어떻게 보실는지 모르겠군요. 책이 제본돼 나오는 대로 곧장 봉인사 선생 묘역으로 달려가 큰절을 올리며 고해야겠습니다.

"선생님, 이게 바로 뒤에 남은 이들의 마음입니다!"

이천십육년 정월 대보름에

박희진시인추모문집 간행위원회

곽희준 최동락 이인평 이희중 김종태 조환수

* 박희진 시인보다 50년 가까이 먼저 살다 간 신학자이자 철학자인 파울 틸리히(Paul Johannes Tillich, 1886~1965)의 저서 중에 『영원한 지금』이란 책이 있지만, 이것은 그가 1955년에서 1963년까지 여기저기서 설교한 내용을 묶어 출간한 '설교집'이다. 박희진 시인이 「늘 끊임없는」을 쓴 것은 1955년 9월 26일이었다. [편집자]

| 차례 |

제1부 추모시
지상의 순간을 영원케 한 시선詩仙

제2부 추모글

우리 곁에 머물다 간 풍류도인

제3부 50년대 회고록 그리고 실명實名소설
지워지지 않는 시간의 흔적들

제4부 연보 및 문학 세계
인간 그리고 우주와 영통하다!

제1부 추모시
지상의 순간을 영원케 한 시선詩仙

오늘은 아주 길하디길한 날,
구름 한 점 없는 날,
…… (중 략) ……
파아란 하늘 아래
산은 홍록의 자태를 드러내고,
계곡물엔 티 하나 근접을 못하게 하는 날,
사람들이 저마다
거울 속처럼 환히 드러나는
영혼을 서로 비춰보는 날이로세,
찬미할진저, 찬미할진저.
천지만물이 시간 속에 있으면서
그냥 그대로,
영원의 모습으로 빛나고 있음이여!

–「추일영가」(제12시집『북한산 진달래』) 중에서

희진 형에게

김종길
시인, 대한민국예술원 회원

오원吾園 장승업張承業이 와서 머물며
그림을 그렸다는 경기도 연천의
부유한 지주 집안에 태어나,

보성중학과 고려대 영문과를 나왔건만,
직장생활이라곤 동성고등학교에서
영어를 가르친 스무 해뿐인,

한평생 독신으로 시에만 묻혀 산
현대의 풍류도사 수연水然 박희진朴喜璡!
흰 수염과 구레나룻을 휘날리며,

살아 있는 우리들의 기억 속을
활보하며 오가는 그 모습, 그 걸음걸이!
멀지 않아 우리 저세상에서 다시 만나 술 한 잔 하세.

수연 박희진 사백을 기리며

최승범
시인, 전북대학교 명예교수

1

같은 양띠면서
2월 아닌 섣달이면서
무슨 일 황급히
서둘러야 하셨는지
사백님
훌훌히 떠나시고
소리 없는
눈물입니다

2

전주시 삼천동의
곰솔이 변을 만났을 때
겨레의 정성으로
곰솔을 살려 내자
사백님

앞장선 비탄으로
시민들도
나섰지요

3
사백님 시집
『산 · 폭포 · 정자 · 소나무』 받고 외람스러이
—'소나무 만다라 송경松經'
찬시를 올린바
흔흔히
사백께서도
수락의 뜻
주셨지요

4
사백께서는 어디라
딴 곳이 따로 있으리까
창창울울한
소나무 더불어
이 세상
사람들에게도
송경 일깨움
내리소서

곡哭 수연 박희진 사백

최원규
시인, 충남대학교 명예교수

전화 속에 남아있는
그대의 목소리
까마귀 홀로 우는 깊은 산
계곡을 가득 메운 안개처럼
흰 수염이 가득하구려

시집을 받을 때마다
주소가 바뀔 때마다
청년이던 그대는 마침내 도인이 되어가더니
흰 서리가 내린 타골처럼

스님같이 권속을 배제한 채
신부처럼 가족을 멀리한 채
홀로 식탁을 앞에 놓고
죽비를 치셨으리
〉

누가 임종을 지켰으랴
시집에 둘러싸여
때로는 '실내악'같이
조용한 선율이 흐르고
'청동시대'의 유물처럼
가부좌상에
퍼런 이끼가 돋아 요지부동하였으리

산, 폭포, 정자, 소나무를 바라보고
'영통靈通의 기쁨'을 얻으셨는가
'백사백경百寺百景'을 찾아 나서기도 하였으니
사행시四行詩로 음영시인의 터를 닦고
종횡무진 이승을 마감하셨구려

스스로 묘비명을 장만하였나니
"이 몸은 생전에도 보이지 않게
살기를 원했고 그렇게 살았으니
나의 시행과 시행의 사이
해와 달 별들이 보이면 그뿐!"

아으 탈속 시인은 시신이
보이지 않을 뿐이릿가
살아서 죽은 죽어서 산
수연 박희진 시인이여

무릉도원
– 박희진 시인 선배님을 회상하며

고창수
시인

무릉도원이 어데 있겠는가
우리의 하늘은 구멍이 뚫려
독을 품은 광선이 쏟아져 내리고
지구의 피부는 헐고 썩어가는
이 환경 파괴의 시대에
무릉도원이 웬 말인가.

하지만
우이동 시인들은 보았거니
무릉도원을 분명 보았거니
서울의 사바세계 속에서도
마라도 옆으로 섬만큼이나 큰 돌 새가 날아와
파도 사이에 앉아 있다가 날아가 버리는 것을
손가락으로 만져보듯 눈으로 보기도 하고,
수유리 골짝에서도 신선들의 목소리를 지긋이 듣는 시인.
그런 시인들이 찾아낸 것이니

무릉도원이 틀림없지 않겠는가?
아무리 깊고 은밀한 곳에 숨었더라도
그들의 날카로운 시력과 상상력을 피할 수가 있으랴?

그러던 어느 날
나 또한 두 눈으로 분명 보았거니,
우이동 시인들이 찬물에 발을 담그고
장자의 붕새 꿈을 한창 꾸고 있는
어느 세상 가을 오후의 맑은 시냇물 속에
무릉도원이 천도복숭아 꽃처럼 만발하여 있는 것을,
또한 그 푸르른 하늘의 깊은 그림자를
나는 똑똑히 보았거니. 백발삼천척의 신선들이
나에게 넌지시 시늉하는 것을
내 눈으로 보았거니,
한없이 그리운 사람의 눈 속을 들여다보듯
그렇게 보았거니.

박희진 선생 영전에

김동호
시인, 성균관대학교 명예교수

선생님, 심장박동이 갑자기 멎으시다니요. 비보 듣는 순간 저의 심장도 멎는 듯했습니다.

전화 받는 손이 떨리고 가슴이 멍- 하니 잠시 정신이 없었습니다. 지난 번 시낭송 때만 해도 보행만 불편하셨지 식사 잘 하시고 말씀 잘 하시고… 전혀 이렇게 가실 것 같지 않으셨는데…

그러나 엄연한 현실, 가신 것은 가신 것입니다. 정신을 추슬러 선생님과 함께 했던 세월을 생각해 봅니다. 선생님을 처음 뵈온 것은 40년 전, 공간 시낭송과 우이동 시 모임에서였지요.

'세상의 고뇌와 환희를 하나로 묶어 정말로 살아 숨 쉬는 우리의 화엄을 만들어보자'고 외치신 것이 엊그제 같은데… 아…

선생님, 잊혀지지가 않습니다. 우이동 시낭송 마치고 뒤풀이에서 흥에 겨워 시간 가는 줄도 모르고 마냥 늘어지다가 마지막 전철을 놓치고 선생님 댁에서 함께 보낸 밤.

새벽까지 술과 함께 이야기는 이어져 언제 잠에 들었는지도 모르고 녹아

떨어졌다가 아침에 깨어 보니 그렇게 술을 많이 드시고도 말끔한 모습으로 모닝-커피에 토스트까지 구워 놓고 기다리시던 모습! 부처님이셨습니다. 엄격하시면서도 따뜻하셨고 무심한 듯하시면서도 섬세하시고 자상하셨습니다.

그러나 어쩌겠습니까. 아픈 현실 아프게 받아들이며 아픈 위로를 해 봅니다.

선생님 떠나가셨지만 떠나시지 않으셨다는 생각, 우리 곁에 둘 것입니다. 공간시에 선생님이 뿌린 씨앗 잘 자라도록 공간시 가족들 열심히 열심히 시의 밭 일궈 나갈 것입니다.

어쩔 수 없이 가는 것이 인간의 숙명이라면 선생님, 좋은 계절 택하셔서 잘 가셨습니다.

지상에서는 나무 심기가 한창 시작되고 있습니다. 선생님은 선생님이 생시에 늘 말씀하시던 풍류도를 심는 첫날이 되시기를 빕니다. 선생님이 남기신 많은 풍류시편들이 무럭무럭 자라는 첫날이 되기를 기원합니다. 간절히 간절히 기원합니다.

박희진 시인

강위석
시인

모든 만남이 그러하듯이
우리가 만난 것도 은하수 강변이었습니다.

선생은 그때 벌써 시의 대가였고
이태백과는 또 다른 노장老莊의 피리를 불고 있었습니다.
내 귀에 지금 그 풍류, 그 율음律音이 들립니다.

선생은 철기 시대를 부인하고
짐짓 구리와 주석을 손수 섞어서 녹여 만든
청동기에 밥을 담아 자셨습니다.

사람도 산으로 가면
물이 되는 이치겠지요?
은하수는 그래서 흐른다지요.

아, 돌아가신 선생, 그래서

그때가 지금이고
지금이 그때 아니겠습니까?

우리는 지금도
은하수 강변에서
처음으로 만나고 있는 것 아니겠습니까.

진정 어린 친필 서한 한 통

정대구
시인

선생은 수연水然이란 아호 그대로 물 흐르듯 자연스럽게 깨끗하게 살다 가셨다.

수연 선생은 한눈에 봐도 귀공자요
늠름하고 장대한 체격에 희고 길게 빛나는 수염은
예사롭지 않은 도골선풍의 풍모요
우렁우렁 깊은 성음엔 송백의 결기가 살아있어
언젠가 우이동 호일당好日堂에 들렀을 때
나는 감히 선생을 도송선사道松禪師라 불러드린 적도 있다.

수연 선생은 나를 알아주는 몇 분 안 되는 선배 시인 중 한 분이셨다.
나의 시집을 보내 드릴 때마다 내용을 꼼꼼히 살피시고
매번 독후감을 챙겨 보내 주시는 언제나 고맙고 자상한 선배님이셨다.
이제, 나를 아끼고 사랑해 주시던 지기知己의 선배님들
한 분 두 분 다 떠나시고 그지없이 막막한 내 곁에
나를 격려하는 선배님의 친필 서한이 있어

내가, 내 시가 위안을 받는다.

오래전부터 내 책상머리에는 액자 하나 놓여 있다.
대학노트에다가 꾹꾹 눌러 쓴 수연 선생의 서한이다.
2007년 나의 시집『구선생의 평화주의』를 읽고 보내주신 독후감
나의 시의 정곡을 정확하게 짚어내는 비평적 형안이 놀랍고
화이트로 지우고 화살표로 끌어내어 수정 보완하는 등
후배 시인에 대하여 진지하게 성의를 다하는 진솔한 마음
순수하고 소박한 모습이 나는 눈물겹게 고맙고 정답다.

호일당 수연 선생까지 떠나신 이 마당에
진정으로 나를 따뜻이 대해 주실 선배 시인을 어디서…
오호嗚呼라 오호.

2015년 7월 지화자 농장에서 정대구 합장

떠나신 그대

이동준
철학자, 성균관대학교 명예교수

4월
사람들은 님이 떠나셨다고 합니다
하지만 님은 떠난 것이 아닙니다
발이 없이는 걸을 수 없고
날개 없이는 날을 수 없기 때문입니다
님은 이제 걸으실 발도 날으실 날개도 없기에
님은 떠날 수 없는 것입니다

본디 여기 말고는
딴 곳이 없는 것이지요
그리고 오늘 말고
다른 때는 없는 것이지요
떠날 도리가 없는 것이지요
함께 지낼 수밖에 없는 것이지요

그렇지만 사람들은 저 멀리

님이 영영 떠난 줄 알지요
착각 속에 천년만년
영영 떠난 줄로 알지요
풍류도인 말할 것도 없고
우리의 부모 조상
성인군자 의인열사
시간과 공간이 필요 없는 이곳에
영영 함께 있는 줄을
사람들은 알지 못하고 살아가지요

그대는 두 눈으로 보이지 않고
말없이 침묵을 지키시지만
여기 그대로 머물며
떠날 도리가 없는 것입니다

서화담徐花潭이 이르기를
영생불멸永生不滅
태허太虛와 하나 되었다
하였지요

매일 잔치 벌이며
환희와 고독과 슬픔 속에
이 세상 한바탕 살다가
물결같이 불꽃같이

바람같이 흘러갔네

수연水然 시인
풍류風流와 하나 되었도다

시 산맥의 거봉–만년설

– 수연 박희진 시인의 서거를 애도하며

채희문
시인

그저 바라보기만 해도
제 가슴을 한없이 설레게 하던 당신

언제나 참 시의 가르침을 주신
우리 모두의 큰 스승이신 당신

지난해 10월 언제쯤인가
황공하게도 저에 대한 시 두 편을
써 보내 주신 지
불과 몇 달도 안 된 것 같은데
이렇게 홀연히 서둘러 떠나시다니
너무나 황망하고, 가눌 길 없는 슬픔
가슴이 찢어집니다

한마디로 그동안 당신은
글로만 시를 써 오신 게 아니라

삶 자체, 아니 그 전체를 시로
형상화시키셨습니다.

그러면서 항시 한 마리 고고한 학의
모습으로 참 시인의 정도를 걸어오셨습니다

사이비와 짝퉁들이 판치는
어지러운 문단 풍토 속에서도
정금正金의 올곧은 외길을 지키셨습니다
정품正品의 선비에서 명품名品의 시인으로
남으셨습니다

그리하여 당신은
이 나라 시 산맥에 우뚝 솟은
거봉이자 눈부시게 빛나는
은빛 만년설이십니다

처음엔 뜻밖의 비보를 접하고
너무 피곤하셔서 깊은 잠에 빠지신 건
아닐까 하는 생각도 했는데…

하여튼 당신이 이제 어디에 계시든
제 가슴엔 늘 수려한 연꽃으로
피어 있을 것입니다

〉

제가 멀지 않은 어느 날
당신 계신 아름다운 별나라로
찾아뵙거든
그 하얀 머리칼 휘날리며
예전처럼 반갑게 맞아주소서

그곳에서 부디 영생복락 누리소서.

세상 물길 흐르던, 또는 나부끼던 모습

윤강로
시인

시인의 낭랑한 어투는 수량이 넉넉하여
질펀한 들판을 거침없이 흘러가듯 모습이 푸르렀다
어느 날, 오랜만에 만난 시인은 무성한 수염으로
나부껴 흩날렸다
나는 수염이 위대하여 시인의 시가 그늘질 것이라
했더니, 어찌 수염을 기르면 좋을 것인가 물었다
평소 생각했던 바 있어 헤밍웨이의 수염이 좋을 것이라
했다
어느 날, 시인은 잘 다듬어진 수염으로 앞에 앉아 있었다
잘 다듬어진 수염처럼 도도滔滔한
시의 음성이 청청淸淸했다

외롭고 심성 까다로웠지만, 속사람 단단하여 언제나
정시正視했던 선배님 시인,
시인이 곁눈질하면서 살아가는 모습 뵌 적 없다
언제나 부드럽게 빙그레 대해 주시던 시인,

지금 어느 물결에

흘러가시며 읊는 시의 음성인지요

청각이 비어 잠자는 바람이듯 적막할 뿐이다

호일당 주인이시여, 평안히 가시옵소서
– 수연 박희진 시인 영전에

임보
시인, 충북대학교 명예교수

수연 선생이여,
꽃 피는 봄날 그렇게 훌쩍 떠나시는군요
백발도 성성한 신선 같은 그 풍모
이젠 다시 뵈올 수 없게 되었다니

물처럼 맑고
대처럼 곧고
솔처럼 푸르고
쇠처럼 강직하신
호일당好日堂의 주인 수연水然이시여

당신께서는 한평생 시를 위해 사신
시의 사도이며 시의 성직자셨습니다
수연이 걸으신 시의 발자취는 눈부십니다
4행시, 1행시, 17자시, 14행시…
소나무시, 섬의 시, 자연시, 기행시…

수많은 시의 형식들을 빌어서
자연의 아름다움과 삶의 다양한 모습들을 노래했습니다
그리하여
1960년『실내악』에서 2014년『영통의 기쁨』에 이르기까지
무려 35권의 시집을 남겼습니다
생전에 당신은 스스로를 자평하시길
'시의 9단'이라 일컬으셨는데
당신은 9단을 넘어 시의 국수國手십니다

이제 번거로운 세상일 다 떨치시고
평안한 마음으로 천상에 오르소서
그 나라에 가셔서도
시의 집을 짓고
시의 옷을 입고
시의 성을 쌓고
시로 만든 음식 시로 빚은 술 드시면서
당신이 좋아하는 시의 친구들과 더불어
영원한 시의 공화국을 이룩하소서

겨우 겨우

– 박희진 선생 시집 『영통의 기쁨』을 읽다가

나태주
시인, 공주문화원 원장

날마다 투덜거리며
열심히 사는 것은
무언가를 얻기 위해
그러는 것이 아니라
이미 가진 것을 조금씩 내려놓고
버리기 위한 몸부림이란 것을,

때마다 순간마다
머리 조아려 기도하는 것은
높이 오르기 위해
그러는 것이 아니라
이미 올라간 곳에서 조심조심
내려오기 위한 노력이란 것을,

그리하여 비어있음으로
고요하고 가득하고

내려옴으로 평안하고 진정
행복에 이를 수 있음을!

겨우겨우 뒤늦게 알아갑니다.

대처럼 곧고 솔처럼 푸르던 수연水然

이길원
시인, 전 펜클럽 회장

호일당好日堂의 주인 수연水然 선생님.
인사동 찻집에서
신선처럼 백발 날리며 시낭송을 하시던 열정은
후학들에겐 가르침이었지요.
소나무를 노래하고 섬을 그리며
자연을 사랑하던 선생님은
한평생 시를 위해 살아오신 시성詩聖이었습니다.
문학상 근처나 기웃거리기는 어설픈 시인들 속에서
대처럼 곧고 솔처럼 푸르게 살던 선생님에게
'PEN문학상' 수상 소식을 전할 때
"내게도 상을 주나요?"
수줍어하시던 목소리
아직도 귀에 생생합니다.
스스로 '시의 9단'이라 자평하며
밝은 미소로 후학들 곁에서
시만 생각하시던 선생님

선생님의 빈자리가 너무 큽니다.

인사동 근처를 어슬렁거리면
어디선가 백발 날리며
부리부리한 눈으로 나오실 것 같은
아직도 곁에 계신 것 같은데
둘러보면 검은 머리 젊은 얼굴들

이제는 인사동 골목 뒤로 하고
천상에 오른 선생님
그곳에서도 흰 머리카락 날리며
시를 낭송하고 계시겠지요.
여전히

박희진 시인 열반에 즈음하여

진관
스님, 시인

박희진 시인은 백두의 몸 도솔천의 시인이었다.
그 많은 꿈을 먹고 살면서 한 번도 슬퍼하지 않고
미소 지을 뿐이다.
어머니 뱃속에서도 대추나무처럼 뒷동산 푸른 소나무
아래 앉아서 선승이 되어 정진만 하였던
유마거사의 영혼이 되었다.
지상에서 아무것도 남기지 않고 85년 동안 시만 썼던
그 몸으로 살아있었던 박희진 시인
그러한 몸으로 지상을 떠나던 날 꽃비가 내렸다.
땅 위에 밤이 깊어오는 산을 애달파하면서도
세상은 변해도 세속의 욕망을 그리워하지 않았다
세월을 보내는 것이 하나의 수레처럼 굴리고
백두의 소나무처럼 살자고 언약했던 인연의 시인
이제는 버리고 그것마저 버리고 갔다.
우리가 언제나 가야 할 그곳 시인의 고향
자연의 미학 삶의 미학을 한편의 시로써 맺고

아득히 먼 그리움으로 우리들 가슴에 남기고
우리가 언제나 그리워한 아름다운 자연의 고향
그곳에 있을 어머니를 만나려 가는구나
이제는 모든 것을 미래의 시인들에게 남기고
지상의 영혼을 모아 도솔천에서도 시를 쓰시라.

저 소나무 보면

문효치
시인, 한국문인협회 이사장

저 소나무 보면
선생님의 시낭송 소리 들립니다

저 소나무 바람에 흔들리는 걸 보면
선생님의 도란거리는 말소리 들립니다

저 소나무 머리 위
별들 떨어져 내리는 소리 들으면
나도 선생님 따라 시를 읽고

저 소나무 가지 벌려 서 있으면
세상 한 자락 쪼르르 달려와 안겨듭니다

다시 몰운대의 소나무

정호정
시인

'천 길 낭떠러지 거암에 깊숙이 뿌리 내려 지기를 빨아올리'던, '백금의 솔잎들 곤두세워 하늘 찌'르며 '무애의 춤을 추'던, 박희진 시인의 '몰운대의 소나무'는 그 청청하던 날을 다시는 보여주지 않는다

거암의 발치 아래 무심히 흐르는 물의 흐름으로 우리를 망연히 내려다본다 우리 허물 들춰내기보다는 죄인을 부르러 왔다는 말씀 같은 자애의 눈길이다 사슴이나 거북, 학춤이 보이지 않아도 불로초 대나무가 솟지 않아도 사라져 버린 게 아니다 '미친 듯 춤을 추'던 '해갈의 기쁨' '소생의 기쁨', 해와 달과 별과 구름… 소중한 자연의 벗인 삼라만상들 가슴에 생생히 품고 있느니

'안개 구름 유동할 때, 그 틈서리로 언뜻언뜻 승천하는 용' 용의 형상으로 박희진 시인 화석 되었다.

* 작은따옴표 안의 시어들은 박희진 시인의 시「몰운대의 소나무」에 나오는 말들을 인용해서 필요에 따라 약간씩 변형시킨 것들임.

솔숲 속 외두루미

이경희
시인

늘
신령한 어휘의 무게를
가슴 깊은 곳으로부터
길어 올려

시의 뜻을
삶의 뜻을
신령하게 이끌며

그
외모마저
신령스러운 태를 지니고

그리운 솔숲
두루미 친구 되어
노닐고 계시리

〉

솔향기 솔바람 타고
훠어… 어이 훠어… 어이
오매불망
시를 읊고 계시리

더불어
외롬마저
즐기고 계시리.

한평생 그만 한 그늘 흔하지 않다

이향아
시인

지난 3월의 마지막 날 저녁 일곱 시
선생님은 오셨던 곳으로 다시 돌아가셨다
물론 거기서는 선생님의 성공적인 귀환을 환영했을 것이다

내가 처음 뵈었을 때 선생님은
어지러운 시대의, 비로 그 지리의 상징처럼
유전하는 시인의 고독처럼, 그 고독한 이마의 푸른 눈빛처럼
푸른 눈빛에 담긴 고뇌와 지혜처럼 우뚝 솟아 있었다

나는 선생님께 다가갔지만 아무 말도 할 수가 없었다
사실 세상에는 입 밖으로 소리 낼 수 있는 말이 사뭇 모자라서
벙어리처럼 겨우 고개만 숙였다

나는 그날 문득 오래될수록 아름다운 것들을 생각하였다
오래된 관계, 오래된 술, 오래된 탑과, 오래된 이야기
전설과 신화와 보배로운 것들을

〉

선생님은 특별하셨다, 감격과 흥분이 특별하고
감격을 담은 음성이 특별하고 음성에 실린 의미가 특별하고
단정하게 다듬은 흰 수염이 특별하였다
오셨던 곳으로 다시 돌아가신 선생님께 우리의 그리움은 부질없는 것일까
지상의 달력은 성급하게도 봄 지나 여름 지나 가을도 지나
선생님 가신 지 몇 달이 지나가고, 일 년이 되어 오고
행여 멀어질까봐 선생님의 음성, 선생님의 눈빛, 선생님의 고뇌와 지혜를
되새기는 저녁
선생님은 아직도 우뚝 솟아 있다,
한평생 그만 한 그늘 흔하지 않다

수연 박희진 선생님 영전에

이무원
시인, 전 홍익고등학교 교장

참된 시의 사제이시며
찬미 삼매에 드신 풍류도인이시여!
무욕과 무애로 자족하신 은자,
그분의 영토엔 고요함이 무리지고
그분의 시 속엔 오직 맑은 영혼들로 가득해
그분의 생활은 외로움도 빛이었나니
인간의 영성에 기대어
언어 이전에 정신으로
하늘, 땅, 인간과 마주앉아
오직 시의 정도만을 고집하신
우리의 자랑,
우리의 스승,
끝내는 자신이 시가 된
이 시대의 자유인이여!
시 낭독에 대한 열정은
선생님의 또 다른 혼이었으니

낭랑하고 열정적인 선생님의 시 낭독은
지금도 도도한 강물로 흘러
잠자는 우리의 영혼을 일깨우고 있나니.
이제 선생님께서는 천년 노송 아래 정좌하시고
선정에 드시니
모든 고요가 꽃으로 피어
이제 세상은 모두 꽃밭이다.

2015년 4월 2일 영결시장에서

* 이무원 시인은 이 추모시를 남기고 얼마 지나지 않은 2015년 4월 18일 향년 74세 일기로 별세하였다.

하늘 공간시낭독회

배인환
시인

하늘에서 공간시낭독회 열린다
장소는 천당의 서울 공간건물이다
회원은 구상, 성찬경, 박승미 시인이다.
모두가 한가락씩 하는 시인이다

3명은 누구를 기다린다.
누구일까?
박희진 시인이다.

오로지 시와 결혼한 위대한 시인은
지상에서 더 이상 쓸 시가 없어 하늘로 갔다.
지상의 고독과 시지푸스의 도로를 벗어났다

신입회원이 있는 날이라 준비가 한창이다
온갖 꽃이 피어 향기가 가득하고
황제의 행차처럼 풍악이 울려 퍼진다

〉

고대하던 그가 청년의 모습으로 나타났다
서로가 포옹을 하고 애썼다고 치하한다

높은 고뇌와 즐거움은 거기에도 있다
108 차원의 세계는 시를 양산하고
대신 생로병사는 없다

시는 그야말로 하늘의 언어이며
지상과 달리 매일 공간시낭독회는 열릴 것이다.

시와 결혼하다
– 고 박희진 선생님께

전길자
시인

팔십 평생
바람과 별과 자연을 벗하셨던 선생님
신음 소리 한 번 크게 지르시지 않으시더니
그림자만 남기시네요

외로움도 벗 삼으시고
아픔도 벗이라 하셨으니
가신 자리 참 환합니다
참 맑습니다

생전에 나 죽어도 울지 말라
웃어 달라 하셨으니
빈소가 맑은 소리 울립니다

모든 것은 공空이라
모든것은 무無라 하시던 말씀

오늘도 귀에 쟁쟁 울립니다

만년 소년으로 사셨으니
지금도 소년이시지요?

좋은 시 쓰는 게
인생에게 보답하는 길이라 하시던 선생님
공간시 400회를 넘어
이제는 구상 선생님, 성찬경 선생님과도
정담 나누시나요?

잠시 왔던 세상
몸 벗으시니
훨훨 훨훨 공과 무의 세계에서 편안하십시오 선생님

호일당好日堂 수연水然 찬가

강문석
시인

호일당 처마 밑 제비집에
일월이 깃들어 둥지 트니
당상에 꽃핀 풍류누각 만방에 빛나리.

수연 · 송운 · 운성, 뜻 맞은 세 시선
연고로 세운 공간시회 세상을 밝히리.
공간시회 후예들, 면면이 이어가리.

* '송운'은 고 성찬경 시인의 아호이고 '운성'은 고 구상 시인의 아호임.

한줄기 바람

전순영
시인

하늘과 땅이 몸을 풀어놓은 4월
사뿐사뿐 스치는 하얀 꽃 내음
너도 잠깐 코끝을 스치고 날아가 버릴
한줄기 바람

눈바람, 비바람, 꽃바람 속에
베토벤도 고흐도 푸시킨도 어린 바람으로
살포시 왔다가
한나절 햇볕 만나고
허공 속으로 날아가 버린
한줄기 바람

지금도 하얀 신령님으로 우리 곁에 앉아 계신
박희진 선생님
안개로 자욱이 깔리는 매화 향기
담뿍 안고 가시옵소서

수연 송별기
– 박희진 시인을 보내며

최종고
법학자, 서울대학교 명예교수

오늘 저녁 6시 '풍류'에 모일 공간시낭독회
아침 10시 이곳 영안실에 앞당겨 모였네요
이인평 시인 사회로 조시와 추모사들
'박희진 작사 까치집' 노래와 소리공양까지
관 따라 나오는 길 매화 꽃비 내리네요

영구차 따라 이내 벽제 승화원昇華園 닿아
오후 2시부터 1시간 반 동안 화장
우람하신 육신도 한 줌 골분으로
이 변모의 공간으로 눈물이 고이네요
육신과 영혼 사이 그건 무슨 공간인가요

생전에 손수 마련해 두신 영면처
남양주 사릉 천마산 계곡 봉인사 묘원
춘원春園의 봉선사와도 멀지 않은 곳이군요
미리 선 시비 옆에 유골함 묻는데

벌써 산신령 되어 풍류로 흐르네요

추모합니다

신재연
시인

소용도는 북한산과 인수봉이
내 현기를 잠재우기까지
지긋이 견디겠습니다.

멍한 참회의 하늘 끝을 바라보며
단편의 아쉬운 세월, 그 어느 날
북한산과 인수봉이 고즈넉이 찻잔에
내려왔던
그날의 아련한 매화향기를
반추해 봅니다.
"역사적인 순간입니다." 하셨던 목소리

지고至高, 지순至純, 지선至善, 극미極美의
응시 속으로
사물은 영혼 속에서 불타고
언어는 영원을 향해 있는

그 많은 시집들

「어제 나는 잠들 듯이 죽었던가?
깨어보니 극락의 연꽃속이로세.」

「아침 7시에 북한산 만경대가 채반만 한 흰달을
삼키는 것을 보았다.」 등등

「"희대의 미남도 이렇게 늙는군요."
김남조 시인이 어느 날 날 보더니」

「오, 성찬경! 긴 인생이 그대로 긴 황홀이라
말한 시인.」

시의 동반자로서 깊은 우의를 오랫동안 유지하셨던
후배들의 귀감인 두 시인의 얼굴이 그립습니다.
보고 싶습니다.

실내악 속에서

– 박희진 선생을 추모하며

정성수
시인

선생님의 첫 시집
『실내악』을 기억하십니까?

그 특별한 음악
저 고요한 저승 속에서 듣고 계십니까?

의자 위에 앉아서
다시 스스로
연주하고 계십니까?

실내악의 은은한 운율 속에
선생님은 아직도 신선처럼 살아계십니다

저희들의 귓속에서
식지 않는 심장 속에서
마치 첫사랑의 목소리처럼.

소나무 영통靈通
– 고 박희진 선생님을 기리며

김청광
시인, 한국산림문학회 회장

산이 있으면
산의 품에 드시고

폭포를 만나면
일장一長 폭포수와 한 몸 이루시고

정자가 있으면
은자의 기품으로 정자에 오르시고

소나무!
아 낙락장송 소나무와 더불어 오래도록
영통靈通을 즐기시더니

어느 날 홀연히
신선이 되어 하늘에 오르시다

묘비명 둘레에 서서

노혜봉
시인

'백화白樺 옆에서 백화가 촉루가 되기까지 살겠노라'
언젠가 선생님은 말씀하셨는데요
왜 그리 서둘러 깊은 산뿌리를 따라 가셨는지요

선생님 맨머리에는 백두산 하늘못 물이 찰랑거렸고
얼굴엔 부채꽃 가솔송 금매화가 주름마다 숨 쉬었지요
긴 수염은 장백 폭포로 진주알이 차랑차랑 쏟아졌는데
울림 큰 그 목소리, 이제 공간시 낭송 모임에서 들을 수
없다니요

선생님 말씀은 우렁우렁 시어마다 향기를 품으며
늙은 호랑이 등허리 길 따라 지금도 밤낮으로 달려가지요
숨차 쉬엄쉬엄 머무는 곳, 좋아 하시던 백화나무 아래
모처럼 저도 맘먹고 느긋하게 시집을 펼쳐 본답니다

눈빛을 밝히다가 꿀맛 같은 솔바람을 들숨으로 마시며

금빛싸라기 내리붓는 햇살 글빛으로 온몸에 받으며
참이슬 손바닥에 받아 시집 편 편마다 자꾸 뿌려 봅니다

'내가 죽어 백화처럼 휠 것이 숭 없지 않다' 하셨지요
해거름 제 나무 그림자 밟고 가는 길은 호젓해 쓸쓸한데
여린 햇살도 휘다 바람도 맴돌다 책장을 넘깁니다

아직 어두운 하늘 나무의 우듬지가 보이지 않는 것은
'그 높이가 하늘 뚫고 별들에 닿았기 때문'이라고
일찍이 「백두산 미인송」 시편에서 절창 묘비명으로
써 주시지 않았던가요

오늘밤, 미인송 조선소나무 백화나무
백두산 야생화 옥류동 폭포들이 하늘못 우러러보며
귀 익은 목소리로 선생님 시를 낭송하는데, 들리시지요!

* 작은따옴표로 묶인 첫째 구절과 둘째 구절은 박희진 시 「서백두 노호배(老虎背)」에서 인용한 것이고, 셋째 구절은 박희진 시 「백두산 미인송」에서 인용한 것이다.

울음이 타는 밤
– 박희진 선생님을 기리며

맹숙영
시인

아직은 아닌데 그래도 아닌데
선생님께선 작별을 고하지도 않으셨는데
개나리 노랑제비꽃이 화사하게 꽃 문을 열었는데
미처 쳐다보지도 못하시고 말없이 가시는 발걸음
떠나실 때는 얼마나 답답하셨을까
열리지 않는 말문에 키 큰 자목련이
목 타는 울음을 삼킴인가
꽃잎에 피멍이 붉게 물들었습니다
평생을 후학 가르침에 그 열정 다 쏟으시고
오직 시와의 혼연 일체감으로
홀로도 외로움을 느낄 틈 없으셨던
선생님이야말로 21세기 은자를 기리는 시인
내면에 은자의 고요를 영통의 기쁨으로
가득 채우고 계셨던 분입니다
진달래꽃 영산홍 곱디고운 꽃길 등지고
어느 영겁의 길로 찾아가시는 겁니까

공간시낭독회의 태산 같았던 버팀목
텅 빈 자리 바라보면서 님 향한 그리움으로
이렇게 울음이 타는 밤을 보냅니다

구름턱수염 시인

박무웅
시인

그의 얼굴은 하늘처럼 높았다.
그는 턱 밑에
구름을 달고 다녔다.
먼 곳에서 흘러 온 구름은
턱 밑에서 껄껄 웃기도 하고
밀끝나라 먼 미지의 소식이 막 도착해서
파르르 떨리기도 했다.
턱 밑의 구름은 어느새
그의 머리꼭대기로 번져 가고
얼굴에선 소나무 껍질이 돋아났다.
그때부터 그의 시에서는 송진 냄새와
운해가 걸리곤 했다.
그는 타고르에게 우리말을 가르쳤고
흰 소나무가 있다는 것을
고결한 문장으로 증명했다.
그는 평상시에 너무 높은 구름이었다.

그 높은 구름을 아무렇지 않게
말끝마다 불러 춤추게 하였고
구름은 그의 턱 밑에 와서
시를 배웠고 술을 배웠다.
그의 시는 높았으되
그의 목소리는 낮았으며
호통은 설산의 봉우리였으나
다정多情은 양지쪽의 따뜻한 흙담 같았다.

그는 이제 턱 밑 구름을 쓰다듬으며 떠났다.
공간空間의 시들이 한동안 기우뚱거릴 것이고
하늘에 그의 턱을 닮은 구름 하나
애도하며 오래 떠 있을 것이다.
그는 평생 독신이었으니
세상의 소나무들이 상주가 마땅할 것이며
눈 붉은 학이 조문을 올 것이다.
아, 우러를 구름은 흩어졌느니
이제는 추적추적
비를 배워야 하리.

선생님, DNA는요?

윤준경
시인

선생님,
선생님 떠나실 때 선생님의 DNA 저에게 주십사 한 것 취소하겠습니다
유언장 써 놓으시라고 한 것도 다 취소하겠습니다
말씀 좀 짧게 하시라고 한 것도 다 잘못했습니다
아직 더 오래 계셔도 되는데 제가 왜 성급하게 그런 말씀을 드렸을까요?
다 후회되는 일들뿐입니다

그런데요,
기왕 말씀드릴 거면
그때 다짐을 받아 놓지 못한 것, 또한 후회됩니다
'사후에 내 DNA를 윤준경의 두뇌에 이식하기 바란다'고 선생님의 친필 사인을 받아놓을 걸 잘못했습니다

동서양의 문학과 철학을 온전히 꿰뚫으시는 그 열정과 깊은 영성의 DNA, 아직 저에게 안 온 걸 보면, 거기에도 친필 사인과 공증이 필요한가 봅니다

이 시인님께서 며칠 더 기다려보라고 하셨는데, 참 어이없게도 이 시인님마저 세상을 떠나셨습니다

선생님, DNA 저에게 안 주셔도 됩니다 지금이라도 벌떡 일어나셔서 흰 수염을 날리시며 하늘나라에 잠깐 다녀왔노라고 시 한 수 읊으시면 안 될까요?

그 귀한 DNA 아무에게도 주지 마시고
하늘나라에서 마음껏 시도 읊으시고
안 쓰고는 견딜 수 없다고 하시던 시, 지상에서보다 더 많이 쓰십시오

불교, 유교, 기독교, 천도교를 두루 숭상하셨던 범신론자 선생님,
여러 신들의 사랑 받으시며 하늘나라에서 부디 평안하십시오.

박희진 시인의 시비 앞에서

전경배
시인

경기도 남양주시 진건면 봉인사 뒷길 언덕에 영면한 대시인의 비석이 쓸쓸하다. 평생 홀로 살아 손은 없지만 서울 동성고 제자들이 연삼일 빈소를 지켜 드렸다 하니 가슴 뭉클했다.

이제 고인이 되신 박희진 시인의 안식처 시비를 담았다.

언제 쓰셨을까? 사후를 예견하고 한 올 한 올 가슴 깊이 스며드는 노시인의 세상을 바라보는 이창裏窓이 가슴 저미게 한다. 한 시대를 풍미하시다 홀연히 떠나신 대시인의 위대한 흔적 앞에 머리 숙인다.

묘비명墓碑銘

(전면)
이 몸은 생전에도 보이지 않게
살기를 원했고 그렇게 살았으니
나의 시행詩行과 시행의 사이

해와 달 별들이 보이면 그뿐!

(후면)

눈도 코도 없는 지열地熱의 어둠 뚫고
비바람 피해 긴 초록의 터널을 달리다가
마침내 어느 날 진홍眞紅의 문을 열고 나가 보니
더는 갈 데 없네 적멸寂滅의 빛살바다!

소나무 한 그루
– 고 박희진 선생님 추모시

김기산
시인

'없음에서 있음이 태어난다
없음은 있음의 고향이다

하여 모든 있음은 은연중 없음을
그리워하다가 홀연 돌아간다'*

한평생 자신에 대하여 엄격하시고
흐느끼는 순간까지도 위대하셨던
선생님의 구도자적 집념은
이 땅에 시적 미학의 성을 쌓아 놓으셨습니다

한 줄 안에 유기적 시상을 담는 1행시에서
몇 백 행에 달하는 장중한 시에 이르기까지
긴 여운을 주시는 선생님의 영성적 투시력에는
빛과 어둠, 육신과 영혼, 지옥과 천국을 벗어나 오신
조화로운 평화가 있습니다

〉

선생님, 이승의 혼잣길 어떠셨습니까
홀연히 건너가신 그곳 맑은 물과 소나무는 이곳만 한지요?

지상의 물과 하늘의 물이 서로 얼싸안고
하나를 이루는 곳
선생님의 영생의 무지개가 서는 곳에서
늘 편안하소서
그리고
하늘의 물이 지상으로 오듯이 다시 오소서

* 작은따옴표 안은 박희진 시인의 시 「비의 2」 전문을 옮긴 것이다.

은자의 고요
– 박희진 선생님을 추모하며

김영자
시인, '공간시낭독회' 회장

지금도 은자를 생각하십니까
지금 은자의 고요 안에 계십니까
답답할 때에 은자를 생각하면
가슴이 열린다고 하시더니
흰 수염 멋지게 세우시고
영통의 기쁨 이야기하시더니

지난 3월 공간시의 날에
약속을 지켜 드리지 못해
죄송한 마음만 한 움큼 드렸더니
괜찮아 괜찮아
다음에 기회가 되면 좋고
아니 되어도 괜찮아 하시더니
하늘 열리는 그곳에서
은자를 생각하고 계십니까
은자의 고요 안에 머물고 계십니까

〉

참사람 만나기 위해
이 세상에 왔다가 가는 것이라 하시더니
외출하시던 4호선 지하철 안에서
빈 집에 홀로 두고 온 난초를 걱정하시더니
이제 그 갈빛 지팡이 놓으시고
아름다운 곳에서 아름다운 사람들을
만나고 계십니까
하나 되는 백금白金의 불로
활활 타오르고 계십니까
영통의 기쁨을 위하여 시를 위하여

무제

최성숙
화가, 문신미술관 관장

생각이 난다.
생각이 난다.
문신과 박희진 님의 모습이.
하얀 눈이 펑펑 내리는 무염지의
그림 속에도 그리움의 흰 눈이 펑펑 내린다.

박희진 시인님!

문신의 조각을 사랑했던 시인!
문신의 예술을 찬양했던 시인!

문신 예술의 꽃피는 시절을 함께
하고 싶었는데,
아직 꽃이 피려면 시간이 좀 더
필요합니다.
사랑하는 이들을 많이 떠나보내 본 사람들은

뼈가 저리도록 슬프답니다.
더군다나 한국이 자랑하는 사랑하는 사람들은…
세월이 가고 또 가도 절대 잊혀지지 않는 그리움.
선죽교 피만큼 더 선명해진 그리움은
시와 음악과 미술과 모든 예술들을 창조하다 가신 님들은
우리들의 가슴 깊이 사랑으로 남을 것입니다.
신만이 아실까 그 이별의 슬픔을,
오늘도 선죽교의 피처럼 지워지지 않을 것입니다.
여전히 하늘은 파랗고 물은 푸르지만.

우리들의 마음은 오색 무지개 되어
시인님 계신 곳을 왔다갔다하겠지요.
무지개 타고 문신 작가님을 만나보셨나요?
왜 눈물이 흐를까.
이승과 저승으로 떠나는 것처럼 슬픈 일은 없다.
우리도 어차피 만날 건데, 그렇게…
위로를 하고 그만 써야겠다.
시인님은 그리도 문신의 조각을 좋아하셨다.

박희진 시인님을 그리워하며
화가이면서 문신 조각가의 아내인 최성숙 올림

님의 침묵 속으로

김신아
시인

님은 홀연 떠났습니다.
이승의 숱한 업적을 뒤로 한 채
만사형통의 기쁨과 황홀에 젖어들듯
깨달음의 시구들을 별처럼 남겨두고
대긍정과 찬미의 종말 없는 노래를
두처에 뻗은 물길인 듯 풀어
얼음부처가 온전한 열반에 들었듯
시나브로 시나브로 사라지는 시간의 품으로
고요히 걸음을 옮기셨습니다

님은 통하였습니다
삼라만상이 도를 닦은 부처라 하셨고
삼라만상끼리는 모두가 통한다고 하였습니다
얼음부처의 차고 투명한 좌상 앞에 드러난
신묘불가사의한 광명과
희고, 맑고, 신비롭고, 뼛속까지 스미는,

빛 뿜는 향기에 이끌려
대자대비의 무한한 숨결과도 통하였습니다.

고독이 유일한 재산이었고
고독의 향기와 체질을 지닌 대시인
보석처럼 빛나는 시편들 속에서 님은 살아계십니다
오직 시만을 사랑했고 시를 옹호했으며
수많은 시를 낳아 손수 기르신 님의 손에
승자의 깃발, 수도자의 혼불이 펄럭입니다

가시던 날 님의 걸음 뒤로 말없이 내리던 비처럼
한없이 흐르는 눈물로 이제 님을 배웅하오니
님의 쟁쟁한 음성과
영통한 시편들만 진한 그리움으로 남기시고
님이여 부디 평안한 열반에 드시옵소서.

* 박희진 시인의 시집 『영통의 기쁨』 중 「얼음 부처이야기」에 근거하여 쓴 추모시이다.

모두가 이별할 때 먼 곳은 생겨난다

김주혜
시인

수연 선생님,
만남의 고마움, 그것은 기적이라 하셨나요?

1987년 봄 덕수궁 시 창작 교실에서
시와 열애에 빠진 한 청년을 만났지요.
교단을 무대 삼아 열정적인 몸짓과 우렁찬 음성으로
시를 들려주던 그 강렬하고도 정열적인 모습을
바탕골 공간시 낭송에서 다시 뵌 후,

시는,
들려주어야 빛이 난다는 걸 알았지요.
참 용케도 수연 선생님은
누워 있는 시를 일으켜 세워 춤추게 하는 기술을 가지셨어요.

기적처럼 수연 선생님을 만나
비로소 빛깔을,

비로소 소리를,
비로소 보는 기술을 배우려 하는 참에
이별이라니요?

이별할 때 먼 곳이 생겨난다고 하셨나요?
먼 길 돌아오시려고요?
그 길에서 설마
시와 결혼하신 생이 지겨워
시를 조금씩 밀어내지는 않으시겠죠.

삶과 죽음이 하나라고 하시며
홀연, 흰 수염 날리며 헛헛 웃음 띤 모습으로
반짝 나타나시어 소나무 송을 들려주시겠지요.
넋 속의 죽음, 죽음 속의 넋
일체의 잡념 없는 그 낏낏한 솔방울 속 둥근 방에서
솔향기에 젖어 도끼자루 썩히시는 건 아니신지요.

저희들
시만이 채울 수 있는 선생님의 빈자리에서
언제까지나 기다리고 있겠습니다.
먼 길 돌아오세요.

꽃이실는지 나무이실는지
– 박희진 선생님 영전에 바침

최상호
시인

꽃은 피어서
떨어집니다

작은 꽃이든 큰 꽃이든
제 얼굴에 맞게
한세상 아름답게
피었다가 집니다

당신은
어떤 꽃이었습니까

나무는
좀 더 오래 삽니다

살면서 그 나이테를
겹겹이 두르고

우리와 함께 살다가

어떤 것은 조금 빨리
어떤 것은 좀 더 오래

날숨 들숨으로
세상을 맑게 해 주다가
마침내 고사목이 됩니다

그러면, 당신은
어떤 나무였습니까

모르겠습니다
이 황망한 아침

박희진 선생님, 당신은
해마다 새로 피는
꽃이신가요
옹이마다 송진 박히어
수천 년 썩지 않을
노송이신가요

되돌아오는 안부

구순희
시인

잘 지내세요? 건강하세요?
– (상투적으로) 듣기 싫어요
작품 많이 쓰세요?
– (뻔한 말) 제일 듣기 싫어요
어디어디에 발표하셨어요?
– (알아서 뭐하게) 말 안 해요
모임에 자주 나오세요?
– (어쩌라고…) 듣기 싫다니까요
누구랑 제일 친하세요?
– (편 가르기 하려고?) 다 알면서

남들이 입버릇처럼 하는 말
지겨우시죠?
귀 틀어막고 싶으시죠?
이런 겉치레 인사 안 들으니
살 만하시죠?

뭐라고요?

잘 안 들린다고요?

박희진 선생님 생각

최종천
시인

선생님을 찾아뵌 것은
선생님처럼 나도 홀로 살고 있기 때문,
그토록 간소할 수가 없다.
그토록 명쾌할 수가 없다.

선생님의 4행시만큼이나
단순하던 살림살이와
사람을 대하시는 마음과
은근히 피어나던 웃음

나는 선생님의 사행시 연작을 읽으며
아! 이 선생님 이렇게 사시겠다!
딱 잘라 생각했었다.

자연으로 돌아가라! 이 말은 내게는
루소의 목소리가 아니라 선생님의 목소리로 들리고 있다.

아마 선생님께는 자연이 그러니까 꽃들이
애인이지 않았을까?

나는 그에 대하여 여쭈어 보았는데
선생님은 말씀하시길
사랑, 그것을 가져와 보라!
그렇다 사랑은 관념이지 물질이 아니다.
선생님이 자연으로 돌아가라고 한 배경에는
그러한 실재에 대한 지향이 있었던 것이다.
그런데 그것은 실은 우리 모두가 갈구하는 것이다.

선생님은 수술 직전에 돌아가셨다고 한다.
자연 그대로의 몸을 다시 자연에게
돌려주고자 하신 것은 아닐까?

서울의 로빈슨 크루소
– 박희진 시인 추모시

허기수
시인

계절은 변해도 올곧기만 한
소나무의 푸른 결백함이
그를 서울의 로빈슨 크루소가 되게 하였나

도道를 삼킨 시인의 오만함일까?
정상에만 부는 바람소리 같은 것일까?
고금古今을 일척一刺하여
짐짓 아무렇지도 않게 던져진
팔십사 년의 스펙트럼이
내 앞에 숙제처럼
고봉孤峰의 바람이 되려 하고 있다

그는
정수리에
홀로 서 본 이들만이 알 수 있는
초인의 과녁일지도 모른다

오늘 밤 나는
그 초인의 과녁을 추동하는
한 개의 화살이고자 한다.

달밤 솔잎에 이슬 맺힐 때
– 고 박희진 선생님을 추모하며

설태수
시인, 세명대학교 교수

소나무 시인.
풍류도 시인이
수연 박희진 시인임을
아는 사람은 다 알고 있다.
더할 것도 덜할 것도 없이
생의 전부, 꿈의 100퍼센트를
시에 바친 시인.
그의 열정을
어쩌면 시가 버거워했을지 모른다.
시 이외는
어떤 것도 범접할 수 없었을 것이다.

지친 육신을 내려놓은 그의 시혼은
지금쯤 홀가분해 할까.
지상의 애환과 풍류와 솔향을 누린
그의 혼.

이제는 저승에서
그간의 이야기를 펼쳐놓을 것이다.
이승 저승이라는 것도
육신의 유무에 지나지 않을 뿐.
저승에 발 적신 그의 시혼이
다시 이곳을 기웃거릴지 모른다.
달밤 솔잎에 이슬 맺힐 때
그의 혼이 반짝거릴지 모른다.

+ 고 박희진 시인을 위한 기도

이인평
시인, 전 '공간시낭독회' 회장, '산림문학' 주간

사랑하올 주님,
고 박희진 시인을 위해 기도하게 해 주시니 감사합니다.
그의 삶, 그의 생애가 주님을 닮은 여정이었기에
그의 영혼 또한 주님의 영원한 사랑 안에 있음을 깨닫습니다.
그는 천상의 새벽 같은 매화꽃 향기를 머금고 떠났습니다.
살아서 고결했으니 죽어서도 고결한 시혼으로
이승의 여정을 고이 안고 당신 자비에 안겨들었습니다.
이 땅에 봄기운이 밀려와 산천에 꽃들이 피어날 때
자신이 평생 일궈 온 시의 기쁨을 안고 홀연히 떠났습니다.
삶과 죽음이 한 길로 이어진 깊은 시상에 안겨가듯
생을 찬미한 불세출의 대시인답게 고요를 머금고 떠났습니다.
주님, 당신의 삶이 사랑의 감동이었던 것같이
그는 세파의 소용돌이 속에서도 시향을 숙명으로 지켜
찬미의 운율로 무르익은 시의 결실을 안고 돌아갔습니다.
그의 시혼은 독야청청이요, 낙락장송이었습니다.
그는 시를 금과옥조로 아껴 한시도 소홀함이 없었고

매사에 시인다운 기품 속에 영성의 풍요를 지녔으며
떠날 때까지 세상에 시를 읽어준 열정을 잃지 않았습니다.
그는 당신처럼 곧은 제자들을 끝까지 사랑했습니다.
사실 그는 저의 아버지를 닮았고, 저를 각별히 아껴주었습니다.
시의 목자같이 시사랑의 자애로 저를 감싸주었습니다.
주님, 저는 그의 생전에 두 편의 시를 지어드렸습니다.
그중 성모님께 봉헌한 시집 『후안 디에고의 노래』 2집에다
「수연 선생을 위한 기도」를 이렇게 적었습니다.

어머니, 수연 선생은 수도승 같아요.
홀로 독야청청 시와 더불어 살면서
일생을 시의 본향을 순례하듯 살아요.

팔순 지난 백발엔 무지갯빛이 어려 있고
순일純一한 열정은 샘물처럼 솟아나요.

그의 시들은 삼라만상과 더불어 있어요.
그의 영혼은 종파를 초월해 있고
그의 삶은 불멸의 아름다움을 찬미해요.

어머니, 그의 방대한 언어는 장강의 물살 같고
그의 생애는 낙락장송의 기개를 지녔어요.
그는 이제 영원을 응시하는 노경에 이르렀어요.
어머니의 자애로 그의 시혼을 지켜 주세요.

〉

주님, 그가 이 시를 받고
얼마나 흡족해 했는지는 주님께서도 아십니다.
그는 곧바로 「이인평 시인을 위한 기도」로 화답해 주었고
그와 함께한 이승의 시간들은 그렇게 절정을 이루었습니다.
주님, 마침내 시인의 생애는 이토록 초연한 것인가요?
당신의 삶이 제자들에게 영원한 사랑으로 간직된 것처럼
시인과 시인의 고별은 이토록 고요히 유별한 것인가요?
그를 떠나보내고 온 날, 비 내리는 밤에 알비노니의
아다지오*를 들을 때, 낙화 같은 슬픔이 가슴 깊이 스며들어
끝내 회상의 그리움마저 시혼의 통곡같이 울려왔습니다.
그의 삶에서 주님을 느낄 수밖에 없었던 인연의 아름다움은
이제, 더없이 맑고 고운 선율로 가슴에 새겨졌습니다.
그가 즐겨 썼던 장송의 기개처럼 시의 깨우침을 열어주며
풍류도인이자 은자의 영통으로 오히려 저를 위안해 줍니다.
주님, 그의 시혼을 거듭 당신의 자비에 의탁하며 청하오니
그의 시처럼 "그 소리 듣는 모든 가슴에선 사랑의 샘이 솟고
눈에선 별빛이, 입에선 장미향이 풍기"는,
끊임없이 쏟아졌던 그의 시의 결실을 더욱 아껴주시고
부디, 영생의 빛과 평화의 안식을 그에게 베푸소서. 아멘.

* 음악학자 레모 지아조토가 1945년 공습으로 파괴된 작센 주립 도서관에서 토마소 알비노니의 것으로 추정되는 악보 조각을 발견하고 이를 바탕으로 해서 만든 '현악기와 오르간을 위한 아다지오 G단조'.

방향타 시인, 박희진

김금용
시인

선생님은 한국의 헤밍웨이!
선생님은 「노인과 바다」의 주인공 '노인',
뜨거운 햇살과 짠물과 격랑에 굴하지 않고
잡히지 않는 시의 실체, 거대한 고래 한 마리를
그의 삶 한가운데로 끌어낸 거인!

그는 한국의 풍류도인!
화랑의 풍류도를 다시 일으켜
내 나라 내 땅을 시로 정신으로 사랑한 예술인,
지치지 않는 열정과 끈기, 인내로
망망대해에서 길을 잃는 사람들에게
시의 깃대를 세워놓고 간 방향타 시인!

우이령을 걷는 시인
– 고 박희진 시인을 기리며

문창길
시인

그래, 내가 이 길을 걸을 때면
저 우이령 소나무들은 늘 뾰족한 잎을 세우며
시의 날카로움과 청청함을 설파했지
한평생 써온 시업의 뒷그림자가
그 날카로운 솔잎에 몸을 일으키면
굵은 힘줄을 세우며 선연한 산맥으로
일떠 솟는 시선의 웅혼이여

이제 선생님은 갔지만 푸른솔처럼
청청히 살아낸 한 역사가
그 길에 뚜렷이 살아 있습니다
불온한 시대 핍진한 흙바람에도
흰 수염을 날리며 시의 길을 걷던
당신의 무거운 발자국이
장충동 현대문학관에도
우이동 도봉도서관에도

북한산 우이령 고갯길에도
인사동 시낭송회에도
한참은 느즈막한 후배 시인의 가슴에도
참으로 선명하게 남아 있습니다.

당신이 늘 바람처럼 역사처럼 걷던
우이령 길을 오늘은 구름꽃을
하늘꽃을 또는 솔바람꽃과 함께
걷고 또 걸어 봅니다
그 길엔 날다람쥐와 솔새와
이따금 산까마귀도 울어댑니다
당신이 가르쳐준 시와 음악인가요
자연스러운 시낭송회일까요
아니 대우주의 교향곡일까요

아 당신은 그렇게 보이지 않는 시의 향연을
아직도 지휘하고 있습니다
우주의 교향악을 연주하고 있습니다
우리들의 귀에
날짐승들의 눈가에
우이령의 꽃에게
멈추지 않는 시의 음성을 들려주고 있습니다

소나무여 소나무여
– 수연 박희진 선생님을 추모하며

이종성
시인

시가 아니면 거들떠보지도 않고
하늘이 주는 것이 아니면 쳐다보지도 않았네
변함없이 사철 푸른 일신 곧게 서서
해와 달과 별들의 목소리 들으며
오묘한 우주율로 소나무 시를 경영해 왔네
늘 쟁기를 지고 세상이 거친 밭
보습 깊숙이 갈아 일구고 가꾸었네
언제나 시의 꽃자리에서 만년설 이고 있던
당신의 모습 눈에 선한데, 이제는 뵐 수가 없네
한 시대의 큰 농사꾼이었음을 뒤늦게 깨닫네
오늘도 어디선가 바람이 오네, 별들이 빛나네
지금 한바탕 광휘로 찬연히 빛나는 저 별 하늘
한가운데 자리 잡은 신송辰松 한 그루
오로라로 번지는 솔바람이 시의 은하를 이루었네
일찍이 아무도 건넌 적 없는 발걸음이 총총하네

은자 떠나는 날

한경
시인

눈처럼 벚꽃 휘날리던
3월 마지막 날
늘 소담스런 하얀 수염
한 다발 꽃이었던
은자를 노래하던 대시인
꽃의 유혹에
꽃 따라 잠자러 가다

하늘 가득 꽃잎이 떠가다

시의 향기는 사라지지 않으리
– 박희진 시인 영전에

이승하
시인, 중앙대학교 교수

그대의 집은 이 세상 천지였다
5대양을 건너 6대주 어디에도
그대 발걸음 안 가 닿은 곳은 없었다
전국 방방곡곡 어느 절에서도
유인도 무인도 어느 섬에서도
그대는 펜을 들어 시를 쓰고 있었다

그대 영면한 날 운 것은 사람이 아니었다
이 나라 소나무들이 울었다
그대가 노래한 그 많은 나무와 바위
그리고 절, 절절히 노래한 부처의 공덕
그 많은 살아 있는 것과 숨쉬지 않는 것들
시인의 빈소에 찾아와 절하고 갔다

공간을 쩌렁쩌렁 울리던 시낭송 목소리
우이동 계곡에 흘러가던 호탕한 웃음소리

그대 구상과 성찬경 시인과 더불어
오늘은 또 어떤 시를 낭송하시려나
한 시대가 가고 한 세대가 가고 한 사람이 갔지만
시의 향불은 꺼지지 않으리

시의 향기는 사라지지 않으리

박희진 선생님을 보내며

이현이
시인

비에 젖은 개나리길 밟고
임은 떠났습니다
진달래꽃 벙으러지는 소리
차마 외면하고 갔습니다
봄이면 찾아가던 4 · 19 공원
히얗게 핀 청매회
윙윙거리며 꿀을 따던 벌들은
갸우뚱 기다리고 있겠지요
흰 수염의 백발노인을

일평생 시와 예술 속에서
외로움을 매끼 식사처럼 삼키며
그렇게 사시더니
북한산 신령의 가호 받으며
학처럼 날아 구름 속으로 사라졌네요
전화로 들려주시던 시 낭독

그 자분자분 쩌렁쩌렁 울리던 목소리
더는 들을 수가 없군요
꽃피는 날 드리겠노라 했던 그림 한 점은
어느 곳으로 보내야 하나요

봉인사에 골회 묻던 날
까마귀 날아와 까악 깍 검은 구름 쪼고
하늘도 굵은 눈물 흘리며 통곡하더이다
상복 입은 목련은 옷깃을 여미고
'시행과 시행의 사이
해와 달 별들이 보이면 그뿐'이라는 시묘비詩墓碑를
푸른 바람이 휘감다 사라집니다

소나무 시인
– 박희진

맹문재
시인, 안양대학교 교수

소나무 앞에서 옷깃을 여미고 절을 했다

소나무에 귀를 대고 숨결 소리를 들었다

소나무를 하늘처럼 바라보며 하루하루 걸었다

소나무를 처음 만나고 헤어진 애인처럼 그리워했다

소나무의 운명을 발견하고 시인의 사명을 키웠다

소나무의 품격을 거룩한 종교처럼 섬겼다

소나무의 지조를 배우려고 가슴속에 소나무를 심었다

소나무의 이름을 시의 원천으로 삼았다

소나무의 의지를 사랑의 거울로 보고 또 보았다

소나무를 구원의 기둥으로 삼고 우주에 세웠다

북한산을 기리다
– 박희진 선생님께… 추억이란 이름으로 그리움을 간직하다

김성배
시인

서울시 강북구 우이동 54-34번지
초원아트빌 401호에 가면
점잖게 늙은 북한산이 살고 있다
소나무를 지어미로 두고
학을 자식으로 키우며 살뜰하다
뭉게구름 수염 달고
자지러지는 소귀천계곡 물소리
발길에 적신다
이마에 백운대를 밝혀
오르는 진달래능선 어깨에 걸치고
잘 살펴 내려가라는 그 뜻,
헤아릴 듯한데 물을 이 없다
호일당好日堂에서 술이나 참꽃처럼
꺾고 가라는 말씀
시가 되고 밥이 되는 걸
알 때쯤 다시 뵐 수 없다

봄에 지쳐 초록을 토할 정도로
몸은 취하나
마음은 취하지 않는다
죄 많은 삶,
또 죄를 지어 인수봉 다 닳아 없어질 때까지
그리움의 형벌을 받는다
가는 봄날이 아파도
이제는 아름다이 산을 내려가야 한다

시혼으로 물든 큰 바위 얼굴

진일
시인

어느 봄날 당신은 세상에 모든 걸 놓고 가셨습니다.

북한산은 높고
우이동은 따뜻했습니다.
솔밭공원 소나무 푸르고
꽃바람 사이 당신의 시혼이 청청하게 밀려듭니다.

첫 만남은 환희였습니다.
강건한 얼굴의 긴 수염은
산신령을 대면하는 자리 같았습니다.

거금도 바닷가의 추억은
당신을 기억하는 도구
젊은이 같은 체력과 능력으로
바다를 아우르고 있는 모습
거기서 해신령을 볼 수 있었습니다.

〉

연분홍 꽃들이 요란한 봄날
당신은 배꽃 같은 구름이 되어
큰 세상으로 긴 여행을 떠났습니다.
솔밭공원에 도포는 걸쳐 놓은 채

당신을 기억합니다.
북한산 인수봉의 큰 바위 얼굴로
거금도 바닷가의 선 바위 얼굴로

제2부 추모글
우리 곁에 머물다 간 풍류도인

지상의 소나무는 하늘로 뻗어 가고
하늘의 소나무는 지상으로 뻗어 와서
서로 얼싸안고 하나를 이루는 곳
그윽한 향기 인다 신묘한 소리 난다

지상의 물은 하늘로 흘러가고
하늘의 물은 지상으로 흘러와서
서로 얼싸안고 하나를 이루는 곳
무지개 선다 영생의 무지개가

지상의 바람은 하늘로 불어가고
하늘의 바람은 지상으로 불어와서
서로 얼싸안고 하나를 이루는 곳
해가 씻기운다 이글이글 타오른다

–「지상의 소나무는」(제4시집 『빛과 어둠의 사이』) 전문

궁필窮畢의 무게를 지닌 영묘한 시

민재식
시인

친구는

친구는 산이 좋아
산 밑에 살고,

나는 강이 좋아
강가에 산다.

도봉산, 북한산에서 흘러내리는 물,
한강 어귀 압구정 지나간다.

이따금 배 지나가고
흰 구름 떠내려가고
그의 말, 그의 글 실려 내려온다.

이것은 금년(2015년) 초 내가 쓴 시요, 여기 '친구'는 박희진 시인이다.

박 시인은 산이 좋아 생애 후반 삼십여 년을 도봉산과 북한산이 병풍처럼 우뚝 서서 눈을 즐겁게 하는 우이동에서 살았다. 그가 마지막에 살던 집은 덕성여대 교문 근처, 골목길 하나 건너 여운형 묘지가 있는 산자락이었다. 늘 산새 소리 들리고, 양지바르게 남향이던 그의 집 서재를 그는 이름하여 '호일당好日堂'이라 했다.

박 시인은 이 호일당에서 홀로 지내며 시와 함께 살았다. 마치 스님이 깊은 산사에서 고요함을 먹으며 수행하듯이, 그는 평생, 결혼하지 않고, 가족을 거느리는 번거로움 없이, 홀가분하게 명상하고, 생각하고, 글 쓰며 보냈던 것 같다. 시집 35권, 시 선집 5권, 수필집, 시론집, 역시집(타고르의 『기탄잘리』), 그의 시를 영 · 독 · 일어로 번역한 역시집 등을 합쳐 그의 이름으로 나온 책이 55권임을 감안하면, 그는 그렇게 시를 위해 태어난 사람 같았다. 그 자신도 "제발 시작을 단념할 정도로는 늙지 않았으면… 시작을 통하지 않고서는 나는 내 정신의 자유와 성숙과 행복의 길을 달리 모색할 방도가 전혀 없기 때문"(시론집 『상처와 영광』에서)이라 했다.

박 시인은 목소리가 낭랑하여 시낭송을 즐겼다. 실제로 시낭송회 모임을 수백 회 가졌던 터라, 행여 자기 시나 자기가 좋아하는 시를 호일당에서 낭송하면서 지냈는지도 모른다. 내가 그런 추측을 하는 것은 우리가 대학에 다니고 있을 때 나는 미아리 종점에 있는 그의 집에서 한 달 가량 방 하나를 빌려 쓴 적이 있었다. 그의 부모님은 6 · 25로 피난 가고 안 계셨고, 나는 그가 안방에서 가부좌 틀고 정좌하여 자기 시 가운데 내가 가장 좋아하는 초기시 「관세음상에게」

석련石蓮이라
시들 수도 없는 꽃잎을 밟으시고

환히 이승의 시간을 초월하신 당신이옵기
아 이렇게 가까우면서
아슬히 먼 자리에 계심이여

를 혼자 읊고 있는 것을 언뜻 본 적이 있기 때문이다. 조지훈 선생도 박 시인의 첫 시집 『실내악室內樂』 서문에서 "나는 여기 모은 시편들을 거의 다 작자 자신의 목청으로 읊는 것을 들은 바 있다"고 하셨다. 박 시인은 이 시의 마지막에서

저도 그처럼 당신을 기리는 단 한 편의
완미完美한 시를 쓰고 싶은 것입니다 구구절절이
당신의 지극히 높으신 덕과 고요와 평화와
미美가 어리어서 한 궁필窮畢의 무게를 지니도록
그리하여 저의 하찮은 이름 석 자를 붙이기엔
너무도 아득하게 영묘靈妙한 시를

이라고 마무리하였다. 그는 우이동의 명산들이 주는 장엄한 자연 가운데서 '한 궁필의 무게를 지니는 아득하게 영묘한 시'를 생각하고, 닦고, 추구했던 것 같다.

앞서 잠깐 언급했던 '미아리 종점'은 박 시인에게도 나에게도 의미가 있는 장소였다. 지금은 서울 도심의 일부가 되어 의정부 근처까지 집들이 들어찼지만, 6 · 25전쟁 직후의 미아리는 시내버스가 마지막으로 와 닫는 한적한, 이승의 끝 같은 벽지였고, 버스 종점 길 하나 건너 도봉산 쪽 비탈에는 거대한 공동묘지가 있어, 거기 널린 묘비와 봉분들이 전쟁으로 인한 하

고많은 죽음을 상징하는 저승의 시작 같았다. 박 시인은 첫 시집 『실내악』에서 「미아리묘지」라는 꽤 긴 시를 썼다. '질긴 초록의 갑옷을 입고 어깨동무한 무덤들'을 노래하며, 북한의 남침 탱크들이 그 앞을 지나가고 추석이 되어 혈족들이 성묘 와서 이루는 애도의 물결 등등을 그렸다.

나도 내 첫 시집 『속죄양贖罪羊』에서 못난 나라의 젊은이들이 자기가 지은 죄도 없이 속죄양처럼 죽어가는 6 · 25라는 죽음의 잔치를 되새기면서 미아리 공동묘지를 이미지로 이용한 적이 있다. '청개구리 한 마리 앉아/ 소낙비 한 두름 청할/ 가로수 하나 없이/ 뙤약볕에 타는 길들이 부서져 오는 미아리 종점/ 새순이 말린 나무 밑에 종일 엉성한 그림자/ 천으로 헤아릴 수 없는 무덤마다 쥐구멍이 열려/ 만으로 헤아릴 수 없는 구멍마다 개미가 나들고/ 버려진 뼈가 노랗게 익어 가는 황토밭엔/ 꽃술마저 날아간 할미꽃대가 서 있다…'

나는 박 시인과 절친한 사이는 아니었다. 더러 연락하고 만나는 사이였다. 그는 나의 고려대학 영문학과 1년 선배였으나 졸업은 같은 해에 했다. 6 · 25 때 고대는 대구로 피난 가 있었고, 서울 수복 후에는 미국 제5공군이 본교 캠퍼스를 사용하고 있어서, 중앙고등학교 교실을 빌려 강의를 듣다가, 본교로 돌아간 지 겨우 1년 정도 지나서 졸업했기에, 박 시인과 나는 학교에서 알고 지낸 사이가 아주 짧았다.

박 시인이 정말 단짝으로 가까이 지낸 사람은 혜화동에 있는 보성중고등학교를 같이 다닌 동기생 성찬경 시인이었다. 두 시인은 중학교부터 절친했고, 평생 친구로, 말년에는 예술원 회원도 함께 했다. 나는 친구의 친구와도 알게 되어, 박 시인과 성 시인과 나는 더러 만나 점심을 같이 했다. 박 시인 집 근처 중국집, 4 · 19묘지 앞 보리밥집, 시내에서 만나는 경우는 안국동 인사동 거리 한식집에서였다.

우리 세 사람은 같은 시기에 '문학예술'지를 통해 등단했다. 1955년 박 시인이 맨 먼저 이한직 선생과 조지훈 선생의 3회 추천을 마치고 등단했고, 나는 1955년과 1956년에 걸쳐, 성시인은 1956년, 각각 조지훈 선생의 추천 3회를 끝마쳤다. 그리고 이 무렵, 유종호, 이어령 평론가들도 '문학예술'지의 추천을 받았던 것으로 기억한다.

작품 활동을 시작한 지 5년 남짓이 지난 1960년 11월 20일, 박 시인과 나는 같은 날 함께 사상계사 발행으로 각자의 첫 시집을 냈다. 사상계사는 '사상계'라는 시사 문제 월간 잡지를 펴내고 있던 출판사였고 장준하 선생이 발행인이었다. 박 시인의 첫 시집은 『실내악』이었고, 내 첫 시집은 『속죄양』이었으며, 각각 500부 한정판이었다. 우리 두 처녀시집의 표지 장정은 모두 우리 친구인 박서보 화백이 맡았는데, 그는 내가 대학 졸업 직전 광주 보병학교에 가서 학사장교 전반기 훈련을 받고 있을 때 같은 내무반에 속하게 되어 친해진 사이였다. 표지 인쇄는 실크 스크린이라는 수작업이었는데 이 작업은 윤명로, 한용진 두 화백이 맡아서 해 주셨다. 그때는 우리 또래 젊은 화가였던 이 세 분이 이제는 한국 화단의 거장들이시다.

박 시인과 나는 첫 시집의 출판기념회도 합동으로 했다. 소공동 높은 빌딩 높은 층의 식당에서였다. 6 · 25 이후 등단한 문인들에게는 '전후戰後'라는 딱지가 붙어, 전후 세대, 전후 그룹, 전후 시인 등으로 불려졌고, '전후문학인협회'라는 모임도 있었는데, 그 모임 회원들이 많이 참석해 주셨고, 송욱 시인, 고은 시인도 오셨던 것으로 기억한다.

박 시인의 관심의 폭은 매우 넓었던 것 같다. 그의 좌표는 일정하고 시야는 전방위적이었다. 그는 시의 형식을 두고도 다양한 실험을 계속했다. 4행시 700여 수를 6권의 시집에 담았고, 1행시 1,940수 가량을 5권의 시집에 담았으며, 14행시도 350여 편이었으며, 시의 소재에 관해서도 끝이 없었다. 1975년 미국 아이오와대학교 국제 창작계획 4개월 과정을 거칠 때의 시집을 위시해서, 『세계기행시집』, 『이집트 그리스 시편』, 『포르투갈 모로코 스페인 시편』, 『중국 터키 시편』 등의 기행시집만도 여러 권이다.

제주도를 사랑했던 박 시인은 한라산 등 제주 풍광을 읊은 시집 『꿈꾸는 탐라섬』이 있고, 전국의 섬들을 찾아다니며 쓴 시집 『섬들은 외롭지 않다』와 『이승에서 영원을 사는 섬들』이 있다. 민족의 명산 백두산을 두 번씩이나 오르고 금강산까지 방문하여 그 시들을 『산 · 폭포 · 정자 · 소나무』에 수록하고 있다. 그는 특히 소나무와 정자 등 한국적 풍물에 관심이 많아, 두 달에 한 번쯤 소나무와 고목을 탐방하는 모임도 빠지지 않고 참가했다고 했고, 소나무 시를 180편 가까이(1행시까지 합하면 430여 편) 썼던 그는 "한 개인이 그렇게 많은 수나무 시를 썼다는 것은 놀라운 일이라 할 만하다. 나는 소나무에 미쳐서 살아온 게 사실이다"라고 술회했다. 그가 미친 것은 소나무만이 아니다. 그는 해인사를 시작으로 백담사까지 국내 산간의 거의 모든 절을 찾아다니며 247편의 시를 『배사배경百寺百景』이란 시집에 담았고, 다른 시집에도 절 이야기, 불교 사상 이야기가 비일비재하다. 그는 『무소유』의 저자로 우리가 알고 있는 법정 스님도 만난 적이 있다고 했다.

나는 박 시인이 이렇게 빨리 갈 줄은 몰랐다. 그는 척추 수술 후유증으로 걸음걸이가 불편할 뿐, 큰 병 없이 비교적 건강하게 지내고 있고, 예술원에도 제대로 나가고 있으며, 이따금 자기 집 근처 소나무 숲에서 산책도 한다고 듣고 있었다. 그는 1년 전인 2014년 5월에 나온 마지막 시집 『영통靈通의 기쁨』에서

불 꺼진 창 밖에서 누군가가 홀로 엿듣고 있다.

필시 저승사자, 검은 망토 걸친.
쉿, 방 안에서 병상의 독거노인 독백이 들리누나.
「안 돼, 나는 아직 죽을 수 없어.
공간시낭독회는 올해 11월로 물경 400회.
500회 되는 9년 뒤까지는 살기로 했거든.
어디 그뿐인가. 20년을 끌어온
'풍류도인 열전' 그걸 완성하자면
10년이 더 필요한 걸 어쩌겠나.
귀는 먹통이고 지팡이 짚고도 겨우
거북이걸음이긴 하지만, 나는 더 살아야겠어」

그래서 저승사자는 그냥 돌아갔다. 그런데 할 일이 많아 10년은 더 살겠다던 그가 이 시집을 낸 지 1년도 못 되어 2015년 3월 31일 저승으로 가 버렸다. 나는 7월 15일 '박희진시인기념사업회'라는 그의 후학 모임이 보낸 원고 청탁서를 받고서야 그가 이미 이 세상에 없다는 걸 알았다. 혼자 있다 가 버리면 그런 것인가! 간호해 줄 사람도 없는 그가 오래 앓아눕지 않고 갔다니 그나마 다행이랄까. 그와 가장 가까웠던 친구 성찬경 시인은 2013년 2월 어느 전람회에 갔다가 세상을 떠났던 일 생각난다, 성 시인도 갑작스레, 박 시인도 갑작스레. 작년 10월 제주도에 가서 시 낭송회를 갖게 됐다고 통화했던 것이 내가 들은 그의 마지막 목소리였구나.

완미한 시편을 위하여

– 수연 사백을 추모하며

유종호
문예 비평가, 대한민국예술원 회장

수연 박희진 사백을 알게 된 것은, 아니 정확히 말해서 그의 이름을 처음으로 알게 된 것은 중학 시절이었다. 당시 우리 집에서는 중도 우파 성향의 경향신문을 구독하고 있었다. 시인 정지용이 논설주간으로 있었던 이 신문 문화면에는 특히 좋은 시가 많이 실렸다. 윤동주의 시를 처음으로 소개하고 연달아 지면에 선보인 것도 경향신문 문화면이었다. 청록파 시인이나 유치환, 이한직, 김춘수의 시편도 실렸다. 정지용이 주간 자리를 그만둔 뒤에도 문화면을 뛰어난 문인들의 글로 채운다는 전통만은 사변 전까지 계속 유지되지 않았나 싶다. 이 경향신문 문화면의 학생시란에서 어느 날 보성중학 박희진의 「그의 시」란 시를 접하게 되었다. 학생시란은 고정적으로 정해져 있는 것이 아니라 간헐적으로 선보인 것이라고 생각한다.

그의 시를 읽으면 무엇하리
그의 시를 읽어도 모르거늘
그의 시도 한때에는 생명을 가졌으리
그의 시도 한때에는 좋아라 읽었으리

그러나 세월은 흘러
바위엔 제멋대로 푸른 이끼가 끼고
돋아나는 햇살은 여전히 빛나건만
그의 시는 못되게 썩었더라
그의 시는 못되게 굳었더라

아아 으슥한 달밤
산새는 구슬피 울음 울건만
푸른 달빛 아래 창백히 비최이는
저 외로운 묘표墓標
보라 그의 시가
후폐朽廢한 묘표 속에
파아란 시구詩句의 나열····
그의 시를 읽으면 무엇하리
그의 시를 읽어도 모르거늘 — 1947년 2월 26일자 경향신문

굉장히 이색적인 시였다. 한때 읽혔으나 이제 호소력도 없고 이해 받지도 못하는 시를 두고 쓴 것이라 생각되는데 도대체 누구의 시를 두고 하는 소리인가, 하는 궁금증이 생겼다. 읽어도 모르겠다고 한 것으로 보아 혹시 난해한 것으로 생각되는 모더니스트 시인의 시를 두고 한 것인가 하는 생각도 들었다. 이 작품과 박희진의 이름을 각별히 기억하게 된 것은 김동석 평론집 『뿌르조아의 인간상』에 수록된 글 때문이었다. 이 평론집에는 시인 김광균을 다룬 「시인의 위기」란 시인론이 들어 있다. 이 글에서 김동석은 김광균의 첫 시집 『와사등』을 읽고 한 중학생이

「그의 시」를 썼다는 것으로 적고 있다. 그러니까 중학생조차 굳고 썩었다고 평가하는 김광균의 시는 완전히 시대에 뒤떨어진 시라는 것이다. 김동석의 글에는 박희진의 이름은 거명되어 있지 않으며 다만 어느 중학생이라고만 되어 있다. 당시 나는 김광균의 시도 많은 다른 시인들의 시와 함께 좋아하고 있던 터여서 '그의 시를 읽어도 모르거늘'이라 한 대목이 도무지 이해가 가지 않았다.

그 후 1950년대 후반 대학에 다닐 때 박희진 형을 처음으로 만나보게 되었다. 당시 그는 월간 문학지 '문학예술'에 조지훈 추천으로 등단한 촉망받는 신예 시인이었다. 서기원, 성찬경 등 그의 주변 친구들과 함께 어울린 자리에서였다. 만나자마자 나는 「그의 시」를 화제에 올렸다. 그는 중학생 때 발표했던 자기 시와 자기 이름을 기억해 준 나와의 만남을 몹시 반가워하였다. 내가 김동석의 김광균론을 얘기하자 그는 정색하고 자기가 김광균의 시를 두고 쓴 것이 결코 아니라며 정말로 황당한 아전인수我田引水라고 말하였다. 그리고 김동석이 그렇게 쓴 것을 보고 무책임한 사람이라고 느꼈다고 토로하였다. 그러면서 자기도 김광균의 시는 좋아하는 편이라고 못 박았다. 나로서도 오랜 의문이 풀린 순간이었다.

당시의 그는 미목이 수려한 미남 청년이었다. 경기도 연천 명문가의 장남으로 태어난 그는 귀공자다운 풍모와 거동으로 누구에게나 신망을 받았다. 전쟁 직후의 황량한 풍토에서 그의 여유 있는 언동은 적지 아니 이색적이었다. 중고등학교에서 교편을 잡고 있어 동년배 가운데 여유 있는 편이었던 탓인지 커피 값을 도맡아 치르곤 했던 것이 기억난다. 각박하고 구차한 시절이어서 그러는 그가 늘 돋보이었다. 지금 생각해 보면 그것은 호주머니 사정이 비교적 든든했다는 사실에서 오는 것이 아니라 그의 인품에서 오는 것이었다. 비슷한 처지에 있으면서 한 번도 여유라곤 보여주지 않는 사례가 많았으니 말이다.

> 오늘은 왜 이리 기분이 좋은가
> 이 햇빛과
> 바람에 설레이는 푸른 그늘과
> 나무통만 있으면
> 나는 행복한 디오게네스 –「디오게네스의 노래」에서

> 다만 어리석게 허나 간절히 바라게 되는 것은
> 저도 그처럼 당신을 기리는 단 한 편의
> 완미完美한 시를 쓰고 싶은 것입니다 구구절절이
> 당신의 지극히 높으신 덕과 고요와 평화와
> 미美가 어리어서 한 궁필의 무게를 지니도록
> 그리하여 저의 하찮은 이름 석 자를 붙이기엔
> 너무도 아득하게 영묘한 시를 –「관세음상에게」에서

첫 시집『실내악』이 나왔을 때 그를 발굴한 시인 조지훈은 '이 시집은 잘 짜인 음악이다. 이름하여 〈실내악〉! 나는 여기 모은 시편들을 거의 다 작자 자신의 목청으로 읊는 것을 들은 바 있다. 고요하고 슬픈 것이든 격렬하고 어두운 것이든 듣고 나면 모두 다 즐거워야 한다. 좋은 시는 기쁨을 준다. 즐겁지 않고 어찌하랴… 박희진의 첫 시집 〈실내악〉을 읽으며 문득 시를 보는 나의 눈이 흐리지 않았음을 느끼고 스스로 축배를 들고 싶었다.'고 서문에서 적고 있는데 많은 독자들의 공명을 얻을 것이다.

처녀작에는 작가의 미래가 응축되어 있다는 말이 있다. 박희진 사백의 첫 시집 중에서도 초기에 속하는 위의 두 편 속에는 시인 박희진의 미래와 명운이 그대로 응축되어 드러나 있다는 회포를 금할 수 없다. 그의 삶은 '햇빛과 바람에 설레이는 푸른 그늘과 나무통만 있으면 행복한' 그러한 삶이었다. 그런 맥락에서 그는 '정말 이렇게 푸른 하늘 아래 사는 무리들이 왜 모두 이렇게 욕심이 많을까' 하고 탄식한 디오게네스의 삶을 구현하였다. 그러면서 '단 한 편의 완미한 시'를 추구하여 자기의 삶을 거기에 걸었다. 세속을 거부하는 반속反俗에 투철한 20세기의 디오게네스요 단 한 편의 완미한 시편을 위해 생활세계를 바친 문학 지상주의 시인이기도 하였다. 초기 시편을 읽으면 그런 생각을 다시 하게 된다.

청년기의 그는 주위의 간곡한 주선에도 불구하고 또 열의 있는 여성의 추종에도 불구하고 끝내 혼담을 사절하고 독신으로 일관하였다. 옆에서 보기에는 불가사의한 국면이기도 하였다. 그러나 그것은 모두 시에 전념하고 전신투구하려는 문학적 자세에서 나온 것이어서 우리를 숙연케 한다. 20대에 낙향하고 40대 초에 겨우 서울에서 살게 된 나는 오랫동안 그와 떨어져 살았다. 자연 왕래도 드물었고 깊이 얘기를 나눌 기회도 겨를도 없었다. 다난한 세월이었다.

그가 재직하고 있던 직장에서 퇴직하고 나서 그를 우연히 만나본 적이 있다. 남보다 일찍 퇴직한 사유가 궁금해서 물어보았다. 그는 남의 말 하듯이 빨리 나오고 싶어서 나왔을 뿐이라고 대답하였다. 아무리 그의 반속적 자세를 감안하더라도 납득이 가지 않는 부분이 있어 끈질기게 물어보았다. 마지못해 그가 들려준 얘기의 세목은 지금 기억에 없다. 다만 그가 있던 직장의 수장이 가하는 지속적 압력도 조기 퇴직의 한 원인이었던 것만은 분명해 보였다. 그것이 사실상의 강압 퇴직 아니냐는 심정이 들었다. 덩달아 억울해진 나는 민주 인사로 널리 알려진 그 계통의 수장에게 호소해서 부당한 인권 침해에 항거했어야 하지 않느냐고 말하였다. 그러자 그는 허탈한 웃음을 지으며 자기에게 압력을 가한 직장 수장이 사실은 그 민주 인사의 신임과 총애를 받는 이였다고 남의 말 하듯이 덧붙였다. 나는 더 할 말을 찾지 못했다.

만년의 박희진 형이 몸이 좀 불편한 것은 잘 알고 있었다. 그러나 이 핑계 저 핑계로 가본다던 우이동 초원 아트빌도 가보지 못했는데 올봄 그의 부보를 듣고 말았다. 순간 그의 빈소가 몹시 쓸쓸하리라는 생각이 들었다. 결혼도 하지 않고 또 교제가 넓지 않은 터에 만년엔 몸도 불편해서 칩거한 형편이었기 때문이다. 그러나 빈소를 찾아간 나는 나의 예견이 잘못된 것임을 알고 적지 아니 놀랍기도 하고 진정 반갑기도 하였다. 나도 모르게 안도의 한숨이 나왔다. 단정한 상복 차림의 그의 제자들이 다수 그의 빈소를 지키면서 문상객을 맞고 있었기 때문이다. 그것은 근자에 내가 목격한 가장 흐뭇하고 아름다운 광경의 하나이기도 하였다. 스승을 따르고 경애하는 수다한 시인의 제자들이 있어 그는 결코 외롭지도 적막하지도 않았던 것이다! 그가 남긴 많은 시집들이 제자들을 포함한 다수 독자들에게 오랫동안 구원의 실내악이 되어줄 것을 믿으며 시인의 대한 추모의 글을 끝내려 한다.

나를 시인으로 만든 박희진 형

신기선
시인

박희진 형과 나는 환도 직후 1955년경 명동의 '서울 다방'에서 만났다. 당시 '현대문학'과 쌍벽을 이루었던 월간 '문학예술'에 박희진 형은 일찍 시 추천을 받아 문단에 데뷔했고 나도 서정주 선생의 추천을 받기 위해 습작을 거듭할 때였다. 당시 원로 문인들은 모윤숙 선생이 운영하던 '문예 다방'에, 그리고 오상순 선생 등 일부 원로 문인들은 '은성' 술집이 있는 다방에 진을 치고 후배 양성에 진력하고 있었다. 신인 중심의 초보 문인들은 '엠프레스 다방'과 '돌체 다방'에 모여 음악 감상을 하며 매일 교류를 하고 저녁이면 막걸리 파티를 하곤 했다. '쌍과부집' 등 여러 주점이 단골로, 습작한 시를 낭독하고 벽에 낙서를 하며 지내는 전후의 만남들이 모이는 장소가 바로 명동 1번지인 셈이다.

어느 날 신경림 형과 박희진 형이 '엠프레스 다방'에 나를 찾아 왔다. 웬일인가 했더니 나보고 습작한 시 10편만 달라고 한다. 당시 신경림과 박희진은 '문학예술'에서 추천받아 문인이 된 지 1년이 지난 때인지라 나보고 '문학예술'로 등단하라는 간곡한 말로 나를 설득해 주었다. 당시 나는 대학 스승인 서정주 선생의 추천을 받기 위해 2년 동안 수많은 작품을 보냈으나 곧 추천해 주겠다는 추천은 이루어지지 않고 있었다.

이를 안 두 사람은 나에게 작품을 줄 것을 바라며 저녁 막걸리를 마시고 그날 헤어졌다. 다음날 나는 습작시 10편을 신경림에게 건네주고 기다렸다.

당시 '문학예술'에서는 조지훈, 박남수, 이한직, 김요섭 선생님이 시 추천을 맡아 서로 합의하여 추천했는데, 아주 엄한 추천 시스템으로 구성되어 있었다. 1956년 5월에 건네준 작품이 그 다음달 6월에 그리고 7월에 연거푸 조지훈 선생의 추천을 받아 1957년 6월에 3회 추천으로 나는 문단에 등용하게 된 것이다. 박희진, 신경림이 '문학예술' 김요섭 주간에게 작품을 전한 것이 나를 시인으로 만들었음을 처음 세상에 알린다.

그 뒤로 박희진 형과는 많은 교류가 있었고 특히 동인지 『육십년대사화집六十年代詞華集』 창간에 적극 참여하여 박희진, 성찬경, 이경남, 신기선 등이 중심이 되어 이 유명한 동인지를 탄생시켰다. 『육십년대사화집』이 나온 뒤 많은 동인지들이 우후죽순처럼 따라 나오게 됐는데, 『육십년대사화집』은 박희진 주도로 찬란히 발전해 나갔다.

박희진 형! 명동 '서울 다방'에서 항상 조용히 시상에 잠겨서 시작에 전념하던 형! 김구용 선생의 고독한 철학에 힘입어 고독을 즐기며 살아온 형! 성찬경과는 일평생 단짝으로 지낸 형! 내가 서사시 「운무림속의 한이슬의 눈물이」를 상재하여 우편으로 보냈더니 성찬경 형과 밤을 지새우며 함께 읽고 전화해 "신 형! 반갑게 중후한 작품을 읽었다"고 말하며 고독에 대한 우주의 섭리를 더욱 감지했다고 하면서 큰 상을 타야 할 텐데 하고 여운을 남긴 박희진 형!

내 서사시 출판기념회 때는 허리 수술을 잘못 해서 못 왔다며 편지까지 보낸 박 형, 나에게 출판기념 때 김종길 선생 다음으로 작품평을 해주시고 얼마 후에 타계한 성찬경 형! 하루도 못 만나면 서로 애인처럼 아쉬워하며 짝짓고 살아 온 박희진, 성창경! 미당 서정주 선생이 부인이 돌아가신 지 3개월 만에 돌아가신 것처럼 성찬경 형이 돌아가시자 얼마 있다가 박희진 형이 따라간 듯 아쉬운 세월이 되었습니다.

평생 고독을 즐기며 수연水然이란 아호로 자연 속의 순무의 물빛으로 살아 온 박희진 형! 고고하고 품격 높은 영선靈禪의 기품으로 일생을 청정하게 사신 박희진 형! 저 깊은 우주의 순수한 자연 속에서 고독의 시를 읊조리고 있는 것만 같은 환상이 나를 못 견디게 합니다.

마지막 해에 보내 준 당신의 편지를 되씹으며 조용한 혼불의 모습이 지글지글 서로 타고 있는 당신을 보고 있어요. 복스러운 하얀 수염 속에 편안히! 편안히 잠드세요. 박희진 형!

신 형申兄!

물 좋고 산 좋은 단양에서 늘 건승하실 줄 믿습니다.

나는 한 10년 전 허리를 잘못 수술한 탓인지, 비록 상반신은 살아 있지만 하반신은 거의 마비된 상태입니다. 나들이를 못합니다. 지난번 신 형의 출판기념회 때도 그래서 갈 수가 없었지요.

하여간 우리 살아있는 동안은 시인으로서의 자기 기능을 계속 발휘해야 심신 건강이 유지될 줄 압니다. 새해를 맞이하여 신 형의 왕성한 정진을 빕니다.

2014년 1월 수연水然

진솔한 인품과 시에 대한 헌신이 느껴지던 시인

허만하
시인

내가 박희진 시인을 처음 만난 것은 1963년 6월 중순의 어느 날 저녁 무렵이었다. 대구에서 모처럼 상경하여, 오랜만에 김종길 선생을 시내 어딘가에서 만나 뵙고 그의 권유로 안암동에 있는 자택으로 가는 도중이었다. 동대문 가까운 어디쯤에서 느닷없이 박희진 시인을 한 번 만나 볼까 하여 침침한 골목길 안을 걷다가 불이 켜져 있는 어느 집 앞에서 소리를 하고, 불이 켜져 있던 그 방에 들어가 종길 씨(우리 후학들은 선생 부재시에 통상 그렇게 불렀었다) 소개로 인사를 나누었던 것이다.

나와 박희진 시인은 같은 '문학예술' 출신으로, 그는 1957년에 추천을 마친 나보다 2년 먼저 등단하여 서울에서 활발한 시 활동을 펼치고 있었다. 우리들 사이에 혹 찻잔이 있었는지는 모르겠다. 그는 별 말 없이 벽 쪽에 붙어 있던 반듯한 의자에 앉아서 이야기를 듣는 쪽이었다. 나는 주로 그의 옆얼굴을 바라보며 이야기를 나누었던 것 같다. 박희진 시인과의 초면은 그런 덤덤한 만남이었다.

그의 배웅으로 계단을 내려온 나는 어둠 속에 서 있는 그를 바라보며 손을 들며 작별했던 것 같다. 종길 씨와 나는 그 길로 안암동 종길 씨 집으로 갔다. 서울의 첫날엔 그 집에서 잤던 것 같다. 종길 씨는 1958년 가을 고려대 교수로 취임하기 위하여 대구를 떠났었고, 그 사이 영국 셰필드 대학 엠프슨 교수와 함께 한 해 동안 영문학을 연구하고 귀국한 일도 있었으니, 우리 두 사람의 만남은 정말 오랜만의 일이었다. 서신 교환을 넘어선, 할 이야기가 많았었다. 박희진 시인의 추천에 1, 2회, 나의 등단 추천 3회를 맡았던 이한직 시인의 「동양의 산」에 엠프슨 교수가 고개를 끄덕이던 일, 런던에서 세계 시의 거인 엘리엇을 만나 이야기를 나누었던 일의 전후 사정 등 우리들 이야기는 끝이 없었다. 그 무렵은 외국 여행 통제가 심하던 때라 영문학 본고장 이야기는 더욱 자극적이었다.

내가 박희진 시인을 다시 만났던 것은 2000년 초여름(5월 22일) 대구에서였다. 광복 후 최초의 시 잡지 '죽순竹筍'에서 주관하던 '상화 시인상' 수상자로 박희진 시인이 결정되었으며, 전년도 수상자인 나의 참석이 요청된다는 기별과 함께 예상되는 소요 경비를 부쳐 왔던 것이다. 그것은 이례적인 일이었다. 대구 앞산의 능선을 바라볼 수 있는 지점에서 멀지 않는 대구문화회관을 나는 선선히 찾아가 흰 수염을 도사처럼 기른 박희진 시인 손을 오랜만에 잡아 볼 수 있었다.(동대문 가까운 그의 집에서는 볼 수 없었던 수염이었다). 그는 수상자 인사에서 시에 관한 긴 이야기를 펼쳤다. 학생들에게 시란 무엇인가를 강의할 때 하는 이야기란 단서를 붙인 긴 이야기였다. 나는 그 특이한 수상소감을 듣고 박희진 시인의 진솔한 인품과 시에 대한 그의 헌신을 느낄 수 있었다.

세 번째는 목소리만의 만남이었다. 그의 시 일역 2권이 부쳐져 왔던 것이다. 한 6,7년 전 일이었다. 뇌출혈 후유증으로 한쪽 손이 불편한 나는 편지 쓰기가 어려워 전화로 축하 인사를 하였다. 그는 일본어를 아는 시인이 둘레에 별반 없다는 이야기와 함께, 시에 대한 진솔한 이야기를 하는 것이었다. 전화라는 간접 수단으로 나눈 대화였지만 시에 대한 차분하고도 참된 견해를 서로 나눌 수 있었다. 우리는 '수연水然'이라는 그의 호에 관한 이야기를 하기도 했다. 다음을 기약했지만, 그 뜻은 이루어지지 못했다. 2014년 신록이 한창 아름다웠던 어느 날, 박희진 시론집『상처와 영광』을 받아 읽게 되고, 그것이 그와의 정신적 대화의 끝이 되었다. 그의 부음을 듣게 되리라고는 상상하지도 못했던 것이다.

이 추모의 글을 마무리하려니 문득 예이츠의 묘비에 있다는 Horseman, pass by!(나그네여, 지나가라!)라는 말이 떠오른다. 김종길 시인이 엘리엇과 헤어질 때, 엘리엇이 작별의 인사로 조용히 읊었다는 예이츠의 시 구절이다. 시란 그런 멋 아니겠는가. 그런 이야기를 우리는 옛날, 동대문 가까운 어딘가 골목길, 오렌지빛 불이 켜져 있던 문간방에서 나누었던 것 같기도 하다. 산협의 투명한 여울물 흐르는 소리가 우리들 셋이 이야기했던 '나그네여, 지나가라!'라는 구절에 겹치는 것을 나는 지금 실감한다.

그분이 없는 자리에서
–『육십년대사화집』 회고

이성교
시인, 성신여자대학교 명예교수

박희진 시인! 하면 모를 사람이 없을 정도로 널리 알려진 인사다. 그것은 두 가지 면에서다. 그 첫째는 유명한 시인이란 점에서 그렇게 말하고, 그 다음은 그의 특출한 모습이다. 아마 시를 쓰는 많은 사람 가운데서도 그의 특이한 모습은 그 당시로서는 쉽게 발견할 수 없었기 때문이다(그의 후기에 와서는 길게 흰 수염을 늘어뜨린 모습이 인상적이었다).

그는 남다르게 체격이 크고 소위 풍채가 좋다. 그래서 어디로 가든지 그 육중한 몸으로 남에게 위엄을 보인다. 얼굴도 크고 둥글어 미남형이다. 남과 애기할 때는 언제나 눈가에 미소를 지으며 따스함을 준다. 그 대신 남과 애기할 때는 말이 많지 않고 비교적 듣는 편이다.

그는 처음부터 서울 사람이 아니다. 그의 고향은 경기도 연천인데 연천 가운데서도 들판이 넓은 농촌이라고 애기를 들었다. 초등학교 시절 부모의 권유로 중간에 학교를 서울로 옮겼다고 했다. 이것이 큰 길이 되어 수학 과정은 좋은 학교만 나왔다(보성중학교와 고려대학교).

그가 소정의 학업을 모두 마치고 첫 사회활동으로 교직을 택했다. 씩씩한 남자 중학교에서 평범한 청년 교사로 교단에 섰을 때 그의 인기는 대단했다고 그때 배운 사람들이 말하고 있다. 그의 잘생긴 얼굴, 풍채, 달변 등이 그들을 매혹시켰다고 했다.

내가 그와 처음 만난 것은 1950년대 '현대문학'지, '문학예술'지에서 추천을 받고 나온 시인들로 구성된『육십년대사화집』동인 때였다.

나는 제1집(1961년 9월)에 가담하지 못하고 제2집(1961년 12월)에 동참했다. 들어가 보니 박희진 씨가 왕이었다.『육십년대사화집』총 역사 12집까지 운영의 방향은 박희진 씨가 움직여 나갔다. 평소에 말이 없다가 편집회의를 겸한 모임에선 말이 제일 많았다. 그만치 동인지에 대한 애착이 컸던 것이다. 돌아보면 모두들 시에 대한 열이 대단했던 것이다.

특히 그 가운데서도 리더 격인 박희진 씨의 시가 늘 문제 되었던 것이다. 그의 시는 다분히 사색적이면서 한편 고전적이기도 했다. 단순히 일상을 그린 시가 아니었다. 그 시 속에는 깊은 사상이 깃들어 늘 심오한 면을 지니고 있었다.

가령 제1집에 발표한「가면」을 위시해서「장주莊周」(제4집),「방」(제5집),「연시 3제」(제7집),「유년시대」(제8집),「인류의 옆구리엔 구멍이 뚫렸다」(제10집),「포산 이성包山二聖」(제12집) 같은 작품이 그것을 잘 말하고 있다. 그는 동인들 가운데서도 특이한 작품을 발표하여 늘 논란이 되기도 했다.

『육십년대사화집』도 결국 1967년 제12집을 내고 막을 내렸다. 이 동인지는 당시 문단에서도 크게 주목을 받았기 때문에 동인들 모두 마지막 낸다는 것을 못내 아쉬워했다. 그래서 동인 공동의 이름으로 종간사를 써서 사화집 뒤 편집후기 대신 실었다. 처음 시작해서 끝을 맺기까지 여러 가지 애로와 결실을 선명하게 나타내었다.

그때 좌장 격인 박희진 씨의 마음이 어떠했을까 조용히 생각하면서 유독 시에 대한 정열과 욕심이 컸던 그분을, 그분이 없는 공허한 자리에서 다시 존경하고 싶다.

수연 시인과의 인연

– 비망록 93 : 수연의 삼재三才

윤재근
문예 비평가, 한양대학교 명예교수

영락없는 시인 박희진 선생님과의 인연은 서울 혜화동에 있는 동성고등학교에서 1968년 4월부터 시작됐다. 영어 교사로 박희진 시인을 6년 반 동안 일요일을 빼고서는 매일 만났었다. 나하고는 다섯 살 터울인지라 박 선생님은 30대 후반이었고 나는 30대 중반이었다. 박 선생님과 황금찬 선생님 그리고 나 세 사람은 거의 6년 동안 교무실 자리가 이웃해 있었다. 6년 반 동안 얼굴을 마주하며 교사 노릇을 함께 했고 그 후 일생을 서로 인정을 나누며 살아왔으니 깊은 인연이 맺힌 셈이다. 박희진 선생님은 늘 미소 띤 얼굴로 과묵했었고, 황금찬 선생님은 걸걸한 말씀으로 주변을 훈훈하게 했던 덕분으로 내 직장 생활이 심심치 않았다. 두 시인 사이에서 겁 없이 떠벌이는 신출내기 영어 교사로 설쳐 대었던 나는 두 시인에게 영락없는 애송이로 보였을 터이다.

깊은 산골에서 멀리 떨어진 읍내 중학교로 통학했던 덕으로 나는 비교적 일찍부터 시와 가깝게 지냈다. 촌놈이었던 까닭으로 특히 소월素月의 「산유화山有花」 '산에는 꽃피네 꽃이피네 갈봄여름없이 꽃이피네 / 산에산에 피는꽃은 저만치 혼자서 피어있네 / 산에서우는 작은새여 꽃이좋아 산에서 사노라네 / 산에는 꽃지네 꽃이지네 갈봄여름없이 꽃이

지네'를 소리 질러 읊어 대면서 캄캄한 밤 산길의 무서움을 달래곤 했다. 그러다 보니 달리며 읊어도 숨차지 않는 시詩 가락의 고마움을 나는 일찍이 몸으로 터득했다. 그래서 나는 시를 두고 책상물림으로 이러쿵저러쿵하는 쪽보다 일단 '시는 무엇보다 먼저 소리를 타고 있어야 돼'라는 내 나름대로의 편견을 간직하고 있었다. 이런 속사연이 있는 나를 엄청 놀라게 했던 사건이 오랜 세월이 흘렀지만 어제인 양 선연하다.

1970년 4월 어느 날 밤 박희진 시인은 나를 놀라게 했다. 이름은 생각나지 않지만 명동의 어느 다방에서 절친한 사이였던 성찬경 시인과 함께 박희진 시인의 시낭독회가 있었다. 연못의 물처럼 고요한 분으로 알고 있었던 박희진 시인께서 세찬 유수流水 같게, 직하直下하는 폭포 같게, 그러다가 졸졸 흘러내리는 산개울 같게, 다시 일렁일렁 출렁이는 물길처럼 가락을 품어내 청중을 사로잡는 음영시인吟詠詩人인 줄을 처음 알았다. 시의 음영吟詠이 어찌나 극적이었는지 시낭송이 청중을 사로잡을 수 있음을 처음으로 목격했었다. 한 편의 시로 한 편의 연극이 될 수 있고, 한 편의 시로 한바탕의 놀이마당이 될 수도 있음을 알게 되었다. 박희진 시인의 시낭송이 감동을 불러내는 강렬한 일인극이 될 수 있어서 나는 놀랐다. 그런 역동적인 모습을 학교에서는 조금도 눈치챌 수 없었기 때문이다. 아, 저분의 내면에는 시를 길어 내 주는 활력이 이글거리고 꿈틀대며 잠복해 있었구나! 현장 체험으로 박희진 시인의 시 세계를 내 귀로 듣고 내 눈으로 볼 수 있었던 한밤의 시낭송을 경험한 뒤로 '저분은 정중동靜中動의 자연시인이라'고 내 나름 주목하면서 박희진 시인의 숨은 힘을 체감했었다.

한 학교에서 13학기 동안 함께 생활하다가 내가 학교를 뜨게 되어 박희진 시인과 만나는 기회가 멀어지고 말았다. 아마도 한 해 동안 네댓 번 정도 뵈었지 싶다. 그러나 박희진 시인께서 시집을 내거나 수필집을 내면 반드시 나에게 보내 주셨고, 나는 보내 주셔서 고맙다는 편지글을 올리기도 했다. 우이동에 화실을 두고 있는 오수환 화백을 만나는 경우면 매번 박희진 시인을 모시고 밥을 함께 먹곤 했다. 박희진 시인과 술을 함께 마시거나 시를 두고 담소했던 기억은 없지만 늘 고마운 직장 선배였고 반가운 시인으로 한평생 내 마음속에 자리 잡고 있었다. 시집을 보내 줄 때마다 그 속에 든 시편들을 소리 내 읊어 가면서 우리말 소리를 업신여기지 않는 시인인지라 언제나 반가웠고 고마웠다. 왜냐하면 거의 모든 현대시들이 시상만 앞세우고 우리말 소리의 울림을 무시해 버리는 경우가 너무나 흔하기 때문이다. 그래서 나는 박희진 시인을 현대 시인으로보다는 오히려 시조처럼 시를 짓는 '구관시인舊貫詩人'으로 내 나름 모셨던 셈이다. 요샛말로 하자면 박희진 시인은 손색없는 '전통시인'이란 생각을 한 번도 바꿔 본 적이 없다. '전통傳統'이란 왜색 조어 탓으로 '구관舊貫'이란 낱말은 잊힌 지 오래됐지만 나는 늘 '박희진은 구관舊貫의 자연시인이라'고 존칭해 왔다.

박희진 시인의 자연을 그냥 삼재三才라 일컬어도 될 터이다. 그분의 자연은 언제나 삼재가 시상의 망網을 이루면서 가락을 타는 까닭이다. 초기 시에서는 천지인삼재天地人三才에서 사람 냄새가 제법 드러났지만 점점 인생을 밟아가면서 사람 냄새는 마치 옛 산수화에서처럼 자연 안으로 스며들어 겉으로 드러나지 않는 낌새를 보였다. 사람은 산천에 무르녹아 기대 사는 한 목숨임을 느끼게 해 오히려 시가 인생을 자조自照하게 하고 관심觀心하게 하였다. 그래서 박희진 시집이 오면 반갑기 그지없었다. 요즈음 시들을 보면 사람의 것만 기고만장하면서 자연을 곁다리로 여기는 시류에서 박희진의 시는 나를 편하게 하고 자연에 귀의하게 하는 즐거움을 주었다. 그리고 지천명의 삶을 누리면서부터 수연水然이란 아호로 시집을 보내 주어서 과연 박희진 시인께서 안성맞춤의 아호를 가졌구나! 그 수연이란 호가 무척 반갑게 다가왔다.

박희진 시인께서 불자인지 아닌지 나는 모른다. 그러나 『산화가散花歌』 같은 시집이나 「이효봉 대종사 송李曉峯大禪師頌」 등의 시로 보면 불심을 멀리하고 있지는 않았다고 믿는다. 뿐만 아니라 수연은 사람을 사대四大 즉 지수화풍地水火風의 한 덩이[온蘊]로 여기고 세상이 맑고 깨끗해지기를 바라는 시인이었다. 수연께서는 결벽증이라 할 만큼 깔끔한 분이었지만 사람을 대할 때는 그런 낌새를 전혀 보이지 않았다. 사람에 대해서 늘 너그러웠고 특히 학생들에게 화내는 모습을 나는 본 적이 없다. 나는 성질머리가 나빠 학생들을 매우 거칠게 대했기에 박희진 선생님은 너그러운 영어 선생으로 통했고 나는 사나운 영어 선생이었다. 특히 수연께서 노여움[진瞋]을 내는 모습을 본 적이 없었으니 어쩌면 혼자 살면서 자주 참선하는 것이 아닐까 생각하기도 했다. 거기다 원만구족圓滿具足한 얼굴로 늘 미소를 잃지 않아 거사居士 같은 자연시인으로 보였다. 그런데 이순을 넘기면서부터는 긴 수염을 하얗게 바람에 휘날리며 나타나시곤 해서 '수연 선생께서 도인이 되셨다'고 농을 걸면 환하게 미소 짓던 얼굴이 어른거린다.

수연께서 팔순을 넘기고 이삼 년 뒤부터는 허리 쪽이 안 좋아 거동이 불편한 탓으로 뵐 수 있는 기회가 쉽지 않았다. 그러던 차 서울에서 멀리 떨어진 지방에 머무는 동안 지면에서 박희진 시인의 부고를 접하고 문상도 못하고 마는구나 싶어 인생이 더욱 서글펐다. 홀가분하게 이승을 떠나 저승으로 가는 배를 편안히 타셨으리라 멀리서 먼 산을 마주할 수밖에 없었다. 평생을 타고난 시인으로 천지인天地人을 어머니 삼아 생사일여生死一如로 인생의 깊은 곳을 들여다보게 했던 수연 시인의 절창이 지금도 여전히 '아제 아제 바라아제'로 목탁소리처럼 다가온다.

윤재근 분향

아깝잖아요… 아깝잖아요…

정연희
소설가, 대한민국예술원 회원

전쟁이 쓸고 간 서울은 폐허였다. 남산에 올라 내려다부면 북악산에서 인왕산에 이르기까지 한눈에 들어오는 서울이 참담했다. 전쟁의 포화에 갇혀 피난살이를 하다가 돌아온 스무 살배기들은 거의가 맨발로 대학이라는 곳으로 들어갔다. 1954년 이화여자대학 국어국문학과에 입학했지만 무엇으로도 채워지지 않는 헛헛증은 질환과 같았다. 자신의 게으름이나 학문에 대한 향념 부족이었는지 모르지만 영혼을 채워 줄 만한 것을 어디서도 만나지 못했다.

아마 그래서 더듬거리다가 만들어 낸 행사가 '문학의 밤'이라는 설익은 행사가 아니었나 싶다. 이리저리 서성거리던 국문과 학생끼리 '문학의 밤'을 기획하기에 이르렀다.

1955년 봄이던가 가을이었다. 명동에는 주머니도 춥고 등도 시린, 갈 곳도 없는 가난한 사람들이 기웃기웃 찾아드는 음악 감상실이든가 다방이라는 찻집들이 곧 많았다. 그중 한 곳이 '동방 살롱'. 살롱이라는 이름으로 차를 파는 그곳은 실내가 삭막했다. 아무런 실내 장식도 없이 밋밋한 회벽에다 탁자며 의자도 사무적인 집기들이었다. 하지만 장소가 비교적 넓고 대관료가 다른 곳보다 헐했지 싶다.

이화여자대학 국어국문학과 학생들이 마련한 '문학의 밤'은 성황을 이루었다. 각 남자대학의 학생들과 별로 영양가 없는 대중잡지의 신출내기 기자들이 몰려들어, 앉을 자리도 없이 빽빽하게 문밖까지 인산인해를 이루었다. 고려대학교를 갓 졸업했을 나이의 박희진 씨를 만난 곳도 그 자리가 아니었나 싶다.

늘 학자금이 딸려 허둥지둥하던 나는 명동에 사무실을 둔 어느 군사軍事 잡지사에 취직이 되어 학교는 학교대로 다니면서 일을 하느라고 늘 무엇에 쫒기는 것처럼 여유 없이 살았다. 그때 함께 일하던 남자 기자 중에 박성룡 시인이 있었지만 우리는 피차 미래를 보장 받지 못한 희망을 저당 잡힌 가난뱅이들이었다. 더러 취재라는 명목으로 명동 다방에 널려 있는 명사(?)들을 만나기 위해 다방 출입이 잦던 때도 그 무렵이었다.

사람을 만나기 위해 들른 찻집에서 유난히 귀티 나는 젊은이가 눈에 띄면, 그이가 박희진 씨였다. 사람과 별로 어울리는 일 없이 거의 혼자 앉아 있는 그이는 정자세로 꼿꼿하게 앉아 눈을 뜨고 명상에 잠겨 있는 사람처럼 보였다. 남자들 거의가 늘 술에 절어 있거나 현실에 찌들어, 햇빛 없는 실내에서는 시커멓게 보이는 다른 남자들에 비해 박희진 씨는 희고 청청해 보였다.

그저 가벼운 목례와 눈인사로 지내던 어느 날, 그이는 누구를 기다리고 있는 내 자리로 다가와 앉아도 되겠는가 양해를 구했다. 그렇게 시작된 어울림은 한동안 드문드문 이어졌다.

내가 1957년 1월 동아일보 신춘문예 소설 부문에 당선이 되고, 학교에서 맡은 학보 편집이며 졸업 논문에 쫒기다가, 졸업하는 길로 신문사에 취직이 되어 뛰어다니던 동안, 명동에서 이따금 만나던 그이에 대한 소식은 멀어졌고, 1958년 11월 나는 통과의례 같은 결혼식을 올렸다.

그때까지 박희진 씨의 신상에 대해 아는 것이 없었다. 직장은 있는지, 등단은 언제 했는지, 그이가 나에 대해 어떤 느낌을 가졌는지, 내 평탄치 못한 삶은 이웃에 대한 관심을 가질 여유를 허락하지 않았다. 그렇게 허방지방 살다가 결혼을 접고 가시철망 같은 이혼을 감행한 뒤였던가… 어느 날 혜화동에 있는 동성고등학교에서 강연 청탁이 왔다. 그 학교 교사로 재직하는 박희진 선생으로부터의 연락이었다. 뜻밖이었지만 반갑고 고마웠다. 소문 요란하고 허물투성이인 여성 작가를 가톨릭 학교에서 어떻게 승낙을 받았는지 궁금했지만. 강당에서 전교생을 상대로 강연을 끝낸 뒤에, 회식이 있었던가, 그때까지 박 선생은 여전히 귀티 나는 청신한 인상의 젊은이였다.

그리고 다시 세월은 먼빛으로 흘러갔다. 계동에 위치한 '공간사랑'에서 시낭송회가 있다는 연락을 받고 참석했을 때, 온통 앞가슴까지 내려오는 흰 수염에다 백발의 산신령이 된 박희진 시인께서 낭송을 하고 계셨다. 구상 선생, 성찬경 선생 모두 가까운 분들이어서 몇 번 참석을 했지만 산신령 박 시인께 다가가 인사를 드리는 일은 하지 않았다.

그리고… 이천년대 들어서서, 예술원 회원인, 이화대학 대선배 되시는 전숙희, 조경희 선생께서 "우리의 대를 이어라" 하며 선배의 후배 사랑으로 대한민국예술원 입성을 권유했을 때, 무슨 욕심으로 냉큼 가당찮은 도전을 감행했고, 서너 번 만에 문학 분과에서 통과된 것이 2005년의 일이었다. 그런데 하늘이 용납하지 않았던가. 예술원 입성 과정에는 분과 통과 후에 각 분과 대표 등 14명이 모여 각 분과에서 통과된 후보자를 재심하는 의례依例가 있고, 대개는 그저 통과 절차에 불과하여 그 회의에서 탈락하는 일은 거의 없었다. 그런데 그 회의에서 나는 이유를 알 수 없이 낙방을 맞았다. 떠들썩한 소문으로는 문학 분과의 노老 여성 시인 한 분이 보름 가까운 동안 각 분과 대표들에게 꾸준히 전화를 걸어 "정 아무개는 예술원에 들어오면 절대로 안 될 사람이니 재심에서 끌어내리라!"는 주문을 했다는 것이다. 소문으로는 얼마나 집요한지 더러 나와 인연이 있던 회원 중에는 화가 났을 만큼 끈질겼다는 것이다. 문학 분과를 제외한 타 분과들 즉 음악, 미술, 공연 3개 분과 대표들이라 하여도 문학에서 선출된 후보에 대해 상세한 것을 알 턱 없는 몇몇 회원이 노 여성 시인의 전화에 넘어가 부표를 던졌고 그 몇 개의 부표가 나를 미끄러뜨렸다. 통분해 하는 선배들과 몇몇 억울하다고 분해 하는 지인들이 있었고, 그중 박희진 선생께서 적잖이 언짢아하셨다는 말을 전해 들었다.

당시에는 남편 장로長老가 생존해 있던 시기였고, 그렇게 엉뚱한 박해를 받아가며 다시 예술원을 건너다볼 일은 없느니라, 아예 고개를 돌리고 다시는 생심을 낼 일이 없었다. 하지만 2008년 정월 남편이 세상을 떠난 뒤, 문학 분과 회원 중 몇 분 선생님이 다시 거론을 시작하셨고, 문학 분과 회원인 박희진 선생님께서도 권유하셨다. "아깝잖아요… 한 번 통과가 되었던 일인데, 너무 아깝잖아요…" 혼자 된 내 처지가 딱하다는 소문도 있었던 모양으로 박 선생님은 그 나직한 어조로 다시 권유하셨다. 회원 후보를 선출하는 일은 각 분과가 후보를 두고 투표로 결정하는데, 한 표가 모자라 탈락하는 경우가 적지 않았다. 결국… 한 표는 숫자의 하나가 아니라 당락을 결정하는 일의 전부였다.

2011년, 2012년 아슬아슬한 탈락이었다. 참으로 더는 하고 싶지 않았고, 해서는 안 될 일 같았다. 그런데 2013년에 나를 아껴 주시던 몇 몇 선배께서 "마지막으로! 마지막으로! 한 번만 더! 한 번만 더!" 안타깝게 권유하시고 후배들 몇이 서류를 작성하여 자기들 손으로 등록을 했다.

그 몇 년 전부터 선생님께서는 허리를 몹시 앓고 계셨다. 평생 독신으로, 오로지 시를 신앙처럼 받들고 사는 산신령을 수유리 댁으로 찾아갔다. 평생을 먼빛으로 건너다만 보던 문우의 가까운 대면이었다. 허리 때문에 한 주일에 세 번 치료를 받으러 다니시는데 움직이는 일이 보통 어려운 일이 아니었다. 그래도 조심조심 걸어 나와 근처 식당에 마주앉아 식사를 하기도 하고, 식사가 힘들어 보일 때는 근처 죽집에서 몇 가지 죽을 사서 올려 보내기도 하며 세월이 흘러갔다.

2013년 4월. 다시 예술원의 선거철이 되었다. 선생님은 전화로 간곡하게 후보 등록을 권하셨다. "아깝잖아요… 아깝잖아요… 이번에, 이번에 다시 한 번 도전을…" 전화선을 타고 흘러오던 그 음성은 내 운명을 다독여 주던 강보襁褓에서 흘러나온 음성이었다. 허리 통증 때문에 움직이는 일이 고문 같았을 선생님이 투표가 있던 날 어떻게 예술원에까지 행차를 하셨을까 아슬아슬하고 죄송하기 이를 바 없었다. 조마조마한 한나절이 지나고 통과가 되었다는 통보를 받았다. 그리고 그날 저녁 선생님이 나직한 음성으로 축하 전화를 주셨다. 선생님 외에 잊어서는 안 될 여러분의 도움이 나의 예술원 입성을 도와주셨지만, 박희진 선생님의 "아깝잖아요… 아깝잖아요…" 한 말씀이 나의 등을 떠밀어 준 따뜻한 힘이었다.

어영부영 몇 개월이 지나고 선생님 댁을 찾았을 때는 여름이 막바지였다. 동행한 후배들하고 점심을 들고, 선생님은 당신이 거의 매일 걸음 연습 삼아 산책하신다는 우이동의 깊고 넓은 솔숲 공원으로 우리를 안내하셨다. 청청한 서늘함 속에서 마실 것도 나누고 아이스크림도 들며 한동안을 보냈다. 그리고 헤어질 때, 공원을 한 바퀴 돌겠다는 선생님을 따라나설까 했더니 "이곳은 혼자 걸어야 좋아요. 혼자 가겠어요." 혼자 소나무 그늘로 떠나셨다. 댁으로까지 가실 일을 걱정했더니, 그렇게 걸어야 그나마도 견딜힘이 생긴다면서. 뒷모습은 홀로 산속으로 들어가는 신선이었다.

"아깝잖아요… 아깝잖아요…" 내 인생 후반을 넉넉한 길로 안내해주신 한마디. 무슨 인연이었기에 그렇게 도와주신 뒤 표표히 떠나셨는지… 빈소에서 선생님의 사진을 오래오래 바라보았다.

박희진 선생을 생각하며

최종태
조각가, 대한민국예술원 회원

'없음에서 있음이 태어난다. 없음은 있음의 고향이다. 하여 모든 있음은 은연중 없음을 그리워하다가 홀연 돌아간다.'* 책에서 많이 본 듯한 말이지만 시인이 쓰면 얘기가 달라졌다. '없음은 있음의 고향이고 모든 있음은 은연중 없음을 그리워하다가 홀연 돌아간다.' 지내 놓고 보니까 꼭 자화상을 그려 놓고 가신 게 아닌가 생각이 들었다. 하기사 예술가의 작품이란 것이 모두 자화상이랄 수 있다. '어느 시인 말하기를, 사람은 왜 이 세상에 왔는가? 돈과 권세를 얻기 위해서? 아니다, 아니다. 사람은 사람 만나러 지상에 왔다.'** 박희진 선생의 시를 읽다 보면 나도 알아들을 수 있다 하는 느낌을 받게 된다.

한 번은 묵직한 소포가 왔길래 뜯어 보니 박희진 선생의 책인데 그 책의 무게에 놀라서 한참 멍멍하였다. 먹으로 그린 성모상 카드가 있어서 거기에다 감사 편지를 써서 보냈더니 며칠 후에 세 편의 시를 써서 보내셨다. 그중 한 편을 여기 소개한다.

> 성모님은 분명 입 다물고 계시건만
> 어떻게 이렇듯 기도의 말씀이 들리는 것일까

어떻게 하늘 닿은 침묵의 분수가 보이는 것일까

빛과 고요, 고요와 사랑, 사랑과 평화… -「성모의 기도 3」

시인의 눈에는 보이는 게 다 시인가. 만사가 다 시로 보이는가. 피카소가 그랬었다. 눈에 스치는 모든 것이 곧바로 그림이 되었다. 의식이 아니라 영적 교감이랄지. 참예술가란 모두 그러한 것이 아닐까 싶었다.

내가 서울 '가나 화랑'에서 전람회를 하고 있는데 어느 날 선생께서 이인평 시인과 함께 불쑥 찾아 오셨다. 이런저런 말씀을 나누는 중에 "왜 큰 작품을 안 하시오?" 하는 대목에서는 내가 대답을 해야 되겠다 싶어 "크게 만들 필요가 없었습니다." 하고 말씀 드렸다. 그랬다. 그림에 관심 있는 분임은 옛날부터 내가 알고 있는 터였지만 막상 말을 트고 보니 그림 보는 눈이 환하였다. 나중에 미술잡지에서 평론가 아니고 글 쓸 이가 없을까 하길래 박희진 선생이 왔다 가셨는데 얘기해 보라 하였다. 그래서 다음호에 글이 나왔는데 정말로 형태를 꿰뚫는 눈이 대단하셨다. 한 군데로 통하면 사방으로 통한다더니 박희진 선생이야말로 참 그런 분이셨다. 글 한 구절을 소개하자면 이러하였다.

"선생 작품들을 둘러보면서 제가 한결같이 느꼈던 것은 한마디로 '고요'였습니다. 그 시원의 때 묻지 않은 '고요'. 인간 본연의 순수성을 증거하는 신성한 '고요'. 작품 하나하나, 모든 작품이 다 그런 것을 말해 주고 있더군요. 오늘날 우리들 현대인에게 가장 결핍된 소중한 게 있다면 바로 그 '고요'일 것입니다." 줄줄이 확신에 찬 시인 박희진의 목소리였다. 그림은 마음으로 읽는 것이지 설명으로 되는 것이 아니다. 설명은 번역을 통해서 이해되는 것이지만 마음은 그냥 통하는 것이다. 마음은 찰나에 만 리를 내왕하고 산이 아니라 지구 반대편을 맞바로 뚫고도 간다.

'70년대였던가, 덕수궁에서는 크고 작은 전시회가 자주 있었다. 마당에 음료 파는 가게가 있어서 앉거나 서거나 젊은 사람들이 쉬어서 갔다. 오래간만에 만나는 사람들이니 그냥들 헤어지기가 쉽지 않은 일이었다. 그때 거기서 박희진 선생을 처음 만났다. 동성학교 교사 시절이었다. 젊고 건장한, 그야말로 청년이었다. 그때도 말씀은 별로 없었던 것 같고 시인이라 했는데 그 인상이 한 장의 그림으로 머리에 지금까지 찍혀 있는 것은 무슨 까닭인가. 그리고서 우리 모두 늙어서 예술원에서 만났다. 예술원 큰 회의 때마다 보는데 앞 편에서 오른쪽으로 노상 거기에 지정석처럼 앉아 계셨다. 그러다가 회의가 끝났는가 하면 어느새 사라지셨다. 화가 오수환 선생하고 가까이 지낸다는 것도 나중에야 알았다.

어느 날 텔레비전을 보고 있는데 화면 아래에 박희진 선생 별세 소식 자막이 지나갔다. 부랴부랴 이인평 시인에게 전화를 했더니 갑작스럽게 그런 일이 생겼다 하는 것이었다. 재작년에는 성찬경 시인이 또 갑작스레 일을 당해서 가슴의 텅 비는 것 같았는데 또 이게 웬일인가 싶었다. 인생이 무상타 하였지만 하늘은 중요한 사람을 너무도 쉽게 데려가는 것인가 보다 싶었다. '없음은 있음의 고향이다. 하여 모든 있음은 은연중 없음을 그리워하다가 홀연 돌아간다.' '바람도 없는데 스스로 무르익어 떨어지는 도토리와 그것을 받쳐주는 너럭바위가 없다면 어떻게 툭! 소리가 나랴?'*** 박희진 선생의 시를 읽다 보면 알 만하다 하고 미소 짓는 수가 있다. 사실 꽃을 보면서 아름답다 하는 것을 알고서 좋아하는 사람이 누가 있을까.

보이는 것이 다 시가 된다면 삶이 곧 시란 말이 아닌가. 사람이 시를 쓰다가 시처럼 살고 훗날 그 사람이 시가 되었다면…. 시는 바로 그 사람이다.

박희진 선생을 생각하다가 그런 상상을 하였다. 유명은 달리 했어도 그 나라에서도 거기에 시인으로 앉아 계실 것 같다. 노상 거기에서 그렇게 앉아서 영원한 시인으로 말이다.

* 박희진 시인의 시 「비의 2」에서 인용하였다.
** 박희진 시인의 시 「다시 시천주가」에서 인용하였다.
*** 박희진 시인의 시 「비의 6」에서 인용하였다.

일관된 심미적 열정을 보여주던 참시인

이생진
시인

시정만리詩情萬里
–2015년 7월 16일 (목) 맑음

수연水然 선생,

오늘은 수연 선생이 다니던 이발소에 갔어요. 머리도 깎을 겸. 그런데 이발소 주인이 머리를 깎으며 '달도 차면 기운다'고 하데요. 썩 어울리는 말은 아니었지만 이발소에 찾아오는 노인들이 하나둘 보이지 않는다는 뜻인가 봐요. 아마 우리보고 하는 말이겠죠. 그 이발소가 다음 달 수유역 근처로 옮겨간대요. 이발소 앞 지하철 공사는 아직 끝나지 않았고, 황금찬 시인이랑 셋이 만나던 '인투 커피'는 여전한데 오늘 아침엔 내가 일찍 나섰기에 문 열 시간이 아니었어요.

이틀 전에는 이가림 시인이 세상을 떠났다고 해서 세계문예대사전(문덕수 편, 1975)과 한국현대문학대사전(권영민 편, 2004)을 꺼내 그가 떠난 날짜를 기입하고, 수연 선생 페이지를 열었더니 '1931. 12. 4 ~ 2015. 3. 31'이라 기입이 끝났더군요. 그러고 보니 수연 선생이 떠난 지 벌써 108일이 되었네요. 108 하면 수연 선생에게는 남다른 감회가 있을 듯해서 시집『하늘 · 땅 · 사람』을 꺼내「백팔달마찬」을 읽었어요.

양梁 나라 무제武帝가 달마에게 묻기를
「짐이 즉위한 이래
절 짓고
사경寫經하고
스님네에게 공양을 올리는 등
수없이 많은 불사를 해 왔는데
그 공덕이 얼마나 될지요?」
달마가 말하기를
「공덕 될 게 없습니다」
「무슨 뜻이지요?」
「그러한 일들은
비유컨대 형체에 따르는 그림자 같아서
비록 있기는 하나
실체가 아닌 것과 같습니다」
「그렇다면 어떤 것이 참된 공덕입니까?」
「진정한 공덕이란 텅 비어 있어
청정하고 원융한 지혜를 말하는데,
이것은 세속적 방법으로는
얻을 수 없습니다」
무제는 도무지 망연할 뿐이어서
또다시 묻는다.
「어떠한 것이 거룩한 불법의

근본 뜻입니까?」

「근본 자체가 공적空寂하여

거룩하다고 할 것도 없습니다」

「그러면 짐을 대하고 있는 당신은 누구지요?」

「모릅니다」

무제는 된통 뒤통수를 얻어맞은 느낌이 들었다.

– 박희진 시집『하늘 · 땅 · 사람』(수문출판사, 2000) 179–180쪽에서

그런데 이보다 한해 전에 펴낸 시집『백사백경百寺百景』(1999)에서는 이렇게 말했네요.

'한국의 역사와 전통문화에 대한 적극적 관심은 바로 나 자신의 정체성을 탐구하기 위해서다. 나는 누구인가? 내가 한국 시인일진대 나는 어떤 뜻을 세워야 하며 어떻게 공부해야 자신의 능력을 극한까지 신장시켜 성숙에의 길을 도모할 수 있겠는가? 이때 내게 하나의 계시처럼 다가온 것이 불교였다. 나는 불교 사상에 심취했고, '시의 보살'이 되기를 염원했다. 역사상에 나타난 가장 숭고하고 위대하고 완벽한 인간이 있다면 바로 석가모니일 것이라 생각했다.

하지만 나는 승려가 되는 길을 택하지는 않았다. 나는 어디까지나 자유로운 시인으로 시종일관함이 자신의 운명이라 확신했기 때문이다. 내게도 종교적 심성은 강하다. 그러나 보다 더 투철히 자리 잡고 있는 것이 있으니, 그것은 심미적審美的 열정인 것이다.'

– 박희진 시집『백사백경』(불광출판부, 1999) 5쪽에서

이 글을 읽으며 머리를 끄덕인 것은 수연 선생의 일관된 심미적 열정을 곁에서 보아 왔기 때문이죠. 1970년 겨울 혜화동에서 시작해서 우이동 북한산, 섬으로 섬으로, 그리고 인사동 시낭송, 2015년까지 시를 씹으며 걸어온 45년, 결코 짧은 여정이 아니네요.

'솔밭 공원'을 걸으며

-2015년 7월 18일 (토) 흐림

오늘은 아침마다 걷는 산책길을 연산군 묘 '은행나무 공원' 주변 둘레길로 하지 않고, 수연 선생과 함께 걷던 '솔밭 공원'으로 했지요. 초원 아트빌 4층 베란다에 내놓은 화분이 없어 수연 선생의 부재를 더욱 적요하게 하네요. 소나무가 울창한 몽양 여운형 선생 묘 앞에는 추모일이 7월 19일이라는 현수막이 걸려 있고, 우리가 솔밭을 산책하다가 들렀던 호프집은 '오두리 호프'란 이름으로 새 단장을 했네요, '춘천면옥'까지 이어지던 약국들이 편의점, 커피숍, 원룸 등으로 바뀌어 '솔밭 공원'을 찾는데 좀 신경이 쓰였어요. 지하철이 들어오면서 우이천 주변의 모습이 많이 바뀌는 듯해요.

그동안 '솔밭 공원'에 시가詩歌가 부쩍 늘었네요. 수연 선생과 걸을 때만 해도 4,5기에 불과했던 것이 지금은 돌과 나무로 만든 비가 17기나 들어섰어요.

오늘 아침엔 수연 선생을 만난 기분으로 「소나무여」를 소리 내어 읽었죠.

소나무여, 소나무여, 늘 푸른 소나무여

네가 늙어서 고색이 창연한 몰골이 되거든
용이나 되어 승천해 버리거라
지상에서 아무도 네 모습 못 찾게.

'용이나 되어 승천해 버리거라, 지상에서 아무도 네 모습 못 찾게.' 이 말은 수연 선생 자신에게 하는 말 같은데, 내일이라도 내가 저승에 가게 되면 수연 선생을 어떻게 찾아가나 하고 금방 길 잃은 애가 되어 버렸어요.

그러다 시가를 만나면 그것이 이정표 같아서 한 발 한 발 시인에게 다가갔죠.

반달/ 윤극영
가장 먼 것은/ 황금찬
아픔/ 김종길
소나무여/ 박희진
짝사랑/ 임보
삼각산/ 홍해리
풀의 손/ 이대의
갈매기의 꿈/ 이생진
밤꽃향기/ 김광규
눈물/ 김현승
후회/ 피천득
영산홍/ 서정주
산도화/ 박목월

자벌레/ 복효근

기원/ 임순화

가노라 삼각산아/ 김상현

바위고개/ 이흥렬

이흥렬의 노래비

'바위고개 핀 꽃 진달래꽃은

우리 님이 즐겨 즐겨 꺾어 주던 꽃

님은 가고 없어도 잘도 피었네'

를 읽다가 수연 선생의 『북한산 진달래』(산방, 1990)에 빠지고 말았네요.

진달래에 취하니 김소월이 생각나네.

영변의 약산 진달래꽃도 가신 님 그리워서

지금쯤 바르르 떨고 있으리.

– 박희진 시 「북한산 진달래」에서

17기의 시가를 다 읽고 나니 다리 힘이 없네요. 그래서 자판기 앞에 가서 커피를 뽑아 들고 소나무 밑에 앉아 쉬었어요. 수연 선생과 함께 했던 습관대로.

오늘은 토요일이라 운동하는 사람들이 많네요. 에어로빅을 하는 사람이 30여 명, 배드민턴을 하는 사람이 10여 명, 운동기구에 매달린 사람이 12명. 만 평의 공원에 백년송 1000그루, 거기에 시비와 노래비가 서 있어 운치가 그만이죠. 그래도 왠지 쓸쓸했어요.

까치집

–2015년 7월 20일 (월) 흐림

보라 저 까치집, 드높은 가지 위에!
저렇게 정결하고 소박한 집은 없다
저렇게 많은 빛과 바람과 나뭇잎들의
보라 저 까치집, 포플라 가지 위에 – 박희진 시「까치집」전문

수연 선생의 '까치집',
인사동에서 시낭송이 끝나면 '풍류사랑'으로 자리를 옮겼죠. 뒤풀이가 한창 무르익으면 노래로 들어가고. 그때 하덕희 선생이나 윤준경 시인이 자리에 있으면 빼놓지 않고 부르던 '까치집'. 변규백 선생이 작곡해서 더 친숙했던 노래. 그때 따라 부르던 수연 선생의 노래 솜씨가 보통이 아니었죠. 차분하게 부르는 그 소리가 시의 주인답게 들렸죠. 그런데 그 노래 지도를 목필균 시인이 했다는 것을 알고는 역시나 했어요. 그 이야기를 들어 볼까요.

지난겨울 우이시회에서 마련한 안면도 수련회 때에 난 '까치집' 악보를 챙겼다. 노래가 꼭 끼어드는 시낭송 뒤풀이 때마다 언제나 말없이 듣고만 계시는 선생님께 노래를 가르쳐 드리고 싶어서였다. 안면도 바닷가에서 시인들이 삼삼오오 짝을 지어 산책을 할 때였다. 나는 드디어 '까치집' 악보를 꺼내 들고, 그 어려운 박희진 선생님 옆으로 다가가

"선생님, 제가 '까치집' 노래 가르쳐 드릴게요."

하고 아주 조심스럽게 말씀드렸다. 그런데 뜻밖에도

"아, 그래요. 목 시인이 가르쳐 주면 배워야지요." 하시며 쾌히 승낙하시는 것이다. 거절하시면 무안할 것을 걱정했던 나는 얼마나 기분이 좋은지 아주 열심히 가르쳐 드렸다. 반 아이들에게 가르치듯 두 마디씩 불러 드리고, 선생님은 따라 하시게 하였다. 이렇게 두어 번 반복하니까 정말 기가 막히게 잘 부르시는 것이다. 선생님께서는 뛰어난 음감이 있으셨던 것이다. 게다가 성량도 풍부하셔서 가르치는 내가 부끄러울 정도였다.

"어머, 선생님, 정말 너무 잘 하셔요. 이렇게 잘 하시면서 노래를 그렇게 안 하셨어요." 하자

"이 노래가 무척 쉽게 작곡되었네요. 그래서 내가 부르는 것이지요. 난 노래를 듣기만 했지 해 보지 않아서요." 하시며 조금 쑥스러워하셨다. 이날 밤, 시의 담론이 끝나고, 숙소 마당에 마련된 모닥불 뒤풀이에서 박희진 선생님께서는 그야말로 처음으로 노래를 근사하게 부르셨다. 처음 듣는 선생님의 노래 솜씨에 동료 시인들은 열화와 같은 박수를 쳐 드렸다. 그리고 모두들 감탄하였다. 그렇게 잘 부르시는 노래를 이제껏 안 부르셨느냐고 모두들 한 마디씩 거들었다. 이날부터 시낭송회 뒤풀이에는 꼭 박희진 선생님의 '까치집'이 초대되었고, 그때마다 선생님은 매우 즐거운 표정으로 노래를 부르셨다.

그때마다 노래를 시작하기 전에 꼭 이렇게 안내를 해 주신다.

"나는 이런 자리에서 한 번도 노래를 부른 적이 없는데, 목필균 시인이 안면도 바닷가에서 '까치집'을 가르쳐 주었습니다. 그래서 내가 이렇게 노래를 부르게 되었지요. 아주 고마운 일이에요. 진

작 이렇게 노래를 부를 수 있었으면 좋았을 것이란 생각이 듭니다. 그러면 살면서 좀 더 많이 불렀을 텐데 말입니다."

– 목필균 「짧은 노래에 실린 행복 – 문학의 즐거움」(2007. 4. 19)

뒤풀이 장소란 역시 긴장을 푸는 자리라 시낭송에서 굳어 버린 목과 마음을 풀 수 있어 시간 가는 줄 몰랐죠.

'아트사이드' 이동진 사장의 주선으로 2000년 12월 21일에 시작해서 2011년 5월 31일까지 인사동에서 시낭송을 했네요. 상혼商魂에 밀려 자리를 여러 번 옮겨 다니긴 했지만 끈질겼어요. 그 후 수연 선생은 '공간시낭독회'를 이어갔고 나는 '순풍에 돛을 달고'로 자리를 옮겨 지금까지 계속하고 있죠. 가끔 변규백 선생과 하덕희 선생, 윤준경 시인이 찾아와 변규백 선생이 작곡한 우리들의 시를 노래로 불러 주어 따뜻한 정을 이어가고 있네요.

수연 선생과 섬

–2015년 8월 8일 (일) 맑음

오늘은 수연 선생이 2006년에 펴낸 시집 『섬들은 외롭지 않다』를 들고 '솔밭 공원'에 나왔어요. 첫 장을 열자 '섬과 나'는 거침없이 말하네요.

'어떻게 섬 탐방의 길이 내게 열리게 되었던가? 자타가 공인하는 섬의 백과사전 이생진 시인을 가깝게 사귀어 온 터라 그 기회가 쉽게 다가왔다.

– 섬에 대해 관심이 많습니다. 섬에 가실 때 혼자 가지 마시고 나를

꼭 데리고 가십시오.

– 알았습니다. 앞으로 3년 동안 가장 좋은 섬만을 골라 열 개쯤 보여드릴 용의가 있습니다. 성수기를 피해 봄가을에 가기로 하죠.

1997년 가을부터 시작된 섬 여행은 그야말로 순풍에 돛 단 배였다. 처음 찾아간 곳이 흑산도, 홍도, 가거도, 만재도 등 섬 중의 섬이어서 나는 대뜸 강렬한 인상을 받았다. 마치 영감의 벼락을 맞은 듯, 또는 불멸의 상처를 입은 듯. 하여 해마다 봄가을이면 섬 순례를 안 하곤 못 배겼다. 3년의 시한은 8,9년으로 늘어났거니와 그동안 가 본 섬도 스쳐 지나간 것들까지 포함하면 족히 삼백 곳은 되리라 여겨진다. 그리하여 써진 시가 모두 163편, 그 중 40편은 이미 『꿈꾸는 탐라섬』으로 엮어 냈고, 나머지 시편을 이번에 몽땅 정리하려 하였더니 한 권으로는 분량이 너무 많아 『섬들은 외롭지 않다』와 『이승에서 영원을 사는 섬들』 두 권으로 나누어서 동시 출간하기로 한 것이다. 섬의 초심자에 불과했던 내가 섬에 대해 이 만큼이나마 눈뜨게 되고 부자가 된 것은 전적으로 이생진 시인 덕분임을 이 자리에 밝히면서 새삼 그의 친절과 우정에 사의를 표하는 바이다.'

– 박희진 시집 『섬들은 외롭지 않다』(시와 진실, 2006) 5–6쪽에서

실은 이 시집에 올라오지 않은 약속이 있었는데 나는 그 말 하기가 무척 어려웠어요. 이런 말.

"수연 선생, 뱃멀미 하나요?" 하고 묻자 모른다고 했죠.

"홍도는 초보 항로이고, 만재도까지 가는데 이상이 없으면 울릉도까지도 갈 수 있고, 울릉도까지 가는데 이상이 없으면 독도까지 갈 수 있죠. 독도까지 가는데 멀미를 안 하면 완전 합격. 그런데 섬이라는 데가

그리 넉넉한 곳이 아니어서 식사도 잠자리도 불편하고 태풍을 만나면 사흘 나흘 그 자리에서 견뎌야 하니, 이때 불평이 없어야 해요."

우리는 서로의 일에 방해되지 않기를 약속하고 작은 섬으로 작은 섬으로 떠돌았죠. 걷고 걷고 또 걷고 정말 많이 걸었네요. 이건 모두 시 때문에 끌려 다닌 발걸음이었죠. 그리고 만재도에 이르렀을 때 수연 선생은 황홀경에 감전된 듯 소리쳤어요.

삼천 개가 넘는다는 한국의 섬들 중
탐방한 것만 천 개가 넘는다는
시인 이생진,
(왜 그가 섬 박사인지 알 만하죠?)
그런데 그가 애인이 생기면
꼭 같이 가 볼까 하고 비장해 두었던
마지막 섬이 만재도래요.
지금 우리는 그런 섬에 와 있으니
이것이 보통 인연은 아니에요
나는 즉흥으로 이 시인에게
'만재晩才'를 아호로 삼기를 권했지요.

– 박희진 시집 『섬들은 외롭지 않다』(시와 진실, 2006) 13쪽에서

수연 선생은 이쯤에서 섬에 중독되는 것 같았어요. 지칠 줄 모르고 세 개의 산봉우리(큰산, 장바위산, 물생산)를 탔고 두 개의 등대를 두 팔로 안기도 하고 쫓기는 검은 염소를 따라잡았죠. 배 타고 섬 일주할 때는 감탄을 연발했어요. 수연 선생은 그렇게 섬을 좋아하며 나를 놓

지 않았으니 3년이 금방 6년이 되고 6년이 9년, 정말 세월 가는 줄 몰랐네요.

그때까지 호가 없었는데 수연 선생이 '만재晩才'라고 하는 바람에 내가 걸어 다니는 섬이 된 기분이었어요. 그보다

> '나는 어디까지나 자유로운 시인으로 시종일관함이 자신의 운명이라 확신했기 때문이다.'
>
> – 박희진 시집 『백사백경』(불광출판부, 1999) 서문에서

우리의 섬 편력은 자유로운 시인으로 시종일관하기 위한 동행이었죠. 나는 영월 마대산 김삿갓 마을에 있는 우구네 집에서 이런 시를 썼어요.

시란
시인에게 굴레를 씌우는 것이 아니라
씌워진 굴레에서 벗어나는 데 있다
떠나는 괴로움과
떠도는 외로움
시인은 출발부터가 외로움이다

불행하게도
방랑은 시인의 벼랑이요
벼랑을 맴돌며 노래함이
시인의 숙명이라면
기꺼이 그 숙명에 동참하겠다고

맹세하마

– 이생진 시집 『김삿갓, 시인아 바람아』(우리글, 2004) 15쪽 「시인의 맹세」 전문

우리가 우이도로 가던 날 도초도를 지나 경치도쯤 왔을 때 왼쪽으로 보이던 섬, 멋있는 섬이 있었지요. 그게 대야도인데 수연 선생과 그 섬에 가야지 하고서도 끝내 함께하지 못했네요.

올 여름에는 옥도玉島에 갔어요. 바닷가를 걷다가 숲 속에 숨어 있는 폐교를 봤죠. 그 순간 수연 선생이 생각났어요. 향나무와 은행나무가 뜨거운 열기를 식혀 주어 창밖으로 보이는 바다가 한층 아름답데요. 교실 하나 얻어서 한 달만 지내도 수십 편의 시가 쏟아질 것 같았어요. 밤에는 별, 낮에는 끝없이 펼쳐지는 갯벌, 우리가 좋아하는 우이도의 모래밭과는 다르지만 옥도는 옥도대로 사무친 그리움이 치솟고 있데요.

요즘은 혼자 다니는 마음 한구석이 텅 비어 있어요. 섬에서 돌아와도 그렇고…

떠나던 날
구름은 수채화처럼 가볍고
나는 해변의 조가비처럼 남아 있고 싶었다
물 밀려올 적마다
발밑까지 따라와
밟히고 싶어하던 치맛자락
정든 여자만큼이나 떼어놓기 어려워
나도 빙빙 바닷가만 돌았다

– 이생진 시집 『동백꽃 피거든 홍도로 오라』(동천사, 1995) 77쪽에서

이 시도 변규백 선생이 작곡한 것인데 인사동 시낭송 자리에서 하덕희 선생이나 윤준경 시인이 부르게 되면 이어서 수연 선생의 '까치집'을 불렀죠.

수연 선생,
아직도 나는 섬으로 가는 걸음을 멈추지 않고 있어요.
나만의 자유를 얻기 위해 고독에의 길을 택한 것이지요.
나는 지금도 고독에 대한 욕심이 많아요.

고 수연 박희진 선생에게
–당신의 웃는 얼굴

당신의 제자 노민석 박사가 보낸 부음 문자를 읽고
가슴이 꽉 막히는 것을 느꼈지요
그리고 당신의 손을 잡듯 당신이 마지막으로 보내 준
시론집『상처와 영광』

그 두껍고 무거운 책에서
흰 수염에 싸인 맑은 웃음을 봤습니다
그 맑은 웃음의 힘으로
585쪽에 있는 당신의 시
「추일영가秋日靈歌」를 읽었어요
그 시를 이 자리에서 다시 읽어
당신을 보내오니
저승에서도 시 쓰는 일 계속하시기 바랍니다

'오늘은 아주 길하디길한 날,
구름 한 점 없는 날,
청정한 날이로세.
동쪽의 해와 서쪽의 달이
마주 바라보며 웃는 날이로세.
파란 하늘 아래
산은 홍록의 자태를 드러내고,
계곡 물엔 티 하나 근접을 못하는 날.
사람들이 저마다
거울 속처럼 환히 드러나는
영혼을 서로 비춰보는 날이로세.
아아, 더없이 아름다운 날이로세.
찬미할진저, 찬미할진저.
천지만물이 시간 속에 있으면서
그냥 그대로,

영원의 모습으로 빛나고 있음이여!
해도 오너라, 달도 오너라.
사슴도 거북도 학도 오너라.
대나무도 소나무도 바위도 오너라.
우리 모두 손잡고 춤추며 노래하세.
이 좋은 날,
더없이 아름답고 더없이 화락한,
빛 뿜는 날을.'

2015년 4월 1일 이생진

* 그날 나는 당신의 영전에서 이 글을 읽지 못하고 흐느껴 울기만 했어요.

수연 박희진 시인과의 만남

최두환
독문학자, 도서출판 '시와 진실' 대표, 계간 '세계시민' 발행인

내가 수연 박희진 시인과 처음 만난 것은 나의 은사요 대부이신 태암苔巖 김규영金奎榮[*] 스승님께 세배 갔을 때였다. 내가 22년간의 독일 유학 생활을 끝내고 귀국한 것이 1982년 2월 말이고 그 다음해 음력 설날에 스승님께 세배하러 갔었으니 어언 30여 년 전 일이다. 지금은 병상에 계신 스승님을 뵈러 가면 이미 환갑이 훨씬 넘은 따님이 맞이하지만 30년 전 설날에는 사모님이 손수 궁중 음식을 차려 놓고 우리를 맞이해 주셨다. 우리란 내 옆자리에 세배하러 먼저 와 있던 박 시인과 그의 절친한 친구인 성찬경 시인을 말한다. 그 자리에서 나는 두 시인이 스승님의 보성학교 교사 시절 제자들이라고 소개받고 처음으로 상견례를 하였다. 그런데 그 자리에서 스승과 두 시인 제자 간에 주고받는 예절바른 담소에서 풍겨오는 사랑을 느낄 수 있었는데, 나는 느낄 수 있을 뿐 함께 따라갈 수가 없었다. 대학을 졸업하고 군대에 다녀와서 곧바로 독일로 갔다가 22년 만에 돌아왔을 때 내 나이 이미 마흔여덟이나 돼 있었으나 우리나라에서 사회생활을 한 경험이 없었으니 주법을 비롯하여 좋은 언어 예절을 배울 기회가 없었던 것이다.

벌써 한 반년 전쯤이었을까? 따님으로부터 태암 선생님께서 위독하

시다는 전화를 받고 병원에 갔을 때 선생님께서는 두어 개의 호스를 입에 문 채 말씀을 못하시고 겨우 사람을 알아볼 정도였고, 하시고 싶은 말은 따님의 귀에 바싹 대고 몇 마디 겨우 하셨는데, 따님이 옮겨 전하기를 선생님이 박희진 시인의 목소리를 듣고 싶으니 전화를 해 달라는 것이었다. 따님의 핸드폰에 전화하시면 그것을 선생님의 귀에 대어 드려 들으실 수 있게 하겠다는 것이다. 다음 날 나는 박 시인을 찾아가 선생님의 뜻을 전하였다. 그러자 박 시인은 "그게 다 부질없는 일이지요. 선생님께서 편안히 가시도록 그저 기다리는 게 좋습니다." 그때서야 나는 알아차렸다. 두 분은 벌써 영적으로 교감을 나누고 계셨음을. 영성의 세계가 있다는 것을 현대인들이 잊고 지냄을 박 시인이 평소에 얼마나 답답해 하셨던가!

그 후 한두 달이 지났을까? 나는 박 시인을 찾아가 계간지 '세계시민'을 창간할 생각으로 준비하고 있음을 말씀 드리고 그 창간호를 위해 시 몇 편을 부탁했다. 그러자 은자隱者의 시 몇 수를 요즈음 써 놓은 것이 있으니 그것이 좋을 것이라 하셨다. 그런데 이게 웬일인가, 그 후 일주일도 안 되어 나는 박 시인의 제자인 이병길 씨로부터 "선생님께서 어제 작고하셨습니다." 하는 전화를 받았다.

나는 30여 년 전에 은사님께 세배 갔다 박 시인을 만나게 된 후, 은사님의 안내로 박 시인과 구상 시인, 성찬경 시인 세 분이 이끄는 '공간시낭독회'에 나가기 시작했다. 은사님도 뵈올 겸 한 달에 한 번씩 '공간시낭독회'에 갔던 것이 모두 얼마나 되었던가? 십 년 이상은 되었으리라.

나는 독일에 유학하여 처음 한 5년간은 토마스 만의 소설을 공부하다 나중에는 주로 시 공부를 하게 되었는데 그때까지 우리나라의 시와 시인들에 관한 나의 지식은 전무한 상태였다 해도 과언이 아닐 것이다. '50년대 초에 나는 소위 명문 중의 명문이라는 경기고 시절을 보냈는데 영어, 수학 과목에는 우수한 선생님들이 계셨으나 국어 시간은 과연 있었기나 하였던가 할 정도로 기억조차 없다. 다만 내가 고2 시절이었던가, 고서점에서 한 권으로 된 두꺼운 박용철 시 전집을 샀는데 그 중에서 읽은 것 중 지금도 기억하고 있는 시 한 편이 있으니, 그것은 '나두야 간다, 나의 이 젊은 나이를 눈물로야 보낼 거냐'로 시작되는 시이다.

박 시인을 알게 되기 전에 내가 직접 읽은 우리나라 시인이 또 한 분 있으니 곧 김지하 시인이다. 내가 독일에 있던 시절 '70년대 후반에 당시 사형 구형을 받고 있던 김지하 시인의 구명 운동이 독일에서도 전개되었는데, 빌리 브란트 전 독일 수상을 비롯한 서유럽의 저명 인사들이 구명서에 서명을 하였다. 그런데 정작 김지하의 시는 독일에 번역된 것이 전혀 없어, 그가 유명한 시인이라는데 도대체 그의 시를 읽은 사람이 독일에는 없었다. 이러한 상태에서 나는 독일의 유명한 출판사의 하나인 주어캄프Suhrkamp사의 의뢰를 받고 독일 태생이요 시를 좋아하는 나의 아내 레기네 최Regine Choi의 도움을 받으면서, 아니 한 자 한 자, 한 행 한 행 함께 씨름하며 2년에 걸쳐 김지하의 처녀시집 『황토』를 비롯한 시들을 번역하였다. 그런데 정작 그를 유명하게 만든 그의 「오적五賊」은 내 힘으로 번역할 수 없어 당시 독일의 손꼽히는 일본문학 전문 번역가인 지그프리드 샤르슈미트Siegfried Schaarschmidt가 일어판에서 번역하고 내가 감수하였다. 이렇게 하여 만들어진 김지하 시의 독역판이 내가 귀국한 한 해 후인 1983년에 주어캄프사에서 나와 샤르슈미트의 공역으로 출판되었다. 그래서 나의 아내는 지금도 공역자로서 자기의 이름이 빠진 것을 아쉬워한다. 내가 이렇게 장황하게 김지하 시 번역한 일을 늘어놓은 것은 내 자랑을 하기 위해서가 아니라 내가 인간 박희진을 알게 됨으로서 참시인이란 어떠한 사람인가를 비로소 알게 되었음을 말하기 위해서이다.

박 시인은 시낭송 전에 언제나 자신에게 주어진 5분 남짓한 짧은 시간에 낭송하는 자기 시에 관한 이야기를 했다. 5분 남짓한 그의 짧은 시 강연은 번번이 유학 시절 시 공부를 주로 했다는 나에게 그동안 산만하게 쌓인 시 이론에 관한 나의 지식을 명쾌하게 정리해 주었다. 시의 진수가 어떠한 것임을, 소위 순수시니 참여시니 하는 이론적 시 분류 행태가 한 시대의 유행에 불과함을!

나는 박 시인과 단둘이 두 번 여행한 일이 있다. 그 한 번은 여수에 사는 박 시인의 애독자 한 분이 박 시인에게 여러 번 초청 의사를 밝혀옴에 따라 나와 함께 가자고 하여 나서게 되었던 것이다. 아마도 내가 정년퇴직 후에 출판사를 차리고 그 첫 프로젝트로 박희진 시 전집을 구상하고 단행본 형태로 다섯 권을 낸 다음 전집 체제로 『초기시집』, 『중기시집』, 『후기시집I』, 『후기시집II』를 계속 출간한 것에 대해 오래전부터 마음에 간직하고 있던 고마움에서 나온 제안이었으리라. 나도 그 뜻을 고맙게 받아들여 함께 여수까지 가게 된 것이다. 여수에서 개인 소유의 소형 배를 타고 바다로 나가 직접 고기를 낚시하고 준비해 온 고추장에 싱싱한 회를 전문적인 낚시꾼의 솜씨로 대접받은 일은 지금도 내게 생생하다.

그러나 이러한 단편적인 기억 이상의 값진 체험을 선물로 받게 된 것은 박 시인과의 두 번째 여행이다. 지루한 장마가 끝나갈 무렵 박 시인은 불쑥 해인사에 함께 가자고 했다. 우리는 대구까지는 기차로 가고 대구부터는 해인사행 직행버스를 이용했다. 해인사로 들어서는 길부터는 장마가 막 끝날 무렵이라 오가는 차 하나 없고 비 그친 후의 신선한 공기는 벌써 선경으로 들어가는 듯한 기분으로 마음 설레게 했다. 우리는 우선 절 마을에 늘어선 여인숙을 겸한 음식점에 들어가 늦은 점심 겸 저녁을 먹기로 했는데 그 많은 음식점들이 모두 텅텅 비고 우리가 유일한 식객이었다. 초저녁부터 시작되어 점점 깊어 가는 절 마을의 밤, 우리는 널찍한 온돌방에 누어 밤의 소리를 들었다. 둘이서 무슨 대화를 나누었던가, – 지금 기억나는 것은 해인사 입구 길부터 계속 절 마을을 뒤덮고 있는 자연과 대화했었다는 것뿐이다. 다음날 새벽 우리는 안개에 덮인 해인사 본채를 대강 둘러보고 계속 산길 따라 한참 걸어 암자에까지 갔다. 암자가 아니라 그것은 작은 절이요 큰 스님이 거처하는 곳이라 했다. 동이 트기 시작했다. 눈앞에 전개되는 대자연이 밝아오는 햇살에 몸체를 드러내기 시작했다.

같은 날 오후에 우리는 가랑비를 맞으면서 개울 길을 따라 한참 걸어 내려가 최치원이 종적을 감추기 전에 마지막으로 머물었다는 바위까지 갔다. 작은 정자가 건너편에 있었다. 아, 현묘지도玄妙之道 풍류가 무엇임을 후세에 가르치고 간 고운孤雲 최치원! 박 시인은 내게 그를 만나게 해 주기 위해 나를 그곳까지 안내해 주었음을 그때서야 깨달았다. 우리는 원래 하루만 묵고 올 생각이었었는데 그곳에서 삼일 밤을 지냈다. 해인사 여인숙 마을의 유일한 투숙객으로.

* 철학계의 거목이었던 태암 김규영 선생은 1919년에 태어나 2016년 1월 3일 별세하였다.

수연 박희진 시인의 세계

이은봉
철학자, 덕성여자대학교 명예교수

1. 박희진 시인을 만난 계기

나는 1975년부터 성북동 천주교 수도원의 한 모임에 매달 참여하고 있었다. 방 안드레아 신부*를 모시고 영성적 대화를 하는 모임이었다. 서강대 철학과 김규영 교수가 그 모임의 사회를 보며 사실상 모임을 주도하고 있었는데, 천주교에서는 살아 있는 성인이라는 별명을 갖고 있었던 방 안드레아 신부의 영성을 접하고 대화하는 모임이었다. 그 모임에는 박희진 시인도 매달 빠지지 않고 참석했는데, 박 시인과 고등학교 동창이었던 성찬경 교수도 참여하였다. 박희진, 성찬경 두 분은 전에 김규영 교수가 가르치던 고교에서 만난 제자들이었던 듯하다.

지금 회고해 보니 그 모임은 인간의 영성과 시정詩情이 넘치는 곳이었다. 매번 3시간 정도 모였는데 어떻게 시간이 지나갔는지 모를 만큼 기쁨이 넘치는 곳이었다. 일상의 시간과 전혀 다른 영적인 시간에서 보낸 것이어서 그랬던지 그 시간에 흠뻑 젖어 있다 보면 3시간이 언제 지나갔는지 모를 지경으로 단번에 지나가곤 했다. 나는 그 모임에서 많은 분들을 만났지만 박희진, 성찬경 두 분 시인을 만난 것도 매우 뜻

깊은 일이었다. 성찬경 교수는 나에게는 선배였지만 내가 대학에 재직하고 있을 때 같은 대학에서 얼마간 동료 교수로서 가르친 바도 있었다. 성찬경 시인의 회고에 의하면, 박희진은 고등학교 1학년 정도 되었을 무렵부터 이미 시인으로서의 풍모를 지녔고, 문학을 하려는 친구들 사이에서 이미 외경의 대상이 될 만큼 확고한 생각과 필력을 갖춘 학생이었다고 한다. 그러니까 박희진이 시인이 되려고 꿈꾸었던 것은 이미 소년 시절부터라는 것을 알 수 있다.

성북동 모임에서 대화의 주제로 항상 떠오른 것은 하느님과 인간과 자연이었다. 무슨 학술 모임처럼 미리 대화의 주제가 결정된 바도 없으나 누군가 말문을 열어 인생사에 얽힌 한마디를 하게 되면 그것이 그 날 모임의 주제가 되었다. 따라서 매우 다양한 이야기들을 나누는 시간이었지만 이미 성인의 경지에 이른 방 안드레아 신부의 영성의 깊이에서 나오는 말들은 학문을 하는 사람들에게도 많은 자극이 되었는데, 나 같은 사람도 그랬으니 시인들은 얼마나 직접적으로 자극이 되었을까 짐작된다.

2. 박 시인의 시 세계

나는 박희진 시인의 시를 남김없이 다 읽은 것은 아니지만 이분이 생전에 걸어온 시인으로서의 세계를 대충 짐작은 한다. 그분이 남긴 방대한 시와 글들을 체계적으로 살필 겨를은 없었으나 살면서 접촉하고 간간이 읽은 그때그때의 시의 세계를 접하며 어떻게 변모하고 있었는지 대강 짐작한다는 것이다. 박 시인은 나와 같이 종교와 철학을 공부하는 사람에게도 공감과 교감, 문제를 던져주는 시를 썼는데, 모든 것은 그분이 직접 명상했거나 체험한 내용들이었다고 생각한다. 항상 문제의 깊이를 건드리고 있었고, 그 깊이에서 길어 올린 생명수 같은 것이었으며, 때로는 그 깊이에서 울리는 느닷없는 메시지 같은 청량감을 전해 주었다.

내가 한국의 많은 시인들의 시를 종합적으로 평가할 능력이 있는 사람은 아니지만 쉽게 쓰는 시들은 어떤 때 상투적인 감상이나 청승을 떠는 것처럼 보이기도 했고, 좀 난해하게 표현된 시들은 깊이에 닿지 않고 낡은 관념의 관념을 조합한 것과 같은 언어들로 이루어진 것이 많아서 시를 거의 안 읽는 편이었다. 그런데 박 시인은 내용과 깊이에 있어서 비록 난해하게 표현된 것들이라 할지라도 그분의 실체적 깊이에서 나오고 있었기 때문에 상투적 관념의 관념을 조합하는 것과 같은 피상적인 것이 아니고, 진정한 깊이를 던져주는 것이었다. 시인 자신이 얼마나 치열하게 명상했는지 짐작할 수 있게 만들었다.

하나의 예를 들어본다.

「이 마음 못물 위에」라는 시인데 1991년에 나온 시선집 『한 방울의 만남』에서 본 작품이다. 원래는 1982년에 간행된 그의 제7시집 『가슴 속의 시냇물』에 실려 있었다고 들었는데, 통상적인 관념의 관념을 재생산하는 방식이 아니고, 시인 자신이 우주의 중심에 서서 모든 대상이 마음에 와 닿는 울림을 귀 기울여 듣고 시로 표현한 것이다.

이 마음 못물 위에
흰 연꽃 한 송이를 남겨 놓고 가셨어요.
님은 떠나신다는 말도 없이,
어디로인가 새가 날아가듯.

〉
그 연꽃은 시들 줄을 모릅니다.
활짝 피어난 채 낮이나 밤이나
그윽한 향기를 뿜고 있습니다.
꽃잎 위의 이슬도 그냥 그대로.

나는 눈 감는 버릇이 생겼어요,
그 황홀한 연꽃을 보기 위해.
나는 시간 가는 줄을 모르고 지냅니다.

때로는 이 몸도 그냥 고스란히
한 송이 연꽃으로 피어나는 모양예요.
그러면 나와 님이 하나가 된답니다.

이 아름다운 서정시에서 시인이 노래하는 연꽃은 누가 심어 놓은 것일까? 시인의 마음 못물 위에 심어놓은 연꽃이다. 그 꽃에서 향기가 나므로 황홀하고 나와 님이 하나가 되는 것을 느끼게 되는 이 연꽃을 피우는 마음 못물은 대체 무엇일까?

박 시인의 호는 수연水然이다. 물과 같이 그러하다는 뜻이다. 노자의 상선약수上善若水와도 통하는 말이다. 박 시인은 물을 가지고 즐겨 노래한다. 이 자연 세상은 하느님이 써 놓은 책과 같을 것이다. 하느님은 이 자연 세상에 땅과 물과 불과 공기라는 4가지 언어를 가지고 온갖 신비를 다 써 놓았다고 할까. 자연은 하느님이 써 놓은 책과 같으므로 인간의 온갖 지혜는 이 자연이라는 책을 읽을 줄 아는 이들에 의하여 차츰 밝혀지고 드러나고 전승되어 왔다고 할 수 있을 것이다.

위대한 작품은 어떤 면에서나 하느님의 순수현동純粹現動에 분여分與하고 있는 인간의 마음의 깊이를 반영하게 마련이다. 표현 수단의 통일성이나 비범함, 마음의 깊이를 반영하는 노련한 언어 구사를 통해 시인의 독자적인 언어가 드러나게 마련이겠지만 박 시인은 하나도 어렵지 않게 마음 못물이라는 단도직입적인 언어를 통해 물이 최상급이며 실체의 실체임을 드러내고 물의 어머니 같은 마음을 불러일으켜 시적 화학이 일으킬 수 있는 이미지를 정착시킬 수 있는 바탕을 깔아놓는다. 그리고 이제 물을 응시하기만 하면 되는데 그 응시자의 주체는 참으로 비밀스럽고 표현하기 어려운 경지에 숨어 있어 시인의 창조적 몽상을 자극하고 있다. 시인은 이 못물 위에 연꽃 한 송이를 남겨놓고 가신 분과 마치 애인에게 연서를 보내듯이 대화하고 있다. 시인 자신의 마음이 맑은 호수같이 때가 묻지 않아야만 할 것이다. 그렇지 않으면 알아들을 수 없는 연서의 주인공에게 다정하게 말을 건넨다.

그런데 그 님은 떠난다는 말도 없이 아무런 흔적도 남김이 없이 떠난다. 아무리 떠난 님이라고 하나 그 향기는 마음을 가득 채워 잊을 수가 없기에 그 향기를 그리워하며 눈 감는 버릇이 생겼다고도 말한다. 어느 사이에 마음 자체도 한 송이 연꽃처럼 변해 하느님의 자태를 보일락 말락 이 시를 읽는 우리의 마음도 더욱 간절해진다. 이 시는 너무도 순수한 경지의 한 토막을 암시하고 있어 인생의 이런 식의 반영이 현실보다도 더한층 현실적임을 가리키는 것은 그 여운이 마음 깊이 자극됨은 물론 향기를 풍기고 있기 때문이다. 이런 면에서 보면, 인생은 꿈속에서의 꿈이며, 자연은 반영에서의 반영이며, 절대적인 이미지로만 백만 가지 중 일단이라도 표현이 가능하다고 할 수 있다. 그런 면에서 시인은 위대하고 박 시인은 위대하다.

호수 물은 하늘의 영상을 사진 찍듯 붙잡아 부동화不動化하는 수단으로 이렇듯 호수 중심에서 하느님의 한 자락을 낳게 하는데 이런 일은, 오로지 시인을 통해서, 깨끗한 투명성 안에서 암시될 수 있다. 박 시인이 말하고 있는 것처럼 사람의 마음은 호수이다. 다른 말로 하늘과 호수가 서로 뒤집어져 있다고 할까, 하늘이 호수이고 호수가 하늘이다. 수정처럼 맑은 물 마음에서 하늘의 작은 섬이기도 한 별을 관상하듯이 아름다운 연서를 보내는 박 시인의 마음에서 그냥 세상을 떠난 이와 나누는 정다운 이야기로만 들리지 않는 영원한 메시지가 보이는 것이다.

박 시인은 평생 독신으로 살면서 미쳐 있었다고 할까, 영원한 사랑에 빠져 있었다고 할까, 일반 독자들에게 난해하게 보이는 이런 시들이 사실은 박 시인의 치열한 묵상과 수도에서 비롯된 것이다. 모든 종파를 넘어서서 박 시인은 종교의 근본 문제들을 언어로 표현하려고 하지 않았나 생각한다.

그런데 앞에서 지적한 바와 같이 이런 난해한 시들도 그분의 생의 후반부에 이르면 일상의 쉬운 언어들로 대부분 이루어지고 있음을 볼 수 있는데, 시인으로서 이미 이순耳順의 경지에 이르러 아무 주제나 선택해서 말하더라도 그 쉬운 말 속에 이미 깊은 신비가 숨결처럼 들어 있게 하였다. 다루기 힘든 어떤 주제라도 마이다스의 손길처럼 그가 집어 언어로 표현하는 것들은 모두 금빛으로 빛난다. 언어의 연금술사, 언어의 주인이 된 것이 아닐까? 만약 박 시인의 시를 난해하다고 여기거나 비현실적이라고 여기는 사람이 있다면 박 시인의 깊이에 대한 치열한 수도를 생략했거나 도외시했기 때문이 아닐까 짐작한다. 박 시인의 시 하나하나는 주옥과 같다.

* 방 안드레아 신부 : 한국복자수도원 창설자인 방유룡 안드레아 신부(1990~1986)

박희진 시인과 풍류도 정신

– 수연 박희진 시인을 추모하면서

진교훈
철학자, 서울대학교 명예교수

1. 들어가는 말

저는 어느 늦가을 태암 김규영 선생님 댁에서 성찬경 시인과 박희진 시인을 만났습니다. 그때 박희진 시인과 성찬경 시인은 이미 문단에 등단한 분이었지만, 저는 철학과 학부 학생이었습니다. 우리는 그날 여러 시간 동안 시인 타고르와 보들레르의 시 세계에 대해서 대화를 나누었습니다. 저는 세 분이 하시는 고담준론에 푹 빠진 나머지 저도 모르게 어쭙지않게도 제가 크게 감동을 받았던 헤르만 헤세의 단편「시인」에 나타난 시인의 정신을 이야기하였는데, 세 분께서 귀담아들어 주셨습니다. 그 후 우리는 음력 정월 초이틀이 되면 태암 선생님 댁에서 사모님께서 차려주시는 진미를 맛보면서 시 세계를 완미玩味하곤 하였습니다. 그리고 특기할 것은 제가 유학을 갔다 온 후 성북동 한국복자수도원에서 총장이신 방유룡 신부님 방에서 한 달에 한 번 10수년을 주로 총장 신부님으로부터 영성 생활에 대한 말씀을 우리가 같이 들을 수 있는 특은을 누렸다는 것입니다. 방 총장 신부님은 기도와 영성과 시를 하나로 보시면서 그분의 영성 생활에서 터득하신 무아無我와 점성點性 정신에 대해서 말씀을 해 주시곤 하셨습니다. 그때 우리는 이승에서도 천국의 세계를 맛보곤 하였습니다.

이러한 인연으로 저는 수연 박희진 시인을 추모하는 글을 쓰게 되었습니다. 저는 이 글에서 박희진 시인이 왜 한평생을 오로지 시작에 전념할 수밖에 없었으며, 박희진 시인의 시작詩作의 근본인 풍류도 정신이 어떻게 그의 시 속에서 구현되는가를 살펴보려고 합니다.

2. 박희진 시인은 왜 평생을 시작에만 전념하였는가?

시는 죽을 수밖에 없는 인간의 한계상황을 넘어서려고 하는 시도입니다. 시는 시작詩作을 통해서 시간의 지속持續, duree, Dauer을 가지기를 원합니다. 이 지속은 어떤 고정되고 불변하는 정체성을 의미하는 것이 아니라, 어떤 한 순간 속에서 영원한 것을 보는 초시간적(초절적)인 것입니다. 이 지속에 바로 찬미Rühmung가 수반됩니다.

찬미는 모든 예술의 본질입니다. 그래서 헬무트 쿤은 "참된 시는 찬미다."[1]라고 단언할 수 있었을 것입니다. 찬미의 본질은 좋은 것을, 아름다운 것을 더 잘 드러나게 해서 영원히 빛나게 하는 데 있습니다. 찬미를 통해 현실은 정화되고 신성화되어 갑니다. 우리는 온갖 아름다운 것들이 영원하기를 바랍니다. 그래서 예술 작품은 탄생됩니다. 예술 작품은 반복되지 않은 일회적인 영원한 순간의 충만 속에서 살고 있습니다. 예술 작품도 시간 안에 있는 것이니 시간의 흐름에 따라 변하는 것이겠지만, 허나 시간의 사슬을 끊고 이를 넘어서 영원을 지향합니다.[2]

하이데거는 "인간은 지상에서 시인으로서 거주한다."고 말합니다. 그가

---

1) H. Kuhn, "True poetry is praise," in : Theology Today, Bd. IV. 1947, p.235
2) 진교훈, 「찬미와 시」, 『심상(心象)』, 1979년 5월호, 참조

그렇게 말할 수 있는 까닭은 어떤 일도 시작詩作에 우선할 수가 없고, 시를 짓는 일은 인간의 본질에 속하는 것이기 때문입니다. 시인은 숨어있는 것을 드러나게 하고, 도달할 수 없는 것을 가까이 할 수 있게 하여 주며, 보이지 않는 것을 본질직관으로 파악하며, 보통 사람들이 말로 표현하기 어려운 것을 말로 표현합니다.[3)]

이러한 시인의 삶의 전범을 우리는 수연 박희진 시인에게서 찾아볼 수 있습니다. 박희진 시인은 영靈에게 사로잡혀 마치 신 내린 무당이 신바람 나게 굿을 하지 않고는 못 견디는 것처럼 시를 짓지 않고는 살 수 없는 사람입니다. 그는 시를 짓기 위하여 이 땅에 태어나신 분이며, 시작은 그의 삶의 전부입니다. 그러니 그는 자기의 전 생애를 오로지 주님을 공경하고 찬미하는 관상수도자처럼 세속에 집착을 하지 않으니, 장가들 리도 만무하고, 호구지책을 면할 수 있게 되자마자 교직조차도 명예퇴직을 하고 나서 오로지 시작에만 전심전념하셨습니다.

3. 박희진 시인의 시작의 근본과 풍류도 정신

박희진 시인은 풍류도風流道에 대하여 "나의 암중모색이나 다름없던 정체성 탐구의 줄기찬 노력은 필연적으로 겨레의 정체성 탐구로 이어지고, 그 결과 내가 찾아낸 것이 이른바 풍류도다. 지난 10년 동안 이 풍류도는 내 뇌를 떠나 본적이 없는 화두로 군림했다. … 우리 겨레의 사상사 내지 문화사의 저변을 관류해 온 겨레 특유의 발상과 사유의 근간임을 나는 의심치 않는다. … 천 · 지 · 인 삼재三才의 균형과 조화, 쉽게 말하면 자연(=천+지)

3) 진교훈, 「문학과 철학의 만남」, 『문학과 철학의 만남』, 민음사, 2000, 참조

과 문명(=인간+문명 · 문화)의 균형과 조화가 풍류도일진대, 이러한 사상은 바로 이 나라 이 강산이라는 자연 풍토의 소산임에 틀림없다."[4]고 피력하셨습니다. 그분은 제1회 녹색문학상을 수상하면서 수상소감에서도 "풍류도의 나라 이 아름다운 금수강산에 태어난 것을 자랑스럽게 여긴다."는 말을 하셨습니다. 도서출판 '시와 진실'의 사장이신 최두환 교수의 신축 사옥 집들이에서 박희진 시인은 강연을 하셨는데, 그때의 강연 주제가 풍류도였으며, 그 강연의 요지는 다음과 같습니다. : "고운 최치원(857~?)의 말은 '난랑비서鸞郞碑序'라는 짧은 비문에 씌어 있다. 불교의 진수는 악은 행하지 않고 선만을 행한다는 데 있다. 하랑도가 최초의 풍류도였다. 현대에 와서 최초로 범부凡父 김정설金鼎卨(1897~1966) 선생이 풍류도를 언급했다. 그러나 풍류도인 제 1호는 단군이었다. 단군은 신도神道를 설정했기에 단군의 신도는 고선도古仙道라면 그 결실이 신라의 화랑도에서 맺어진 것이다. 그것은 '화랑외사'[5]에 속한다.[6] 풍류도는 천지인天地人의 조화와 균형에 있다. 하늘과 땅이 자연이라면 인간은 문명과 문화다. 따라서 자연과 문명의 조화와 균형이 곧 풍류도라고 풀이된다. 자연의 진수를 우리는 명찰名刹에서 보고 문명의 진수를 건물에서 본다.[7] 삶의 미학이 곧 풍류도이다. 유동식 교수는 한국인의 문화적 영성을 말했는데 하늘과 인간, 땅과 인간 사이의 영통의 길을 여신 분이 바로 단군이다. … "

박희진 시인은 김금용 시인과의 대담에서 풍류도에 대해서 다음과 같은 말을 하셨습니다. : "전국의 사찰을 누비고 다녀 보면 여전히 풍류도가 살

---

4) 박희진, 『하늘 · 땅 · 사람』, 수문출판사, 2000, 5쪽 및 『백사백경』, 불광출판부, 1999, 8-9쪽
5) '화랑외사'는 김범부의 『화랑외사』(초판, 부산 해군정훈감실,1954, 재판, 대구 이문사, 1980)를 가리킴
6) 박희진, 『화랑영가』, 수문출판사, 1999, 서문 참조
7)이에 관해선 박희진 시집 『백사백경』, 불광출판부, 1999, 4-10쪽 참조,

아 있음을 볼 수 있습니다. 원두막이나 정자를 보면, 하나같이 자연과 더불어 '배산임수背山臨水'임을 알 수 있고요. 이를 통해 한국의 건축사도 알 수 있는데, 인간은 자연과 문명 사이에서 회통會通할 수 있어야 합니다. 지상의 곰과 천상의 신이 만나 인간인 단군을 탄생시키고 널리 세상을 이롭게 하는 홍익인간弘益人間이 되도록 하는 건국신화의 이념이야말로 낙천적이고도 긍정적인 세계관을 갖춘 풍류도를 설파하신 것입니다. 이 풍류도를 통해 자기 한계의 극복을 찾아낼 수 있다고 봅니다."[8)]

그분은 이 대담에서 풍류도와 자기의 시작과의 관계에 대해서 명확하게 말을 하셨습니다. : "『화랑영가』라는 시집을 낸 적이 있었는데, 그것도 풍류도를 염두에 두고 쓴 시편들이었습니다. '천지인삼재의 균형과 조화'란, 자연에서 인간이 나오고 그 인간들 속에서 문명과 문화가 나왔다는 것으로, 이것이 풍류도라고 봅니다. 이런 관점에서 볼 때, 자연과 문명이 조화를 이뤄야 하는데, 문명 치중으로만 달리기 때문에, 자연을 이용만 했기 때문에, 지구 위기설까지 나오는 것이라고 봅니다."

박희진 시인은 김금용 시인과의 대담에서 "저는 앞으로 쓸 시의 주제를 '풍류도'로 잡고 있습니다. 그간의 내 생각과 깨달음을 시로 연재해서 써 볼 생각입니다. 시를 쓰는 생활이란, 고려 말의 목은牧隱 이색李穡이 말한 '종신지락終身至樂'입니다. 아시다시피 종신지락은 하루아침의 낙이 아니고, 부귀영화가 아닙니다. 나는 예술 친화적 삶을 적극적으로 누리고 싶고, 시작詩作을 할 때 비로소 자유로움을 느낍니다. 시작은 그래서 일종의 종교 같습니다. 나는 '각자覺者의 기쁨'을 말하는 불교를 믿습니다. 그러나 불교 하나에만 국한하지 않고 다른 세계 어떤 종교도 다 받아들일 수 있다고 봅니다.

---

8) 원로시인 탐방 : 한국인의 고유종교는 풍류도이다/박희진 시인을 찾아서(작성자 푸른섬)

정상을 향해 가는 등산로는 하나가 아니기 때문이죠. 모두 하나의 정상을 향해 나가고자 하는 정신, 거기에 무한한 희열을 느낍니다. 한국엔 원래 고유의 종교가 있었다고 봅니다. 단군이 나라를 세우고 불교가 들어오기 전까지 분명 우리 고유의 종교가 있었고, 그것이 '풍류도'가 아닐까 생각됩니다. … 풍류도는 멀리 찾을 게 아니라, 가까이 우리 삶 속에서 얼마든지 찾아 익힐 수 있습니다. 예를 들어 산수화, 다도 등을 통해서도 풍류도를 찾을 수 있겠지요. 구도求道이니까요. 원래 구도에는 예술인, 기능인, 종교인이 다 포함됩니다. 그들이 다 구도하는 사람들이죠. 얼마 전 김상유 화가의 판화 '장락長樂'을 보았는데, 들판에 햇살이 쏟아지고, 꽃밭에 무수한 꽃들이 만발했는데, 그중에 홀로 한 남자가 앉아 있었습니다. 이는 장락무극長樂無極을 말하는 것이죠. 기독교에선 신락神樂(초성적超性的 즐거움)이고, 불교에선 아정상락我淨常樂이고요. 모두 종신지락終身至樂을 말하는 것이지요." [9]

그러므로 이제 우리는 박희진 시인의 시작의 근본은 바로 풍류도 정신라고 말해도 좋을 것입니다.

4. 박희진 시인의 소나무 예찬

우리는 박희진 시인의 소나무 시집 『소나무 만다라』에서 소나무가 풍류도의 완벽한 상징이라든가, 운치 있는 노송 한 그루가 그대로 풍류도 사원이라는 표현을 찾아볼 수 있습니다.

"풍류는 곧 바람의 흐름이다. 그건 기氣의 흐름이다. 소나무를 봄, 곧 관송觀松에서 풍류도를 알 수 있다. 소나무는 풍류도의 상징이다."라고 그분은

9) 원로시인 탐방 : 한국인의 고유종교는 풍류도이다/박희진 시인을 찾아서(작성자 푸른섬)

읊었습니다. 또 그분은 "소나무는 흔들림이나 방황이 없다. 미국 캘리포니아 주에 있는 화이트 마운틴에는 수명이 4,800년 된 소나무가 있다. 소나무에는 영성이 있다. 낙락장송은 거룩하다. 소나무 숭배에서 예술이 비롯한다. 예술 또는 예술가는 집중과 지속을 생명으로 삼는다. 예전에 조각가 로댕은 인사말로 늘 '자네, 일 잘 되고 있나?'라고 물었다고 한다. 그 말은 일을 집중해서 지속하고 있느냐를 묻는 것이다. 우리는 소나무에서 집중과 지속을 본다. 송격松格을 노송에서 본다. 소나무 특유의 기운을 본다."고 말하기도 했습니다.

그분은 그의 『소나무 수필집』에서 소나무를 예찬하기를, "낙락장송아, 네 모습 그대로가 현묘지도玄妙之道라. 일찍이 최치원이 갈파한바 '나라에 현묘한 도가 있으니 이를 풍류라 일컫는다'. 즉 풍류는 현묘한 도라는 뜻이다. 그 이치가 너무도 심오하고 절묘하여 쉽게 이해가 안 될지도 모르지만, 만약 당신이 낙락장송의 격과 운치를 투철히 파악하여 마침내 그것과 하나가 될 수 있다면 당신은 이미 현묘한 도의 체현자로서 풍류도인이 되어 있을 터이다."[10]

그래서 박희진 시인은 남한 방방곡곡 소나무 순례를 다녔고, 180여 수(1행시까지 합하면 430여 수)의 소나무시 절창 모음을 남겨놓으셨습니다. 그 중에서 박희진 시인이 소나무를 얼마나 좋아했는가를 잘 나타내 보여준 박희진 시인의 시 한 수를 읊조려봅니다.

이 세상 하직할 때
어디로 갈 것인가.

10) 박희진, 『소나무 수필집』, 황금마루, 2012, 39쪽.

송판으로 만든 관 속에 들어가서
청산에 묻히면 그것이 선종善終이리.
....
...... 솔언덕에 묻힐진대
....

언젠가 박희진 시인과 필자는 우리 애국가 2절, "남산 위에 저 소나무 철갑을 두른 듯 바람 서리 불변함은 우리 기상일세. 무궁화 삼천리 화려강산 대한사람 대한으로 길이 보전하세."를 함께 목청 높여 부른 적이 있습니다. 그때 그분은 1절보다 2절 내용이 더 좋은데 사람들은 왜 1절만 부르는지 모르겠다고 하시면서 눈물을 글썽거리던 것을 지금 필자는 회상합니다. 그때 저분은 그토록 소나무가 좋을까? 저렇게도 소나무가 좋으니, 처자식 없어도 외로울 리 없을 것이라고 속으로 생각해 보기도 했었습니다.

4. 나가는 말

우리는 앞에서 박희진 시인이 왜 시인이 될 수밖에 없는 분이며, 그의 시작의 기반이 무엇인가를 살펴보았습니다. 그의 시는 찬미와 영성靈性으로 주조主潮를 이루고 있습니다. 그의 삶을 들여다보면 그분을 거사라고 할까, 수도자라고 할까, 도인이라고 할까, 한마디로 명명하기는 어렵지만, 그분은 매우 종교적인 수행자의 풍모를 갖추고 살았습니다. 그분 자신도 스스로 종교심이 강하다고 술회를 하기도 하였습니다. 그래서 필자는 그의 종교관을 들여다보고 싶었습니다.

우선 그의 종교관과 관련해서 떠오르는 분이 태암 김규영 교수님(동국대와 서강대 철학과 교수 역임, 박희진 시인의 보성중학교 시절의 은사)이십니다. 그분은 6 · 25동란 때 납치되어 북으로 끌려가다가 병이 들어 죽은 사람으로 여겨져 길가 도랑에 버려졌으나, 지프차를 타고 지나가던 외국 간호사(메리놀회 수녀)에게 발견되어 황해도와 평안도 부근으로부터 부산 메리놀 병원까지 실려가 기적적으로 소생하셨는데, 그때 병상의 오랜 잠에서 깨어나 첫 눈에 들어온 것이 메리놀 수녀의 미소였다고 합니다. 김 교수님은 이 만남이 계기가 되어 가톨릭으로 귀정歸正하셨고, 서양 중세 철학(가톨릭 철학)을 전공하셨으며, 매일 새벽 미사에 참례하시는 독실한 가톨릭 신자이십니다. 이분이 젊었을 때 보성고등학교에서 외국어 교사를 하시던 시절, 그분은 시가 무엇인지를 박 시인에게 일깨워 주셨다고 합니다. 박 시인은 태암 선생님을 평생 은사로 극진히 모셨고, 그의 제자임을 누누이 밝히곤 하였습니다. 그런데 김규영 교수님 외에도 그와 가장 가까운 친구이자 시우詩友인 성찬경 교수도 신심 깊은 가톨릭 신자(아들이 신부임)로서 김규영 교수님은 그의 대부이기도 합니다. 또 박 시인은 김규영 교수의 안내로 한국복자수도회의 창설자이신 방유룡 총장 신부님으로부터 가톨릭의 영성 사상, 무아無我와 불이不二 사상의 가르침을 십여 년을 김규영 교수, 성찬경 시인, 그리고 필자와 또 다른 몇 분과 함께 받았으며, 방 신부님의 말씀에 자주 감탄하고 탄복해 마지않았고, 방 신부님을 지극히 존경해마지않았습니다. 박희진 시인은 20세기의 걸출한 신학자인 칼 라너 신부님이 말하는 '익명의 그리스도교인'이라고 말해도 무방할 것입니다.

그러나 박희진 시인은 김영은 시인과의 대담에서, 김영은 시인이 "선생님! 종교는 무엇인가요?"라고 묻자 대답하기를, "종교는 불교입니다. 종교가 불교라고 해서 제가 절에 다니고 그런 것은 아니고 불교가 좋아서 책으로 읽고 만나고 그런 거지요. 제가 불교시를 그 누구보다도 많이 썼습니다.[11] 그런데 불교 문인의 이름이 거론될 때면 제 이름이 빠지는 경우가 많더라구요."[12] 그는 '왜 불교에 관심을 갖는가'라는 글에서 "나는 누구인가? 내가 한국 시인일진대 나는 어떤 뜻을 세워야 하며 어떻게 공부해야 자신의 능력을 극한까지 신장시켜 성숙에의 길을 도모할 수 있겠는가? 이때 내게 계시처럼 다가온 것이 불교였다. 나는 불교사상에 심취했고, '시의 보살'이 되기를 염원했다. … 하지만 나는 승려가 되는 길을 택하지는 않았다. 나는 어디까지나 자유로운 시인으로 시종일관함이 자신의 운명이라 확신했기 때문이다. 내게도 종교적 심성은 강하다. 그러나 보다 더 투철히 자리잡고 있는 것이 있으니, 그것은 심미적 열정인 것이다."라고 썼습니다.[13]

그분은 자기의 종교관에 대해서 이런 말도 하였습니다. "나는 예술 친화적 삶을 적극적으로 누리고 싶고, 시작詩作을 할 때 비로소 자유로움을 느낍니다. 시작은 그래서 일종의 종교 같습니다. 나는 '각자覺者의 기쁨'을 말하는 불교를 믿습니다. 그러나 불교 하나에만 국한하지 않고 다른 세계 어떤 종교도 다 받아들일 수 있다고 봅니다. 정상을 향해 가는 등산로는 하나가 아니기 때문이죠. 모두 하나의 정상을 향해 나가고자 하는 정신, 거기에 무한한 희열을 느낍니다."[14]

그러므로 박희진 시인은 엄밀한 의미에서는 불자佛子도 아니고, 가톨릭 신자도 아니라, 유불선儒佛仙을 포함하고 있는 풍류도를 따르는 화랑처럼, 가톨릭과 불교와 단군교를 아우르는 풍류도를 따르는 풍류도인風流道人이라고 말해도 무방할 것입니다. 이 풍류도인이란 바로 박희진 시인이 말하는 천

11) 박희진 시인은 사찰시만 247수를 지었습니다. 박희진, 『百寺百景』, 불광출판부, 1999, 4쪽
12) 『월간스토리문학』에서 김영은 시인과의 대담, 2005년 6월호 (1주년 기념호)–박희진 시인, 참조
13) 박희진, 『百寺百景』, 불광출판부, 1999, 5쪽
14) 원로시인 탐방 : 한국인의 고유종교는 풍류도이다/박희진 시인을 찾아서(김금용 대담)

지인삼재의 균형과 조화를 이루는 진인眞人, 즉 '사람다운 사람'을 가리키는 것입니다.

박희진 시인이 한평생 줄기차게 한국인의 정체성과 한국 사상의 기조를 찾는 작업을 해 왔다는 것을 필자는 무엇보다도 높이 찬양합니다. 인성과 자연이 다 황폐해진 오늘날, 필자는 사람다운 사람의 모범을 보여주고 도산道山으로 돌아가신 박희진 시인을 그리워하면서, 그의 시 정신이기도 한 풍류도가 이 땅에서 만대에 이르기까지 길이길이 이어져 가기를 기원하면서, 이만 졸필을 거둡니다.

2015년 8월 27일 세여世如 진교훈秦敎勳 합장

티 없이 천진스레 시 쓰는 신선

고정애
시인

2011년 11월 7일부터 한 달 동안, 동성 100주년 기념관에서 수연 박희진 선생님의 시미전이 열렸다. 선생님께서는 동성중고교에서 약 24년간 영어 교사로 재직하셨다. 대학을 나와 24년 동안 제자들 영어 교육을 맡아 가르치신 공로 때문일 것이다. 대학로 지하철역에서 정호정, 고 박승미, 최영준 시인들과 만나 얘기꽃을 피우며 발걸음을 옮겼었다. 전시 준비에 얼마나 물심양면으로 공을 들였을까, 선생님의 시와 제자들의 그림이 조화롭게 전시된 기념관에는 수많은 손님이 모여 있었다. 그윽하고 맑은 분위기, 그 자리는 진심으로 주인공을 사랑하고 존중하는 분들의 모임이란 생각이 들었다. 신선처럼 하얀 수염으로 둘러싸인 얼굴은 기쁨과 긍지로 밝게 빛나 보였다. 오로지 시와 문학에 삶을 바쳐온 시인께서는 불편한 몸을 지팡이에 의지한 채, 자신에 찬 쟁쟁한 목소리로 하객들을 응대하고 계셨다.

그보다 앞서 2004년 10월 22일 참석했던 출판 기념 모임이 있다. 괴테 전문 독문학자 최두환 교수께서 무려 네 권의 박희진 시 전집을 출판하셨다. 첫 권이 나온 후 그 고마운 뜻을 기리기 위해 마련하신 조촐한 잔치였다. 가장 절친하셨던 고 성찬경 선생님과 소설가 고 서기원님을 비롯하여, 김남조, 임보, 이생진, 홍해리 시인 등 약 스무 분 안팎 귀하신 선생님들의 화기 넘친 즐거운 축하 모임이었다.

모처럼 진한 감색 바탕에 가느다란 흰 줄무늬가 있는 정장에 넥타이까지 매신 단정한 차림의 박희진 시인의 인자하고 흐뭇한 미소가 사진에 찍혀 지금 내게 웃음을 유발하신다. 이렇게 마냥 박희진 시인과 가까워진 데에는 이유가 있다. 한국어를 사랑하여 일본에 많은 한국시를 소개하며 자주 내한하시는 일본 시인들과의 미팅에는 일본어에 능통하신 성찬경, 박희진, 강민 시인이 필수 멤버였다. 우이동 4 · 19묘지를 함께 돌아보기도 하였는데, 함께 둘러앉은 자리에서는 얘기가 통해 서로가 즐겁고, 고품격 활기찬 분위기가 연출되었다. 만남이 거듭할수록 구면이 되어 시간 가는 줄 모르고 활기찬 목소리로 담소하고, 어떤 때는 합창까지 하였다. 그때의 그 장소와 장면들이 눈에 선하다.

딱 한 번 선생님과 데이트를 즐긴 적이 있다. 2007년 예술원 회원이 되셨을 때, 진심으로 축하해 드리고 싶어 전화를 드렸다. 지금으로부터 8년 전이라 그런대로 건강을 유지하셨던지, 더위가 기승을 부리는 7월 27일 10시에 예술의 전당에서 미팅을 했다. 오르세 미술관의 프랑스화가 그림 전시를 보기 위해서였다. 지금 생각나는 그림은 마네의 '피리 부는 소년'이다. 선생님과 오누이처럼 스스럼없이 담소를 나누며 천천히 감상을 마친 우리는, 예술의 전당 건너에서 냉면으로 점심을 나누고 헤어졌던 추억이 있다. 만나 뵐수록 천진스런 소년처럼 티 없는 언행으로 친근하게 대해 주신 선생님의 눈빛이 그리워진다.

때마침 2015년 8월호 '월간문학'지에는 작가 호영송 님의 단편소설 「운둔의 성에 사는 시인」이 실려 있다. 약 20쪽에 걸쳐 박희진 시인에 대하여 탁월하게 그려 놓으셨기에 무릎을 치는 공감으로 감동 깊게 읽을 수 있었다.

"박희진은 지금 '백만 송이 붓꽃이 군락을 이룬' 곳에서 꽃들과 어우러져 있거나 '지상의 바람은 하늘로 불어가고/ 하늘의 바람은 지상으로 불어와서/ 서로 얼싸안고 하나를 이루는 곳'(박희진 시 「지상의 소나무는」)에 머물고 있을지 모른다."라고 마무리 지어져 있다. 동감하면서, 지상에서의 고통에서 벗어나 참신선으로 여전히 시 쓰기에 골몰하고 계시리라 믿는다.

박희진 시인을 추모함

이명환
수필가

우리는 가끔 박 시인 이야기를 할 때면 나는 박희진 씨라 하고 성 선생(작고한 남편 성찬경 시인)은 희진이라 했다.

내가 박희진 씨를 처음 본 게 언제였더라?

1960년대 초 학생 때 혜화동 로터리 근처 어느 다방에서 성 선생을 만나고 있는데 말로만 듣던 호好청년 박희진 씨가 밝은 표정으로 들어섰다. 첫 시집『실내악室內樂』표지 글씨를 일중 김충현 선생한테 받았다며 자랑스레 손에 들고 있던 모습. 종이가 아니라 뭔가 까만 글자만 본을 뜬 것 같은 것을 성 선생한테 보여줬다. 그 당시 내가 관훈동 박리준내과 2층 다다미방에 있던 일중 선생님이 운영하시던 동방연서회에 다니고 있던 터라 내심 반가웠다. 내 기억으로는 해행楷行 서체로 약간 통통한 글씨였던 듯하다. 동방연서회에는 일중 선생님 형님이신 경인 선생님도 더러 나오시고 아우이신 여초 선생님은 거의 매일 나와 글씨 지도를 해 주셨다.

박 시인의 그 첫 시집을 본 적이 없어 확인하지는 못했지만 하도 만족한 얼굴로 그 제자題字를 만지작거리는 것을 보고 일중 선생님이 유명한 분인가 보다 싶어 괜히 내가 우쭐해지던 기억이 난다. 대충 헤아려 보니 그때 박희진 씨는 서른 살, 어딘지 우수에 찬 듯싶기도 한 맑고 단정한 눈매의 시인이었다.

마감은 지났지만 박희진 선생을 추모하는 글을 꼭 써 달라는 청탁을 재차 받고 곰곰 생각해 보니 너무 가깝게 지내던 분이라 그런지 별로 쓸 얘기가 없는 게 이상할 정도다. 실은 뒤 달 전 처음 원고청탁서를 받고 뭐라도 써 볼까 했던 적이 있었는데 정말 아무 일도 떠오르지 않아 쓰기를 단념했던 거였다. 성 선생이 떠난 후 더욱 기억력이 흐려졌는지 그야말로 머릿속이 하얗다.

알다시피 박희진 씨는 시와 혼인한 분이라 아주 드물게지만 어쩌다 우리 집에 오면 대체로 끼니를 대접했던 것 같다. 소찬인데도 일일이 맛이 있다며 달게 식사하던 모습이 눈에 선한데 이제는 모두 옛날 일이 되고 말았구나. 두 사람이 주고받는 무궁무진한 화제에 나도 귀를 기울이며 즐겁게 시중을 들었었다. 화가면 화가, 음악가면 음악가, 예이츠, 엘리엇, 딜런 토마스, 블레이크 등 그야말로 천재 예술가들이 두 대시인의 대화에 초대 손님으로 총출동하는 빛나는 시간들이었다. 두 사람이 주거니 받거니 술을 시작하면 시간 가는 줄 모르고 술병이 바닥날 때까지 이어졌다.

아, 술 얘기를 하니까 한 가지 떠오르는 일이 있네. 우리가 혼인한 1966년 초봄 대학 때 은사께서 신랑 친구들도 데려오라시며 우리 부부를 댁으로 초대하신 적이 있었다. 그때 서기원 씨는 서울신문 일본특파원으로 가게 되어 참석 못하고 박희진 씨와 함께 셋이 갔었다. 나의 선생님께서 두 사람의 주량이 어찌나 센지 맥주를 몇 박스 마셨다고 앞으로 건강상 술을 좀 자제해야겠다며 은근히 염려하실 지경이었다. 젊어서는 두 사람 다 술이 상당히 센 편이었던 것 같다.

1970년 4월에 충무로에 있는 소극장 '까페 떼아뜨르'(화가 권옥연 씨 부인 이병복 씨가 운영하던)에서 매주 화요일 '박희진 성찬경 2인 시낭독회'를 한 적이 있었다. 어째서 내가 아무 자료도 없이 연도를 기억하느냐 하면 칠십 년생 딸애 백일 무렵이라 그 공연에 참석할 적마다 젖이 불어 속옷을 적시던 일이 생각나기 때문이다. 서너 시간 남짓 하는 공연에 매번 빠지지 않고 참석했던 것 같다.

예술원 회장도 하신 김정옥 선생이 연출하고 여자 무용수가 춤을 추는 가운데 시낭송을 하는 특이한 무대였다. 하루는 소설가 서기원 씨가 내 옆에서 관람하면서 "찬경이 저렇게 엔터테이너 소질이 있는지 미처 몰랐다"고 환하게 웃으면서 재미있어 하던 기억이 난다.

박 시인이 오로지 시에만 집중하며 지그시 눈을 감고 그 장중하게 떨리는 목소리로 자신의 명시 「관세음상에게」를 암송하던 모습이 떠오른다.

석련石蓮이라
시들 수도 없는 꽃잎을 밟으시고
환히 이승의 시간을 초월하신 당신이옵기
아 이렇게 가까우면서
아슬히 먼 자리에 계심이여

이렇게 시작되는 시를 박 시인은 끝까지 같은 톤으로 읊어 나가는 데 반해 성 시인은 시낭송에 동작을 곁들여 가며 억양도 노래하듯 극적인 효과를 내려는 시도를 했다. 그것도 매번 다른 컨셉으로. 그러고 보니 성 선생의 '말예술' 공연이 그때부터 시작된 게 아닐까 싶기도 하다. 요즘 같으면 동영상이라도 찍어 놓았으련만 그 당시에는 전혀 그런 생각을 못한 것이 못내 아쉽구나. 한두 번도 아니고 무려 네 번이나 공연을 했었는데.

여담이지만, 박 시인의 시낭송 목소리를 접할 때마다 그의 묘하게 떨리는 획의 독특한 글씨가 떠오른다. 한글이고 한자고 간에 그 떨리는 듯한 획으로 시종일관 조심조심 써 내려가는 특이한 필체에서 박희진 씨의 특별한 삶의 궤적이 보이는 듯하다.

한번은 우리 집에 와서 박 시인이 자기 어머니 얘기를 한 적이 있다. 아마 완전히 독신으로 살기로 작정을 하고 집을 나와 독립했을 때 연만하신 노모께서 당신 아들이 혼자 살고 있는 집을 더러 방문하셨던 모양이다. 하루는 마루 걸레질을 하고 계시던 어머니가 화장실에서 세수하고 나오는 자기더러 너도 이제 귀밑머리가 희끗희끗하구나 하시면서 목이 메시더라고 했다. 아니 '우시더라'는 표현을 했던 것 같다. 헌데 자기는 아직 머리가 하나도 세지 않았는데 왜 저러시나 싶어 거울을 보니 비누를 덜 씻고 나와 하얀 비누거품이 조금 묻어있더란다. 어머니가 늙으셔서 눈이 어두워 그러신다는 생각을 하니 자기도 마음이 아파 눈시울을 적셨다는 얘기를 술 마시면서 담담하게 했다. 그날 어머니께서 이제 더는 안 오시겠다고 이게 마지막이라고 그러면서 가셨다고 했다. 그 후에 정말 안 오셨는지 얼마나 계시다 돌아가셨는지 그런 건 잘 모르겠는데, 그 모자분의 대화 장면이 오래오래, 목이 메는 모정母情과 눈시울 적시는 젊은 박 시인이 지워지지 않고 내 뇌리에 남아있다.

지금쯤 박희진 씨는 그리워하던 어머니도 뵙고 성 선생과도 만나 술을 흠뻑 마시며 담소를 하려는지.

상처와 영광을 안고 사셨던 수연 선생님

현길언
소설가

선생님을 처음 뵈온 것은 녹색문학상 수상식장에서였다. 선생님께서 그 상을 1회에 수상하셔서 2회 수상을 하는 내게 축하를 해 주시려 노구를 이끌고 식장에 나와 주셨다. 그 자리에서 선생님을 처음으로 뵙게 되었다. 우선 신비로운 풍채며 연륜이 풍겨주는 그 멋스러움에 나는 어린아이가 되었다. 축하의 말씀 중에 수상작인『숲의 왕국』이 많이 팔렸으면 한다는 실속 있는 말씀이 인상에 남는다.

그리고 몇 달이 지나서였다. 내게 전화를 주셨다. 시론집을 출간했는데, 한 권 보내려 하니 주소를 알려 달라는 내용이었다. 나는 수상식 후에 인사도 드리지 못해서 전화를 받고 보니 송구하기 그지없었다. 며칠 후에 정말 역저를 보내 주셨다. 바쁘다는 핑계로 꼼꼼히 읽지는 못했으나, 내용을 보니, 당신이 한평생 걸어온 문학의 길을 어렴풋이 느낄 수 있었다. '소나무 시인'이라는 말처럼 '소나무처럼 시를 쓰시고 시를 생각하신 분'임을 실감할 수 있었다.

영문학을 전공하셨고, 미국 아이오와대학교 국제 창작계획 과정을 수료했으니, 선생의 문학은 탄탄한 이론의 바탕 위에서 이뤄졌음을 알 수 있다.『상처와 영광』이라는 시론집 제목이 말하듯이 '삶의 상처가 시로 승화되는 그 고되고 치열한 삶'을 시인은 영광의 길이라고 자부하고 있다. 그것은 시인의 자존심이고, 삶에 대한 긍정적 인식의 소산이다. 이렇게 그분의 시 정신을 감히 생각해 본다.

귀한 책을 받고 감사의 마음도 전하지 못하고 지내다가 어느 날 선생님의 부음을 듣게 되었다. 순간 너무나 송구하고 생활에 어리숙한 자신을 자책하였다. 이제 이 엉성한 몇 자 글로 그 무례를 갚으려 한다. 시인의 자존심이 날로 시들어가는 이 시대에, 선생님처럼 치열하게 시를 쓰셨고, 그것을 영광으로 자부하면서 살아온 그 모습이 참 부럽고 한편 부끄럽기도 하다. '상처'와 '영광' 이것은 시인이 영원히 간직할 수 있는 아름답고 귀한 자산이 아닐까.

박희진 선생의 영결식

배인환
시인

수연 박희진 선생이 돌아가셨다는 부음을 받았다.

박희진 선생은 '공간시낭독회' 마지막 남은 창립 멤버이셨다. 또 한 분의 창립 멤버이신 구상 선생이 2004년에 돌아가셨다. 2013년에 창립 멤버이신 성찬경 선생이 돌아가셨다. 400회 낭독회를 마치고 500회까지는 하고 싶다고 말씀하시고는 바로였다. 수연 선생도 마찬가지다.

지난달까지만 해도 수연 선생은 걷는 것만 장애가 있었지 목소리가 카랑카랑하고 기력이 왕성한 편이었다. 그런데 갑자기 심장마비로 돌아가셨다. 성 선생도 심장마비로 갑자기 돌아가셨다.

시인들은 심장마비로 잘 돌아가신다. 너무 예민해서 상처를 잘 받기 때문인가?

선생의 장례가 있던 날은 하루 종일 날씨가 흐렸다.

선생은 결혼을 하지 않아서 자녀가 없으시다. 평생을 홀로 사셨다. 제자들과 조카들이 상제가 되었다.

2015년 4월 2일 삼성병원에서 '공간시낭독회' 주관으로 영결식이 거행되었다.

식은 '공간시낭독회' 이인평 회장의 사회로 시작되었다. 이제는 이 모임을 책임져야 하는 김동호 사백이 조사를 낭독했다. 다음은 최종고 교수의 조사, 그리고는 이무원 시인과 내가 조시를 낭독했다. 제자들과 회원들이 선생님의 시를 몇 편 낭독했다. 윤준경 시인이 수연 선생의 시에 곡을 붙인 '애향가'라는 노래를 불렀다. 촉촉한 음색이 심금을 울렸다.

산비둘기는 산이 좋아 산에서
물오리는 물이 좋아 물에서 사노라네
나는 인간이라 집에서 살지만
산도 물도 좋아 이 강산 못 떠나네

한 발 가면 산이 섰고
두 발 가면 물이 솰솰
이 나라 삼천리 금수강산 말고
지구상 어디에 이런 곳 있으랴

금성인도 이곳에서 살고 싶어하고
토성인도 이곳에서 살고 싶어하네
동포여 이 땅에 태어난 기쁨
우리 햇살처럼 펴면서 살아가세

영결식의 중간쯤에 '문학의 집. 서울' 김후란 원장과 오정희 가톨릭 문우회 회장이 오셔서 인사말을 하였다.

이제 벽제 승화원으로 가는 길이다. 선생의 마지막 길을 끝까지 따라가는 사람은 많지 않았다. 친족과 제자 몇 분, 공간 회원 5~6명, 도합 30명 정도였다.

절차에 따라 승화원에서 화장을 했다.

점심을 들면서 우리는 박희진 선생이 결혼하지 않은 것에 대해서 이야기를 잠시 나누었다. 결혼하지 않은 사람의 대부분은 첫사랑에 실패하고 그 고뇌가 너무 커서인 것 같은데, 수연 선생도 목매어 사랑한 여인이 있었는가 하는 의문이었다. 측근들의 이야기로는 박 선생은 전혀 그런 일이 없으셨단다.

박희진 선생은 어찌 보면 시의 순교자이시다. 시와 결혼한 분이시다. 오로지 시를 위해서 평생을 사신 분이시다.

이제 선생은 한줌의 재가 되어 장지로 떠나셨다. 장지는 경기도 남양주의 천마산 봉인사이다. 제자 가운데 한 분이 그 절의 주지 스님이란다.

꼬불꼬불한 산골길을 버스는 달려 봉인사에 도착했다. 맨 먼저 눈에 뜨인 것은 엄청나게 큰 지장전이었다.

승려 세 분이 맨 앞자리에 앉아 6법공양을 올렸다. 우리는 마룻바닥에 방석을 깔고 앉았다. 유골함을 부처님 앞에 놓고 스님들은 불경을 외우고 우리는 시키는 대로 일어나서 절을 올렸다. 근 한 시간이나 걸려 6법공양은 끝났다.

다음은 안장식이다. 유골함을 들고 부도가 있는 곳으로 갔다. 부도밭 입구에 수연 선생의 시비가 서 있었다. 작은 흑오석의 단단한 시비였다. 기단은 한 송이 연꽃이었다. 구용 선생의 시비를 세우면서 느낀 것인데, 시비 세우기가 얼마나 어려운가를 잘 아는 나는 선생의 주도면밀한 일처리에 그만 숙연해졌다. 이 시비를 만들어 놓은 것이 10여 년 전이란다. 제자들이 참 애를 많이 썼다.

바로 비석 옆에다 안장을 했다. 유골함을 묻고 그 위에 제자들의 글귀를 새긴 조그마한 묘석을 얹었다. 천도재 때 와서 가라앉은 흙을 더 채우고 꽃나무도 심고 해야 한단다.

이제 선생은 고독을 잊고 천상에서 구상, 성찬경 선생을 만나 '공간 시낭독회'를 할 것이다. 박승미 시인도 그곳에 있을 것이다.

소나무 정신

강우식
시인, 전 성균관대학교 교수

반만년 묵은 소나무 사진 보며 종일 침묵함 – 박희진의 일행시에서

아무리 소나무가 장수를 상징한다 하지만 반만년 묵은 소나무가 어디 있겠는가.* 위의 일행시에서 시적화자가 소나무를 보며 종일 침묵한다는 뜻은 소나무처럼 이끌어 온 이 땅의 역사와 문화만이 아니라 그런 역사의 명맥을 이어 온 이 나라의 미래까지도 어디로 갈 것인가 폭넓게 사유한다는 뜻일 것이다. 그런 면에서 나는 이 일행시가 박희진 시인의 시적 궤적 및 시 정신을 가장 잘 나타낸 시라고 본다. 소나무 정신이 바로 박희진의 시 정신이자 시의 기상이다.

외람되지만 '50년대의 박희진의 시와 '60년대의 내 시는 닮은 점이 있다. 첫째는 사행시가 그러하다. 사행시는 영랑이 처음 시작한 것이다. 영랑의 시집 『영랑시집』 이후 우리 시단에 한동안 그 맥이 끊겼던 사행시를 '60년대에 들어서 정확히는 '63년 '현대문학'에 첫 추천을 받으면서 어렵게나마 내가 그 맥을 잇고 10년 후에 첫 시집 『사행시초』를 냈는데 그 뒤 몇몇 시인들이 사행시를 시도한 바 있으나 놀랍게도 박희진 시인이 1991년 본격적인 사행시집 『사행시 3백수』를 펴냈다. 사행

시가 3백 수라는 것은 공자가 시경에서 밝힌 시 3백 수는 한마디로 사무사思無邪 즉 삿됨이 없다는 것을 그대로 보여준 셈이다. 박희진은 그 뒤 어디선가 스스로 사행시에 대하여 1968년부터 2002년까지 35년을 꾸준히 사랑해 왔다고 한 인터뷰를 나는 기억하고 있다.

박희진의 사행시집을 살펴보면 『사행시 134편』, 『사행시 삼백수』, 『사행시 사백수』, 『사행시와 17자시』 등 4권이 있고 나 또한 시집 『사행시초』, 『꽃을 꺾기 시작하면서』, 『물의 혼』, 『설연집』 등 4권이 있으나 그 작품의 질이나 분량에 비해서도 내 시는 천의무봉의 박희진의 사행시에 따르지 못하리라 여긴다. 가령 영랑이 시도했던 사행시는 3행의 시조에 후렴 형식의 반복구를 덧붙여 리듬 감각을 살린 것으로 엄밀한 의미에서 3행시에 가까운데(영랑의 시조에 대한 관심은 그와 절친했던 박용철의 글에도 드러남), 이에 비해 박희진은 우리 시의 모체로서 사행시에 관심을 기울였다고 믿고 싶다. 그 까닭은 한때(1946년부터) 고려대학교에서 교편을 잡았던 국문학자 김형규의 『국문학개론』을 박희진도 고려대학교에 다녔으므로 읽었으리라는 추론이다. 김형규의 『국문학개론』에는 향가의 사구체로부터 비롯되는 사행시가 우리 시가의 모체라는 글이 있기 때문이다. 박희진은 우리 시의 원류를 더듬는 작업으로서 사행시를 사랑했으며 그런 정신이 나는 소나무 정신이라고 확신한다.

박희진은 그 후 사행시에만 멈추지 않았다. 일역 사행시집 『칠월의 포플러』와 시선집 『한 방울의 만남』을 낸 바 있으며, 더욱 놀라운 것은 1행시집을 펴냈다는 데 있다. 시집 『1행시 960수와 17자시 730수 · 기타』다. 1행시란 개인적으로는 시인이 시를 쓸 수 있는 마지막 단계의 꿈 같은 것이라고 본다. 어느 시인인들 1행시를 꿈꾸지 않으랴. 그러나 그것은 도달할 수 없는 꿈의 단계인 것이다. 말의 끝에 시가 있기 때문이다. 압축할 수 있는 대로 압축하고 그 속에서 아포리즘에 머물지 않는 시로서 서기란 결코 쉽지 않기 때문이다. 박희진은 1행시를 "1행시는 단도직입이다. 번개의 언어다. 1행시는 점과 우주를 하나로 꿰뚫는다. 1행시는 직관적 상상력의 산물이다. 1행시는 시의 알파이자 오메가다."(박희진 「1행시」 전문)라 했다. 그의 말대로라면 언어의 번개인 1행시를 쓰기란 지극히 어려운 일이리라. 그래서 나는 감히 1행시집은 꿈도 못 꾸고 칠십이 넘어서야 겨우 2행시집 『살아가는 슬픔, 벽』을 펴내는 우를 범하고 말았다. 사행시란 다른 의미에서 말한다면 한시의 기승전결을 벗어난 우리 시의 추구이기도 하다. 나는 그런 면에서 박희진은 단시의 대표적인 시인으로서 '50년대 아니 우리 시의 앞자리에 있어야 될 시인이라고 믿는다.

둘째는 여행시집이다. 여행시를 박희진이 언제부터 썼느냐는 명확히 아는 바 없지만 짐작건대 1984년 무렵부터로 여겨진다.** 1984년은 전두환 정권 시절이다. 문인들이 민주화 투쟁이다 뭐다 하면서 하도 시끄러우니까 누구의 발상인지 몰라도 문인도 매일 우물 안 개구리처럼 울지 말고 두루 세계 구경을 하라고 정부 차원의 프로젝트를 시행한 적이 있다. 몇 차인지 몰라도 해외 구경 일행에 박희진과 나는 동행이 되어 한 보름간인가 같이 다닌 적이 있었다. 그 여행 중에 잊지 못할 일은 세계 유명 쇼인 파리의 리도 쇼 관람도 있었는데 입장객들이 넥타이를 반드시 매야 된다고 해서 내가 국내에 들어가면 선물로 주려고 산 넥타이(넥타이 뒷면에 여자 나체 사진이 있는 것)를 넥타이가 없는 문인들에게 빌려주었는데 박희진도 매었는지 어쨌는지 만일 매었다면 일생 독신이었던 그분이 외국 여자의 나체 사진이 있는 넥타이를 목에 매달은 기분이 어땠을까 상상해 보니 웃음이 나기도 한다. 아무튼 그 시절만 하더라도 외국 여행이란 아무나 할 수 있던 때가 아니고 하여 해외 풍물을 읊은 기행시는 어쩌다 조병화 시인의 시에서나 만날 수 있을 정도였다. 또 그런 기행시라는 것이 단순한 풍물 위주인 경우가 많아서 천편일률적인 단순성이 나로서는 늘 불만이었다. 그런 점은 비단 나 혼자만이 느낌이 아니었을 것이다. 그리하여 여행시라는 것도 풍물 위주나 흥미 위주가 아니라 다른 나라의 정서나 문화의 깊이를 이해하고 쓰는 것이어야 된다고 나는 늘 생각해 왔었다. 나의 경우는 이 땅의 역사의 시간 여행인 기행시「고려의 눈보라」가 그러하다. 그러나 나는 게을러서 뜸뜸 기행시라는 것을 쓰는 둥 마는 둥 발표한 것에 비해 박희진은 2007년에『세계기행시집』이란 이름으로 3권이나 펴내 시단은 깜짝 놀라게 했다. 기행시적인 면에서도 그분이 가진 방대한 스케일은 타의 추종을 불허한다. 나는 박희진이 시도한 세계 기행시도 그냥 허투루 써진 게 아니라 주도면밀한 철저한 구도 아래서 창작된 것이라 믿는다. 한마디로 한국적인 소나무 정신을 바탕으로 세계로 향한 발걸음을 디딘 것이라 평가하고 싶다. 마치 'K팝'이 지금 세계에 호응을 받듯이 그런 의미가 담겨 있다고 여겨진다. 그것은 그의 1행시 표현 '소나무의 그늘에는 보랏빛 신운이 있다'는 거와 같다. 그 보랏빛 신운神韻으로 시 세계를 넓혀 나간 것이리라. 이게 바로 박희진의 소나무 정신이다.

* 미국 캘리포니아주 중부 동쪽 끝에 있는 화이트 마운틴에는 현재 수령 4,600년~4,800년이 된 소나무가 살아 있다. 박희진 시인은 산림학자 전영우 교수가 보내 준 이 소나무의 사진을 보고 시를 지었다. [편집자]

** 박희진 시인은 45세이던 1975년부터 1976년까지 미국 아이오와대학교 국제 창작계획 과정을 마치고 영국, 프랑스, 이탈리아, 일본 등지를 순방하고 돌아왔는데, 이것이 그의 첫 해외여행이었다. 귀국 후인 1976년 그는 '문학사상' 10월호에「겨울의 파리」등 22편의 기행시를 '세계기행시집'이란 이름으로 묶어 한꺼번에 발표하였다. 그리고 2001년에 첫 기행시집『박희진 세계기행시집』을 내었다. [편집자]

생애 전부를 시만을 향해 살았던 시인, 박희진 선생

이건청
시인, 한양대학교 명예교수, 전 한국시인협회 회장

박희진 시인은 2015년 3월 31일에 타계하셨다. 1931년 12월 4일생이니 향년 85세. 평생을 박 선생과 혈육처럼 지내던 성찬경 선생도 재작년에 타계하셨다. 그러고 보면 한국 시단을 이끌어 오던 박 선생 동년배 시인들이 거의 타계하신 셈이다. 이형기, 박성룡, 박재삼, 구자운 선생들이 세상을 떠나신 것도 벌써 오래 전 일이 되었다. 적막하다.

1940년을 전후한 시대에 태어난 필자와 같은 시인들에게 1930년을 전후해 출생한 시인들은 육친처럼 몸의 온기를 전해 주는 선배 시인들이었다. 이분들의 일거수일투족이 가르침이 되었고, 이분들이 보여준 시인으로서의 몸가짐이, 시의 향방이 알게 모르게 가르침으로 와 닿았다. 그리고, 필자와의 동년배들도 하나 둘 이승을 떠나는 친구들이 나타나고 있다. 거듭 적막하다.

박희진 선생은 우리 윗세대의 시인들 중에서도 아주 특이한 경우에 속하는 시인이다. 그는 평생을 시만을 최고의 가치로 삼고, 시에 닿아가기 위한 치열한 삶을 산 분이다. 그가 평생을 독신으로 살았다는 사실은 널리 알려진 일이다. 세속적인 일에서 벗어나 시만을 지고의 가치로 삼고 살기 위해 그는 독신자의 삶을 고집스럽게 지켜온 것이라고 나는 생각한다. 직장 일에, 가정사에 속박되지 않으려는 필사적인 몸부림의 길이 독신자의 길이었을 것이라고 나는 생각한다.

박 선생은 동성고등학교 영어 교사를 직업으로 하고 있었다. 나는 그가 고등학교 교사 생활 23년 만에 사표를 제출하고 학교를 떠났다고 듣고 있다. 만 20년은 사립학교교직원연금공단에서 연금이 지급되는 최소 근무 연한이다. 그는 연금 지급 개시 최소 근무 연한을 채우자 얼마 지나지 않아 직장을 떠났다. 그러니까 박 선생은 아마도 나머지 생애 30여 년을 적은 연금만으로 자족의 삶을 살았을 것이다. 시만을 바라보고 산 삶이었다.

박 선생은 평생을 시인으로 자족의 삶을 산 분이었다. 다른 세속의 명리를 탐하지 않았으므로 시만이 그의 보람이었고 시적 활동만이 그에게 희열을 안겨주는 것들이었다. 박희진 선생은 샘솟는 시적 활력을 아낌없이 쏟아내어 시를 썼고, 그 시들을 시집으로 엮어 냈다. 필자가 찾아본 자료에 의하면 그는 44권의 시집을 세상에 남겼다. 아마도 편수로 친다면 한국에서 제일 많은 시를 쓴 시인이 아닐까 한다. 조병화 선생이 많은 시집을 냈지만 박희진 시인의 시집은 수백 편의 시를 한 권의 시집에 담은 방대한 것들이 상당수에 달한다. 그리고, 그는 시인으로 사는 거의 전 생애를 시낭송(낭독) 운동에 바쳤다. '박희진 성찬경 2인 시낭독회', '공간시낭독회' 등을 거쳐 오면서 우리나라 시낭송 운동을 개척한 선구적 업적을 이뤄냈다. 필자도 박 선생 등이 이끌어 온 '공간시낭독회'에 몇 번 초대되어 참가한 적이 있었지만 그의 시낭독은 독특하고도 특이하게 이뤄낸 것이었다. 박희진 선생은 시낭독 전, 시를 쓰게 된 배경 등을 소상하게 이야기한 후 작품을 낭독하였다. 한 20여 분은 족히 되는 시간을 낭독 작품의 창작 배경과 시에 대한 자신의 소신들을 이야기하였다. 물론 낭독 작품을 관객에게 보다 잘 전달하기 위한 배려였을 것이다. 때로, 그의 낭독 시간을 지루하게 받아들이는 관객이 있으면 그는 질타를 해서라도 그의 시 속으로 관객을 끌어들이려 했다.

몇 년 전, 조각가 문신의 작품을 대상으로 한 시편들을 대상으로 한 시낭독회를 주최하는 쪽에서 낭독 시인 섭외를 내게 부탁해 온 적이 있었다. 박희진 선생께 낭독회 취지를 말씀드리고 참가를 요청했던 적이 있었다. 그리고, 조각가 문신의 작품들이 수록된 도록을 보내 드리마고 연락을 드렸었다. 그런데, 박 선생은 도록이 아니라 작품을 실제로 보아야 한다는 것이었다. 박 선생은 지팡이를 짚은 몸으로 거동이 불편한 상태였는데도, 숙명여대 문신 미술관을 찾아와 직접 작품들을 세세히 둘러보고 갔다. 이런 점은 박 선생의 시의 성실성을 뒷받침하는 일례일 수 있으리라. 그는 그냥 책상에 앉아 적당히 시를 써 내는 '적당한 시인'이 아니었다 시적 오브제와 직접적인 교감을 통해 시를 불러오는 '진짜 시인'의 길을 가려고 부단히 노력한 시인이었다고 나는 생각한다.

1950년대에 등단한 주요 시인들이 망라된 『육십년대사화집』(1961년 창간)을 실질적으로 주재한 것도 박 선생이었다. 구자운, 박재삼, 박희진, 성찬경, 이경남, 이종헌, 이창대, 주명영, 신기선 등이 창간 멤버였으며, 후에 박성룡, 문덕수, 강위석, 이성교, 이제하, 이희철, 인태성 등 많은 시인들이 참가하기도 한 이 시 동인지는 1950년대에 등단한 시인들 중심이었다. 한국 정통 시맥의 주류를 이룬 시인들의 집합을 보여준 이 시 동인지가 한국 시문학사에서 차지하는 비중은 대단히 큰 것이다. 이 동인지는 '60년대 다양한 시 동인지들이 등장하는 기폭제가 되었다 할 것이다. 물론 한복판에서 이 동인지를 이끌어 간 핵심 인물이 박희진 선생이었다.

박희진 선생은 내게 각별한 관심을 보여준 분이었다고 생각한다. 박 선생은 자신의 시집이 간행될 때마다 시집들을 빠짐없이 내게 보내 주었다. 아시는 바와 같이 박희진 시인의 시집은 때로 수백 편의 시를 책 한 권에 담은 방대한 것들이 많았다. 인세조로 저자에게 주어지는 책 외에도 저자는 시단에 배포할 기증본을 따로 구입하는 것이 우리 시단의 상례일 터이다. 박 선생이 그렇게 확보했을 기증본을 내게 빠짐없이 보내 주었던 것이다. 내게 대한 박 선생의 배려가 새삼 고맙게 느껴지는 이유이다.

나는 2002년부터 약 2년여에 걸쳐 「해방 후 한국 시인 연구」라는 연재물을 '현대시학'에 연재한 적이 있었다. 1945년 해방 후 한국 시의 등뼈를 이뤄 온 시인들을 살펴보자는 의도였다. 모두 22명의 시인들을 대상으로 그들의 시 세계와 그들의 시가 한국 문단에 끼친 영향 등을 살펴보고자 했었다. 그런데, 이 연재 시리즈에 박희진 선생을 할애할 수가 없었다. 일이 그렇게 된 것은 전적으로 팔자였던 나의 능력 부족에서 연유된 것이었다. 박희진 시인의 시집들의 그 방대한 시편들을 80매 내외의 산문 속에 간추려 넣을 방도가 내게는 없었던 것이었다. 『사행시 백삼십사편』, 『사행시 삼백수』, 『일행시 칠백수』, 『백사백경百寺百景』, 『박희진 세계기행시집』, 『1행시 960수와 17자시 730수 · 기타』 등의 시편들은 물론이고 나머지 시집들도 수록 시편들이 상당한 것들이었다. 나는, 후에 좀 더 집필 여유가 생길 때 박희진 시인의 시 세계를 따로 다룰 수밖에 없는 것이라고 판단했었다. 박 선생께서 내게 베풀어준 관심과 애정을 생각할 때 퍽 송구스런 일이 아닐 수 없었다. 그런데, 이처럼 송구스럽게 된 저간의 형편을 박 선생께 따로 해명할 기회를 갖지를 못했다.

그 무렵 어느 자리에서 박 선생을 마주한 적이 있었는데, 박 선생의 얼굴에서 섭섭해 하시는 표정을 읽게 되었고, 송구스러움은 일종의 죄스러움으로 번져나서 몸 둘 바를 몰라라 했었다. 이제 박희진 선생이 이승을 떠나셨으니 달리 저간의 형편을 말씀드릴 기회도 없게 되었다. 앞으로 능력 있는 후학들이 선생의 시 세계를 본격적으로 궁구한 연구 저작들이 나와 주기를 바란다.

시만을 위해 독신의 길을 산 시인, 일거수일투족이 모두 시와 연관된 길만 오로지 선택해서 살았던 시인, 진정성의 시만을 좇아 살았던 시인, 박희진 시인의 시가 오랜 생명으로 살아남으리라 믿는다.

가시는 수연 박희진 선생님께

최종고
법학자, 서울대학교 명예교수

'한국인물전기학회', '괴테를 사랑하는 모임', '공간시낭독회'를 통해 선생님을 여러 차례 뵈면서, 한국에도 이런 거대한 문인이 계시다는 사실, 이런 인물과 동시대에 산다는 것만으로도 행복하다고 여겼더니, 오늘 선생님을 보내는 조사를 맡으니 송구스럽기도 하고 억이 찹니다. 저는 뒤늦게 '공간시낭독회'에 나가면서 말석에서나마 선생님의 흰 수염을 바라보는 것만으로도 기쁘고 행복했습니다. 타고르나 톨스토이와 함께 앉아 있는 것 같은 느낌도 가졌습니다. 사실 오늘 저녁에도 그런 광경을 기다리고 있었는데 이렇게 표연히 가시니 선생님은 역시 풍류도사 같이 느껴집니다.

'공간시낭독회'에 처음 나가서 쭈삣쭈삣하는 저를 "천성 시인이다"라고 하시며 친히 소개해 주실 때 얼마나 고맙고 감격스러웠던지요. 평생의 학은을 입는 것 같았습니다. 그러면서 어떻게 하면 이 어른처럼 시를 생명으로 살 수 있을까 생각도 했습니다.

선생님 생전에 마지막으로 내신 35번째 시집 『영통의 기쁨』을 손수 서명해 주시는 것을 집에 가서 읽어보니 시성을 뵌 듯, 종횡무진 광활한 시혼, 풍류정신, 은자의 모습을 접하게 되었습니다. 한 구절 한 구절이 촌철살인의 지혜와 경종으로 울렸습니다. 시가 가는 길이 결국 이런 길이구나 생각도 되었습니다만 누구나 할 수 있는 일은 아니라고 느꼈습니다. 저는 이런 시에 감복했습니다.

컴퓨터는 물론 휴대전화를 가져본 적도 없다
아날로그 시대의 종언과 함께 꺼져야 했을 사람
걸음도 못 걷고 보청기 빼면 완전 먹통이다
그가 여전히 사는 까닭은 시 쓰는 능력 때문 —「그가 사는 까닭」 전문

선생님은 이처럼 분명 세속인과는 다른 차원의 삶의 희열과 행복을 느끼며 사신 분이셨습니다. 선생님의 시 세계에서 어떻게 유교, 도교, 불교, 그리스도교와 풍류의 영성spirituality이 그렇게 자유자재 조화되는지 두고두고 연구해 보고 싶습니다. 한국 시인의 타이탄, 카리스마가 느껴집니다. 시집을 받고 한두 편만 읽고 던지는 사람에게는 시집을 주지 말라고 쓰신 것을 보고 눈앞이 번쩍 했습니다.

참 편안한 시의 공간 '공간시낭독회'를 마련하시어 36년 만에 후배들에게 넘겨주고 괴테처럼 만84세로 가시는 모습이 성스럽게 존경스럽습니다. 천부의 우람한 음성에 다소 애절한 호소 같은 시낭송은 한국 문학사, 나아가 세계 문학사에 영원히 잊히지 않고 남을 것입니다. '공간시낭독회'에서 후배들에게 무언가 약간은 안타까운 듯 열심히 설명하시고 싶은데 시간 때문에 절제하시려던 모습은 두고두고 잊을 수 없을 것입니다. 저희 후배들도 이인평 회장의 헌신적 노력 속에 계속적 발전을 위해 최선을 다하고자 약속드립니다.

남양주의 봉인사에 영면의 자리를 손수 잡으셨다니 근처 봉선사의

춘원 선생의 기념비와 함께 문향의 훈풍이 더욱 진하게 머물 듯합니다. 거기에 또 하나 정신적 공간, 하나의 성지가 조성되는 것 같습니다. 저희도 자주 들러 세심하고 청량하겠습니다.

이제 저승인지 천국인지 가시면 구상 선생님, 성찬경 선생님을 만나 우리 후배들의 따끈한 안부를 전하시겠지요. 저는 선생님의 서거로 공간 말고 인생의 시간을 생각하다 다시 공간을 생각하게 됩니다. 저 하늘나라 어디에 새로운 공간이 마련되겠지요. 우리도 마음 놓고 그 공간으로 따라갈 수 있을 것 같습니다. 거기서 모두 만날 때까지 우리는 이 땅의 산, 바람, 소나무, 폭포, 정자 이 모든 것에서 선생님의 혼과 풍류를 느끼며 살겠습니다. 편안히 가십시오. 수연 선생님.

2015년 4월 2일 영결식장에서

오늘도 들려온다, 그분의 음성이

– 수연 박희진 선생님을 기리며

이영복
화가

선생님께서 가신 지도 어느새 몇 개월이 지났으나 오늘도 수연 선생님 음성이 들려온다. 인사동 시낭송 모임에서 천장까지 울리던 우렁찬 낭송의 음성이 들리는 것 같다. 재작년 개인전 '소나무 작품전'에 오셔서 쩌렁쩌렁한 음성의 축사로 많은 하객들에게 감동을 주셨던 소리도, 가끔 구상하신 시가 완성되면 전화로 낭송해 주시며 감상을 묻기도 하시던 구수하고도 엄정한 음성도 들리는 것 같다.

선생님께선 내 전화번호를 휴대폰 번호만 적어 놓으셨는지 꼭 휴대폰으로만 전화를 걸어 오셨다. 늘 통화가 길어지기 때문에 "제가 바로 전화 드리겠습니다." 하곤 일반 전화로 바꿔 통화하곤 하였다.

때로는 완성된 한두 편의 시를 복사하여 우송해 주시기도 하셨는데 주소 옆에는 꼭 '창원 선생 소수蒼園先生笑收' 혹은 '창원 화백 소람蒼園畵伯笑覽'이라 친히 써 보내 주셨다. 그렇게 보내 주신 시가 여러 편이 된다. 붓펜으로 쓰신 글씨체가 그대로 아름답고 소박한 글씨체로 그림 화제로 쓰면 아주 좋은, 그림 같은 육필이라 보내 주신 몇 편의 시를 겉봉그대로 간직하고 있다. 약간 흔들린 듯 쓴 글씨여서 더 진솔하고 아름다운 글씨체이기에 더욱 소중하게 느껴진다.

돌아가시기 3개월 전 선생님께서 "오래 전에 창원 선생이 석파정石坡亭 노송을 안내하겠다고 했죠? 내일 물리치료사 차편으로 동행할까 하는데 내가 점심이나 저녁을 살 테니 시간이 괜찮으면 같이 가시지요." 하는 전화를 주셨다. 다음날 부암동 석파정에 모시고 갔더니 의젓한 노송과 주변 풍광에 감탄과 기쁨의 안색이 충만하셨다. 두어 시간 동안 감상의 대화를 나누고 휴식을 취하다 좋아하시는 우리 동네 '토속촌'에서 삼계탕과 반주를 드시고 가셨다. 3일 후 휴대폰이 울려 보니 수연 선생님이셨다.

"덕택으로 석파정과 노송을 참 잘 보았어요. 돌아와서 바로 쓴 시 「석파정 소나무」이올시다. 들어보시오."

이 음성이 마지막이 될 줄이야… 이제 누구하고 넓고 깊은 소나무 이야기를 할 수 있겠는가… 오호라, 참담한 심정이다.

수연 선생님께서는 진정 국조 단군 이래 전무후무한 소나무 시인이시고 우리나라뿐만 아니라 세계에서 유래를 찾아볼 수 없는 유일무이한 독보적 소나무 시인이시다. 하지만 오직 소나무 시만 쓰신 게 아니라 천지인天地人을 두루두루 아우르는 다방면을 시로 읊었던 다작의 거장이셨다.

선생님께서는 당신의 시작 중에도 유달리 애송하신 시가 몇 편 있는데 그중에서도 이 시를 무척 좋아 하신 것 같다. 「지상의 소나무는」이라는 명시다.

지상의 소나무는 하늘로 뻗어 가고
하늘의 소나무는 지상으로 뻗어 와서
서로 얼싸안고 하나를 이루는 곳

그윽한 향기 인다 신묘한 소리 난다

지상의 물은 하늘로 흘러가고
하늘의 물은 지상으로 흘러와서
서로 얼싸안고 하나를 이루는 곳
무지개 선다 영생의 무지개가

지상의 바람은 하늘로 불어 가고
하늘의 바람은 지상으로 불어 와서
서로 얼싸안고 하나를 이루는 곳
해가 씻기운다 이글이글 타오른다

이 「지상의 소나무는」은 작곡가 변규백 님이 작곡하여 성악가 등 많은 사람들이 불렀다. 나는 선생님께서 이 「지상의 소나무는」을 공개행사에서 낭송하시는 것을 보고 들었다. 특히 인상적으로 기억에 남는 것은 몇 년 전 국제적인 조각가로 알려진 문신 선생을 기념하는 미술관 행사에서다. 선생님께서 "문신 미술관 행사에 특별초대를 받아 시 낭송과 강연을 하게 되었으니 창원도 동행해 주면 고맙겠다."고 하셔 참석하게 되었는데, 그때 이 시를 낭송하시던 모습과 참석한 많은 하객 지성들이 시에 취하던 감동적인 분위기를 잊을 수가 없다.

사단법인 '숲과 문화 연구회'에서 수연 선생님을 처음 뵙게 된 후 십수 년간 공적, 사적으로 이루 다 헤아릴 수 없을 만큼 만났다. 대체로 '숲과 문화 연구회'와 '솔바람 모임', '인사동 시낭송회'에서였다. 특히 선생님과 내가 동참해 결성한 '솔바람 모임'에서는 회장을 맡고 있는 국민대학교 삼림대학 교수 전영우 박사의 헌신적 봉사와 리더십으로 전국 많은 곳의 명송名松, 기송奇松, 노송老松들을 만나게 된 것을 선생님께서는 큰 보람과 행복으로 생각하셨다.

개인적으로 선생님과 여행을 할 때 어떤 때는 소나무를 좋아하는 양쪽 제자나 친지와 동행하여 소나무를 찾아 나서기도 하였는데 잊히지 않는 추억들이 있다. 그중에서 오래 전 어느 날 하동 축지리, 거창, 함양, 일원을 찾았던 날이 떠오른다.

우선 오전에 축지리의 '문암송文巖松'을 찾아간 우리 일행은 먼저 감탄사였다. 집채만 한 바위의 틈을 갈라놓을 듯 솟구쳐 올라온 우람한 노송에 감동되어 멍하니 잠시 바라보고만 있었다. 수령 육백 년 된 거송의 수세樹勢도 장관이거니와 아름답고 당당한 수형을 이룬 이 노송을 의지하도록 받쳐 주고 있는 거암 또한 위엄 있는 기세의 보기 드문 바위였다. 예부터 시인 묵객이 이곳에 모여들어 일찍이 '문암송'이란 이름을 붙여 놓았으나, 주위를 몇 번 돌아보신 수연 선생님은 차라리 '영암송靈巖松'이라고 칭하는 게 좋겠다고 하시고 돌아오신 며칠 후에 만족스럽다고 하시며「하동 축지리의 영암송」이란 긴 시를 남기셨다.

오후에는 함양 황산리 '거연정居然亭'과 '동호정東湖亭'에 이르러서는 퍽 흐뭇한 정취에 취한 일이 있었다. '동호정'은 함양 황산리 남강천 옥녀담 초입에 있는 정자로 기둥 목재를 뒤틀린 건 뒤틀린 그대로 울퉁불퉁한 것도 생김새 그대로 세워져 소박하고 자연스런 멋이 있는 아름다운 정자다. 정자 아래로 남강천 옥녀담이라는 물 가운데에는 수십 명이 능히 앉을 수 있는 '차일암遮日岩'이라는 넓은 암반이 있는데 암반에는 노래 부르는 곳인 '영가대詠歌臺'가 있고 '금적암琴笛岩'이란 암각으로 자리가 표시된 가야금 등 악기 연주 장소가 있었다. 한편에는 술좌석으로 짐작되는 자리도 있어 옛 선비들이 풍류를 즐기던 곳임을 알 수 있었다.

바위에 각을 하여 자리를 표시한 것도 처음 본 흥미로운 것이었다. 옛 선비들은 참으로 멋진 풍류를 즐겼구나 하는 새삼스런 생각에 "우리도 조선 시대 선비가 되어 이 자리에서 한 잔 하실까요?" 하고 제안했더니 다 좋다 하여 주변 간이식당에서 통닭 등 안주와 음식을 시켜 놓고 이 암반에서 한 잔 하며 담소를 즐기려 하였으나 아직 늦봄 저녁때라서인지 냉기가 돌아 아쉽게 그만두었다. 다음 기회에 다시 오기로 기약하고 정자 옆 평상에서 옥녀담을 바라보며 모처럼 즐겁고 태평스런 시간을 가졌다. 선생님께서는 풍류도의 이상을 늘 말씀하셨는데 "오늘의 이 자리가 바로 풍류도의 이상 아니겠는가?" 하고 말씀하셨다.

수연 선생님께서는 이 땅의 소나무를 위해 태어나신 듯 소나무 사랑의 열정이 대단하셨다. '죽어가는 소나무를 살리기 위한 문화예술인 100인의 긴급동의'를 주도하시고 '솔바람 모임' 회원들과 '소나무 살리기 100만 인 서명 운동'에 앞장서시어 덕분에 국회는 소나무 방제 특별법을 신속히 통과시켰고 소나무를 한국의 나라나무로 하자는 국회 청원 운동 등 소나무와 관련된 일이라면 늘 열정을 다하셨다. 매사에 긍정적이고 작은 일에도 소홀히 하지 않은 삶의 모습이 존경스러웠다.

선생님께서는 나 창원에게 각별하셨다. 선생님과 나는 피차 딱히 무엇이라고 지적할 수 없는 까다로움이 각자 있었으나 지성적 마음으로 삭히고 선생께서 관대하셔 이십 년에 가까운 세월 속에서도 변함없는 교분이 이어져 왔다고 생각된다.

수연 선생님과 나는 일치하는 점이 많았다. 정확한 시간관념, 허언을 조심하는 자세, 남에게 폐가 될까 조심하는 자세, 사탕이나 아이스크림 같은 단 것을 좋아하는 입맛이 같았다. 우리 관계가 끊이지 않고 돈독하게 오래 지속돼 온 데는 그런 이유도 있었던 것 같다.

선생님께서는 내게 늘 큰 후의를 베풀어 주셨다. '숲과 문화 연구회'에서 발간하는 책에 실린 내 표지 그림에 1년여 해설을 붙여 주셨고 선생님의 시집 『소나무 만다라』와 수필집 『소나무 수필집』의 표지화로 내 소나무 그림을 택하셨다. 더구나 두 책 안에는 내가 그린 소나무에 관한 시와 글도 있어 광영으로 생각한다. 특히 2013년 10월에 조선일보 미술관에서 가진 소나무 작품 개인전 도록에 써 주신 글은 단지 미술평론이라기보다 나 창원의 삶과 예술관을 깊이 파악하신 글로서 많은 사람에게 찬사로 회자되고 있다. 대대손손 읽히고 간직할 소중한 글이라 생각한다. 정말 한 줄 한 줄 마음을 다해 쓰셨다고 하신 선생님께 감사드린다.

단체 여행 중에는 식사와 차 한 잔도 서로 챙겨 함께 하셨던 수연 선생님! 매식을 주고 하시면서도 보행이 불편하여 고생이 많으셨을 텐데 좀 더 보살펴 드리지 못한 것이 못내 죄송할 뿐이다.

시인 삼촌 박희진

김경년
시인, 번역가, 전 버클리대학교 교수

내 어린 기억 속의 삼촌은 중학교 영어 선생님
언제나 단정한 차림의 핸섬 영맨
집에 오시면 어머니와 조용히 차 한 잔이 전부
어른이 어려웠던 그 시절, 나는 삼촌께 말 한마디
건넨 적이 없었지만 50년 전 서울을 떠나 올 때
가방 속에 『실내악』(500부 한정판 중 179번)과 『청동시대』가 들어 있었지
그 후 많은 시를 쓰시고 책도 수십 권을 내셨지만
나에겐 아직도 그 두 권의 시집이 가장 큰 보물
어머니 생전에는 가끔 시인 삼촌의 안부를 여쭈면
"잘 있어. 아파트 사서 산단다"
"아직도 장가 안 가고 혼자 살아요"
"요즘은 수염을 길러서 도사 같단다"
어머니는 독신 동생을 늘 안타까워하셨지

2006년 어느 날, 삼촌은 나에게 커다란 박스에 본인의 저서를 가득

담아 우편으로 보내 주셨다. 꽤 긴 편지와 함께. 그때는 삼촌과 조카가 아니고 시인과 한 개인으로.

그 후 한국을 방문할 때마다 시인을 찾아뵙고 대화를 나누었다. 참으로 귀한 시간을 할애해 주셨고 점심도 여러 번 대접해 주셨다. 2013년 여름 서울 사는 사촌과 함께 찾아 뵌 것이 마지막. 마지막으로 보내 주신 책은『상처와 영광』이라는 방대한 시론집. 그 책 속에는〈현재의 심정〉이라는 짤막한 친필이 끼어 있었다. 2013년 12월 12일, 시인이 세상을 떠나시기 전 1년 3개월 남짓. 너무도 맑고 명철한 그의 마음.

수연 시인님 열반을 합장하나이다.

〈현재의 심정〉

진인사대천명盡人事待天命의 마음으로 책 만드는 데 힘을 쏟았으나 역시 하자가 생긴 걸 보니, '완벽'이란 인간이 거머쥘 순 없는 것일까. 하기사 책은 혼자서 만들 수는 없는 일이렷다. 수많은 사람들의 정성과 노력이 요구되는 것이므로. 바늘구멍만 한 구멍이 생겨도 악마는 가차 없이 얼굴을 내민다.

이제 나는 다시 무심無心의 세계에서 혼자서 유유히 노닐고 싶을 뿐. 내가 할 수 있는 최선의 일, 시작詩作에만 몰두하고 싶을 뿐. 그래야 나는 물을 만난 물고기처럼 자유로워질 테니까.

2013년 12월 12일 수연水然

수연 시인 외삼촌께,

보내 주신『상처와 영광』그리고〈현재의 심정〉글을 잘 받았습니다. 묵직한 소포를 열고 책을 보는 순간 저는 "와!" 하고 소리를 냈습니다.

참 방대합니다. 그 열정과 생명력, 오랜 시간 써 오신 문필가로서의 필력이 단연 압도적입니다. 아직 책을 읽어 보지는 않았지만 다행히 그것은 그간의 많은 글들을 집대성하신 것이라 1페이지에서 시작해서 1,154페이지까지 순서대로 읽지는 않아도 될 것 같습니다. 안도의 숨을 쉽니다.

이상하게도, 살아 갈수록, 또는 조금은 인식이 넓어진다고 생각할수록, 인류 개개인은 홀로의 존재라는 것, 우리는 참으로 서로를 알지 못하고 알 수도 없다는 것을 깊이 깨닫습니다. 특별히 슬퍼할 일도 아니고 새삼스러운 것도 아니지만 다만 느낌이 깊어진다고나 할까요. 수연 시인께서 "혼자서" 유유히 노닐고 싶으시다는 심정, 상상을 해 봅니다. 때로는 모든 인간의 접촉과 관계가 끈으로 묶는 듯한 부자유를 느끼게 합니다. 특별히 애착까지 가지 않더라도 속박인 것만은 틀림없는 것 같습니다. 그럼에도 불구하고, 소위 마음의 "만남"이라는 것이 때로는 그립고 반가울 때도 있지요. 일시적인 것이지만.

물같이 거침없이 흐르소서.

2013년 12월 27일 김경년 올림

다섯 살 때의 박희진.

보성중학교 고학년(지금의 고2쯤) 시절의 박희진(맨 앞).

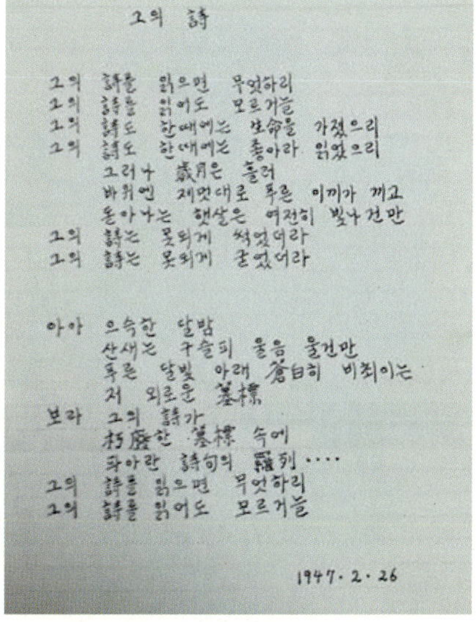

그의 詩

그의 詩를 읽으면 무엇하리
그의 詩를 읽어도 모르거늘
그의 詩도 한때에는 生命을 가졌으리
그의 詩도 한때에는 좋아라 읽었으리
그러나 歲月은 흘러
바위엔 제멋대로 푸른 이끼가 끼고
돌아가는 햇살은 여전히 빛나건만
그의 詩는 못되게 썩었더라
그의 詩는 못되게 굳었더라

아아 으슥한 달밤
산새는 구슬피 울음 울건만
푸른 달빛 아래 蒼白히 비최이는
저 외로운 墓標
보라 그의 詩가
朽廢한 墓標 속에
푸아란 詩句의 羅列....
그의 詩를 읽으면 무엇하리
그의 詩를 읽어도 모르거늘

1947. 2. 26

정지용이 논설주간으로 있던 경향신문 1947년 2월 26일자에 실린 만 15세 소년 박희진의 「그의 시」 모습. 그 표현과 사유의 조숙함으로 당시 문단에 큰 화제를 불러일으켰다. 오른쪽은 2010년대에 다시 써 놓은 「그의 시」 육필.

1960년대 초의 박희진.

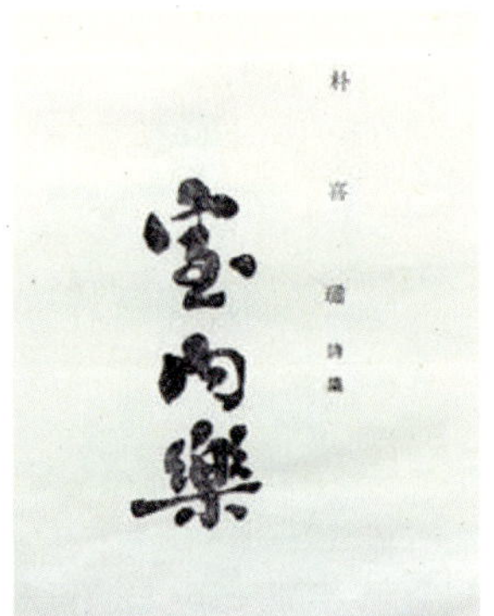

일중 김충현이 쓴 첫 시집 『실내악』(1960)의 속표지 제자.

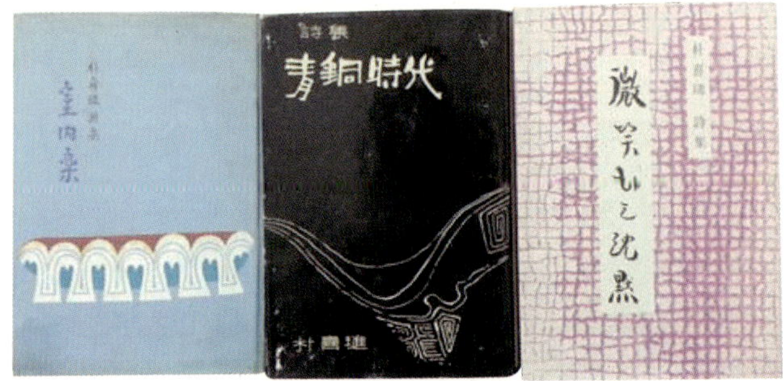

초기 시집 3권 『실내악』, 『청동시대』(1965), 『미소하는 침묵』(1970). 첫 시집 표지는 박서보가 전체 장정을, 윤명로와 한용진이 실크 스크린 작업을 했고, 둘째 시집 표지는 윤명로가 장정을 했다. 셋째 시집은 김구용이 제자를 썼고 성찬경이 장정을 맡았다.

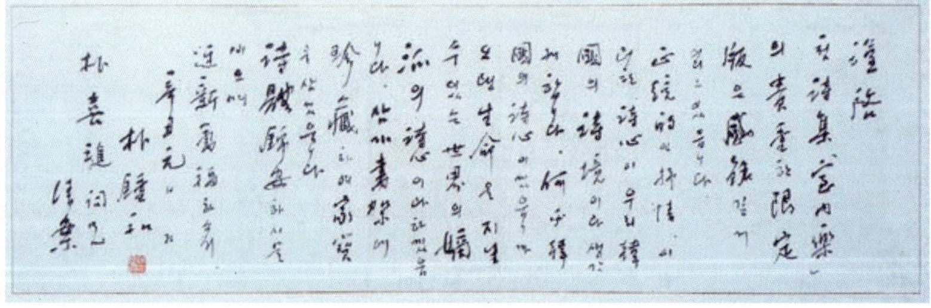

첫 시집 『실내악』을 읽고 월탄 박종화가 보낸 친필 감상 서한.

1961년 9월에 나온 『육십년대사화집』 제1집. 박희진은 1967년 종간호(제12집)까지 이 동인지를 이끌며 당대 시단의 새로운 시적 지성을 주도했다.

30대 중기의 박희진.

1965년 10월의 '박희진 자작시 낭독의 밤' 팜플렛.

1963년 『육십년대사화집』 동인들과 함께. 뒷줄 맨 왼쪽이 박희진. 앞줄 왼쪽부터 이종헌, 이경남, 성찬경, 김종원.

1968년 5월 '박희진 시미전' 포스터.

1970년 '박희진 성찬경 2인 시낭독회' 기념 설치물(위)과 윤명로가 판화로 제작한 포스터.

성찬경 작 '박희진 초상'. 1970년대 초 모습.

마흔 살 무렵의 박희진.

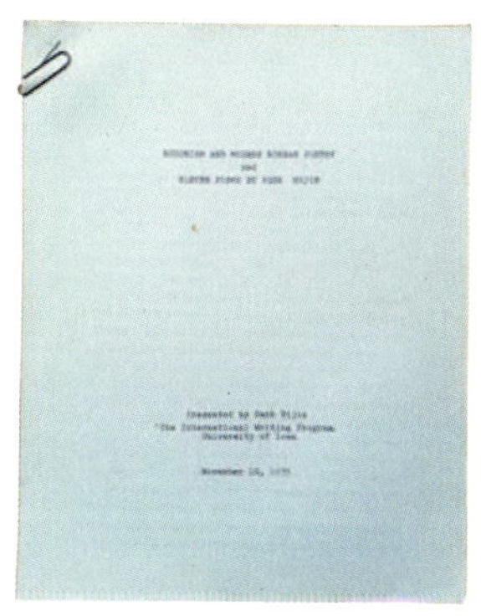

1975년 11월, 아이오와대학교 세미나 발표문 '불교와 한국 현대시'.

아이오와대학교 '국제 창작계획' 창설자인 미국 시인 폴 엥글(가운데)과 함께. 1975년 말경.

1976년 1월, 아이오와대학교 '국제 창작계획' 과정을 마친 후 유럽을 순방하던 중 샤 보들레르의 무덤에서.

남아공 시인이자 화가인 피터 클라크가 연초에 보내 준 자작 그림 선물에 대한 답시.

南아프리카 친구
— 피터 클라크에게

그는 노래를 부르진 않는다.

76. 5. 28

미국에서 돌아온 후 제4시집 『빛과 어둠의 사이』를 낼 무렵의 박희진.

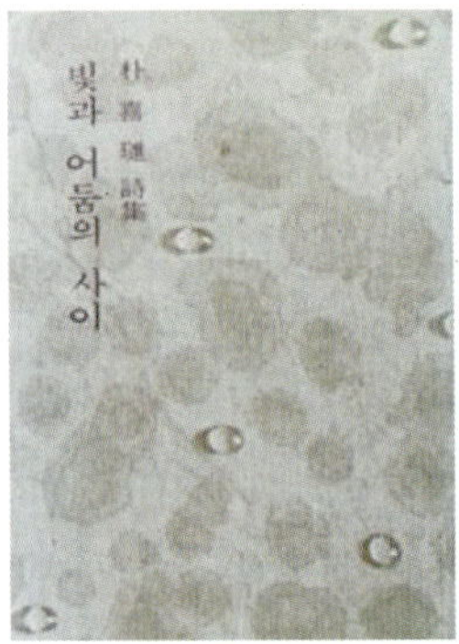

제4시집 『빛과 어둠의 사이』 (1976). 표지 그림은 김창렬의 '물방울'.

장시 「빛과 어둠의 사이」를 발표한 직후 조병화가 그린 캐리커처. 1974년 작.

원승덕 작 '박희진 두상'. 1970년대 후반 모습.

월탄 문학상 수상식을 마치고. 앞줄 왼쪽부터 월탄 박종화, 소천 이헌구, 성찬경, 뒷줄 맨 왼쪽 소설가 유주현.

축하 인사를 하는 팔봉 김기진.

수상 소감을 말하는 박희진. 뒤에 김동리(맨 왼쪽), 김기진(오른쪽 둘째), 곽종원(맨 오른쪽) 등 당대 원로 문인들의 모습이 보인다.

1978,9년 어느 날 시인 김구용의 돈암동 자택에서. 옆의 외국인은 박희진에게 조언을 듣기 위해 독일에서 찾아 온 추사 김정희 연구가.

1979년 4월의 제1회 '공간시낭독회' 팜플렛.

50대 초 어느 날 '공간시낭독회'에서 시낭독을 하는 박희진. 원서동 '공간사랑'에서.

인도 여행 중 인도 전문가로도 유명한 시인 김양식과 조우하여.

1984년 약 1개월간 처음으로 인도를 여행하다.

50대 초 안암동 자택 거실에서.

이호중 작 '박희진 초상'(파스텔). 54세 때 모습.

1988년 현대시학 작품상 시상식장에서. 왼쪽부터 정진규, 홍성유, 박희진, 범대순, 윤강로.

재미 무용가 아이리스 박과 함께한 호암 아트홀 공연 후 객석의 환호에 답하는 모습. 박희진은 아이리스 박이 춤추고 있는 무대를 종횡으로 누비며 자신이 번역한 타고르의 '기탄잘리(신께 바치는 노래)' 10여 편을 낭독하였다.

1990년경 쌍문동 자택 서재에서. 이 방 창문으로는 만경대, 백운대, 인수봉이 한눈에 들어왔다.

비슷한 시기, 자택 거실에서.

1991년 한국시인협회상 수상 후 이형기(왼쪽), 박재삼과 함께.

1991년 7월 평생지기 성찬경과 함께 생애 처음으로 백두산에 오르다.

1992년 7월 모스크바에서 열린 민족문학 발전을 위한 국제 학술회에서 특별 시낭독회에 초청되었을 때.

1991년 11월 30일 제13시집 『사행시 삼백수』, 시화집 『소나무에 관하여』, 수필집 『서울의 로빈슨 크루소』, 재간행 시집 『실내악』, 시 선집 『한 방울의 만남』 출판 및 회갑 기념회. 앞줄 왼쪽부터 서기원, 성찬경, 박희진, 김규영, 구상. 둘째줄 왼쪽부터 설태수, 안건혁, 이상범, 한 사람 건너 조환수, 이희중, 변규백, 김오민. 뒷줄 왼쪽부터 호영송, 두 사람 건너 강학중, 송영만, 김지영, 한 사람 건너 박희준, 이호중, 김영희, 이현이, 최동락, 맨 오른쪽 곽희준. 위 사진들은 차례로 축사하는 김규영, 구상, 사회를 보는 호영송, 축시를 낭독하는 성찬경, 답사하는 박희진.

1993년 봄 북한산
시산제에서.

1993년 8월 '숲과 문화 연구회' 소나무 학술 토론회에서.

1990년대 후반 피천득(가운데), 조운제(맨 왼쪽), 성찬경과 함께.

1995년 5월 어느 날 조병화와 함께

1990년대 어느 날 '공간시 낭독회' 직전 중광, 구상, 정진규, 성찬경(오른쪽부터) 등과 담소를 나누는 모습.

2000년 5월 상화 시인상 수상 직후 허만하(앞줄 오른쪽에서 셋째) 등 영남 문인들과 함께.

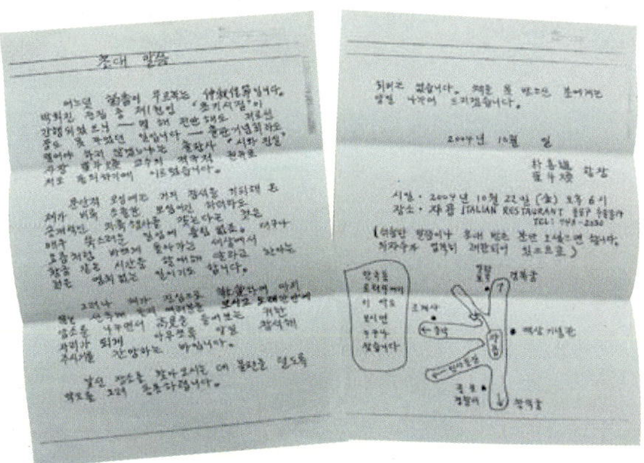

초대 말씀

2004년 10월 일

시일 : 2004년 10월 22일 (金) 오후 6시

장소 : ITALIAN RESTAURANT

2004년 10월 시 전집 1권 『초기시집』 출판 기념회의 친필 초대장. 이 자리에는 김종길, 김남조, 서기원, 성찬경, 이생진, 최두환, 레기네 최, 고정애, 허영자, 김후란, 임보, 변규백, 홍해리, 목필균, 김길중, 최동락, 최만수, 이희중, 노민석, 조환수, 이병길, 송승호 등이 참석하였다.

2006년 7월 생애 두 번째로 민족의 영산 백두산에 올라.

2005년 7월 국회 의원회관에서 열린 '나라나무 소나무 지정을 위한 정책 토록회'에서 주제 발표를 하는 모습.

2007년 7월 대한민국예술원 회원 증서를 받은 후 기존 예술원 회원인 이인영, 예술원 회장 이준, 부회장 김종길(앞줄 왼쪽부터), 김수용(뒷줄 맨 왼쪽), 최일남(뒷줄 맨 오른쪽) 등과 함께.

2008년 '한일 현대시의 만남' 행사에서.

2009년 5월 전영우, 이영복, 임무상, 이호신 등 '솔바람 모임' 회원들과 함께.

2010년대 어느 날 '인사동 시낭송 모꼬지'에서 황금찬(오른쪽에서 둘째), 이생진(맨 오른쪽)과 함께.

2012년 제1회 녹색 문학상 수상.

2013년 11월 제400회 '공간시낭독회'를 마치고. 김청광, 최종고, 고창수, 김동호, 김후란, 황금찬, 임보, 최동호, 이향아, 전순영 , 이무원, 이인평(앞줄 왼쪽부터) 등 '공간시낭독회' 회원 및 외부 축하 인사들과 함께.

20대부터 평생 벗으로 교류한 범대순과 함께. 두 노시인 말년의 어느 날.

생애 마지막 개인 시낭독회가 된 2014년 10월 18일의 '제주 시낭송회'. 100명 가까운 관객이 함께했다.

2015년 5월 봉인사에서 선생 49재를 마치고 시비가 있는 묘역에 모인 '뒤에 남은 사람들'. 오른쪽은 사행시 「어느 시인의 묘비명」이 새겨져 있는 선생의 시비 모습. 시비 옆 묘표석 아래 선생의 골회가 묻혔다.

풍류도인(風流道人) 수연은자(水然隱者), 천지와 하나 되다!
"더는 갈 데 없는 적멸의 빛살바다, 거기서 쉬련다."

전각가 허규가 선생을
추모하며 새긴 '隱者'.

박희진 시인의 '허虛'

박제천
시인, 계간 '문학과 창작' 발행인

1931년 경기도 연천에서 출생하여 2015년 3월 31일에 별세한 수연 박희진 시인은 시력이 오랠수록 깊이 우러나는 시의 맛을 보여주는 대가 시인의 경지였다.

시인의 활달한 필치는 거침이 없었다. 구문의 자유로움 속에 대상의 미학적 가치가 녹아나는 글을 읽으면서, 초기 시의 주옥같은 언어의 세공으로 빚어진 단아한 공간의 조각에서는 결코 접할 수 없었던 육성이 단순, 소박, 고졸한 품격의 바탕이 되고 있었다.

그러나 내심으로는 시인의 이러한 자유로움이 다시 한 번 초기 시와 같은 완벽에의 지향으로 되돌아선다면, 참으로 우리 시의 새 광맥이 뻗어나갈 수도 있지 않았을까 개인적인 소회도 없지 않다.

박희진 시인은 1955년 '문학예술'로 등단하였다. 고려대 영문과를 졸업하고 『육십년대사화집』의 창립 동인으로 시집 『실내악』을 발표하면서 전란의 상흔으로 얼룩진 '50년대 한국 시단에 완미한 서정시의 미학적 성취가 어떠한 것인지를 보여주었다.

특히 추천작인 「관세음상에게」나 「허虛」와 같은 작품은 60여 년이 지난 지금도 고전적인 어법으로 기억될 정도다. '석련石蓮이라/ 시들 수도 없는 꽃잎을 밟으시고/ 환히 이승의 시간을 초월하신 당신이옵기/ 아이렇게 가까우면서/ 아슬히 먼 자리에 계심이여'와 같은 「관세음상에게」의 도입부는 시인의 스승 조지훈의 「승무」 도입부처럼 소리 내어 읽으면 절로 가락이 붙으면서 그 그림이 그려지는 작시법의 교범이 아닐 수 없다.

소년기에 처음 접한 박희진 시인의 작품들은 한 편 한 편 가슴에 새겨질 정도로 그 울림과 여운이 오래도록 잊히지 않았다. 그중에서도 「허」는 시인과 오브제(석상)가 혼연일체가 되어 젊은 시인의 투명한 슬픔과 영원에 대한 허무의식이 보석의 결정인 양 내 가슴에 남아 수를 놓는 작품이었다.

시인의 별세에 즈음해 호영송 시인은 추도사의 마무리에서 시인의 일생에 대해 시인을 아는 누구나 공감할 수 있는 몇 마디로 요약하고 있다. 박희진 시인의 「허」와 함께 읽어 보시기를 권한다.

시인의 시집으로는 『청동시대』, 『아이오와에서 꿈에』, 『산화가』, 『사행시 사백수』, 『라일락 속의 연인들』, 『몰운대의 소나무』, 『영통의 기쁨』 외 다수가 있다. 월탄 문학상, 한국시협상 등을 수상했고 예술원 회원을 지냈다.

> 여인에게는 침대를 내주지 않았지만,
> 시에게는 침상이건, 아니 자신의 심장이라도 간절히 내주는 수연 선생.
> 85세에도 시를 한 편 쓰면 자랑스러워했다네.
> 어느 곳이나 신명 내서 달려가서 시의 육성을 들려주고
> 시의 끌로 쪼며, 딱딱한 삶의 공간을 부드럽게 만들던 시인.

그가 한국어 숲 사이에 보금자리 치고
우리를 위해 영성의 시를 읽고 있다네. – 호영송 시 「추도사」 가운데서

밤이 되어 찬란한 보석들이 어둔 하늘을 수놓을 때엔 배가 고파도 견딜 수 있어라 실상 이렇게 유리와 같은 가슴의 벽을 넘나드는 투명한 슬픔은 내 아무런 생生에의 집착을 지니지 않음이니 아 이대로 돌사람처럼 꽃다운 하늘 아래 단좌하여 허虛할 수 있음이여 나는 아노니 이윽고 내 야기夜氣에 젖어 차디찬 입가엔 그 은밀한 얇은 파문波紋이 새겨질 것을 – 박희진 시 「허」 전문

수연 박희진 시인을 추모하며

변규백
작곡가, 시인

수연 박희진 시인을 처음으로 만난 것은 김규영 선생님(철학박사, 대한민국학술원 회원)의 소개로 이루어졌다. 1960년대 중반쯤이었을 것이다. 김 박사님의 권유로, 성북동에 소재한 한국순교복자수도원에서 수도원 창설자이신 방유룡 안드레아 신부님의 가톨릭 영성에 관한 소중한 말씀을 듣고 수도원 영성을 배우고 공부하기 위한 진지한 모임에 나갔다. 매월 한 번씩의 만남은 존재에 대한 새로운 경지와 영성의 깊은 세계를 밝히고 찾는 모색의 길이었다. 햇수로는 10여 년이 지났다. 이 모임에는 언제나 성찬경 시인도 함께하였다. 성찬경 시인은 항상 노트를 준비하여 방 신부님의 영성에 관한 소중한 말씀을 받아 적고 정리하셨다. 다른 어떤 모임보다도 매월 정기적인 수도원 방문이 무척이나 기다려지게 되었다. 이 모임을 통해 내 마음을 새롭게 충전할 수 있었으며 비로소 영성생활의 문을 열게 되었다. 수연 선생은 이 모임을 통해서 방 신부님을 위한 찬미의 시를 여러 편이나 지으셨다. 수연 시인은 속세간에 살면서도 언제나 성자나 도인, 진인을 찾아 기리며 찬미하고 찬탄하는 일을 게을리하지 않으셨다. 평생의 숙원사업으로 『풍류도인 열전』을 집필하고자 하시었다. 그러나 완성하지 못하신 채 열반에 드시었다.

그 후 1979년 4월에 '공간시낭독회'를 시작하면서, 상임 시인으로 구상, 성찬경, 박희진 세 분 시인이 매월 마지막 수요일 저녁에 시낭독회를 이끌어 가셨다. 나는 '공간시낭독회'가 시작한 1회 때부터 참석하여 400회가 열리기까지 빠지지 않고 참석하였다. '공간시낭독회' 100회 때에는 구상 선생님으로부터 김규영 선생님과 함께 감사패를 받는 영광도 누리게 되었다.

100회까지 이어 오는 동안, 나는 상임 시인의 시에다 곡을 붙여서 낭독회에서 자주 작곡 발표회를 가졌다. 그래서인지는 모르나 언제부턴가 나에게 '공간시낭독회 전속 작곡가'라는 명예스런 타이틀도 붙게 되었다. 이로 인해서 수연 선생과는 무척이나 가까운 사이가 되었다. 수연 선생의 초기 시집 『실내악』(1960)에 실려 있는, 시인으로서의 데뷔작 「관세음상에게」란 작품에 곡을 붙인 것이 아마도 최초의 작품이었던 것 같다. 1980년 불교중앙합창단 제1회 정기 발표회에서 이 곡을 초연하였다. 당시에 합창단 단원이었던 고영섭(시인, 동국대 교수)은 지금까지도 이 곡을 잊지 않고 끝까지 암송하여 부른다. 「관세음상에게」란 시는 1부와 2부로 나누어져 있는데 나는 1부에다 작곡하였다. 이 곡의 특징은 우선 통상적으로 생각하고 있는 작곡 기법인 소절에 따른 마디 개념을 아예 없게 만들었다는 것이다. 통절 형식으로 마치 물 흐르듯 가톨릭의 그레고리안 성가처럼 시의 내용과 의미에 따른 내재율의 고저장단과 다이내믹을 살려 노래 부르는 아카펠라식의 노래 형식을 이용했다. 이제까지 나는 시인들의 작품만을 고집하여 이미 수백 곡을 작곡하였지만 이 곡은 그중에서도 가장 아끼고 스스로 자랑스럽고 자부심을 갖는 작품이라고 할 수 있겠다. 수연 선생은 생전에 이 곡을 들으시고 매우 흡족해 하셨다. 수연 선생이 혼자서 시낭송하실 때마다 나는 이 곡을 연주

하였다. 가사로 쓰인 이 시의 1부 전문을 소개한다.

석련石蓮이라
시들 수도 없는 꽃잎을 밟으시고
환히 이승의 시간을 초월하신 당신이옵기
아 이렇게 가까우면서
아슬히 먼 자리에 계심이여

어느 바다 물결이
다만 당신의 발밑에라도 찰락이겠나이까
또 어느 바람결이
그 가비연 당신의 옷자락을 스치이겠나이까

자브름하게 감으신 눈을
이젠 뜨실 수도 벙으러질 듯
오므린 입가의 가는 웃음결도
이젠 영 사라질 수 없으리니
그것이 그대로 한 영원永遠인 까닭이로라

해의 마음과
꽃의 훈향을 지니셨고녀
항시 틔어 오는 영혼의 거울 속에
뭇 성신의 운행을 들으시며 그윽한 당신
아 꿈처럼 흐르는 구슬줄을

사붓이 드옵신 손가락 하나 움직이지 않으시고…

'공간시낭독회'가 해를 거듭하면서 무르익어 갈 때, 수연 선생의 민요시집『서울의 하늘 아래』에 작곡을 하여 매달 발표한 적이 있다. 이 시집에 수록된 거의 모든 작품에 곡을 붙여 수시로 발표하였다. 그중에서 「시치미 떼지 말고」란 민요는 연애풍에 속하는 사랑을 주제로 한 것인데, 함춘호 가수가 기타 반주로 하여 멋지게 불렀다. 「시치미 떼지 말고」란 민요시 전문을 소개하면 다음과 같다.

제니야 제니
금발의 제니
기타아 칠터이니
그대가 좋아하는
사랑노래 칠터이니
내볼에 어서살짝
키스해 주어야지
안그래 제니

제니야 제니
금발의 제니
기타아 칠터이니
시치미 떼지말고
사랑노래 칠터이니
강아지만 껴안고

좋아할게 무어람
안그래 제니

이 곡에 담긴 사연이 무척이나 흥미롭다. 불교중앙합창단 창설(1980년 초) 초기에 이 곡은 오로지 발성을 위한 연습곡으로 채택하여 불렀다. 그런데 어느 날인가 총무 직을 맡고 있던 조용극이란 단원이 제목을 바꾸고 내용도 바꿔서 부르자고 한 것이 오늘날 불교계에서 가장 널리 불리는 곡이 되었다. 수연 민요시집에 나온 사랑을 주제로 한 노래가 불교 성가곡(찬불가)으로 바뀌어 불리고 있는 것이다. 수연 선생은 생전에 이 곡을 듣고서는 내심으론 좋아하시면서 이왕이면 원곡을 불러 달라고 특별 주문도 마다하지 않으셨다. 이 곡은 현재 불교계에서 불자들이 모르는 분이 없을 정도로 널리 부르고 있다. 「시치미 떼지 말고」에서 「부처님께 귀의합니다」로 고정되었다. 「부처님께 귀의합니다」(조용극 작사) 원문을 소개하면 다음과 같다.

〈1절〉
부처님 부처님
거룩하신 부처님
저 이제 발원하오니
이 원을 들으소서
나무아미타불
중생의 이 원을
들어 주소서
나무아미타불

나무아미타불
부처님께 귀의합니다

〈2절〉
부처님 부처님
자비하신 부처님
저 이제 합장하오니
가피를 내리소서
나무아미타불
중생의 이 원을
들어 주소서
나무아미타불
나무아미타불
부처님께 귀의합니다
나무관세음보살
나무관세음보살
부처님께 귀의합니다

이런 현상은 서양에서도 예를 찾아볼 수 있다. 현행 개신교 찬송가 545장 「하늘 가는 밝은 길이」란 곡이 있는데, 원래 이 곡은 세간에서 사랑을 주제로 불리던 「애니 로리」(레이디 존 스코트 작곡)가 찬송가로 불리게 된 것으로서 한국 신자들의 가장 큰 사랑을 받고 있는 찬송가로 자리매김하고 있다. 찬송가 가사 1절을 소개하면 다음과 같다.

하늘 가는 밝은 길이
내 앞에 있으니
슬픈 일을 많이 보고
늘 고생하여도
하늘 영광 밝음이
어둔 그늘 헤치니
예수 공로 의지하여
항상 빛을 보도다.

이렇듯 세간 남녀의 사랑을 노래한 것이 찬송가로 바뀌어 불리듯, 수연 선생의 사랑 노래가 찬불가로 바뀐 것은 매우 자연스러운 일이리라. 그 이유를 들자면, 우선 멜로디가 일반인이 부르기에 아무런 부담이 없으며 누구나 감동을 자연스레 받기 때문이 아닌가 한다.

「부처님께 귀의합니다」란 찬불가는 외국에서도 알려지게 되어 일본의 경우 교토를 중심으로 불자들이 널리 부르고 있으며, 대만의 불교 합창단이 서울에 와서 중국어로 부르기도 하였다. 수연 선생의 사랑 노래 「시치미 떼지 말고」를 거룩한 찬불가로 불자들이 널리 부르고 있다는 사실은, 이미 극락왕생하신 수연 선생도 늘 흡족하게 여기실 것이라 믿고 있다. '인생은 짧으나, 예술은 길다'란 선인의 지혜가 돋보인다.

수연 선생은 생전에 시를 짓고서 필자에게 전화를 걸어, 최근에 쓴 작품인데 전화상으로 낭송할 터이니 한 번 들어 보라고 권유한 다음, 차분한 목소리로 낭송을 하곤 하셨다. 이러한 시낭송이 있을 때마다 나는 매우 감동적으로 받아들이고, 이어서 감상한 내용들을 자세히 말씀 드리곤 하였다. 이 얼마나 아름다운 추억인가! 1980년대 중반 수연 선생의 민요시집『서울의 하늘 아래』에 수록된 작품「이 세상 어딘가엔」에 곡을 붙여 '공간시낭독회'에서 발표하였다. 세화여고 중창단이 3절까지 불렀다. 청중들이 듣고 나서 박수갈채를 보내 주었다. 이 노래는 1990년대 초에 중학교 1학년 음악 교과서에 정식으로 수록되는 기쁨을 안겨 주었다. 음악 교과서에 박희진 시인의 작품이 실린 것은 처음 있는 일이었다. 그 가사의 전문을 소개한다.

이 세상 어딘가엔
남이야 알든 말든
착한 일 하는 사람
있는 걸 생각하라
마음이 밝아진다

이 세상 어딘가엔
탐욕과 분심 눌러
얼굴이 빛나는 이
있는 걸 생각하라
마음이 씻기운다

이 세상 어딘가엔
하늘을 예경禮敬하고
이웃을 돕는 사람
있는 걸 생각하라

기뻐서 눈물 난다

수연 선생에 대해 한 가지 더 언급할 내용이 있다. 1991년 도서출판 '책세상'에서 박희진 수상집 『서울의 로빈슨 크루소』를 간행하였다. 책 표지에 작은 글씨로 '은둔과 명상의 시인, 엄격한 구도적 삶의 오솔길을 걸어온 시인, 박희진의 진솔한 산문집'이라고 소개하였다. 모두 9편으로 구성되어 있는데, 제5편에 송구스럽게도 내가 '마음속에 남는 사람' 9명 가운데 한 사람으로 소개되어 있다. 9명의 인물은 이렇게 소개되어 있다. ① 수필가 윤오영 선생님, ② 내가 뵌 공초空超 선생, ③ 황금찬 선생의 프로필, ④ 임종국과 친일문학론, ⑤ 변규백과 신민요, ⑥ 지훈芝薰 인상, ⑦ 박재삼의 시와 인간, ⑧ 누릴 줄 아는 사람 성찬경, ⑨ 청자의 마음을 잃지 않는 구자운, 불우했던 고고孤高와 낙천樂天(구자운 영전에). 박희진 선생이 수상집에서 작곡가인 나를 '마음속에 남는 사람'으로 소개해 준 것은 참으로 고맙고 감사한 일이요 또한 명예로운 일이다. 평소에 과묵하신 수연 선생이 이렇게 나를 진심으로 아끼고 인정해 주신 것은 너무도 기쁜 일이 아닐 수 없다. 다시 말해서 진정으로 지우知友를 얻은 느낌이요, 생의 보람과 기쁨이다.

또한 박희진 시인과 작곡가인 나를 함께 소개한 글이 있다. 1989년 2월에 '우리 출판사'에서 낸 변규백 창작곡집 『청산은 나를 보고』라는 책자의 발문에 성악가이며 스님이신 시명是名 사문沙門이 박희진 시인과 나의 관계를 짤막하게 소개한 내용이다. '…(앞부분 생략) 그의 본격적인 음악적 개화는 시인 박희진 님과 만나면서 새로운 전환기를 맞이하게 된 것이다. 우선 양적인 면에서 그가 작곡한 신민요의 대부분 가사들이 박희진 시인의 시로 이루어졌으며, 또한 찬불가의 상당수도 그의 가사에서 출발하고 있다는 점에서 박희진 시인과의 공동 작업은 마치 뮐러의 시와 슈베르트의 작곡과 같이 문학과 음악이 서로 만나서 이 시대적 예술로 승화된 좋은 표본이 될 것 같다.'

수연 선생과의 추억으로 잊을 수 없는 게 또 있다. 수연 선생은 회갑 때 수유리 '아카데미 하우스'에서 열린 회갑연에 우리 부부를 초대해 주셨다. 제자들과 친지들이 많은데도 불구하고 우리를 초대해 주셨으니 매우 큰 영광이었다. 이 자리에서 나는 수연 시인의 작품에 곡을 붙인 「지상의 소나무는」을 축가로 불러 드렸다. 매우 흡족해 하셨다.

수연 선생은 2015년 3월 31일 홀연히 이승을 떠나셨다. 벽제 승화원에서 화장을 치렀다. 나는 승화원 직원에게 간곡히 부탁하여 화장 후에 유골분을 얻어 가겠다고 하여, 준비해 간 작은 향수병에다 유골분을 얻어서 왔다. 나는 지금 내 서재에 수연 선생의 영정과 유골분이 든 유골병을 정중히 모셔 두고 조석으로 향을 피우며 생전의 애틋한 수많은 추억들을 떠올리고 있다. 매일 문안도 드린다. 비록 수연 박희진 대시인은, 육신은 지수화풍地水火風으로 떠났지만 예술혼은 영원히 떠나지 않고 항존하시고 내가 이승에 생존해 있는 한 항상 살아 계시리라 믿고 의지하며 살아간다. 한국 시단에 영원히 빛을 남길 위대한 시인과 함께 지냈다는 사실이 너무도 소중하고 축복받은, 은혜로운 일이라 생각한다.

수연 대시인이시여! 봉인사에 세워진 시비의 묘비명을 작곡했습니다. 생시에 들려 드리지 못한 점 죄송하고 송구스럽습니다. 49재 행사 때 봉인사 합창단이 불렀습니다. 그 후에 작곡한 「수연 아리랑」과 함께 이 추모문집에 악보를 게재합니다.

墓碑銘

Andante(추모하는 마음으로)
박희진 작시
변규백 작곡
이 몸 은 생 전 에 도 - 보 이 지 않 - 게 - 살-
기 를 원 - 했 고 - 그 렇 게 살 았 으 니 - 나
의 詩 -行 과 - 詩 行 의 사 - 이 - 해
와 - 달 별 들 이 보 이 면 그 - 뿐 - 해
와 - 달 별- 들 이 보 이 면 그 - - 뿐 -

일가견을 갖고 있었고, 이를 실천한 시인이었다. 타고난 미성의 소유자인 박희진 시인은 감정 조절이 잘 된 명확하고 자연스러운 발성으로 청중을 사로잡았다. 해를 거듭할수록 박희진, 성찬경 두 분의 시낭독은 거리낄 것 없이 능숙해져서 때로는 신들린 듯한 태도로, 때로는 사색적인 태도로 자신의 시를 음성적으로 표현하는 일에 매진하였다.

내게는 '공간시낭독회'에 관하여서 잊히지 않는 작은 에피소드가 있다. 언젠가 내가 이 모임에 초대 받아 시낭독회를 마치고 함께 저녁 식사를 하는 지리에서 마주 앉은 성찬경 시인에게 반농담조로 이 행사도 연륜이 오래 되었으니 이제는 시낭독회가 아닌 시낭송회로 명칭을 바꾸는 것이 옳지 않겠느냐는 말을 한 적이 있다. 나는 단순히 지나가는 말로 의견을 말한 것뿐인데 이 말을 들은 성찬경 시인은 버럭 화를 내었다. 시낭송이 아니라 시낭독회를 하는 것은 그만한 까닭이 있는 것이니 함부로 남의 집 문패를 바꾸라는 식의 이야기는 하지 말라는 것이었다. 종이에 씌어 있는 시를 보고 읽느냐, 외워서 읊느냐 하는 차이는 시의 표현을 단순히 의미 전달에 그치지 않고 공연 예술의 차원으로 끌어올리려는 노력과 관계가 있다. 시낭송이면 더 좋겠지만 번번이 시를 외워서 읊는다는 일이 현실적으로 힘들기 때문에 적당한 선에서 타협할 수밖에 없기 때문이 아닌가. 어쨌든 이 불편하고 어색한 자리는 박희진 시인의 중재로 적당히 모면하였던 기억이 있다.

오랫동안 박희진 시인을 가까이에서 친숙히 접할 기회가 드문 처지였던 나는 몇 해 전 그에게서 시집『까치와 시인』을 받은 것에 대한 답례 인사도 드릴 겸 박 시인과 가까이 지내는 작곡가 변규백 형을 앞세워 우이동에 있는 시인의 집을 방문한 적이 있었다.

나는 박희진 시인의 집 거실에 걸려있는 소나무 사진에 대해 감탄하였다. 울진 소광리 금강송을 찍은 사진인데 그 당당하고 위엄 있는 소나무의 기상에 압도되는 느낌을 받았다. 박희진 시인은 이전에 『산 · 폭포 · 정자 · 소나무』라는 제목의 시집을 내었을 정도로 폭포와 소나무를 끔찍이 사랑하였다. 나는 그 금강송 사진과 박희진 시인의 인상이 어딘가 흡사하다는 생각이 들었다. 고고하고 고독하고 당당하고 기품 있는 금강송과 그 소나무를 곁에 두고 즐기고 사랑하며 소나무의 정기를 받는 시인의 태도는 일맥상통하는 바가 있었다. 그 후 나도 울진 소광리 금강송 사진을 하나 구해 동해안 고성군 아야진에 있는 내 서재에 걸어놓고 있다.

박희진 시인은 평생 늙지 않는 문학청년이었다. 결혼도 하지 않고 독신으로 지내면서 오로지 시 쓰는 일에 한 생애를 헌신하였다. 고독을 벗 삼아 구도적 자세로 오직 시 쓰는 일에만 몰두하여 지낸다는 일은 말처럼 쉬운 일이 아니다. 40권 넘는 시집과 시 선집을 엮어 내면서 자신이 이룬 예술적 성취에 대해 만족하는 삶을 살았으니 아마도 후회는 없으리라.

박희진 시인은 시적 형식미에 대한 집착이 강한 분이었다. 그는 평생토록 수백 편, 어떤 것은 천 편이 넘는 4행시와 1행시, 그리고 17자시를 남겼다. 나는 박희진 시인의 4행시나 1행시, 17자시 등의 형식적 시도에 대해 문학적 견해에 있어 동조하는 입장은 아니지만, 문학에 대한 그의 놀라운 정력과 몰입, 자기희생과 헌신의 자세에 대해서는 외경의 심정을 지니고 있다.

박희진 시인은 고고한 나르시시스트의 면모를 지녔다. 유달리 자기애가 강하고 자존감이 뚜렷한 인품을 지녀 쉽게 범접하기 힘든 인상을 주는 분이었다. 현실적 이해를 초월하여 오직 문학만을 위한 삶을 살았던 그는 스스로 미혹에서 깨달음으로, 나태에서 정진으로 나아가는 구도자적 자세를 실천하였고 이에 장애가 될 만한 것은 과감히 버렸다. 진지하고 탐구적인 자세로 내면의 갈등을 극복해 나가면서 깨달음을 얻고자 노력한 시인의 생애는 문학에 뜻을 세운 다음 세대 사람들의 모범이 되고 귀감이 될 것이다.

시와 결혼을 한 시인, 박희진

윤석산
시인, 한양대학교 명예교수

1.

'박희진 시인' 하면 나에게 가장 먼저 떠오르는 생각은 '멋쟁이'라는 어휘이다. 문학을 공부하던 문청文靑 시절, 우리에게 김소월, 김영랑, 이상, 윤동주, 박목월, 서정주 등의 시인들 작품은 읽고 또 읽는 시의 교과서였다. 그러던 중, 우리는 그 당시 문단에 나온 지 얼마 되지 않던 1950년대의 시인들 작품을 만나게 되었고, 이분들의 작품에서 또 다른 세계를 만나기도 하였다. 이럴 즈음에 우리가 읽은 작품들 중 하나가 바로 박희진 시인의 작품들이다.

그리곤 우리가 막 문단에 얼굴을 내밀게 되었고, 시인들의 모임에서, 또는 '공간' 등의 시낭송회에 초대를 받으면서 박희진 선생님을 뵙게 되었다. 부드러운 음성과 함께 시에의 열정을 만나게 되었다.

어느 해인가 '공간시낭독회'에 초대를 받고 시를 낭송하러 갔을 때이다. 상임 시인이었던 박희진 선생님께서 낭송을 하고, 당신의 시와 또 시 일반에 관하여 말씀을 하실 차례였다. 다른 분들은 대략 5분 안에 끝내는 말씀을 박희진 선생님께서는 거의 30분을 하셨다. 사회자가 말리지 않았으면, 더 오래 했을 법도 했다. 이렇듯 박희진 선생님은 시에 관한 한 그 이야기가 끝이 없었다.

언젠가 한국시인협회에서 경기도 양평 남한강 가의 어느 연수원으로 1박 2일 야유회를 갔을 때였다. 저녁을 먹고는 강당에 모여 아무런 제한 없이 참석한 시인들이 시에 관하여 이야기를 할 때였다. 박희진 선생님께서 나오셔서 당시 시의 풍경에 관하여 말씀을 하셨다. 당시는 이른바 난해시가 서서히 우리 시단에 그 얼굴을 내보이던 때였다. 당신은 시로서는 자부할 수 있는 전문가인데, 당신과 같은 전문가가 읽어도 알 수 없는 시가 요즘 시단에 많이 나와 돈다. 이러한 현상을 어떻게 설명해야 할지 모르겠다는 요지의 말씀이었다.

시인은 물론 시 전문가이다. 그러나 전문가이지만, 스스로를 '전문가'로 칭하며 말하는 경우는 그리 많지가 않다. 그러나 박희진 선생님께서는 아무러한 거리낌 없이 스스로를 시 전문가로 자칭하며 당신의 이야기를 했다. '전문가', 이 얼마나 시에 대한 대단한 자부심이며, 오직 시만을 위하여 사는 시인의 모습인가.

잘 아는 바와 같이 박희진 선생님은 결혼을 하지 않고 평생을 혼자 살았다. 그러면서 시와 결혼을 했다고 말씀을 하셨다고 한다. 아주 오래 전, 재직하던 학교에서 연금이 나올 수 있는 시기에 맞추어 퇴임을 하시면서, 이제 이 연금으로 생활을 하며 시에 더욱 매진할 수 있어 좋다는 신문 기사를 읽은 적이 있다. 그 마음과 모든 것을 시에게 드린 박희진 시인의 모습이 아닐 수 없다.

2.

얼마 전의 일이다. 내가 봉직하는 학교로 박희진 선생님이 보낸 책자가 한 권 왔다. 시인들이 서로 주고받는 것은 시집이 일반인데, 보내 주신 것은 시집이 아니었다. 피봉을 뜯어 보니, 박희진 선생님이 예술원에서 발표를 한 한국의 전통 사상에 관한 논문이었다.

논문을 읽어 보며, 박희진 선생님께서도 시 이외의 다른 분야에 관심을 지니신 곳이 또한 있구나 하며, 일견 새로운 면을 발견한 듯하였다. 그러나 우리의 전통 사상이 결국 당신의 시 쓰는 문제와 만나고 있다는 사실을 발견하고는 그러면 그렇지, 어찌 박희진 시인이 시 이외의 것에 마음을 두겠는가 생각을 했다.

보내 준 논문에는 한국에서 일어난 종교이며 사상인 '동학'에 관한 언급이 있었다. 오랜 동안 불교에 많이 심취하신 것으로 알고 있는데, 또 언제 이렇듯 동학에 관해서도, 또 우리 전통 사상에 관해서도 많은 관심을 지니고 공부를 하셨는지, 박희진 선생님의 새로운 면을 보는 듯하여 반가웠었다.

특히 그 글 중에는 필자가 공부한 동학에 관한 글을 인용하기도 하여, 이렇듯 나에게 그 논문을 보내주신 것이 아닌가 생각이 된다. 반가운 마음에 전화를 드렸더니 허리가 불편하여 고생을 하신다고 하신다. 그러면서 아직 하실 일이 많은데 이렇듯 거동이 불편하여 참으로 걱정이라는 말씀을 하셨다. 비록 몸은 불편해서, 그래서 잘 움직이지를 못해도 당신의 머릿속에는 하실 일들이 꽉 차 있고, 그래서 무얼 많이, 많이 해 나가야 하는데, 그러지 못하는 현실을 너무나 안타까워하는 모습이 눈에 보이는 듯 선했다.

늘 새로움을 추구하고 또 찾아 마음의 여행을 떠나는 시인의 모습은 일견 도를 찾아 떠나는 구도자와도 같았다. 이러한 구도자, 시에의 구도자의 삶은 다만 시만이 아니라, 만유에의 구도로 이어지는 듯하다. 그러나 결국 만유에의 구도 역시 박희진 시인에게 있어서는 '시'라는 불가사의의 영역으로 담겨져 버리고 만다. 언젠가 내가 박 선생님의 시에 관하여 언급을 한 짧은 글에서 이런 면모를 찾아보고자 한다.

비의秘儀 6

바람도 없는데
스스로 무르익어 떨어지는 도토리와
그것을 받쳐주는 너럭바위 없다면
어떻게 툭! 소리가 나랴?

흐르는 물 기운과
그것을 막는 바위들 없다면
물은 어떻게 희희낙락 환장하며
하얗게 속내를 드러낼 수 있으랴? – 박희진(1931~)

살아가면서 흔히 '너'라는 상대는 생각하지 않고 '나'만을 생각함이 일반이다. 그러나 눈을 돌려 조금만 '나' 외의 '너'를 생각해 보면, 내가 살아가고 또 내가 이렇듯 서 있는 것은 다름 아닌, '나'와 함께 '너'라는 다른 존재가 있기 때문임을 이내 알게 된다.

도토리가 무르익어 나무에서 떨어질 때, '툭' 소리가 나야 비로소 그 소리에 의하여 도토리가 떨어졌구나, 하고 도토리의 존재를 알 수가 있다. 비록 하찮은 소리이지만, '툭' 하는 소리는 도토리의 존재를 알리는 장치이리라. 그러나 나무 밑에 너럭바위가 없었다면, 이 '툭' 하는 소리는 과연 있었을까. 너럭바위는 도토리에게 도토리의 존재를 알리는 소중한 무엇이 아닐 수 없다.

또한 흐르는 물이 아무러한 장애물 없이 흘러간다면, 물은 다만 흐르는 것일 뿐, 희희낙락 애환을 나눌 수 있을까. 바위에도 부딪치고, 또 흰 포말도 일으키며 흘러 내려갈 때, 물은 비로소 흐르는 그 모습을 찾을 수 있을 것이다. 우리네 삶이 바로 '너'와 때로는 부딪치고, 때로는 껴안으며 서로가 서로의 존재를 확인하며 살아갈 수 있듯이.

내가 있고 네가 있으므로 서로가 서로의 삶을 살아갈 수 있다는 그 사실을 하찮은 도토리와 너럭바위, 그리고 흐르는 물과 바위를 통해 깨달을 수 있는 것, 이것이 다름 아닌 '비의秘儀'가 아니겠는가.

어느 신문에 게재한 박희진 선생님의 시와 이에 대한 시평이다. 세상의 모든 존재는 존재하는 그 이유가 있고, 또 나만 홀로 있어 살아가는 것이 아니라, 너라는 상대라 있으므로 나 또한 존재한다는, 매우 철학적인 사유가 담긴 시라고 생각된다

박희진 선생님은 이렇듯 삶과 사물에의 사유를 당신 시의 바탕으로 삼고, 시에 매진해 오셨다. 연세가 80이 넘어도 그 시에의 열정, 평생을 시와 함께 사신 진정한 시인이라고 말할 수 있을 것이다.

선생님의 육신은 떠났어도, 시를 향한 그 마음, 그 정신은 우리에게 늘 살아 영원할 것이다.

도대체 시가 무엇이기에

김순이
시인

나는 선생님과 동거문 오름을 함께 등반하면서 수많은 들꽃들을 함께 바라보기도 했고, 한림읍 비양도에서는 태풍을 만나 2박 3일 동안 30분이면 한 바퀴 도는 섬을 링반데룽에 걸린 사람들처럼 빙빙 맴돌며 지내기도 했다. 그 무렵 선생님은 60세를 갓 넘긴 때라 인도의 시성 타고르보다 더 멋있으면서 영적인 아우라가 펄펄 날리던 그런 모습이었다. 제주도에 올 때면 거의 이생진 시인과 동행했고 두 분은 취향이 서로 많이 달랐지만 정중하게 서로를 대하고 존중했다. 그러나 박희진 선생님에 대한 추억으로는 뭐니 뭐니 해도 '김영갑 갤러리'에서의 시낭송회가 제일 강렬하게 남아있다.

2014년 3월, 내가 지금까지 살아오던 제주시에서 성산읍 난산리로 이사 오고 나서 채 한 달도 지나지 않은 어느 날, 뜬금없이 박희진 선생님이 우리 집 올레로 들어서시는 것이었다. 봄이라곤 해도 아직도 쌀쌀맞은 기운이 느껴지는 그런 날이었다. 이 산골 외딴집까지 어쩐 일일까. 지팡이를 짚고 옆에서 제자의 부축을 받으며 들어선 선생님은 자리에 앉자마자 대뜸 제안하시는 것이었다.

"지금 '김영갑 갤러리'에 다녀오는 길입니다. 거기 새로 조성한 야외

공연장이 매우 훌륭하더군요. 즉흥적으로 떠오른 생각이 여기서 나의 시낭송회를 하면 좋겠다는 거였어요."

"선생님께 그런 영감이 떠오르셨다면 하셔야지요."

"그래서 생각한 것이, 김 선생이 그 낭송회에서 사회를 맡아 줬으면 합니다."

"제가요? 제가 사회 보는 거 한 번도 본 적이 없으시잖아요. 그런 위험 부담을 안고 저에게 맡으라고 하시는 겁니까?"

"잘해도 못해도 나는 다 괜찮아요. 맡아 주는 거지요?"

"네, 그러겠습니다. 선생님께서 이렇게 몸소 오셔서 부탁하시는데 제가 어디로 도망을 갑니까."

이렇게 해서 10월 중순, 성산읍 삼달리의 '김영갑 갤러리' 야외공연장에서 박희진 선생님의 시낭송회가 열렸다. 애초부터 선생님은 2시간 공연을 고집했다. 늦가을이라 해가 지면 기온이 급격히 떨어질 것이 예상되어 나는 1시간 공연으로 하자고 선생님을 몇 번이나 설득하려 해 봤으나 끝까지 2시간을 고집하셨다.

그날의 날씨는 그야말로 신이 내린 날씨였다. 제주에서는 거의 날마다 바람이 불어 대는데 그날은 바람 한 점 없이 맑고 깨끗하면서도 온화한, 가을의 정수를 담은 그런 날이었다. 투명하게 높푸른 하늘에는 하얀 구름이 시원한 비질 자국으로 무늬를 놓고 나무에 내려앉아 노래하는 새들의 모습도 사랑스럽기 그지없었다.

모여든 청중들의 모습도 하나같이 시에 대한 사랑과 갈증을 가진 게 분명해 보이는 어여쁜 이들이었다. 이윽고 해가 지자 추위가 조용히 살갗을 파고들기 시작했다. 선생님은 그 어느 때보다도 흥분되고 고조되어 자신의 시를 낭송하는 데 몰입하셨다. 추위도 느끼지 못하시는 듯했다. 그러나 모여든 관중들은 추위를 참지 못하고 결국 하나둘 자리를 뜨고 끝까지 남은 사람은 몇 안 되었다. 나는 추워서 가져간 숄로 어깨를 덮어쓰고 뜨거운 차를 마시며 겨우 버티었다. 옆에서 보니 시간이 갈수록 선생님의 몸은 점점 미세하게 떨리기 시작하더니 나중에는 눈에 띄게 떨었다. 목소리도 떨림이 완연했다.

"대한민국 시인 중에 84세에 두 시간짜리 시낭송을 해 낸 사람은 이 박희진이 유일할 겁니다!"

선생님의 그런 소리를 듣자 내 머릿속으로 '오늘은 작정하고 기록을 세우시는 날이로구나' 하는 자막이 천천히 지나갔다. 또 이런 생각도 들었다. 도대체 시가 무엇이기에 저 나이에 저렇게 집요하게 붙잡고 통사정을 하고 계시나…

그 행사를 마치고 나서 선생님은 건강을 심히 해치셨을 것이다. 서울로 올라가서 많이 아프셨다고 들었다. 그 행사는 선생님이 주연으로 참여한 마지막 행사였던 것이다. 지나고 보니 어쩌면 선생님은 자신의 생에 어떤 예감을 가지고 이 행사를 결행하셨던 게 아닐까 하는 생각이 든다. 이것이 마지막일지라도 시에 오롯이 순정을 다하는 모습을 스스로에게 각인하고 싶으셨던 게 아닐까.

박희진 선생님을 그리며

윤준경
시인

선생님 추모 문집을 낸다는 말씀을 들은 지 오래되었지만 아직껏 망연자실 아무런 생각이 없이 지내다가 어느새 마감일이 지났습니다.

사람의 살고 죽음이 오로지 신의 소관인 줄을 알면서도 이토록 안타깝고 그리움이 클 줄은 미처 몰랐습니다. 떠나시기 이틀 전 잡았던 따뜻한 손길과 곧 퇴원하게 되리라는 믿음의 눈빛을 기억합니다. 선생님과 저는 서로 무언의 이야기를 나누었지요.

"앞으로 6일이나 남았으니까 음악회에 나갈 수 있을 거야. 가서 윤 선생이 부르는 '애향가'를 들어야지."

"선생님, 곧 퇴원하실 테니까 그때 분명히 오실 거예요."

편치 않은 다리에도 불구하고 시와 음악, 미술 그리고 소나무가 있는 곳이면 어디든 가 보려고 애쓰시는 선생님을 알기에, 특히 그날은 선생님의 시에 곡을 붙인 '애향가'를 제가 부르기로 한 날이기에 선생님께서 아무리 몸이 불편하셔도 꼭 오실 것을 저는 믿고 있었습니다.

산비둘기는 산이 좋아 산에서
물오리는 물이 좋아 물에서 사노라네

나는 인간이라 집에서 살지만
산도 물도 좋아 이 강산 못 떠나네

한 발 가면 산이 섰고
두 발 가면 물이 쏼쏼…
이 나라 삼천리 금수강산 말고
지구상 어디에 이런 곳 있으랴

금성인도 이곳에서 살고 싶어하고
토성인도 이곳에서 살고 싶어하네
동포여 이 땅에 태어난 기쁨
우리 햇살처럼 펴면서 살아가세* – 박희진 시 「애향가」 전문

선생님께서는 이 시는 고향 연천을 그리며 쓰신 시인데 38휴게소 다리 옆에 있는 큰 돌에 이 시가 새겨져 있다는 것도 알려 주셨습니다. 연천을 그린 시라기보다도 저는 이 곡이 우리의 애국가라면 좋겠다는 생각이 들었고 선생님께서도 저의 그 말을 무척 좋아하셨습니다. 우동희 교수님의 곡도 좋고 노래를 부른 이영화 교수님의 표현 또한 훌륭해서 선생님께 CD를 받자마자 저는 수십 차례 이 노래를 돌려 들으며 익혔습니다.

'공간시낭독회' 뒤풀이에서 제가 가끔 이 노래를 부를 때면 선생님께서 많이 좋아하셨던 것을 기억합니다.

"아, 오늘 '애향가' 좋았어요."

그리고 제가 나가는 '노원 가곡 교실'에서 노래 발표회를 하기로 했

을 때 저는 망설임 없이 이 노래를 부르겠다고 써냈고 그 말씀을 들으신 선생님께서는 만나실 때마다 발표회 진행 상황을 물으시며 '연기되었다', '안 하게 될지도 모른다'고 말씀 드릴 때마다 실망을 금치 못하셨습니다. 마침내 2015년 4월 4일 발표회를 하게 되었다고 했을 때 선생님께서는 크게 기뻐하셨고 다른 일정까지 미루시며 그날을 몹시 기다리셨습니다.

곧 퇴원하게 되리라고 믿었던 이틀 후에 받은 비보는 정말 믿기지 않았습니다. 원망도 많이 했습니다. 어떻게 위급해진 상태의 선생님을 그 먼 삼성병원까지 이송했단 말인가?

삶과 죽음이 오직 신의 영역임을 다시 한 번 깨달으며 선생님 떠나신 후 몇 달째, 생명에 대해서 죽음에 대해서 많은 생각을 하며 그 허망함에서 벗어나지를 못하고 있습니다.

살아 계실 때 그리 살갑게 대하지도 못했던 저였습니다.

남들은 제가 선생님을 모시고 다니는 것에 대해 '좋은 일 한다', '수고한다'고들 하였지만 저는 전혀 그 말에 동의하지 않았습니다. 어른을 모시는 것은 당연한 일이라 여겼고, 함께 다니면서 이런저런 이야기를 나누는 것이 저에겐 날이 갈수록 보람 있고 즐거운 일이었기 때문입니다.

20여 년 전 처음 선생님을 뵈었을 때는 말이 통하지 않는 고집쟁이이신 줄만 알았습니다. 그러나 시간이 가면 갈수록 선생님의 깊은 철학과 동서양을 망라한 예술에 대한 많은 지식과 명철하신 판단력, 젊은 제가 따라갈 수 없는 기억력에 감동되어 존경심을 금치 못하게 되었습니다.

선생님을 모시고 가야 한다는 의무감이 저로 하여금 '공간시낭독회'에 빠짐없이 참석할 수 있게 해 주었던 것도 큰 보람이었습니다. 다른 약속은 잘 잊어버리면서도 그날만은 선생님과의 약속이기 때문에 잊으면 절대 안 된다고 마음으로 다짐하곤 했습니다.

선생님과 오가는 동안에 차에서 많은 이야기를 나눌 수 있었지요.

유언장을 꼭 써 놓으시라고도 했고, 공증을 꼭 받아 놓으셔야 한다는 말씀도 드렸고, 감히 선생님 가시게 되면 선생님 그 좋은 기억력의 DNA를 저에게 줄 수 있는 방법은 없을까요? 같은 이야기 등···· 어찌 생각하면 아직 무탈하셨던 선생님께 너무도 터무니없고 당돌한 말씀을 드렸던 것이었지요.

저의 말 때문만은 아니었겠지만 어쨌든 선생님께서는 죽음을 준비하기라도 하신 듯 사후의 모든 일을 다 마무리하시고 떠나셨습니다.

엊그제 이생진 선생님께서 말씀하시더군요. "참 잘해 놓고 갔어요. 그렇게 준비를 잘하고 떠난 사람은 없을 거야."

선생님, 세어 보니 벌써 5개월이 지났군요. 한 번만이라도 보고 싶다는 말씀이 무슨 소용이 있겠습니까만, 제가 가끔은 싫어했던 이런 말들까지 그리워지네요.

"나처럼 시낭송을 잘하는 사람이 대한민국에 있으면 나와 보라고 하세요."

"나에게 노벨 문학상을 준다면 나는 떳떳이 받을 겁니다."

맞습니다, 선생님. "나는 시와 결혼했다"고 하시며 평생 독신으로 오로지 시와 문학에 바치신 일생, 노벨 문학상 그 이상의 아름다운 문학상을 저희가 올려드려야 마땅합니다.

* 우동희 곡 '애향가' 가사에서는 원작이 상당히 많이 변형되어 있어 여기서는 편집 방침에 따라 원작으로 교체하였음. [편집자]

박희진 시인과 타고르의『기탄잘리』

최동호
시인, 경남대학교 석좌교수

박희진 선생님! 선생님의 갑작스런 부음은 저에게 커다란 충격이었습니다. 바로 한 달 전에 '서정시학'판『기탄잘리』의 출간을 기념하기 위해 평소 선생님을 아버지 이상으로 잘 모시던 이인평 시인과 도선사를 방문했던 기억이 아직도 생생하기 때문입니다. 선생님께서 혼신의 힘을 기울여 일생일대의 명번역『기탄잘리』를 완결시키시는 모습은 저에게 깊은 감명을 주신 바 있습니다.

당일 선생님 댁을 방문하여 오래된 서가를 구경하고 젊은 시절의 초상화에서 청교도적인 금욕주의자의 모습을 확인한 것은 저에게 쉽지 않은 사건이었습니다. 남향의 창에서 원고를 가다듬던 책상은 선생님의 영원한 창작의 텃밭이었을 것입니다. 점심에는 4·19묘지 앞 제천약초밥 식당에서 즐겁게 식사하시고 모처럼 도선사를 방문하시고 싶다는 선생님의 뜻대로 잔설이 남은 도선사를 방문하여 거대한 석불 앞에서 기도하는 시간을 가졌습니다.

사실 저는 선생님의 풍모에서 인도의 수행자나 유대교의 랍비와 같은 이미지를 늘 연상하고는 했습니다만 시에 대한 선생님의 몰입은 거의 종교적인 경지에 다다른 것이 아닌가 합니다. 제가 2012년 봄『김수영사전』을 발간하고 도봉산 김수영 시비 앞에서 시낭독회를 가질 때도 선생님은 흔쾌하게 동참하여 시를 낭독하시고 사전 작업에 참여한 후배 동학들을 격려해 주신 것도 잊지 않고 있습니다. 어느 순간 마주칠 때마다 선생님은 장자의 모습으로 수도자의 모습으로 저희 앞에 우뚝하게 서 계셨었습니다.

선생님의 시적 역정에서 소나무에 대한 시편들은 한국을 대표하는 시들일 뿐만 아니라 선생님의 개성이 잘 살아 있는 명편으로 평가될 것입니다. 결국 '소나무 시는 박희진이다.'라고 할 만큼 집중의 노력과 혼신의 힘을 기울이셨던 것 같습니다. 이와 더불어 타고르의 『기탄잘리』 번역 역시 박희진 번역이 최고의 역작으로 기록될 것입니다. 1913년 타고르로 하여금 동양인 최초로 노벨 문학상을 수상하게 한 이 시집은 피압박 민족으로 일제의 사슬 아래 노예 생활을 하던 전 조선의 민중과 지식인에게 해방의 복음과 같은 메시지를 전해 주었던 최고의 걸작이었다고 할 수 있을 것입니다.

제가 『기탄잘리』를 처음 읽었던 것은 선생님께서 1959년 양문사에서 간행한 문고본이었던 것 같습니다. 이후 홍성사에서 출간된 것을 다시 읽었으며 이어 현암사에서 출간된 것을 다시 보았습니다. 선생님은 현암사 판에서 전력 집중하여 최고의 번역으로 하겠다는 각오를 표명하셨고 후기에도 그렇게 적혀 있었습니다만 다시 절판되어 시중에서 찾아 볼 수가 없었습니다. 이인평 시인의 중개로 '서정시학'에서 다시 간행을 준비하던 때 선생님은 이미 최선을 다했으니 단순히 몇 자 교정이나 하시겠다고 하셨으나 점점 몰입해 들어가셔서 나중에는 교정쇄가 새빨갛도록 수정을 가하셨습니다. 이런 각고의 노력을 돌이켜 볼 때 지금까지 한국에는 수많은 『기탄잘리』 번역이 있다고 하겠지만 결정판은 역시 선생님의 번역이라고 단언할 수 있을 것입니다.

작고하신 시간을 돌이켜 보니 선생님의 최후의 열정을 『기탄잘리』 번역에 바치신 것이 아닌가 하는 생각이 들 정도입니다. 그런 의미에서 선생님을 추모하는 자리에서 『기탄잘리』의 시 한 편을 음미하면서 선생님의 고결한 정신을 기리는 것도 의미 있는 일이 될 것입니다.

> 나는 님께 노래 불러 드리려고 이곳에 왔습니다. 이 님의 회당에서 나는 구석 자리를 하나 차지하고 있습니다.
>
> 님의 세계 안에서는 내가 할 일이 없습니다. 나의 쓸모없는 생명은 목표도 없이 곡조에 실려 흘러나올 뿐.
>
> 한밤중 어두운 사원에서 님의 침묵의 예배를 알리는 종이 울릴 때, 주여, 나에게 님 앞에서 서서 노래 부르도록 명하여 주옵소서.
>
> 아침 대기 속에서 황금 하프가 울릴 때, 나를 영광되게, 님 곁에 있도록 명하여 주옵소서.

이 시를 다시 읽으면서 회고해 보면 선생님은 타고르가 노래한 대로 '채워야 할 자리는 여전히 남아 있는' 시와 삶의 자리를 가지고 계신 것이 아닌가 합니다. 1980년대 어느 무더운 여름날 수유리 산길을 가다가 제가 소나무 숲 속에서 가부좌하시고 묵상에 잠긴 선생님을 우연히 보고 놀란 적이 있습니다. 아마 눈 감고 하늘의 소리를 듣고 계셨을 것입니다.

침묵은 침묵을 통해 마음의 소리를 전하는 법입니다.

혼신의 힘을 기울이신 소나무 시편들이 지금도 한국 시단은 물론 선생님의 빈 자리를 울리고 있을 것이며 아마도 선생님의 청교도적인 평생의 삶은 황금 하프가 울리는 소리를 들으면서 평안을 얻지 않았을까 생각합니다.

박희진 선생님! 저와 함께 했던 마지막 산보에서 우이동 도선사 계곡의 잔설을 굽어보며 머지않아 다가올 봄을 향해 하얀 이를 드러내고 웃으시던 선생님의 미소를 떠올리며 이 글을 마무리합니다.

삼가 엎드려 명복을 비오니 부디 저승에서 평안하시옵소서!

예술로 승화된 당신

한진만
화가, 동성예술인회 회장, 전 홍익대학교 교수

박희진 선생님!
당신은 예술로 승화되어 후학들의 가슴속에 있습니다.

반세기 전 저와의 인연이 시작된 것은 제가 고등학교에 들어가 당신의 영어 수업을 들으면서부터입니다. 제가 느낀 당신의 첫인상은 진지하고 엄숙한 분이었으며 스포츠형의 검은 머리에 구레나룻 자국이 양쪽 귀밑에 푸르스름하게 자리하고 있었습니다. 그때 저는 당신이 외국 영화배우 말론 브란도와 비슷하다고 생각했습니다. 한편 점심시간에 음악실에서 클래식 음악을 감상하시는 당신의 모습을 뵙고 문학 이외에 예술에도 관심이 많으셨던 걸 알았습니다.

당시 저는 감히 당신을 가까이 할 수 없는 대상으로 생각하고 당신과 개인적인 대화를 나눠 본 적이 없었던 것은 아마 당신의 모습이 진지하고 엄숙해 보이기도 했지만 제가 내성적이기도 했기 때문이었을 겁니다.

10년 전, 우연히 한 동창생을 통하여 선생님께서 선禪의 세계가 담긴 시를 많이 쓰셨다는 것과 매년 초에 인사동 한정식 집에서 당신을 모셔 덕담을 듣고 환담을 나누는 자리가 마련된다는 이야기를 들었습니다. 이때 제 마음에 강하게 와 닿은 것은 제가 전공한 분야가 동양화였고 동양화는 선禪의 정신세계와 불가분의 관계에 있기에 선생님을 뵈었으면 했습니다. 그래서 8년 전 연초에 그 자리에 참석하여 당신이 선시禪詩를 읊으시듯이 강론하시는 모습에서 말론 브란도가 아니라 머리와 수염이 하얀 도인을 보았습니다.

당신은 자연을 좋아하셨는데 특히 한국의 소나무에 애정이 깊다는 말씀을 하셨을 때 저는 선생님의 시에 제가 그림을 그려 시화전詩畵展을 열고 싶다는 생각을 했습니다. 제가 시화전에 관한 의견을 제시했을 때 당신은 "시화전이 무슨 의미가 있을까?" 하시며 무관심을 표명하셨습니다. 그러나 동성고 총동창회장인 정종섭 선배가 "시화전은 많은 후학들에게 정서적으로 많은 도움이 될 것"이라며 간곡히 부탁드리자 당신은 흔쾌히 허락하시고는 만남의 장소로 북한산 자락에 있는 우이동 당신의 빌라로 초대해 주셨습니다. 그래서 정종섭 회장을 비롯하여 홍장학 동성고 교감, 임영길 동성미술인회 회장, 임희중 동성미술인회 총무 등과 함께 당신을 찾아뵈었습니다.

그곳에서 저희는 당신은 이미 1968년에 시미전을 개최한 바 있다는 것도 알았고, 당신의 경험담과 정신세계를 듣고 당신의 시집을 읽으면서 당신은 50세에 이르면서 노장老莊 사상을 저변에 깔고 선사상禪思想이 농후한 시상을 시로써 무수히 토해 내셨음을 알았으며, 백발이 되어서도 총각이신 이유를 알게 되었습니다. 집 안은 많은 시집들과 책들로 가득하고 다양한 미술 작품들이 사연과 의미를 갖고 벽면에 걸려 있었습니다. 창밖으로 북한산을 배경으로 노송이 자리하고 있는 것을 보았을 때 당신이야말로 진정한 '화중유시畵中有詩'의 시인이시며 당신 자체가

'시'라는 생각을 떨쳐 버릴 수가 없었습니다.

2011년 11월 7일. '박희진 시미전'이 동성 100주년 기념관에서 개막되어 한 달 동안 열렸습니다. 저는 당신이 선택해 주신 시 중에 '한거閒居'와 '설야雪夜'를 택하여 그림으로 표현하다가 몰입되는 순간 당신의 고결한 시상에 젖어 드는 황홀함을 맛보았습니다. 아마 그 시화詩畵에 당신이 좋아하는 설송雪松이 묘사되어 더욱 의미 있게 다가왔는지 모르겠습니다.

박희진 선생님! 더 이상 당신의 모습을 볼 수 없게 되었다는 소식을 들었을 때 마음을 의지할 데가 없어졌다는 생각이 밀려왔지만, 당신의 시 정신이 후학들의 가슴에 자리하며 영원히 예술 속에 살아 있다는 믿음으로 위로를 삼습니다.

박희진 선생과의 인연

이준관
시인

수연 박희진 선생과의 인연을 이야기하려면 선생의 시집『청동시대』부터 꺼내야 할 것 같다. 선생은 1955년 '문학예술'지의 추천을 받아 시인이 되셨다. 말하자면 전후 세대의 시인인 셈이다. 시인으로서의 선생의 명성은 알고 있었지만 시를 접할 기회는 없었다. 더러 '현대문학'에 선생의 시가 실리기도 했을 테지만 선생의 성품처럼 조용하고 온유한 시들이라서 잘 눈에 띄지 않았을 터이다. 그런 선생의 시집『청동시대』를 지방 읍내 헌책방에서 만난 것이 선생과의 첫 인연이었다. 지금은 없어졌지만 정읍 성당 앞에 제법 규모를 갖춘 고서점이 있었다. 책방 주인은 두툼한 고도 근시 안경을 낀 50대 초로였다. 서점에는 학습참고서, 잡지, 시집, 소설, 어린이 책들이 어지럽게 쌓여 있었다. '사상계', '현대문학' 등 과월호도 잔뜩 쌓아 놓고 팔았다. 나는 단골로서 시집이나 '현대문학', '사상계' 등을 사서 읽었다. 더러 오래된 시집도 있었는데 그 속에 선생의『청동시대』도 있었다. 제목이 참 고전적이라는 생각이 들었다. 제목대로 시도 단아하고 고전적이었다. 그 당시의 시들은 아직 시를 잘 모르던 나에게는 난해하고 이해 불가한 것들이 많았는데 (1960년대 시들은 생경하고 난삽한 면이 있었다) 선생의 시는 평이하면서도 감각이 산뜻하고 메시지도 이해하기 어렵지 않았다. 고도의 비유나 상징보다는 이미지가 명징하고 메시지가 분명했다.

이렇게 시집으로 처음 만나 내 가슴에 각인된 선생을 처음 만난 것은 내가 『가을 떡갈나무 숲』이라는 시집을 낸 후 선생이 의욕적으로 구상, 성찬경 시인과 운영하던 '공간시낭독회'의 자리였다. 그 자리에 초대를 받아 가서 시를 낭송했지만 제대로 인사도 못 드리고 왔다. 서울로 직장을 옮겨 온 지가 얼마 안 된 데다가 내향적이어서 제대로 인사의 예도 갖추지 못했다. 다만 선생의 풍모를 보면서 얼핏 인도의 시성 타고르가 떠올랐다. 선생의 풍모도 그러하거니와 시 세계도 그런 연상을 하게 했었다.

그런 선생과 가까워진 것은 우연한 일로 인해서였다. 우연이 겹치면 운명이라던가. 선생과 나는 진해에서 '김달진 문학제' 행사가 있어 동행하게 되었는데 우연히 버스 옆자리에 함께 앉게 되었다. 그야말로 장거리 동행을 하게 된 것이다. 선생은 아주 멋지게 하얀 수염을 기르셨다. 그 풍모가 인도의 철인 라즈니쉬를 떠올리게 했다. 인도에 대한 관심이 고조되던 그 당시 라즈니쉬는 여러 사람의 입에 오르내리는 화제의 인물이었다. 선생의 풍모를 보고 라즈니쉬를 닮았다고 말씀드렸더니 선생 특유의 너털웃음을 껄껄껄 웃으셨다. 선생은 웃을 때가 가장 매력적이다. 웃는 모습이 그렇게 선하고 순수할 수가 없다. 선생의 외모는 준수해서 한때 이름을 날린 영화배우 남궁원을 닮은 데가 있다. 준수하고 중후한 외모이다. 이런 매력적인 외모를 지닌 선생은 많은 여성들의 관심을 끌었을 터이련만 평생을 독신으로 사셨다. 어쩌면 시와 영혼 결혼을 하시고 평생 시만 사랑하다 가셨던 것이리라.

라즈니쉬를 빌미로 하여 선생과 대화의 물꼬가 트였다. 대화라고 했지만 선생의 문학과 철학을 듣는 시간이었다. 까마득한 문단의 후배인데도 선생은 격의 없이 대하고 막힘없이 선생의 인생관, 문학관을 말씀하셨다. 라즈니쉬에 대해서는 거침없이 비판을 했다. 선생의 동양적인 작품 세계와 라즈니쉬는 상통하는 바가 있을 거라 생각했는데 의외였다. 선생의 비판의 요지는 라즈니쉬는 인간의 고통을 일시적으로 편안하게 해 줄지는 몰라도 미래에 대한 비전이 없다는 것이었다. 그래서 라즈니쉬의 이론은 인간에게 허무감만 안겨 준다는 말씀이었다.

그러시면서 선생의 문학과 철학을 말씀하셨다. 주로 한국의 전통 사상 풍류도를 말씀하셨다. 지극히 한국적인 그리고 동양적인 선생의 문학관이었다. 그런 바탕으로 쓰인 선생의 작품이 지금은 빛을 보지 못하지만 후대에는 크게 인정을 받을 거라는 말씀도 말미에 곁들였다. 그 말씀 속에는 '60년대의 참여와 순수 논쟁, '80년대의 민중시 등 문학의 중심 조류와 비켜선 한국적이고 동양적인 그윽한 정신세계를 노래한 선생의 시들이 화제의 중심에 서지 못한 것에 대한 마음이 은연중에 묻어 있었다. 선생은 사후에야 자신의 작품이 제대로 평가를 받을 것이라고 말씀하셨지만 선생의 작품은 생전에 빛을 발하고 인정을 받았다.

그렇게 만난 선생은 내 기억에 지워지지 않고 늘 남아 있었다. 그런데 선생도 나에 대해 좋은 기억을 갖고 계셨는지 선생의 저서가 나오면 잊지 않고 보내 주셨다. 그때마다 나는 꼼꼼히 읽고 꼭 답신을 보내드렸다. 그러면 답신을 받고 선생은 전화를 해 주셨다. 이렇게 해서 나는 선생의 강의를 전화를 통해 들을 수 있었다. 선생과의 전화 통화는 길었다. 선생은 굵직하고 중후한 톤의 목소리로 차분하게 말씀하셨다.

자신의 작품에 대해서, 혹은 문학 전반에 대해서, 선생의 동양적인 사상에 대해서 설파를 하셨다. 선생과의 전화를 통한 인연은 이렇게 계속 이어졌다. 이런 선생이 예술원 회원으로 선출되는 경사가 있었다. 신문에 실린 기사를 읽고 축하의 인사를 드렸더니 특유의 너털웃음을 웃으시면서 "뭘 그런 게 신문에 나온 모양이지?" 하면서 겸허하게 말씀하셨다. 선생은 모든 일에 이처럼 자신을 내세우지 않고 늘 겸허하고 가식 없이 진솔하셨다.

그런 선생을 다시 만나 뵙게 된 것은 '펜 문학상' 시상식에서였다. 선생이 '펜 문학상'을 수상하시게 되었는데 나는 선생의 수상을 축하하러 가던 참이었다. 선생을 충무로 전철에서 만났다. 선생은 걸음걸이가 무척 불편하셨다. 옆에서 부축해야 할 정도로 보행을 힘들어하셨다. 택시를 잡겠다고 했더니 '문학의 집' 행사장이 얼마 안 된다면서 끝내 사양을 하셨다. 할 수 없이 나는 선생을 부축하고 전철에서 '문학의 집'까지 동행을 하게 되었다. 선생은 이것을 무척 고마워하시면서 "내가 오늘 수호천사를 만났군요." 하고 말씀하셨다. 시상식장에서 선생은 초대 받은 성악가가 열창하는 것을 보고 즉흥적으로 "오늘 수상 소감을 뭐라고 해야 할지 고민을 많이 했는데 노래를 듣고 보니 이제 생각이 떠올랐어요." 하고 운을 떼시더니 "바로 그겁니다. 음악이 기쁨을 주듯 문학도 기쁨을 주는 겁니다."라고 말씀하셨다. 선생의 문학은 바로 선생의 말씀처럼 생의 기쁨과 즐거움과 행복을 주는 문학이다. 선생의 첫 시집 제목『실내악』처럼 선생의 시는 우리의 영혼을 맑게 정화시키고 기쁨을 준다.

선생과의 시상식에서의 해후가 마지막 만남이 되고 말았다. 선생은 자신의 시론을 집대성한 방대한 저서『상처와 영광』을 보내 주셨다. 참

많은 시간 전화를 통해 선생의 말씀을 들었다. 특히 선생의 스승에 관한 이야기는 감동적이었다. 선생의 진면목을 알려면 『상처와 영광』을 읽어 보라고 권하고 싶다. 선생은 책 제목을 무엇으로 할까 고민을 많이 했다고 말씀하셨다. 상처가 많은 삶, 그런 상처를 영광으로 승화시킨 시인이 바로 박희진 선생이다. 일제 강점기, 해방 이후의 혼란, 6·25 전쟁, 4·19, 5·16 등 역사적 격동기를 거친 상처 받은 세대, 그러나 그 상처를 영광으로 바꾼 세대, 그 세대의 중심에 선생이 계시는 것이다.

선생은 말년에 걷는 게 불편하여 외출을 자주 못해 답답하시다고 하소연을 하셨다. 내가 『천국의 계단』이라는 시집을 보내 드렸는데 아무런 답장이 없으셔서 웬일인가 궁금했었는데 선생은 그때 투병 중이셨던 모양이었다. 선생의 전화를 기다리고 있었는데 뜻밖에 선생의 부음을 먼저 듣게 되었다.

선생은 당신 사후에 자신의 작품을 알아줄 거라고 했는데 생전에 선생의 작품의 진가를 알아주어 '한국시인협회상', '녹색 문학상' 등을 수상하셨고 문학가로서는 최고의 영예인 예술원 회원까지 되셨다. 선생은 『실내악』, 『청동시대』 등 서정시의 정수를 보여주는 시집을 35권이나 내셨다. 오직 시만을 생각하고 몰두하며 사셨던 선생은 1행시, 4행시 등 다양한 형태의 시를 실험하셨고 시집 『화랑영가』 등 한국의 문화와 사상에 대한 관심과 애정을 시로 쓰셨다. 특히 '시낭송 운동의 대부'라고 불릴 만큼 시낭송 운동을 열정적으로 전개하여 한국 시낭송에서 선구적인 역할을 하셨던 시인이셨다. 앞으로 선생의 작품과 인간과 사상에 대한 연구가 더욱 심도 있게 있으리라 믿는다.

박희진 선생님을 추억함

이만주
춤 비평가, 시인

교정이 하얀 눈으로 덮여 있었다. 선생님은 영어 교사이셨다. 창밖을 내다보시던 선생님은 갑자기 칠판에 한문을 쓰셨다. 스님 공허空虛와 김삿갓이 주고받았다는 한시 대구對句 '月白雪白天地白(월백설백천지백) 山深夜深客愁深(산심야심객수심)'을 쓰시고는 해석을 해 주셨다.

그날 눈 때문에 선생님이 시흥에 젖으셨던 것 같은데, 지금으로부터 54년 전인 1961년, 중학교 1학년 영어 시간 교실에서 있었던 그 일이 지금도 또렷이 기억된다.

선생님과 나의 사제지간의 인연은 서울 혜화동에 있는 동성중학교 1학년 때 영어를 배웠다는 사실이 다이다. 담임을 하셨던 것도 아니고 더 이상 영어를 배우지도 않았다. 그러나 그 후 선생님과의 인연은 이상할 정도로 끊임없이 이어졌다.

평생 시와 더불어 사셨다고 해도 과언이 아닐 박희진 선생님에게는 각종 시집 35권을 내신 원대한 시 세계가 있다. 또 생애 마지막에 해당하는 2013년 12월, 『상처와 영광 ; 내 문학 세대의 정신사』라는 1,160여 쪽에 이르는 방대한 분량의 시론집을 내셨다. 처음에는 책 제목을 '항일 저항시의 양상'으로 하시려고 했던 것으로 보아 선생님께서는 일반인이 전혀 짐작하지 못하는 문학 세계를 갖고 계셨음을 알 수 있다. 책 내용이 선생님 생애와 문학의 여러 부문을 포괄하고 있어 마지막에 책 제목을 '상처와 영광'으로 하셨다. 책은 실로 박희진 문학 세계의 많은 것을 담고 있다. 나도 언젠가는 천착할 예정이지만 '박희진의 시와 문학 세계'가 고구考究하는 문예 비평가들에 의해 재조명되기를 간절히 바란다.

선생님의 특기할 만한 점으로는 1961년부터 1967년까지 시 동인지 『육십년대사화집』을 주재하시며 광복 이후로는 처음으로 문학 동인 활동을 이끄신 사실이다. 또 특정 주제의 시집들을 내셨다. 유난히 소나무를 좋아하셔 『몰운대의 소나무』, 『소나무 만다라』라는 시집도 내셨고, 사찰 230여 곳을 순례하신 후 『백사백경百寺百景』이라는 시집을 상재하셨다. 시인 이생진 선생과 함께 섬을 다니시며 섬에 대한 시를 쓰셔 『섬들은 외롭지 않다』, 『이승에서 영원을 사는 섬들』을 출간하셨다. 또 『꿈꾸는 탐라섬』도 내셨다.

선생님은 모든 장르의 예술을 감상하시는 높은 안목을 갖고 계셨다. 간혹, 화가나 조각가들에 대해 산문을 쓰시면 비평가의 수준을 훨씬 능가하셨다. 선생님은 특이하게도 유명 무용가들의 춤을 보고 시를 쓰셨다. 김매자 「춤본」, 김숙자 「김숙자의 춤」, 아이리스 박 「Cosmic Dancer」, 일본 무용가 야마다 세쓰꼬 「녹색의 열」이라는 춤에 대한 시를 쓰셨고 아예 무용가 야마다 세쓰꼬를 위한 시도 쓰셨다. 나탈리아 마카로바의 춤을 보고 「빈사의 백조」라는 시도 남기셨다. 나는 춤 비평가로서 선생님의 무용과 관련된 시를 읽고 그 관찰의 예리함과 미학적 감각에 여간 놀란 것이 아니다. 선생님의 짧은 분량 시가 긴 산문의 평론을 압도했다.

선생님과 나의 대부분의 만남은 '공간시낭독회'에서 이루어졌다. 허나, 나는 그 낭독회에 일 년에 한두 번, 어떤 때는 실로 삼사 년 만에 한 번 나가곤 했다. 내 경우는 시낭독 듣는 것이 좋아서라기보다는 오랜만에 선생님을 만나 뵈러 가는 것이 목적이었다. 선생님도 내가 어쩌다 '공간시낭독회'에 나타나면 무척 반가워하셨다.

혼자 사시는 선생님을 댁으로 찾아뵈면 반가워하셔 언제부터인지는 딱히 알 수 없지만, 돌아가시기 5,6년 전부터는 일 년에 서너 번 선생님 댁을 방문했다. 그러면 독서를 많이 하시고 사색을 많이 하신 분이라 우주와 인생, 문학과 시에 대한 당신만의 뚜렷한 주관을 말씀해 주시곤 했다. 선생님 외양의 조용한 모습과 달리 지식과 사고의 폭이 넓고 깊으셨다. 또한 정확하셨다. 어떤 말씀들은 깜짝 놀랄 정도로 깊이 있는 지혜의 말씀이었다.

내가 방문하면 점심이나 저녁을 사 주셨고, 긴 세월로 보면 술 좋아하는 제자인 나에게 술도 꽤 사 주셨다. 매우 따뜻하고 다정하신 분이셨는데 모든 것이 지나치지도 않고 모자라지도 않게 적절하게 처신하는 분이셨다. 그렇게 상대방에게 조금도 부담을 느끼게 하지 않는 분이시라 십여 명의 제자가 평생을 따랐던 것 같다.

선생님이 마지막에 사시던 집으로 이사 오기 바로 전에 사시던 집에서 북한산을 바라보면 산의 연봉이 이루어 놓는 스카이라인이 미국 케네디 대통령의 얼굴 모습처럼 보였다. 선생님이 돌아가실 때까지 사시던 집의 침실(집필실이기도 했지만)의 침대는 바로 옆의 몽양 여운형 선생의 무덤과 같은 높이였다. 나는 인상 깊게 생각했지만 선생님은 그런 사실에 별로 관심을 두지 않으셨다.

어느 날은 방문했더니 일본 하이쿠[俳句]의 최고 시인 바쇼[芭蕉, 1644-

1694] 이야기를 꺼내셨다. 17자로 이루어진 그의 하이쿠를 번역해 보니 신기하게도 한두 수만 빼놓고는 우리말 17자로 딱 맞아떨어지게 번역이 되더라는 것이다. 그렇게 말씀하시며 만약 윤회라는 것이 있다면 생일이 같고 독신으로 혼자 검소하게 살았다는 점도 같아 아마도 자신이 전생에 바쇼였을지도 모른다는 생각을 하신다고 하셨다. 의외의 말씀이셨지만 어느 정도 수긍이 되었다.

나는 불과 4,5년 전, 60이 넘어서부터 시를 쓰기 시작했다. 6,7편을 썼을 때, 선생님과 알게 된 지 실로 50여 년 만에 쓴 시를 보여드렸다. 선생님은 갑자기 무슨 엉뚱한 짓이냐 생각하시는 것 같았고 큰 기대를 안 하시는 표정으로 그냥 탁자 위에 놓고 가라고 하셨다. 그런데 얼마 후 찾아뵈니 선생님은 나의 시들에 깜짝 놀랐다고 하시며 신인이 아니라 독특한 시 세계를 갖고 있는 중견 시인이라며 칭찬을 해 주셨다(추천사에도 나옴).

나는 내 삶에 변화를 주고 싶던 차에, 선생님이 내 시를 인정해 주시니 선생님의 추천으로 뒤늦게나마 등단을 해야겠다는 생각을 냈다. 꽤 성가가 있는 시 전문지의 편집자와 등단 관계를 이야기한 후 선생님께 추천사를 부탁드렸다. 선생님은 200자 원고지 6장에 크고 또박또박하게 쓴 글씨로 추천사를 써 내게 주셨다. 그런데 잡지사가 무슨 연유인지 선생님의 추천사와 나의 시들을 게재하지 않는 바람에 나의 등단은 이루어지지 않았다. 선생님은 "그 자들이 무언가 다른 것을 바라는 모양이군." 한 말씀 하시고는 조금 애석해 하셨다. 나는 선생님이 원고지에 써 주신 추천사를 지금도 그대로 갖고 있다.

정지용 시인의 추천으로 조지훈 시인이 등단하였고 조지훈, 이한직 시인의 추천으로 박희진 시인이 등단하였다. 선생님은 시인으로 등단하신 후 본인은 평생에 시 등단 추천을 몇 사람 하지 않으셨다. 후배의 얘기로는, 시인 등단하겠다고 어느 제자가 선생님을 찾아갔더니 시를 다 읽어 보신 후 "자네는 구태여 시인이 되려 하지 말고, 시를 좋아한다면 다른 시인들의 시나 열심히 읽게."라고 말씀하시며 타일러 보냈다고 했다. 그 후배 얘기로는 선생님에게 추천을 받은 것은 대단한 일이라고 했다.

선생님은 정지용을 한국의 전무후무한 시인으로 치셨다. 그만 등단이 불발이 되고 말았지만 나는 시인 정지용의 맥이 나에게로 이어지는 것이라고 생각하고 자부심을 갖고 있다. 2014년 10월에 시낭송회를 위해 선생님은 나와 함께 제주도에 갔다 오신 후 노트에다 시를 쓰셨다. 어느 날 선생님 댁을 방문했더니 그 시를 보여주셨다. 시 한 구절에 '이만주 시인'이라고 적혀 있어 놀랐다. 어느 날 유고 시집이 나온다면 확인될 수 있으리라.

요즘은 우리 사회 여러 곳에서 시낭독회가 열린다. 선생님은 우리 사회에 시낭독회를 전파시킨 공로가 있다. 선생님이 창설 멤버로 1979년 4월 서울 원서동에 있는 '공간사랑' 지하 소극장에서 첫 '공간시낭독회'를 연 이래, 월 1회 정기적으로 이 시낭독회를 이어 갔다. 드디어 2013년 11월 7일, 남산에 있는 '문학의 집. 서울'에서 400회째 '공간시낭독회'가 열렸다. 선생님은 나에게 그때는 꼭 참석하라고 말씀하셔 참석했고 나는 글을 하나 썼다. 사실은 선생님을 위해 쓴 글인데 지면에 발표가 되지 않아 이 글 뒤에 첨부한다.

선생님은 개인 시낭송회도 열기를 좋아하셨다. 제주도 '김영갑 갤러리'에서 꼭 한 번 하고 싶어하셨다. 선생님의 시와 기록에 나오지만 선생님은 제주도를 좋아하셨고 어느 핸가 제주도에서 김영갑과 한 달을 보내셨다. 매일 아침 김영갑이 그의 차에 선생님을 태워 오름 앞에 내려놓은 뒤 저녁이면 다시 모시러 왔다고 한다. 김영갑은 고인이 되었으나 선생님은 그때 김영갑과의 생활을 아름다운 추억으로 간직하고 계셨다. 돌아가시기 전해인 2014년 10월에 '박희진 제주 시낭송회'를 열기로 하고 4월 중순에 선생님과 나, 또 다른 제자인 곽희준 3명이 2박 3일에 걸친 사전 답사를 했다. 시낭송회 날짜로 잡은 10월 18일은 성큼성큼 다가왔다. 선생님은 시낭송회가 열리는 날, 관객이 적게 올까봐 조바심을 내셨다. 내가 할 수 있는 일은 홍보성의 글을 써 관광공사 홈페이지, 제주시 홈페이지, 서귀포시 홈페이지 등 이곳저곳에 올리는 일이었다.

행사 당일, 80~100명의 관객이 모였다. 적은 숫자는 아니었다. 더욱이 대부분이 진지한 관객들인지라 분위기가 매우 좋았다. 제주 시낭송회는 성공적이었다. 선생님도 매우 만족스러워 하셨다. 그날 선생님과 나, 곽희준, 이인평('공간시낭독회' 회장)은 기분 좋은 저녁을 제주의 관련 인사들과 같이 했다. 그런데 그것이 선생님의 마지막 개인 시낭송회가 될 줄이야! 그때 내가 작성해 인터넷에 올렸던 글들 가운데 하나를 또 이 글 뒤에 첨부하며 박희진 선생님에 대한 더 이상의 추억을 다음으로 미룬다.

하나, 제 400회 '공간시낭독회' 직후 쓴 글 ; '400회 공간시낭독회'

시낭독회의 원조로, 우리 사회 시낭독 운동에 많은 영향을 끼친 '공간시낭독회'가 400회를 맞았다. 34년이라는 짧지 않은 세월 동안 시낭독회가 이어졌다는 것은 결코 쉬운 일이 아니다.

2013년 11월 7일 늦은 5시, 남산에 있는 '문학의 집. 서울'에서 문단 인사 및 일반인 150여 명이 참석한 가운데 제400회 '공간시낭독회' 겸 기념식이 열렸다.

식은 '공간시낭독회' 이인평 회장의 총괄 아래 1, 2부로 나뉘어 각각 김영자, 안승우 시인의 사회로 진행되었다.

제1부는 작고 시인들을 위한 묵념이 있은 후, 지난 34년을 회고하는 박희진 시인의 기념사, 황금찬, 김후란, 이무원, 임보 시인 등의 간략한 축사와 시낭송으로 이어졌다. 만찬 이후 제2부에서는 '공간시낭독회' 회원들이 돌아가며 자작시를 낭송했다.

문학의 정수라 할 수 있는 시는, 말이 그렇듯 소리와 의미로 이루어진다. 제지술이 발달하기 전, 시의 전달과 즐김은 소리로 하는 낭송에 의존했을 것이다. 효과적인 낭송을 위해 운과 율이 필요했던 시는, 시가詩歌라는 낱말에서 보듯 노래와 밀접한 관련이 있다. 중동 지역에 음유시인이라는 것이 전통으로 내려오고, 고대 스칸디나비아의 음유시인을 뜻하는 'Skald', 고대 켈트족의 방랑 음유시인을 일컫는 'Bard'라는 말이 현대 영어에 살아있는 것을 보면, 시는 사람들 앞에서 읊어졌던 것임을 알 수 있다.

그러던 시는, 구텐베르크 이후, 인쇄술이 발달함에 따라 책 안에 갇히기 시작하면서 의미 쪽의 기능만이 확대되었다. 아울러 과학문명의 발달과 사회의 분화가 인간의 정신세계를 복잡하게 만들었고, 무의식의 발견과 존중이 시를 점점 더 어렵게 만들었다. 현대에 와서 시에서 소리라는 반쪽의 기능은 무시되었다. 어느새 시는 소리 내지 않고 읽는 묵독默讀, 눈으로만 읽는 목독目讀에 의존해 의미만을 파악하는 일이 일반화되었다. 시낭송과 시낭독회는 시의 본래의 반쪽 기능인 소리를 살려내어 읊고, 운율을 음미하며, 남에게 들려주어 공감하며 같이 즐긴다는 데에 의의가 있다.

'공간시낭독회' 창설자의 한 사람인 박희진 시인은 1975년 미국 아이오와대학교 국제 창작계획 과정에 초청받아 참가했을 때, 그곳에서는 대학 강당, 서점, 카페, 가정집 등 아무 곳에서나 시낭독회가 자연스럽게 열리는 것을 목격하며 깊은 인상을 받았다. 과정을 끝내고 귀국한 후, 시낭독회의 취지에 공감하는 구상, 성찬경 시인과 1979년 4월 서울 원서동에 있는 '공간사랑' 지하 소극장에서 첫 낭독회를 열었고 월 1회 정기적으로 시낭독회를 연다는 원칙을 고수했다.

그 후, 여러 장소를 전전했지만 '공간시낭독회'는 간단없이 이어져 세계 문단 사상 유례를 찾아볼 수 없는 장장 34년, 400회라는 기록을 달성했고, 지금도 매월 첫째 주 목요일 저녁에 원서동에 있는 '바움 아트 갤러리'에서 계속되고 있다. 그간 창설자였던 구상, 성찬경 시인이 타계하는 슬픔을 겪었으나, 3명으로 출발한 회원이 연륜과 함께 50여 명으로 늘어나 왕성한 생명을 유지하고 있다. 34년을 이어 오면서, 낯설었던 시낭독회를 전국에 파급시키고 유행시킨 일은 '공간시낭독회'의 지워질 수 없는 공이다.

박희진 시인은 기념사에서 "사랑이란 지속성을 의미하는데, '공간시낭독회'가 이렇게 긴 세월 생명을 이어올 수 있었던 것은 회원들의 돈독한 시 사랑에 힘입었으며, 상대방 시 세계의 독자성을 인정하고 배우려는 태도를 잃지 않았기에 가능했다"고 말했다. 이어 "시를 사랑하는 것도, 시 창작을 지속하는 것도 모두 기氣, 에너지"임을 말한 것도 그날 참석자들에게 울림을 줬다.

둘, 박희진 제주 시낭송회 소개 글 ; '박희진 시인과 딜런Dylan'

밥 딜런Bob Dylan이 올해 노벨 문학상 후보에 올랐었다고 한다.

How many seas must a white dove sail
before she sleeps in the sand?
(흰 비둘기는 모래밭에서 잠들기 전에
얼마나 많은 바다를 건너야 하나?)
The answer, my friend, is blowin' in the wind.
(친구여, 그 대답은 바람 속에 흩날린다네.)

노벨 문학상이 인류에게 이상적인 방향을 제시한 빼어난 문학 작품에 수여하는 것이라면 반전反戰과 철학적인 가사들을 지어 노래한 포크송 가수인 밥 딜런에게 가지 말라는 법도 없다.

그런데 밥 딜런의 이름 딜런은 그가 웨일즈의 요절한 시인 딜런 토머스Dylan Thomas(1914–1953)를 좋아하고 존경해서 따라 붙인 것이다.

이 짧은 글에서 1930~40년대 영시英詩의 한 시대를 풍미했고 음주와 기행으로 '천사 혹은 악마'라 일컬어지며 전설적 인물이 되었던 딜런 토머스의 시 세계를 거론할 수는 없다. 단지 그의 시낭송과 관련된 일화를 잠깐 소개하고자 한다. 그의 시는 당대에, 그것도 젊은 나이에 평단의 주목을 받았고 영국은 물론 미국 독자들의 폭발적인 사랑을 받았다.

그런 연유로 미국에서 순회 시낭송회를 3,4회 했다. 목소리 또한 '황금의 베이스'로 불릴 만큼 개성이 있어 시낭송회는 비싼 입장료에도 불구하고 대성황을 거두곤 했다. 시쳇말로 대박이었다. 그래서 돈 관리를 위해 재정 책임자까지 두어야 했다.

하지만 문학적, 경제적 성공은 본래 술고래였던 그에게 더욱 많은 술자리와 풍부한 술을 제공했다. 결과로 그는 심한 알코올 중독자가 되었다. 연일 술을 마시던 그는 39살이라는 젊은 나이로 객지인 뉴욕에서 타계한다.

서론이 길어진 것은 노시인 박희진의 시와 시낭송을 소개하고 싶어서이다.

우스갯소리로 "시인은 한 권의 시집만 내는 게 좋다"는 얘기가 있다. 우리나라 어느 유명 시인의 경우 단 한 권의 시집만 내었는데 그의 시를 연구한 석 · 박사 학위 논문과 서적들은 수십 권이 된다. 또 "시인은 요절해야 한다"는 얘기가 있다. 요절한 시인은 유명해지고 그의 시가 애송되기 때문에 생긴 말이다. 유명하고 사랑받는 시들은 역시 좋다.

박희진 시인은 거의 성직자와 같은 초절주의의 삶을 사시며 35권의 시집을 내신 분이다. 주제 면에서 자연시, 연애시, 정치시, 종교시, 풍자시, 인물시, 기행시, 기념시, 선시 등. 형식 면에서 1행시, 4행시, 14행시, 17자시, 담시, 민요시, 장시, 시극, 서사시 등. 그의 시 세계는 주제와 내용이 실로 넓고 방대하다. 시의 형태 면에서도 다양한 실험을 하신 분이다. 그의 시 세계에 대해 무어라 말하는 것은 '눈 감고 코끼리 만지는 격'이 된다. 섣부른 언급을 회피할 수밖에 없다. 실제로 어느 문예 비평가는 다른 유명 시인들의 시인론은 다 쓰면서도 박희진 시인론은 그의 시들을 모두 다 읽을 수 없었기에 제외해야만 했었다는 고백을 했다.

하지만 한 가지 말할 수 있는 것은 그의 시 세계를 관통하는 정신은

'우주에 대한 찬미와 생生에 대한 긍정'이라는 점이다.

시인은 동양인으로서는 키 큰 풍채에 이목구비가 뚜렷한 미남이시다. 그 풍모가 80년 넘는 세월과 더불어 한국 풍류도의 선풍도골仙風道骨이 되었다. 허나 시인은 안타깝게도 수년 전 척추 수술 후 한쪽 다리 감각이 마비되어 장애인이나 마찬가지시다. 간신히 힘들여 일어나시고 띄엄띄엄 어렵게 걸음을 옮기신다. 그런데 시를 읊으실 때는 기氣가 넘쳐나신다. 음성 또한 낭랑하고 우렁차서 그의 시낭송을 보노라면 한 편의 모노드라마를 보는 것 같다.

이번 시낭송회에서는 모두 제주를 노래한 시를 읊으신다.

이 찬란한 탐라의 가을. 그의 시낭송회에 오시어 우주와 제주와 삶의 아름다움에 영통靈通하는 기쁨을 누려 보시기를 바란다. 허무, 우울, 스트레스… 그런 것들, 제주에서 에너지 넘치는 노시인의 시낭송을 들으며, 또한 또 다른 시들인 김영갑의 탐라 사진들을 감상하며 날려버리시라. 그리고 그날 밤 제주의 밤하늘을 우러러보시라. 벅적대는 사람들과 혼탁한 공기로 채워진 도시가 싫어 제주로 내려온 수많은 별들이 보석처럼 빛나다가 여러분의 가슴에 와 박히는 경험을 하실 수 있으리라!

박희진 시인의 시와 산문들 여기저기서 골라 몇 줄 소개한다.

"지구는 우주의 신비이고 인간은 지구의 신비"
"나의 아들은 신비의 열쇠인 북두칠성으로
또 하나 다른 우주를 여닫는다"
"포플러는 시인, 소나무는 철학자."
"솔잎 사이로 새는 달빛으로 목욕을 할까나."

"종일 말없는 둘은 움직이는 두 그루 나무…"
"사랑한다는 것은 하나의 별을 외어두는 일이다.
작고한 소설가 서기원이 약년기에 한 말."
"서울의 밑바닥 캄캄절벽의 노동판 철옥을
분신자살로써 꿰뚫고 올라 별이 된 청년,
전태일 아시겠지."
"땅 · 물 · 불 · 바람이 수억 년 두고 갈고 닦아온 보석이 탐라섬."
"초원의 바다 위에 오름들은 올망졸망 떠 있는 섬들이네"

수연 박희진 선생님 단상

박봉우
산림학자, 강원대학교 명예교수

언제인가? 신문을 보면서 눈길을 끄는 시가 있어 오려서 서가 모서리에 붙여 두었다. 연구실 책상에 이르는 앵글로 된 서가 가장자리에 붙어 있는 시를 틈틈이 들여다보고 소리도 내어 읽어 본다. 어떤 느낌을 받아서 그 시를 오려 두었을까? 당시 신문에는 가끔 시가 박스 기사로 실렸었는데, 유독 그 시만을 왜 오려 붙였던 것일까?

겨울 북한산

이불 속에서 새벽에 잠이 깨면
나의 두뇌는 말들의 용광로–
「육체의 문은 열릴수록 좁아지고
마음의 문은 열릴수록 넓어진다」
묘구妙句다 싶어 벌떡 일어났다.

먼저 북한산에게 인사를 드려야지.
서창의 커튼을 젖히는 순간,

오오, 멋있어라, 백설에 살짝 덮인
백운대 인수봉 만경대 삼형제가
은빛 위용을 선연히 드러냈다.

아침 햇살 받고, 침묵의 목소리로
그들은 한껏 외치고 있었다.
「산광무고금山光無古今 인사유우락人事有憂樂…」
청잣빛 겨울 하늘도 신이 나서
무엇인가 덩달아 외치고 있었다.

누렇게 바랜 신문지의 시, 서가 모서리에 위태롭게 붙어 있던 시는 언젠가부터 보이지 않았다. 비단옷을 입은 천상의 선녀가 스치고 가는 옷깃에 바위가 닳아 버린 시간이라도 흐른 것일까?

이렇게 시로 해서 수연 선생님을 만났다. 박희진, 그는 누구일까 하는 궁금증은 있었지만, 특별하게 마음을 끈 "육체의 문은 열릴수록 좁아지고, 마음의 문은 열릴수록 넓어진다"만 되뇌었다.

그러다가 '숲과 문화 연구회'를 하면서 전영우 교수가 들고 온 시화집 『소나무에 관하여』로 수연 선생님을 다시 한 번 시로, 이번에는 책으로 만났다. 독특한 울림이 전해 왔다. 한 줄의 글로 소나무를 표현한 독특한 시체, 일행시였다. 일본의 하이쿠에서는 간결하면서 절제된 멋을 보았었는데, 수연 선생님의 일행시에서는 한 줄의 글이 그대로 소나무로 체화되는, 소나무로 그려지는 일체감을 맛보게 한다. 소나무 시화집을 통하여 소나무를 보는 눈이 새롭게 열렸다. 소나무를 이렇게 보는구나.

전영우 교수를 통하여 수연 선생님은 '숲과 문화'에 소나무와 관련한 시를 비롯하여 많은 시를 기고해 주셨다. 우리 모임의 아름다운 숲 찾아가기에 참여하시어 시를 낭송해 주시기도 했다. 숲에서 시간을 보내는 휴양 활동에 새로운 활동 방식이 추가되었다. 숲 속에서, 숲 속의 소나무와 함께 소나무에 관한 시를 들으며, 숲을 음미하는 시간이다. 마음의 여유로움과 자연과 함께하는 시의, 예술가의 모습은 우리가 숲에서 보내는 시간에 무엇을 할 것인가 하는 한 가지 방법을 더 알게 해 주었다. 선생님은 우리 연구회의 고문이라는 자리도 맡아 주셨다.

어느 해 연구회 동료들과 수연 선생님의 호일당好日堂을 방문하였다. 햇살을 즐기는 집일까 싶다. '시를 언제 쓰는가? 시에 들어 있는 묘구는 어떻게 시인에게 다가오는가?' 이야기를 나누다가 수연 선생님은 자신의 침실을 보여 주셨다. 침구 머리맡에 공책과 연필이 놓여 있었다. 시의 언어는 잠에서 깨어나면서 아직 정신이 완전히 깨기 전 순간 비몽사몽간에 떠오르는 경우가 많은데, 그 순간이 지나면 곧 사라지기 때문에 떠오르는 순간 공책에 적어 놓는다고 한다. 이렇게 하면서, 창밖으로 보이는 북한산의 모습을 보며, 일상이 된 북한산 길을 걸으며 「북한산 진달래」, 「겨울 북한산」들을 탄생시켰다.

수연 선생님에 대한 인상은 많지만, 나에게 특별히 더 다가왔던 일은 우리 숲을 아끼는 모임인 '숲과 문화 연구회' 활동의 일환으로 남한산성의 소나무 숲을 탐방하러 갔던 때였다. 몸이 불편하시다면서 산성을 오르며 내내 뒤에 처지셨고, 불편해 하심이 온 몸에 드러나 있어서 무어라 말씀을 드리기도 어려웠고, 그냥 쉬시라고 할 것인데 공연히 참석해 주십사 하고 떼를 쓴 것이 아니었나 하는 생각마저 들었다. 그러나 목표로 했던 장소에 도착하고, 주변 숲에 대한 주제 발표 등의 이야기가 오간 뒤, 시를 낭송하는 시간이 되었다. 수연 선생님이 모임의 앞에 섰다.

지상의 소나무는

지상의 소나무는 하늘로 뻗어가고
하늘의 소나무는 지상으로 뻗어와서
서로 얼싸안고 하나를 이루는 곳
그윽한 향기 인다 신묘한 소리 난다

지상의 물은 하늘로 흘러가고
하늘의 물은 지상으로 흘러와서
서로 얼싸안고 하나를 이루는 곳
무지개 선다 영생의 무지개가

지상의 바람은 하늘로 불어가고
하늘의 바람은 지상으로 불어와서
서로 얼싸안고 하나를 이루는 곳
해가 씻기운다 이글이글 타오른다

아니, 조금 전까지, 사람들 앞으로 나와 서는 것조차도 고통스러워하는 표정이 역력했었는데, 어디에서 저런 힘이 났을까 싶다. 당신이 아프다는 사실을 잊어버리고, 「지상의 소나무는」을 힘차게 낭송하신다. 수연 선생님은 지상의 소나무가 하늘을 향하고, 하늘의 소나무가 지상을 향해 내려오면서 당신의 몸을 통해 한 몸을 이루고 계셨다. 당시는 예술가의 힘이 저런 것인가 하는 생각이 들었는데, 후일 당신이 백두산 천지에서 시낭송을 한 경험을 말하시는데, 그때 당신의 몸을 통해 하늘과 땅이 하나가 되는 느낌을 받았다고 하셨다. 그 말을 들으면서, 아! 그래, 그때 남한산성에서 시낭송을 들으면서 전해졌던 그 느낌, 예술가의 힘이라고 느꼈던 그것은 바로 지상의 소나무와 하늘의 소나무가 당신의 몸을 통해 일체화되는 에너지의 흐름이었던 것이다.

최근 들어 수연 선생님을 뵙지 못했다. 2015년, 올 봄에는 꼭 뵈어야지 했지만 시간은 그냥 그런 바람만 안고 지나갔다. 그렇게 소나무를 좋아하셨는데, 자연과 더불어 제가 서 있는 땅과 조화를 이룬 소나무 한 그루를 보여 드린다고 했었는데, 이제는 그저 바람결에 지나가 버린 말이 되고 말았다.

찬송 · 숭송주의자讚松 · 崇松主義者 수연 박희진

– 호모 사피엔스 사피엔스 피누스

김기원

산림학자, 국민대학교 교수

생애

수연 박희진은 1931년 경기도 연천에서 태어나 2015년 3월 향년 85세의 일기로 세상을 떠났다. 초등학교 1학년 때 서울로 전학하여 보성중학교(6년제)를 졸업하고, 고려대에 입학하여 영문학을 전공하였다. 1960년 동성중고교에 영어 교사로 부임하여 23년간 재직하다가 1983년 교직을 접고 여생을 시작詩作에 전념하였다. 시인이고 대한민국예술원 회원이며, 소나무 사랑에 앞장서 온 애송愛松주의자이다.

25세 때인 1955년에 이한직과 조지훈의 추천으로 '문학예술'지를 통해 등단하였으며, 1961~1967년 시 동인지인 『육십년대사화집』을 주재하였다. 1975년에는 미국 아이오와대학교의 초청으로 국제 창작계획과정에 참여였다. 1979년 구상, 성찬경 시인과 함께 '공간시낭독회'를 창립하여 상임 시인으로서 활동하게 되고, 우이동에 정착한 이후 '우이시낭송회'에도 참여하였다. '인사동 시낭송회', '차나무 시낭송회' 등의 상임을 겸하는 등 명실상부 시낭독 운동의 주축으로서 활동하였다.

'월탄 문학상'(1976), '한국시협상'(1991), '상화 시인상'(2000), '펜

문학상'(2011), 제1회 '녹색 문학상'(2012)을 수상하였고, 1999년에 대한민국 정부로부터 보관 문화훈장을 받았다. 2007년에 대한민국예술원 회원으로 선출되었다.

시인의 소나무 사랑

시집으로 1960년의 첫 시집인 『실내악』을 비롯하여 『청동시대』, 『빛과 어둠의 사이』, 『연꽃 속의 부처님』, 『북한산 진달래』, 『사행시 사백수』, 『소나무 만다라』, 『사행시 삼백수』, 『1행시 7백수』, 『1행시 960수와 17자시 730 · 기타』, 『몰운대의 소나무』, 『이승에서 영원을 사는 섬들』, 『꿈꾸는 탐라섬』, 『동강 12경』, 『화랑영가』, 『산 · 폭포 · 정자 · 소나무』, 『까치와 시인』, 『4행시와 17자시』, 『영통의 기쁨』 등 35권을 내었으며, 수필집 3권, 시론집까지 포함해 총 50여 권의 책을 내었다. 영어, 독일어, 일어로도 시집이 번역 출간되었다.

소나무에 대한 애착으로 소나무 관련 시집이 많고, 1행시를 쓴 것이 독특하다고 볼 수 있겠다. 시인의 1행시는 명쾌하고 톡 쏘는 청량음료와 같은 간결한 맛과 함께 긴 여운을 남기는 느낌을 받는다. 그는 1행시의 성격에 대해서 아래와 같은 4행시로 요약한 적이 있다

> 1행시는 단도직입이다. 번개의 언어다.
> 1행시는 점과 우주를 하나로 꿰뚫는다.
> 1행시는 직관적 상상력의 산물이다.
> 1행시는 시의 알파이자 오메가다.

사상事象을 판단하는 번개 같은 직관과 통찰력, 지혜를 가져야만 간결한 문장의 1행시가 나온다는 의미이다. 이상의 시 작품집 이외에도 1991년 이호중 화백의 그림과 함께 시화집『소나무에 관하여』를 펴냈다. 이 책은 2004년 확대 편집돼『내 사랑 소나무』란 이름으로 다시 간행되었다.

소나무와 진달래를 사랑한 찬송 · 숭송주의자讚松 · 崇松主義者 박희진은 천지인삼재天地人三才에 기반을 둔 우리 민족의 원종교인 풍류도를 강조하고, 십장생을 찬미하였다. 이와 관련하여 소나무에 특별한 관심을 나타내고, 시작에 열성적으로 정진하였다. 앞에 쓴 것처럼『몰운대의 소나무』(1995),『소나무 만다라』(2005),『산 · 폭포 · 정자 · 소나무』(2010) 같은 시집에서 소나무를 찬미하고 있고, 때로는『소나무에 관하여』(1991) 같은 시화집으로, 또는『소나무 수필집』(2012)으로 찬송하였다.

출판사 '시와 진실'이 펴낸『소나무 만다라』에 대해서 대한민국학술원 회원인 김규영 박사(철학)는 "공전절후의 위대한 시업詩業이 드디어 성취되다. 350수의 소나무 절창 모음, 소나무 만다라! 이 시집을 읽는다는 것은 우리가 우리의 영혼을 새롭게 발견하고, 정화하고, 연마하여 풍성한 행복을 누리는 일이다."라고 그 가치를 밝히고 있다.

시집『소나무 만다라』,『산 · 폭포 · 정자 · 소나무』,『소나무에 관하여』는 소나무 찬송가이고, 수필집『소나무 수필집』은 소나무 해설집이나 다름없다. 소나무에 관한 시를 한두 편도 아니고 몇 권의 시집이나 수필집으로 엮을 수 있다는 것은 소나무에 대해 대단한 영감을 지니지 않으면 불가능한 일이다. 시인 스스로 고백하였듯이 소나무는 수연 선생에게 시의 원천이고 나무의 고전古典이었기에 가능했다(『소나무에 관하여』 47번째, 54번째 1행시).

수연 선생은 창원 이영복 화백, 시사일본어사 엄호열 회장, 국민대 전영우 교수, 이호신 화백 등과 함께 2004년 새해 벽두에 '솔바람 모임'을 결성하여 소나무에 관한 예술 활동뿐만 아니라, 죽어 가는 소나무를 살리기 위한 행동에 앞장서기도 하였다. 이 과정에서 소나무에 대해 국민적 관심을 가질 수 있도록 국회에서 긴급동의를 발의하고, 소나무를 나라나무로 지정하자는 제안도 하였다.

'솔바람 모임'(대표 전영우 교수) 주도로 2005년 3월 3일 문화예술계 인사 100명이 서울프레스센터에서 발의한 '죽어가는 소나무를 살리기 위한 긴급동의'의 동의문은 다음과 같이 호소하고 있다 ;

> 하나, 죽어 가는 소나무를 살리기 위해 우리는 저마다 최선의 성의와 노력을 다하자.
>
> 하나, 국회는 '소나무 재선충병의 방제를 위한 특별법'을 조속히 제정하라.
>
> 하나, 정부는 소나무 재선충병의 방제에 필요한 인력과 예산을 대폭 확충하라.
>
> 하나, 소나무를 한국의 나라나무로 삼기 위한 백만 명 서명운동을 선도하여 국회에 청원하자.

이 긴급동의문 전문은 『소나무 만다라』에 그대로 실려 있어서 박희진 시인이 소나무에 대해 각별한 사랑을 가지고 있음을 엿볼 수 있게 한다. 소나무가 사라지면 새도 바람도 사라지고, 시도 시인도, 문화도 예술도 사라진다. 소나무는 시의 원천이요 풍류의 원천이기에 소나무가 사라지면 우리 민족의 혼도 사라질 것이라 우려하여 경고와 함께 소나무 살리기를 호소한 것이다.

시인이 사랑한 나무가 또 있다. 소나무보다는 못하지만 수연 선생은 진달래를 꽤나 좋아한 것으로 보인다. 진달래 사랑에 대한 노래는 1990년에 '산방山房'에서 발간한 제12시집인『북한산 진달래』에 잘 나타나 있다. 진달래는 봄날 온 숲을 밝히는 촛불이고, 정신을 일깨우는 혼불이며, 불멸의 꽃이다. 이러한 의미를 담고 있는 진달래가 삼천리금수강산의 봄에 지천으로 피어 있으면 진달래 촛불잔치를 벌인 것과 같다고 찬미하였다. 시인은 꽤 오랫동안 쌍문동 호일당好日堂에 살면서 창문으로 쏟아져 들어오는 백운대, 인수봉, 만경대로 이뤄진 북한산 삼형제 산기슭의 분홍빛 진달래꽃에 이끌려 자주 숲속으로 들어갔다. 진달래 촛불잔치에 초대된 김소월과 수로부인을 만나러.

'숲과 문화 연구회'와 맺은 인연

수연 선생의 글은 격월간 '숲과 문화' 1992년 11 · 12월호(1권6호)에 처음으로 등장한다. 1991년 시화집으로 낸『소나무에 관하여』의 1행시 8수가 '산림문에 순례' 꼭지에 소개된 것이다. 이후 1993년 7 · 8월호(2권4호)까지『소나무에 관하여』의 1행시가 5회에 걸쳐 54수 모두 실리게 된다. 이렇게 시작된 인연으로 1993년 대관령 소나무 숲에서 열린 '숲과 문화 연구회' 제1회 학술토론회 '소나무와 우리 문화'에 초청되어 더욱 깊은 인연을 맺게 된다. 이 토론회에서 수연 선생은 '숲과 문화'를 통해 알린『소나무에 관하여』의 1행시 54수와「안면도의 소나무」를 낭독하였다. '숲과 문화'에 여러 차례 다양한 종류의 시와 글을 발표하고, 국내의 아름다운 숲 탐방 행사에 동행하였으며, 일본과 백두산 등 해외 아름다운 숲 탐방 행사에도 함께 하였다. 2010년 1 · 2월호부터 시작된 「소나무 만다라」 시리즈는 2012년 3 · 4월호 「소나무 만다라 11」로 막을 내리고 글이 끊기었다.

선생이 공식적으로 '숲과 문화 연구회' 구성원이 된 것은 1995년 5월인데, 작고한 서울대 김영무 시인과 함께 명예운영회원으로 활동을 시작하였다. 운영회원들은 거의 매년 새해 첫날 우이동 호일당을 찾아 세배 덕담과 함께 와인 한 잔씩 주고받으며 새해를 시작하곤 하였는데, 최근 몇 년간 실천하지 못하였다.

호모 실바누스Homo silvanus(숲 사람)는 호모 사피엔스 사피엔스 실바누스Homo sapiens sapiens silvanus(슬기슬기 숲 사람)라고 부르는 것이 옳을 듯하다. 호모 실바누스는 현생 인류이긴 하지만, 자칫하면 숲 속에 사는 미개인으로 취급 받을까 염려되기 때문이다. 호모 실바누스는 나무와 숲을 사랑하며, 함께 벗하며 살아가는 현생 인류를 말한다. 이 부류에 속하려면 몇 가지 조건을 갖춰야 한다. 첫째, 나무와 숲을 사랑하는 애림 사상을 지녀야 한다. 둘째, 나무와 숲을 보호하고 가꾸는 일에 헌신하는 실천주의를 지향해야 한다. 셋째, 애림과 실천하는 일이 평생 지속되어 국가 사회에 이바지한 행적을 인정받을 수 있어야 한다. 박희진 시인은 모든 조건을 넘치게 갖추고 있다. 소나무와 함께 살아 온 그의 삶을 표현한다면, 수연 선생을 호모 사피엔스 사피엔스 피누스Homo sapiens sapiens pinus(슬기슬기 소나무 사람)로 불러야 하지 않을까 생각한다.

미천한 지식과 성찰로 그의 삶과 작품 속에 깃든 나무와 숲에 대한 깊은 뜻을 이 글에 담기에 부족함을 느끼기에 부끄럽다. 짧게나마 나무처럼 물처럼[水然] 살아온 그의 삶을 기리면서 아쉬움을 달래려 한다.

수연 선생은 올해 아직 북한산에 진달래꽃이 피기 전에 세상을 떠났다. 문상 길에 엄호열 시사일본어사 회장, 작곡가 변규백 선생, 용인대 백범영 교수 등과 수연 선생과 함께한 순간들을 되돌아볼 시간을 가질 수 있었다. 4월 2일 이루어진 발인 때, 해소천식에 좋다는 고향의 두견주를 한 병 사 드린다고 약속한 적이 있었는데 지키지 못한 것이 문득 생각나서 힘들었다. 눈물 훔치는 인파 속에 끼어 선생이 마지막 가는 길을 배웅하였다.

소나무로 맺은 인연
– 박희진 선생님을 그리며

전영우
산림학자, 국민대학교 교수, '솔바람 모임' 대표

시인과 산림학도의 시절 인연은 한 서점에서 시작되었다. 23년 전이었다. 동숭동 집 근처의 책방 '정신세계사'는 대학로의 수많은 문화(?) 시설 중에 마음 편히 들락거릴 수 있는 유일한 곳이었다. 여느 날처럼 저녁을 먹고 산책 삼아 '정신세계사'에 들러서 서가의 책들을 훑던 중 독특하게 제본이 된 책 한 권이 눈에 들어왔다. 『소나무에 관하여』라는 시화집이었다. 소나무 그림이 수묵화로 담백하게 곁들여져 있던 이 시화집은 소나무와 관련하여 우리 민족만이 가진 수많은 내용을, 그러나 학문적으로 또는 논리적으로 올바르게 설명할 수 없는 다양한 내용을, 54수의 일행시로 밝히고 있었다. 소나무에 관한 정서적이며, 정신적인 모든 것을 말하고 있는 이 시화집을 발견했을 때, 소나무에 특별히 관심을 가진 시인이 있다는 사실이 놀랍고 반가웠다.

그 놀람과 반가움은 다음날 오전 시화집을 펴낸 출판사에 직접 연락할 수 있는 용기까지 주었고, 마침내 시인과 연결되는 행운도 안겨 주었다. 통화는 꽤 길었다. 그 당시 동료들과 함께 막 펴내기 시작한 격월간 '숲과 문화'와 다음해 개최될 소나무 학술 토론회에 관한 설명이 필요했기 때문이었다. 긴 설명에 이어 시인을 뵙고 싶다는 나의 요청에 선생은 선선히 약속 시간과 댁의 주소를 알려 주셨다.

다음날 오후, 북한산 백운대와 인수봉의 청명한 풍광이 한눈에 들어오는 서재에서 선생을 처음 뵈었다. 1992년 10월 어느 날이었다. 시인과 산림학도가 소나무로 맺은 인연의 끈은 그렇게 시작되었다.

20여 년의 나이 차이가 있었지만, 선생은 우리가 하고 있는 숲 문화 운동에 대해 지시하거나 간섭하지 않았다. '숲과 문화 연구회'에서 매년 개최하는 학술토론회, 아름다운 숲 찾아가기와 같은 행사에 참석하셨지만, 특별히 어른 대접을 요구하신 적도 없었다. 하나 까다롭게 지키는 원칙은 있었다. 당신의 시 작품에 대한 퇴고는 엄했고, 오탈자라도 있으면 꼭 지적하셨다. 그러나 그 순간뿐, 뒤끝은 없으셨다.

농담 삼아 던진 질문에 선생이 정색하시면서 조금은 언짢게 반응하신 적이 꼭 한 번 있었다. 1996년 8월의 경주 숲 탐방 길에 있었던 일이다. 선덕여왕릉에서 여왕의 지기삼사知幾三事에 얽힌 이야기 중, 여왕의 사랑과 모란꽃의 향기에 대한 이야기를 듣고 나는 물었다. "선생님은 혼자 사시는데, 남녀 간에 나누는 사랑의 즐거움을 이해하실 수 있습니까?" 나의 어리석은 물음에, 선생의 대답은 너무 진지하셨다. 혼자 살기에 함께 사는 이들보다 사랑의 의미를 더 진하게 느낀다는 말씀에는 언짢음도 묻어 있었다. 그 이후엔 선생 앞에선 사랑이란 단어를 함부로 들먹이지 않았다.

기억에 남는 일은 또 있다. '숲과 문화'에 실린 내 글 '박수근의 그림에 나타난 나무의 의미'를 읽으시곤, 내 글에 대한 아마 처음이자 마지막 비평을 직접 들려 주셨던 일이다. 마지막에 필요 없는 군더더기가 붙었다는 말씀은 준엄한 채찍이었다. 시인이 읽는 글이란 생각에 글쓰기가 더더욱 어려워졌음은 물론이다.

2004년 소나무를 사랑하는 사람들이 모여 '솔바람 모임'(선생의 작명이다!)을 결성하고, 일 년에 4~5회 명목名木 소나무를 찾아 나서는 걸음에 선생은 특별한 일정이 없는 이상 동참하셨다. 걷기가 불편한 말년을 제외하곤 그랬다. 명목 소나무 기행 뒤엔 언제나 소나무에 관한 시가 탄생하였고, 그 덕분인지 몰라도 창작된 430여 수의 소나무 시는 우리 사회에 선생을 '소나무 시인'으로 각인시켰다.

선생의 소나무 사랑은 각별했다. 재선충병의 위협에서 소나무를 지키고자 선생은 다양한 활동을 전개하셨다. '소나무 살리기 100만 인 서명 운동', '나라나무 지정 국회 청원 운동', '대시민 소나무 교육 활동'과 함께, '문화예술인 100인의 소나무 살리기 긴급동의'는 그런 활동의 백미였다. 소나무에 대한 선생의 열정 덕분에 국회는 소나무 재선충병 방제 특별법을 신속히 통과시켰고 한때나마 이 땅에서 재선충병의 확산은 주춤했다.

소나무에 대한 선생의 열정은 언제나 뜨거웠다. 소나무와 관련된 전시회나 행사의 주최 측이 선생께 한 말씀을 요청하면, 그 뜨거운 열정으로 한 말씀이 가끔 긴 말씀이 되곤 하였다. 그때마다 긴 말씀을 끊는 악역은 내 몫이었지만, 언제나 너그럽게 그 사정을 헤아려 주셨다. 선생을 어려워했던 주위 분들은 나의 악역에 놀랐지만, 그 악역을 선생은 덤덤히 받아 주셨다. 그런 선생님의 도량이 새삼 그립다.

선생은 도움을 준 이에 대해 고마움을 시인답게 갚을 줄 아는 멋진 분이셨다. 『소나무 수필집』을 시사일본어사 엄호열 회장에게 헌정하시기도 했다. 헌정식을 준비한다고 말씀드렸을 때, 선생의 음성은 천진스러울 만큼 즐거우셨다. 그런 선생님의 음성이 새삼 그립다.

선생의 몇몇 시 작품 속에 이름자가 담긴 일은 명예이자 멍에였다.

특히 내가 암 투병 중이던 2004년 2월 보은의 정부인송 앞에서 선생과 창원 이영복 선생을 우연히 만난 일을 쓴 작품을 나는 잊을 수 없다. 이런저런 매체가 나를 '소나무 박사'라는 애칭으로 불러 주었지만, 선생이 작품 속에 불러 준 애칭만큼 큰 기쁨은 없었기 때문이다. 그 덕분에 '소나무 박사'는 평생 지고 살아야 할 멍에가 되었다.

그리움은 아쉬움을 상기시킨다. 그렇게 보고 싶어 하셨던 5천 년 묵은 브리스틀 소나무가 있는 캘리포니아 화이트마운틴에 못 모신 것이 그렇고, 더 자주 찾아뵙지 못한 것이 그렇다.

지난해 11월 '명원 민속관'에서 솔바람 행사를 개최하면서 거동이 불편한 선생을 댁에서 직접 모셔왔다. 이동 중에 당신 가슴속에 든 이런저런 이야길 들려주셨지만, 그 말씀을 이젠 더 들을 수 없다. 그래서 지난해 12월 부암동 석파정 솔바람 행사에는 왜 모시지 못했는지, 올 연초에는 왜 찾아뵙지 못했는지 회한만 앞설 뿐이다.

선생께서 지금의 내 나이쯤일 때, 선생을 만났다. 지난 20여 년 동안, 언제나 곁에 계셨던 선생 덕분에 내 삶이 얼마나 풍요로웠는지, 그리고 소나무 시인과 함께 호흡하면서 소나무를 찾아 나섰던 걸음 덕분에 내 주변이 얼마나 풍성하고 다양해졌는지 새삼스럽게 되새겨 본다. 소나무가 되신 소나무 시인, 박희진 선생님을 그래서 더욱 그리워한다.

수연 선생님의 추억

황인용
수필가, 시인

아프리카 스와힐리 부족에겐 만남의 시간은 '사라'이고, 추억하는 시간은 '자마니'다. 늙어 감은 사라의 시간은 줄어드는 만큼 자마니의 시간은 늘어난다는 뜻이 아니랴? 게다가 두문불출하고 구도자의 길을 연습하며 글만 쓰고 있는 처지임에랴!

"날마다 출가 연습하는 나의 초발심"

이런 나의 시구에 선생님은 다음과 같이 회답하신 일이 있었다.

"초발심 안에 모든 게 다 있나니"

여우도 할 줄 아는 수구초심을 못했으니 얼마나 부끄러운 노릇인가?

'산과 우리 문화' 학술토론회 때의 일이다. 여흥 시간에 소감을 말하는 순서가 있었다.

"팔에 힘이 남아 있는 한 '숲과 문화'에 글을 쓰겠다."

이러한 소감에 선생님은 감동하신 모양으로 "황인용 수필가가 중요한 발언을 하였다."고 쩌렁쩌렁한 음성으로 말하시는 바람에 얼마나 겸연쩍었던지! 철석같은 공약에도 오랜 공백 기간을 거치지 않으면 안 되었다. 선생님께서 걱정하신다는 말을 전해 듣고 송구하기 그지없었다. 전적으로 나의 허물이지 누구의 탓이겠는가?

그나마 불행 중 다행은 선생님 생전에 '숲과 문화' 학술토론회가 열리고, 선생님 이야기를 '찬송설讚松說'이란 제목으로 쓴 일이리라. 천우신조라 할 것인지? "겨우 되었다."

대한민국예술원 회원이라는 빛나는 명예에도 선생님은 겸양하셨다. 다만 입만 열었다 하시면 쏟아져 나오느니 청산유수였다. 그 말씀의 세례를 유감없이 받았나니, 제2회 소나무 생태 기행 때였다. 법흥사, 청령포, 대관령, 오죽헌을 답사하는 내내 동행하면서 취했던 말씀의 축복을 이젠 어디서 누려보나?

"뭔가 (좋은 작품이) 나올 것 같다."

선생님은 시 습작에 열심인 내게 이러한 기대감을 표시하셨다. 나의 시업詩業은 오롯이 그 격려에 힘입은 결과라면, 선생님은 '영적 스승'이셨던 셈이다. 어찌 시뿐이겠는가?

"풍류도에 관한 책은 달랑 한 권뿐이다."

이런 선생님의 탄식을 듣고 풍류도에 대한 책을 쓰기로 결심했었다. 그 후 '수필과 비평'에 '풍류도의 축복'을 연재했다. 그 글이 미국까지 알려져 미국 교포들의 잡지인 '코리아 모니터'에 '한국의 풍류문학'을 70회나 연재할 수 있었다. 국내에서는 아무 반응이 없었다면 주객전도의 심함이 이와 같달지?

"이 땅에 태어나서 풍류도를 모른다면 무슨 보람이 있으리오?"

이렇게 단언하실 만큼 선생님은 도저한 풍류도인이셨다. 구름 같은 수염을 표표히 바람에 날리며 노송 아래 서 계시는 모습은 지상에 하강한 신선이 아니었으랴? 적선謫仙 말이다.

석련石蓮이라
시들 수도 없는 꽃잎을 밟으시고
환히 이승의 시간을 초월하신 당신이옵기
아 이렇게 가까우면서
아슬히 먼 자리에 계심이여

「관세음상에게」라는 시는 선생님의 지순한 사랑이 실연으로 끝났음에도 구원救援과 구원久遠의 사랑으로 승화되었음을 암시하고 있다. 어쩌면 하늘은 이 땅의 마지막 풍류도인에게 소나무만 헌신적으로 사랑하라고 평생 독신으로 살게 하지 않았을까?

"산천은 나로 하여금 자신을 대신해 말하게 한다. 산천은 나로 인하여 새롭게 태어나고, 나 또한 산천으로 인하여 새롭게 태어난다."

이 행복한 태어남의 상생을 말한 이는 『석도화어록石濤畵語錄』으로 유명한 원제原濟다. '산천'을 '소나무'로 바꾸기만 하면 어쩌면 그리도 선생님의 독백 같은가? 이 땅의 소나무들은 도반과 지기를 잃고 어떠한 슬픔에 잠겨 있을지? 선생님의 일생은 '소나무의, 소나무를 위한, 소나무에 의한' 평생이었으니 말이다. 가히 선생님은 소나무에 관한 한 국보급 시인이었던 거다.

그러한 선생님의 지우 입었음은 문필 생활 중 최대의 행운이었다. '숲과 문화 연구회'가 아니었다면 어디서 그 같은 무상의 행운을 누릴 수 있었으랴?

선생님은 송광사 불임암으로 법정 스님을 찾아가 3일 동안 머문 일이 있었다. 법정 스님의 수필에 나오는 수연 스님이 가공의 인물임을 알고 자신의 호로 청하자 기꺼이 승낙하였다고 한다. 내가 법정 스님이었다면 송연松然이란 아호를 선사했으련만!

선생님은 만년의 10여 년 동안 집중적으로 소나무를 노래하셨다. 소나무를 노래한 시로 두툼한 시집을 낼 정도로 말이다. 그러한 가운데서도 핵심적인 소나무 사상은『소나무 만다라』에 집약돼 있다. 이를 송경松經이라 한다면 지나칠까?

"풍류도 상징으로 노송만 한 것이 없다. 아니 노송 자체가 풍류도 사원이다. 그런 노송이 수도 없이 널려 있는 이 땅은 신선경이라 아니할 수 없다. 노송의 기를 받고 노송을 닮아 노송처럼 멋지고 품위 있게 살기 원하는 사람들도 다 풍류도인이 되어야 마땅하다. 노송이 있기에 이 땅은 길지요, 한국인은 복 받은 존재다." 이것이『소나무 만다라』의 결론인 셈이다.

이제 선생님의 육신은 흙으로 돌아가셨으나, 영혼은 이 땅의 소나무마다 푸르게 살아 있으리라. 선생님을 잊을 길 없는 우리들 가슴에도 늘 푸른 영묘한 정신으로 살아 계시지 않겠는가?

"저의 종교는 시예요, 제 가슴이 살아있는 사원이지요."

김춘희 안드레아 C.
수녀, 영성심리학자

제가 박희진 시인님을 뵙게 된 것은 한국순교복자수녀회 창설자인 무아 방유룡 안드레아 신부님과 그분의 영성에 관한 박사 논문을 준비하는 과정에서입니다. 무아無我 방유룡 신부님은 거의 20년 남짓 동안 영성 지도를 위한 영적 담화 모임을 가지셨는데, 박희진 시인님은 이 모임에 아주 열정적으로 참석했던 분이었지요. 그 모임에 지속적으로 참석했던 분들은 대부분 서울대학교 졸업생들을 중심으로 한 교수님들이었습니다. 그리고 모두 독실한 가톨릭 신자들이었지요. 이들 중에 박희진 시인님만 유일하게 가톨릭 신자가 아니었답니다. 그럼에도 불구하고 방 신부님의 가르침을 들으러 10수년을 거르는 일이 없이 꾸준히 참석하셨다고 했습니다. 이 점은 특이한 그분의 한 면모이지요. 시인님은 불교에 깊이 심취한 분이었지만 초종교적 입장을 지니셨던 것 같습니다. 눈에 보이지 않는 세계에 마음을 열어야 한다는 것은 신앙인들이나 시인들이 공유할 수 있는 부분이 아니겠습니까?

박희진 시인님은 25살에 등단을 하셨다고 들었습니다. 참 이른 나이에 등단을 하셨더군요. 시인님이 중고등학교에서 교사 생활을 하고 계실 때, 35살에 제2시집을 내놓고 난 무렵, 그분의 관심은 '성인聖人'에게로 쏠리기 시작했답니다. 시인으로서 아름다움을 추구하고 아름다움에 감동했던 시인은 '아름다운 인간이란 어떤 인간인가? 성자란 어떤 인간인가?'라는 화두를 가지고 몰두하게 되었답니다. 아마도 시인님은 성자는 무엇보다도 아름다운 사람이어야 한다고 생각하셨던 것 같습니다.

박희진 시인님이 보성중학교에 다닐 때, 그 당시 독일어를 가르쳤던 철학자 김규영 박사님을 알게 되어 두 사람은 아주 각별한 사이가 되었습니다. 김규영 박사님은 방유룡 신부님의 영적 모임을 구성하는 데 주축이었던 분이셨지요. 김규영 교수님은 박희진 시인을 늘 애제자라고 불렀답니다. 시인님은 김규영 박사님의 서재에서 '미소하는 침묵'이라는 글씨를 발견하고 앞으로 성자에 대해서 시집을 내되 제목을 '미소하는 침묵'이라고 붙이기로 마음먹고 있었답니다. 대화를 통해서 이런 뜻을 안 김규영 교수님은 가톨릭 성자라면 당신이 접촉할 기회를 마련해 주겠다고 약속했지요. 김 교수님이 소개한 가톨릭 성자가 바로 무아 방유룡 안드레아 신부님이었던 것입니다.

시인님은 방 신부님을 만나면서 이내 그분의 매력과 성품에 깊이 빠져들었다고 했습니다. 당신이 궁구하고 그리던 살아있는 성인, 아름다운 인간을 직접 눈으로 만나고 그 사랑 안에 깊이 젖어들었던 것입니다. 시인님의 말을 직접 옮겨 보겠습니다. "내가 꿈꾸어 왔던 성자의 이미지를 만나고 그분의 말씀을 한 달에 한 번이라도 들을 수 있다는 것, 이런 행복이 또 어디에 있겠습니까? 그분에 대해 간절하게 시를 쓰고 싶어서 쓴 게 「방 안드레아 신부」입니다." 시인님은 방 신부님에 대한 시를 모두 4편 썼습니다. 그 시들을 분석하면서 시인님의 어떤 면모를 만나는 일은 제 몫이 아니라고 생각됩니다. 다만 그분의 육성을 그대로 여기 옮겨 놓는 것이 박희진 시인을 기억하고 만났던 사람들에게 풍부

한 생각을 할 수 있는 공간이 생긴다는 생각을 하였습니다. 그래서 제 책『무아의 빛–무아 방유룡 안드레아 신부의 해석적 생애사』에 실었던 인터뷰 내용을 나눠드리고 싶습니다.

그분의 이야기 중에서 가장 기억에 남는 말이 있다면 “저의 종교는 시詩예요, 제 가슴이 살아있는 사원이지요.”라고 하신 말씀입니다. 시인님은 평생 결혼도 하지 않고 독신으로 살면서 종교에 전념하는 스님이나 수녀 같은 삶을 살았던 것 같습니다. 시를 탐구하며 시를 위해서 생을 소비하며, 시 이외에 아무것도 다른 것이 끼어들지 못하도록 많은 것을 포기하고 시를 신앙하고 시에 집중하고 흠모했던 분이 아니겠습니까! 시인으로서의 한 생을 오롯이 태워 하늘에 봉헌한 삶을 사셨다는 느낌이 듭니다. 그래서 그분은 “내가 살아있는 사원이요 나의 종교는 시”라고 단순명료하면서도 깊은 울림을 주는 말씀을 하셨던 것 같습니다. 시인님은 시로써 종교인들처럼 보이지 않는 ‘궁극’과 ‘신비’와 접촉하려 했다고 생각합니다.

여기 인터뷰 내용을 그대로 수정하지 않은 채로 옮겨 보겠습니다.

“분심分心 잡념을 떨쳐 버려야 한다는 게 그분이 늘 강조하는 얘기예요. 성인이 되는 길 어렵지 않다는 거예요. 난 분심이라는 말을 처음엔 오해를 했어요. 화를 내는 마음인 줄 알았어요. 그게 아니라 갈라질 분자예요. 마음은 자꾸 갈라지기 쉽고 그렇게 되면 잡념이 끓을 수밖에 없다. 분심이 잡념의 온상이거든요… 수도자가 제일로 지켜야 하는 덕목은 집중과 지속이라고 한다면, 마찬가지로 예술가에게도 똑같이 집중과 지속이 필요한 것인데, 분심 잡념은 정신의 집중과 지속으로 극복될 수 있습니다. 그리고 또 강조하시는 것이 점성 정신點性精神인데 유학에서도 제일 덕목이 성誠이거든요. 매사에 겸허하고 철저하게 최선을 다해야 된다는 점성 정신은 이 성誠과 통하는 것이지요…

나는 가톨릭 신자도 아니고 수행하는 사람도 아닌데, 원장 신부님의 말씀을 이해하고 정말 진리의 말씀이라고 공명 공감하는 이유는 제가 예술가의 관점에서 받아들이는 것입니다. 저의 종교는 시예요. 저는 제 가슴이 사원이에요. 움직이는 사원이지요. 그렇기 때문에 방 원장 신부님의 말씀을 누구보다도 잘 받아들이고 떨리는 감명으로 그걸 되씹으며, 이분은 진리의 말씀을 하시는구나 하고 좋아했던 거예요. 내가 꿈꾸어 왔던 성자의 이미지를 이분은 한 몸으로 체현해 가졌구나! 내가 살아 있는 동안에 그런 성자를 만나고 그분의 말씀을 한 달에 한 번이라도 만날 수 있다는 것, 이런 행복이 어디에 있는가! 그분에 대해 간절하게 시를 쓰고 싶어서 쓴 게 「방 안드레아 신부」입니다…

성자란 적어도 세 가지 특징이 있다, 그게 뭐냐 첫째는 고요함이에요. 제가 방 신부님을 처음에 뵈었을 때 압도적으로 감명을 받았는데 그건 그분의 고요함에서 받은 거예요. '미소하는 침묵'을 느낀 것이지요. 원장 신부님을 둘러싸고 있는 그 분위기도 그렇고 신부님이 고요 그 자체다 이런 느낌이 왔어요. 그 다음이 부드러움, 어째서 이분이 부드러우냐? 어린아이는 부드러움 덩어리죠. 근데 성장해서 성인成人이 되고 늙은이가 되면 장작개비처럼 돼요. 결국 부드러움은 없어지고 경직만 남았다가 뚝 부러지는 게 죽음이죠. 이분은 노인이시되 그 유연성, 아이와 같은 마음을 잃지 않았구나! 마지막으로 한결같음, 일관성이라고 할까요? 우리가 성북동 한국순교복자성직수도원에 가서 신부님을 뵈면 그분이 어떻게 반기시는지, 아주 겸허하고 부드러운 태도로 일일이 정중하게 악수를 하며 마치 처음으로 우리를 맞이하듯 그렇게 우리들을 맞이해 주셨어요. 이게 놀라운 일이 아닙니까?

제가 왜 성자에 대해서 관심을 갖고 그것을 시로 써야겠다는 생각을 했는가? 그것은 현대라는 것이 한마디로 말해서 영성 고갈의 시대요, 물질만능의 시대 아닙니까? 그러니까 사람의 마음이 팍팍하고 갈라지고 이지러지고… 인간이 인간답게 되자면 인간성을 회복해야 하잖아요? 그러자면 목마른 사람이 물을 찾듯이 성자를 갈구하는 마음이 있어야 하고 성자를 본떠야 되겠다는 마음이 있어야 하는데… 제 마음 속에 그분이 간직되어 있다는 게 제가 복 받은 거죠. 그러니까 제 마음의 근본이 마르지 않는 거예요… 왜 시가 써지고 작곡이 이루어지겠어요? 그건 참을 수 없는 마음이라고 할까 절대적인 것, 궁극적인 것에 귀의하고 싶고, 찬미하고 싶은 마음에서 나오는 것이 아닙니까?

원장 신부님은 머리끝부터 발끝까지 선善 덩어리예요. 어린아이가 그렇죠. 아주 순진무구 덩어리이기 때문에 어린 아이는 생명 덩어리, 부드러움 덩어리이듯 원장 신부님은 부드러움 덩어리, 아니 좀 더 정확히 말하자면 예지 덩어리, 진선미 덩어리, 어린 아이와도 같은 시인입니다. 그분의 노래는 그것을 증거하고 있어요… 감응 능력이라는 말이 있잖아요? 영성적인, 정신적인 의미의 감응이 특별히 예민한 사람이 시인이 되고 예술가가 된다고 생각해요. 돌 속에 하느님이 있다. 이것을 볼 줄 아는 시력, 저는 그것을 영성적 투시력이라고 얘기를 합니다. 영성적 투시력으로 보게 되면 만상이 신비이고 기적이 아닌 현상이 없게 되죠."

2015년 8월 30일 공주 황새바위 순교성지에서
수연 박희진 시인님을 그리며

늘 베풀기만 하시던 수연 선생님

임무상
화가

이 어른과 귀한 인연을 맺은 것은 십여 년 전에 내가 '솔바람 모임' 회원이 되면서부터이다. 신선처럼 기르신 흰 수염을 흩날리시며 외국에서 사 왔다는 독특한 모자를 쓰고 나오실 때면 영락없이 이 시대의 도인이셨다. 평생 시와 더불어 살아오신 터라 모습 그대로 시어가 배어 있는 분이시다.

나와 각별한 사이가 되기 시작한 것은 2008년도 조선일보 미술관에서 있었던 '금강산전展' 무렵이었다. 내가 그림을 그린다고 스케치북을 끼고 다녔어도 오리지널 '작품'을 만나기는 그때가 처음인성 싶다. 금강산 그림을 관심 깊게 쭉 둘러보시고 나서 당신께서 짐작하고 있었던 것보다 훨씬 후한 점수를 마음속으로 매기신 모양이다. 후일 측근을 통하여 "삼강三江 그림이 너무 좋아." 하시며 격찬을 하셨다는 말을 전해 듣고는 감사하기는 했지만 그분이 그토록 내 그림에 대한 깊은 애정이 있으리라고는 전혀 생각해 본 적이 없었다.

그 뒤로는 소나무 기행 때 자주 뵙게 되기도 하고 중국 황산까지 동행하기도 하고 때로는 우이동 자택으로 찾아뵙기도 하면서 선생님과 사이가 돈독해져 갔다. 하지만 생각해 보면 내가 선생님께 해 드린 것이라고는 아무것도 없고 순전히 사랑만 받았던 것을 뒤늦게서야 깨닫게 된다.

2013년 프랑스와 이탈리아의 초대전 개막식을 마치고 막 귀국했을 무렵 당신께서 내 작품에 대해 주옥같은 시 두 편을 지어 놓으셨다는 의외의 소식을 B선생으로부터 전해 듣고 고마움에 앞서 황공스러움이 더 컸다. 왜냐하면 대시인께 시상이 떠오를 만한 걸작품이 과연 내게 있었던가 하고 자문하게 되었기 때문이다. 어쨌거나 무엇으로 답례를 해야 하나 고민하다가 작은 소나무 그림이 눈에 들어와 무작정 그 그림을 들고 우이동 호일당好日堂을 찾았다.

언제나 반겨 주시는 선생님이지만 그날따라 더욱 환영해 주셨다. 아마도 당신께서 지으신 시를 전해 주고 싶은 즐거운 마음 때문이 아닌가 싶었다. 숨 돌릴 틈새도 없이 육필로 쓰신 두 편의 시를 미리 준비해 두셨다가 건네주시고 이어 시를 낭송하셨는데 한마디로 힘이 넘치시었다. 찾아뵐 때마다 거의 시를 낭송해 주시는 편이지만 그날은 더욱 신나게 낭송하셨다. 순전히 나를 기쁘게 하기 위한 몸짓이 아니셨던가! 생각하면 너무 고맙고 여간 감개무량한 게 아니다.

그런데 우연치고는 참으로 절묘한 일이 있었다. 내가 가지고 간 그림을 이미 오래전부터 미리 보고 또 보신 연후에 시를 지으셨다고 해야 옳을 것이었다. 왜냐하면 작품을 완벽하게 꿰뚫어 보지 않고서는 도저히 표현할 수 없는 시였기 때문이다. 어쩌면 이를 수가… 놀라지 않을 수 없었다. 선생님께서는 "어느 경지에 이르면 서로 통하는 법이라." 하시며 갖고 간 그림을 아주 만족스럽게 받아주셨다. 다행이다. 그리고 고마웠다!

보름달과 적룡송
– 임무상 화백의 그림에 부쳐 2

금강산 절경에 만취한 보름달이 슬금슬금 내려와
그만 솔잎바늘에 얼굴을 찔리자 정신이 났다.
순간 적룡송은 온몸에 지르르 경련을 일으켰다.
적룡송 알몸이 이토록 벌개진 것은 이번이 처음.

–박희진 시집 『영통의 기쁨』에서

참으로 이 어른에게 무지 사랑 받은 것 같다. 그럼에도 불구하고 평생 후회하며 살아야 할 회한이 있다. 금년 봄 시사일본어사 엄호열 회장님 승용차로 변규백 선생과 셋이서 선생님 댁을 찾아뵈었는데, 그날따라 약간 수척해 보이시기는 했지만 늘 다리가 불편해서 고생을 하신 터라 그러려니 했다. 저녁 무렵 외식도 함께 했는데 음식도 잘 잡수시고 거동이 불편하신 것 외엔 평상과 다름없으시었다. 식사 후 엄 회장님 승용차로 댁에 모셔다 드렸는데, 자택 빌라 현관 앞에서 "삼강, 한 시간만 더 있다 가요."라고 청하심에도 불구하고 밤도 이슥하고 사람들과 함께 묻혀 오고 싶은 얄팍한 생각이 앞서 "오늘 집에 할 일이 있어서… 곧 찾아뵙겠습니다."라 변명하고 돌아온 것이 이승의 마지막 만남일 줄이야… 선생님의 깊은 의중을 헤아리지 못하고 귀가한 것이 두고두고 회한으로 남는다. 그래도 조금은 위안이 되는 것이 그 어른의 유택이 우리 마을 근처 봉인사에 있다는 사실이다. 자주 찾아뵈며 두고두고 용서를 빌 생각이다.

2015년 유월 어느 날 임무상 합장

수연 박희진 선생님을 회고하며

김홍성
시인

아직 전차가 다니던 시절에 혜화동 로터리에서 동성학교를 바라보면 대부분의 교사는 오래되어 우중충한 붉은 벽돌 건물들이었다. 혜화초등학교를 다니면서 몇 년 동안 거의 날마다 봤지만 내가 그 학교를 6년이나 다니게 될 줄은 몰랐다. 1966년 3월, 그러니까 50년 전의 내 기억에 남아 있는 박희진 선생님은 교문에서 올려다 보이는 완만한 언덕의 큰 나무 밑에 혼자 서 있었다. 숱 많은 검은 머리를 짧게 깎았고 홈스펀 상의를 걸치고서 큰 나무를 올려다보거나 둥치를 쓰다듬거나 했다.

선생님의 첫 시집 『실내악』(1960)과 둘째 시집 『청동시대』(1965)를 중학교 때 읽었다. 어머니의 큰오라버니인 김형구 선생(1921~2015)이 동성학교의 미술 교사였으며 내가 그 집에 기거했기 했기 때문에 외숙의 서재 겸 화실에서 귀한 시집들을 접할 수 있었던 것이다. 아마 그때부터 내 책꽂이로 자리를 옮겼을 『실내악』의 첫 페이지 왼쪽 귀퉁이에는 '김형구 선생 혜존'이라고 조그맣게 한문으로 쓴 단정한 펜글씨가 지금도 생생하게 남아 있다. 나는 이 시집에 실린 「디오게네스의 노래」를 특별히 좋아했다. 곡을 붙여서 노래를 만들었으며 교실에서 급우들에게 들려 준 일도 있다.

셋째 시집 『미소하는 침묵』(1970)은 고등학교 2학년 때 학교 앞 서점에서 구입했다. 이 시집에 수록된 「이효봉 대종사 송」이라는 장시에는 판사를 그만두고 엿장수로 전국을 떠돌다가 승려가 되었다는 효봉 스님 일대기가 나오는데, 나도 우선 엿장수부터 해 보고 싶어서 엿가위를 사 들고 가출했었다. 그때 곧장 범어사나 해인사 같은 큰 절을 찾아갔더라면 나는 승려가 되었을지도 모른다.

대학에 다닐 때 처음으로 성북구 안암동의 선생님 아파트를 찾아갔다. 23년을 봉직한 동성학교에서 이미 퇴직한 후였다. 교직 생활 23년은 교원공제조합을 통해 퇴직 연금을 받을 수 있는 근무 연한을 넘어선 세월이라고 했다. 독신이라서 생활비를 걱정하지 않아도 될 정도의 연금이 나오니 어디에도 매이지 않고 시를 쓰는 길이 열렸던 것이다.

거실 한쪽에는 불두가 놓여 있었다. 그리고 큰방에는 좌선을 하는 두툼한 방석이 따로 있었다. 지금 생각해 보면 선생님의 일과는 참선과 산책과 독서와 집필이었다. 선생님은 검소하고 단정한 수행자 같은 일과를 이어가면서 매월 한 번씩은 청중들 앞에서 자작시를 낭송했다. 구상, 성찬경 시인과 함께 시작한 시낭송회 모임의 초기부터 한동안은 나도 서울 창덕궁 곁의 '공간사랑'에 찾아가 열심히 귀를 기울이는 청중이었다. 나는 그 모임이 400회(2013년) 이상 지속되리라고는 상상을 못했다. 도중에 시낭송하는 자리를 대학로의 어느 카페 같은 곳으로 옮긴 일이 있었고, 그때는 나도 한두 번 낭송 시인으로 초대 받아 참여했지만 뭔가 삐걱거리는 느낌을 받았다.

'공간사랑'에서도 간혹 그랬지만 선생님은 청중들이 집중해서 듣지 않는다고 야단을 치기도 했다. 시를 그냥 멋으로 좋아하는 사람들은 간혹 옆 사람과 소곤거리며 한눈을 팔기도 하는 법인데 선생님은 그걸 용납하지 않았다. 그것은 오랜 교사 생활의 습관이면서 시인의 자존심이기도 한데 그것을 이해하지 못하는 청중들도 없지 않았다.

선생님의 안암동 아파트를 처음 찾아갔을 때 나는 대학의 문예창작과 학생이었고, 무작정 시 쓰는 일에 빠져 있었다. 시 쓴 공책을 가지고 찾아갈 때마다 선생님은 집중해서 읽었고, 제법이라면서 미소를 지었다. 그러나 엉성한 부분을 아프게 지적하면서 언어와 형식에 대한 꾸준한 탁마가 필요하다고 강조했다. 여러 해가 지난 후 동문 최동락 형의 출판사에서 펴낸 나의 시집 서문에서도 선생님은 그 점을 지적했다.

"즉, 그에겐, 수사학 면의 새로운 발명이나 남다른 수련에도 마음을 써 줬으면 하는 아쉬움이 여전히 남아 있다. 새로운 시란 새로운 언어미의 획득인 것이다. 시어의 정련과 조직에 있어, 그가 좀 더 힘써 주길 당부하며, 나는 이제 이 졸필을 놓겠다."

훗날 나는 언어나 형식을 다듬기보다는 즉시 구체적인 느낌을 전달하는 단순한 방법을 찾고 있으며 언어 자체보다는 고통스러운 현실 문제를 다루는 시에 끌린다고 선생님에게 솔직하게 말했다. 잠시 침묵하던 선생님은 침통한 어조로 센티멘털리즘에 빠지지 않도록 주의하라고 짧게 당부했다.

그러나 내 시는 온통 센티멘털리즘이다. 네팔에서 9년을 살고 귀국한 직후에 낸 둘째 시집을 선생님에게 드리지 못한 이유도 그것이다. 선생님의 시론은 많은 시집에 그대로 드러나 있으므로 여기서는 생략한다. 그러나 선생님의 언어에 대한 진지한 태도가 구체적으로 드러난 사건을 빠트릴 수는 없다.

나의 첫 시집에는 오자가 많았다. 교정을 본다고 봤는데도 오자가 너무나 많았다. 최동락 형은 나를 믿었고 나는 첫 시집을 내는 기쁨에 우쫄해서는 건성으로 읽었던 것이다. 선생님이 쓴 서문에서도 오자가 무려 12군데나 나왔다. 선생님은 오자를 일일이 수정하기를 원했다. 이미 나온 책이기에 정오표를 첨부하는 방안도 나왔지만 선생님에게는 안 통했다. 우리는 꼼짝없이 앉아서 식자 칼로 활자를 도려내어 오자 위에 붙여 나갔다. 5백 부나 되는 시집을 쌓아 놓고 페이지마다 일일이 오자를 고치는 일에는 선생님도 몸소 동참했다. 최동락 형과 나는 죄송하고 부끄러워서 숨도 크게 못 쉬었다.

선생님이 말년에 사신 서울 우이동에서 나도 여러 해 동안 인근에 살았다. 선생님은 승강기 없는 연립주택 꼭대기 층에 혼자 살면서 거의 날마다 북한산으로 산책을 다녔다. 또한 산에서 내려오면 책상 앞에 열려 있는 창밖으로 산을 바라보다가 시를 썼다. '서울의 로빈슨 크루소'라는 별명이 생겼던 그 무렵에 나온 시집이『북한산 진달래』였는데, 그 시집의 초고가 들어 있는 대학 노트를 책상 위에 펼쳐 놓고 진지하게 낭송하던 선생님의 모습도 기억난다.

그 무렵 선생님 거실 소파에는 커다란 곰 인형이 놓여 있었다. 아무리 노인네 혼자 사는 집이지만 분위기를 좀 바꾸는 데 필요할 거라며 친지가 가져다 놓은 것이라고 했다. 두 개의 방은 물론 거실과 현관 밖까지 쌓여 있는 서적 더미와 거실에 들어서면 보이는 커다란 불두가 특징인 선생님 댁이었지만, 내 눈에는 오히려 소파에 혼자 우두커니 앉아 있는 커다란 곰 인형이 가장 인상적이었다.

우리는 진달래 능선을 걷고, 약수터 산책도 하고, 솔밭 근처의 막국수 집에서 막국수도 먹고, 때로는 빈대떡에 막걸리도 마셨다. '우이 시낭송회'에도 몇 번, 소나무 연구회 모임에도 몇 번 같이 다녔다. 어느 날은 댁에 초대를 받아서 건너갔는데(아마 환갑 무렵이었던 것 같다)

선생님의 보성학교 재학 시절 인연들이 오롯이 모여 있었다. 선생님의 동창생인 시인 성찬경과 그들의 은사였던 철학자 김규영 선생, 그리고 동창생은 아니지만 절친했던 소설가 서기원이 모여 있었다. 김규영 선생은 시집『실내악』의 속표지 다음 장에 새긴 '내게 처음으로/생에의 외경을 깨닫게 하신/ 김규영 스승께'라는 세 줄 헌사의 주인공이었다.

우이동 시절에 이미 히말라야 오지를 찾아가는 긴 여행에 빠져 있었던 나는 집에도 잘 없었다. 그러다가 아예 네팔로 이주하여 살 때에는 선생님이 최동락 형 등 몇몇 제자들과 함께 네팔 땅으로 찾아온 일도 있었다. 우리는 그때 네팔의 첫 국립공원인 랑탕 히말 언저리를 닷새쯤 걸었다. 설산이 보이는 언덕에서 지팡이를 들고 내려오는 선생님의 모습은 이마와 얼굴을 포근히 감싸고 있는 흰 머리와 흰 수염으로 인하여 신선 같았다.

훗날 선생님이 보내 준 시집에는 히말라야를 비롯한 네팔 여행에 관한 시가 빼곡하게 채워져 있었다. 그 시집은 다른 책이나 살림과 함께 카트만두의 내 거처에 그냥 두고 왔다. 금방 다시 갈 생각이었는데 어느새 10년이 지난 이제는 네팔 땅을 다시 밟게 될지조차 알 수 없다.

귀국 후 10년은 번개 치듯 번쩍거리며 장마철 흙탕물처럼 흘러갔다. 나는 선생님을 자주 찾아뵙지 못했다. 겨우 두 번 만났는데, 한 번은 인사동 길가에서 우연히, 또 한 번은 7,8년 전에 인사동 '풍류사랑'에서 동성 가톨릭 동문 모임에 같이 초대되었을 때였다. 그곳에 갈 때는 내가 택시에 모시고 같이 갔는데, 올 때는 모임의 요청에 따라 나만 뒤에 남아 있어야 했다.

현관 열쇠를 노끈으로 묶어서 어깨에 메는 가방에 연결하고 다닐 정도로 이미 노쇠한 노인을 혼자 귀가하게 한 그 밤에 나는 동문들 앞에서 히말라야에 관한 내 이야기를 떠들며 술을 받아 마셨다. 그날 이후로 선생님을 뵌 적이 없으며 돌아가신 후 장례식이나 사십구재에도 참석하지 않은 자로서 이런 글을 쓰는 일은 괴롭다.

백중이었던 엊그제 창을 통해 들어온 달빛에 잠을 깼을 때 금년에는 유난히 많은 어른들이 앞을 다투며 세상을 떠났다는 생각이 들었다. 그 중 한 분은 나의 외숙 김형구 선생이다. 외숙은 나를 동성으로 이끌었고, 박희진 선생님의 첫 시집을 증정 받아 서가에 소장했던 분이다. 이제 내 손에 있는 그 시집을 들추면서 선생님과 함께 했던 세월을 더듬고 나니 슬프고 죄송한 마음을 억누를 길이 없다.

수연 박희진 선생님을 기리며

적경寂鏡
스님, 봉인사 주지

어느 봄날 선생님께서 봉인사를 방문하시어 맛있게 점심을 드시고 무인 매점 테라스에 일행과 함께 앉으셨다. 신선한 바람과 흐르는 계곡물 소리, 주변의 신록과 무인 매점에서 흘러나오는 조용한 음악이 함께 어우러져 풍요로움을 느낄 수 있는 시간이었다. 이런 저런 대화 중에 선생님께서 풍류도에 관하여 말씀하셨다.

"풍류도란 통일신라 때 최치원 선생으로부터 정립되었다고 할 수 있겠지만, 사실 우리 민족의 핏속에 흐르고 있는 정신입니다. 정신적으로나 물질적으로나 어느 것 하나 장애가 없이 풍류를 느끼고 즐기는 마음이지요. 우리가 잘 아는 신라의 화랑도나 백제의 두레나 조선의 선비도 등이 모두 우리 민족의 풍류 정신이라고 보면 돼요.

풍류란 자연과 함께할 줄 알고 인간과 초목 그리고 짐승들과도 교감할 줄 아는 정신이지요. 그런데 언제부터인가 우리 인간은 너무 많은 것을 내세우며 나를 강조하고 너무 많은 것을 내 것으로 소유하는 병적 현상이 나타났습니다. 저 소나무를 봐요. 뿌리부터

줄기 끝까지 소나무 아닌 게 없습니다. 줄기도 소나무고 뿌리도 소나무고 잎도 소나무고 온전히 소나무는 소나무일 뿐이지요. 그러나 우리 인간은 온전한 자기 모습을 지키지 못하고 지위나 명예나 돈으로 자기 모습을 대체하고 있습니다. 무슨 회장, 무슨 사장, 무슨 교수, 무슨 박사… 이러한 것들이 덕지덕지 붙어서 온전한 자기의 모습을 잃어 가고 있어요.

진정한 무소유란 최소한의 것만을 필요로 하고 나머지 것들을 욕심내지 않음을 뜻하기보다는 온전히 자기 모습으로 사는 것을 말합니다. 가령 회사의 회장이면 회장으로서, 과장은 과장으로서, 아버지면 아버지로서, 어머니는 어머니로서 각자의 삶 속에서 온전한 자기 모습대로 살면 충분합니다. 직위나 돈이 온전한 자기 모습을 대체해 버릴 때 우리는 탐욕스러운 모습이 되지요. 역할과 자기 자신을 혼동하는 겁니다. 종업원이 영원한 종업원일 수 없듯이, 회장이 영원한 회장일 수는 없어요. 그저 역할일 뿐이지요. 지금 있는 그대로의 온전한 자기의 삶을 살아갈 때 이것이 무소유라고 생각합니다. 이것은 본연의 자신으로 돌아가는 회복의 길입니다. 풍류는 이와 같이 본연의 자기 모습 속에서 어떤 상황이든 어떤 친구든 그 무엇과도 함께 어우러지는, 그래서 그 안에서 자기 역할을 해 나가는 조화로운 모습이지요. 그래서 우리는 춤추고 노래하고 자연을 예찬하며 사랑하고 나누고 즐길 수 있었던 것입니다. 무소유는 풍류도에 들기 위한 아름다운 첫걸음이지요."

시인 박희진 선생님은 내겐 철학자이셨고 풍류도인이셨다.
풍류도란 무소유에서 시작되며 무소유란 온전한 자신이 되는 것이라는 선생님 말씀을 들으면서 부처님께서 아들이자 제자인 라훌라에게 가르쳐 주신 공간명상법이 생각났다.

"라훌라여, 어떠한 물질이든지, 과거이건 미래이건 현재이건, 내적이든 외적이든, 미세하든 거칠든, 열등하든 수승하든, 먼 것이든 가까운 것이든, 물질도 느낌도 지각도 형성도, 땅의 세계든 물, 불, 바람, 공간의 세계든, '이것은 나의 것이 아니고, 이것이야말로 내가 아니고, 이것은 나의 자아가 아니다'라고 지혜로써 있는 그대로 관찰하여 마음을 정화시켜야 한다.

라훌라여, 공간이 아무것에도 한정지어지지 않는 것처럼, 이와 같이 공간에 대한 명상을 닦으면, 이미 생겨난 즐겁거나 괴로운 감촉이 마음을 사로잡지 못한다."

봉인사 초선당에서 적경 두 손 모음

그때, 북한산을 바라보며 눈뜨는 아침

손현숙
시인

선생님, 그렇게 황망 중에 가시고 벌써 계절이 두 번이나 바뀌었습니다. 선생님은 가셨지만 여기 남아 있는 저희들은 다시 일상을 살면서 선생님을 잊기도 하고, 더러는 망연 중에 선생님을 그리워하기도 합니다. 소나무 숲을 걷다가도 아, 참, 여기서 선생님과 이야기를 나누었었지, 한참을 서 있지만 선생님은 그림자로도 뵐 수가 없네요. 이것이 이별이구나, 입술로는 말들을 하지만, 아직도 영과 육의 경계를 몰라서 사람의 일평생이 어리둥절하기만 합니다. 점심 한 끼 하자시던 선생님의 청도 들어 드리지 못하고, 꽃 필 때 한 번 보자시던 다정한 말씀도 들어 드리지 못했습니다. 정말로 그렇게 빨리 우리들의 곁을 떠나가실 줄은 짐작도 못했습니다. 늘, 조금 아프다 말다가 늙은이의 삶이야, 라고 오히려 저를 위로해 주시곤 했었는데, 다시는 선생님 얼굴을 뵐 수가 없습니다. 무슨 말이 필요하겠습니까. 위대한 시인이었고, 시로 밥을 지었고, 시와 혼인을 맺었던 선생님의 시를 열심히 읽고 느끼고 공부하는 것으로 선생님을 그리워하겠습니다. 여기, 2003년 8월에 선생님 만나 뵙고 '시인 박물관'에 수록했던 글들입니다. 다시 꺼내 읽어 보면서 그때나 지금이나 선생님은 참으로 한결같으시다는 생각, 변함이 없습니다. 저는 여기서, 선생님은 거기서, 우리 그때 함께 생각하고 이야기했던 장면들을 선생님 영전에 바칩니다.

명산은 서쪽에 있어야 아침 감상에 눈이 부시지 않다. 담담히 아니 오히려 냉정해 보이기만 하던 시인이 북한산에 관하여 말문을 연다. 칠순을 훌쩍 넘긴 노시인의 북한산 이야기. 시인은 점점 얼굴에 홍조를 띄운다. 그러고 보면 시인은 한 번도 늙었던 기억이 없다. 세월쯤이야 시인의 감수성에 닿는 순간 기가 꺾여 시인은 다만 세월을 호령하고 있을 뿐. 자연을 바라보는 시인의 눈이 서늘하다.

시인이 바라보는 세상은 엄숙하다. 시인의 자세 또한 경건하다. 그는 가끔 지나가는 바람 앞에서도 경배를 드리는 모양이다. 한세상 바람처럼 살다 한 줌 흙으로 돌아가는 중생들의 영혼을 위한 주옥같은 시. 그는 그렇게 한평생 시 쓰기에 목숨을 걸었다. 당신이 편안히 잠 든 그 시간에도, 연인의 손끝에서 천상을 경험하는 그 찰나에도, 시인은 시 한 줄을 붙들고 고뇌한다. 신께서 지으신 이 세상을 노래해야 하는 천명을 완수하기 위하여 그는 오늘도 심각하다.

호일당好日堂. 단아하게 붙어있는 시인의 집 문패. 북한산 자락 우이동 어느 만큼에서 산신령처럼 수염이 하얗고 먼 곳을 응시하며 걷는 시인을 알고 있냐고 한 번 물어보시라. 호일당, 이구동성 반갑게 길을 일러 줄 것이다. 그는 현실과는 좀 먼 곳, 우리들이 알 수 없는 저 높은 곳을 언제 다녀 온 기억이 있나 보다. 당연히 우리들의 삶과는 변별력을 갖는다. 시인의 관심은 하늘, 땅, 바람, 별, 산, 꽃, 소나무… 섬, 물, 불… 아무리 나열해도 인간 삶의 아비규환과는 좀 거리가 있다. 당신, 믿을 수 있나? 시와 결혼하고, 시와 생활하고, 시와 다투는 사람. 그는 절대 사람과는 다투지 않는다. 아니 사람은 그의 다툼의 대상이 아니다. 시만이 오직 구원이고, 삶의 의미이고, 시인을 시인이게 하는 유일한 빛이다.

절대고독을 마주 보며 단정히 앉아 있는 시인의 밥상은 단순하고 소박하다. 먹는 것을 탐하지 않는 시인은 하루 두 끼의 식사를 원칙으로 한다. 어쩌면 두 끼도 너무 많다는 시인의 주장. 열 내고 열 받는 이 세상에서 천연기념물처럼 시인은 무심하다. 아니 그는 오히려 너무 열정적이다. 시낭송 때의 그는 물론 피 끓는 청춘이다. 천천히 그리고 또박또박 자신의 시를 청중 앞에서 애무한다. 사랑스런 연인의 몸 마디마디 만져 나가듯 한 행 한 행 정성스럽게 세상의 아름다움을 인류에 전파한다.

이제 소원은 딱 한 가지. 이 세상 하직할 때 송판으로 만든 관 속에 들어가서 청산에 묻히되 바다가 보이는 솔 언덕에 묻히고 싶은 그 기막힌 풍류. 문장의 마침표를 까만 흑점도 못마땅하여 완전한 동그라미로 마무리 짓는 시인의 결단처럼 우리, 시인 말고는 무엇도 원치 않았던 시인 중의 시인과 동시대 함께 호흡했다는 것만으로도 충분히 행복하다 말할 수 있지 않을까?

만물에 친절하셨던 수연 선생님

허심
화가

늦게나마 수연 선생님께서 떠나셨다는 소식을 받고서도 믿어지지 않았습니다. 찾아뵙지 못한 채 여러 해가 지나고 보니 아쉬움에 텅 빈 마음이 오히려 무겁습니다.

가끔 전화로 선생님의 근황을 들어 알 수는 있었지만, 시간이 흐른 뒤에야 선생님의 모습이 더욱 선하게 떠오릅니다. 언젠가 서울에 일이 있어 선생님 댁을 찾아 묵었는데, 언제든 서울에 오면 와서 마음 편히 지내고 가라고 하시던 그 따뜻한 말씀을 잊을 수 없습니다.

2000년 어느 봄날로 기억됩니다. 경주에서 시낭독을 마치시고 괘릉, 불국사, 남산을 둘러보시고 시에 대한 열정을 그냥 드러내 보이시던 게 엊그제 일 같습니다. 그해 네팔 여행을 하시고 손수 펜으로 써서 보내주신 「히말라야 정상에서」를 요즘도 읽어 보자면 선생님의 모습을 마주하는 것 같아 그 감개무량함을 형언할 수 없습니다.

선생님께서는 제가 인사동에서 그림 전시회를 할 때에도 전시 기간 동안 여러 번 갤러리를 찾아 주셨습니다. 선생님과 경복궁, 우이동 숲길을 거닐던 일들도 어제 일처럼 생생합니다.

시인으로서의 감성과 만물에 대한 친절함은 오래도록 선생님의 시에 남아 있을 것 같습니다.

선생님, 극락왕생하시기를 발원합니다.

2015년 8월 25일 서원정사西園精舍에서 허심 올림

수연 선생님 초상

이호신
화가

'만남은 반드시 이별을 전제로 하고, 삶은 반드시 죽음이 따르게 마련會者定離 生者必滅'임을 그 누가 모르랴. 하지만 이 추억의 삶과 여정, 그리고 이별 앞에서 밀려오는 허망함이라니! 제행무상諸行無常의 진리 속에 떠나신 임을 기리는 일로 가는 봄날 새벽에 깨어나 있다. 창밖은 눈썹달이 그윽하고 별빛이 아우르니 선생님과의 추억이 가슴에 별처럼 아롱진다.

스무 해도 이전 '숲과 문화 연구회'의 모임 나들이에서 처음 수연 박희진 선생님을 뵈었다. 그리고 '인사동 시낭송회', '솔바람 모임' 등 수많은 인연이 있었으니… 그중에서도 각별히 나에게 주신 사랑은 크고 넘치는 것들이었다. 나의 첫 졸저 『길에서 쓴 그림일기』(1996년, 현암사)에 주신 추천 발문이 그러하다.

'이 땅의 얼이 숨 쉬고 있는 자연과 인간과 전통 문화유산, 그것들을 하나로 꿰뚫고 있는 진수를 찾아 형상화하기에 그는 도무지 고달픔을 모른다. 원근을 안 가리고 방방곡곡을 누비고 다닌다. 그 진수가 다름 아닌 자신의 정체성이기도 하다는 것을 절감하고

있다.'

이후 인연은 더욱 성숙해 선생님의 시에 내 그림을 더해 『문화재, 아아 우리 문화재!』(1997년)와 『동강 12경』(1999년)을 펴냈다. 그리고 졸작에 대한 특별한 답시答詩며 개인전 화집에 주신 글 또한 여러 편이니 받은 은혜가 한량없다. 또한 내가 귀촌한 지리산골 '산청'에 관한 애정 어린 시편들은 두고두고 이 고장의 문화유산이 될 것이다.

특별한 인상을 지닌 선생님의 풍모는 언제 어디서 누가 보아도 개성이 뚜렷한 분이셨다. 해서 나 역시 만남의 현장에서 화첩에다 수시로 선생님 초상을 그렸다. 또 선생님 댁 호일당好日堂에 졸작 선생님 초상을 걸어 드렸다. 한편 개인전 '나무야 소나무야'(2004년, 금호미술관)에서는 선생님께서 울진 소광리 금강송 솔숲과 함께 하신 모습을 그린 '우리는 지기知己'(540x190cm)에 등신대 크기의 인물 초상을 넣어 제작한 추억이 새록새록하다.

이러고 보니 시인과 화가의 만남은 그냥 오는 인연이 아니요, 생사를 떠나서도 서로를 증언하고 그리워하는 관계인가 보다. 다만 먼저 떠난 분을 위해 남은 이가 추모곡을 부를 뿐이다. 그래서인지 오늘따라 새벽별이 더욱 푸르다. 나는 지상에서 밤하늘을 우러르고, 선생님은 어느 별에선가 나를 내려다보고 계신 것 같다.

'선생님과 나, 우리는 또 어디서 무엇이 되어 다시 만나랴!'

추신

선생님 열반 이후 경기도 봉인사 49재 회향 다음날(5월 17일) '솔바람 모임' 회원들이 봉인사를 찾았다. 생전에 제자인 주지 스님의 배려 속에 당신께서 미리 묘비명이 새겨진 시비詩碑를 세워 놓으신 곳이다. 우리는 이곳에서 향을 사르고 참배의 시간을 갖기로 한 것이다. 시비는 느낌표 모양을 하고 연꽃이 받쳐 주는 이미지로 신선했다. 그리고 그 옆에 묘표석이 있었다.

'불세출의 대시인 박희진(1931~2015) 선생의 골회를 이곳에 묻다. 2015. 3. 31. 제자 일동'

마침내 일행의 참배가 모두 끝나고 묘비명을 자세히 보니 참으로 낯익은 내용이 아닌가.

이 몸은 생전에도 보이지 않게
살기를 원했고 그렇게 살았으니
나의 시행과 시행의 사이
해와 달 별들이 보이면 그뿐!

이 묘지명을 자세히 읽은 나는 갑자기 전율에 휩싸였고 신음소리마저 터져 나왔다. 그러니까 20여 년 전 선생님 댁을 방문했을 때 주신 여러 시집을 안고 돌아와 살피다가 이 내용에 눈길이 머물렀다. 선생님의 생애를 가장 잘 함축한 말로 느껴졌기에… 해서 나는 독후감 대신 선생님 초상화를 제작하고 이 시를 넣어 호일당을 방문하였던 것이다. 그런데 선생님 말씀이 "이 화백, 어떻게 내 묘비에 쓸 시를 골라 써 넣었나요?" 하셨다. 하지만 나는 당신께서 그저 그림에 대한 인사로만 여기고 세월 속에 잊고 지내 온 것이다.

나는 이 사실을 정확히 확인하고자 선생님 추모 문집 간행 관계로 주인 떠난 호일당에서 편집위원들이 모인다는 소식을 듣고 이인평 시인께 청을 드렸다. 내용 확인과 함께 초상화 사진을 부탁한 것이다. 보내온 사진은 20년 전 초상화 사연과 묘비명의 시절인연을 고스란히 전해주고 있었으니 이 어찌 우연의 소산이랴?

가신 임의 생애를 기리며 다시 한 번 이승의 만남에 감사하고 명복을 비는 마음 간절하다.

내가 좋아하는 두 가지

이건성
화학자, 잭슨주립대학교 교수

제가 사는 곳에는 산이 없습니다. 부드럽게 넘어가는 구릉이나 나지막한 언덕은 있지만, 한국에서 볼 수 있는 그런 풍경은 없습니다. 제가 사는 곳이 어디냐고요? 저는 미국, 저 남쪽, 미시시피라는 곳에서 살고 있습니다. 이곳에서 산 지 벌써 만 이십팔 년이고, 미국으로 이사 온 지 삼십오 년 가까이 되니, 한국에서 산 날보다는 이 타향에서 산 날이 더 많아졌네요.

그래서 산이 그립습니다. 첩첩이 쌓인, 아니 겹겹이 겹쳐진 산, 가까운 산으로부터 저 먼 산에 이르기까지 한눈에 들어오는 그런 풍경이 그립습니다. 어려서 고국에 살면서 보아 오던 그런 익숙한 풍경이, 제 눈에 여전히 남아있는 그런 산들이 그립습니다.

요사이는 한국을 일 년에 한 번은 다녀옵니다. 산자락을 그리워하는 마음도 있고, 어릴 적 친구의 다정한 부름도 있고, 맛있는 어머니의 밥상도 있고, 정겨운 한국말이 있어 자주 다녀오고자 합니다. 물론 제 동반자인 아내와 함께 말이죠.

삼 년 전인가 우리 부부는 충청도 공주를 떠나 부여를 향하고 있었습니다. 오른쪽에 앉아 있던 제 아내는 차창 너머로 보이는 눈에 익숙한 풍경을 바라보며 연신 감탄사를 쏟아내고 있었습니다. 겹겹이 쌓인 많은 산자락들이 만들어 내는 그 모습은 오랜 미국 생활의 불편한 마음을 한꺼번에 잊게 해 주었죠. 한순간 아내는 울기 시작했습니다.

사 년 전인가, 저희 부부는 오랜만에 고등학교 동창인 조규만 교수 부부와 함께 우이동으로 선생님을 찾아뵈었습니다. 반갑게 맞아 주시던 선생님과 이런 저런 이야기를 나누는 동안에는 저희가 점점 더 어려져 가고 있었습니다. 선생님의 일상을 듣고 저희 일상을 말씀드리고 하던 대화는 어느덧 선생님과 처음 만났던 중학교 일학년 때의 이야기로, 고등학교 시절로 넘어갔습니다. 그 육 년간 있었던 일들을 웃으며 이야기하면서, 저희는 까까머리 중학생으로, 그리고 수염이 듬성듬성 난 고등학교 학생으로 되돌아가고 있었습니다. 그러던 중, 선생님께서 한쪽 벽 위로 난 창을 가리키시면서 저희에게 그 창을 통해 보이는 산자락을 소개해 주셨습니다. 길쭉하게 옆으로 난 창을 통해 들어오는 그 풍경은 다름 아닌 도봉산의 산자락이었습니다. 제 눈에 익숙한, 그리고 긴 미국 생활에서 항상 목 말라했던 바로 그 풍경이었습니다.

사실 저는 선생님 댁에 있던 부처님 두상을 좋아합니다. 제가 살던 안암동으로, 그것도 바로 저희 집 앞으로 이사를 오신 선생님은 중학생이던 제게 큰 자랑거리였습니다. 이 친구, 저 친구에게 선생님께서 제가 사는 동네로 이사 오셨다는 자랑도 하고, 댁으로 놀러가기도 했습니다.

선생님 댁에는 뭔가 다른 무엇이 있었습니다. 수북하게 쌓여 있는 책들이 주는 그런 분위기에, 한쪽에서 조용히 웃고 있는 부처님의 두상, 그리고 굵은 목소리로 이야기해 주시는 선생님의 그 분위기는 어린 제 맘에는 제가 사는 세상과는 다른 그런 모습이었습니다. 그리고 그 부처님 두상이 보여주는 미소는 보면 볼수록 마음속 그 무언지 알 수 없는 것에 대한 갈증을 부추긴다고나 할까요?

학창 시절, 국립중앙박물관이건 경주박물관이건, 박물관에 가면 그와 똑같은 두상을 찾아보곤 했습니다. 지금도 절이나 불교에 관련된 곳을 가면 역시 찾아보곤 합니다. 하지만 제 눈에는 그만한 미소도, 그런 인자함도, 그리고 그만한 아름다움을 어느 부처님의 모습에서도 발견할 수가 없었습니다. 가까이에서 따뜻함이 느껴지는 그 인자함은 지금까지 어느 곳에서든 찾아 볼 수가 없었습니다.

그래서 박희진 선생님 하면 그 부처님의 얼굴이 생각납니다. 언젠가는 다시 찾아뵙는 날 부처님 두상의 그 아름다움을 제 눈에 확실하게 새겨 놓자 하는 생각이 들었지만, 이젠 다시 볼 수 없게 되었네요.

하지만, 그런 제 마음에 또 다른 보물을 한 가지 더 가지게 되었습니다. 선생님께서 소개해 주신 조그마한 창문을 통해 바라본 도봉산 산자락! 조용히 내려오는 그 산자락의 선은 자그마한 사각형의 창문을 통해 제 눈으로, 마음으로 물밀듯이 들어왔습니다.

지금도 산이 없는 곳에 사는 저는 휴가 때면 산을 보러 갑니다. 높이 오르기도 하고 산자락을 따라 걷기도 하지만, 그중 최고의 순간은 탁 트인 언덕 위에서 겹겹이 싸인 산들을 조용히 바라보는 겁니다. 해질 무렵, 아니면 동이 트고 나서 한낮의 햇빛보다는 조금 모자란 듯한 흐린 빛으로 조명된 산자락을 바라보며 즐깁니다.

한여름 땡볕에 바라보는 산자락은, 눈을 지긋이 감고 빛이 조금만 들어오게 하면서 바라봅니다. 마치 선생님 댁의 자그마한 사각형 창문으로 보이던 그 산자락을 찾아보듯 조용히 바라봅니다. 아마 부처님도 그렇게 지긋이 반쯤 눈을 감고 저희들을 바라보셨을 것 같습니다. 그 수많은 산 사이사이에 있던 무수한 중생들의 아름다운 삶과 아픔도 그렇게 보셨을 것 같습니다. 그중에는 조용히 자연을 즐기고 계시던 선생님도, 그리고 그 선생님과 함께 떠들고 뛰어놀던 저희들도 보셨을 것이라 생각됩니다. 이른 저녁 산골, 산골짜기마다 피어오르는 저녁연기 속에서 저희들의 작은 행복을 바라보시며 그렇게 미소 짓고 계셨던 것 같습니다.

부여에 가던 날, 울음을 그친 제 아내에게 물어보았습니다. 왜 울었느냐고. 제 아내는 겹쳐 있는 산자락의 풍경이 너무너무 예뻐서 눈물이 저도 모르게 왈칵 쏟아져 나왔다고 하네요!

제가 사는 곳에는 한국에서 볼 수 있는 그런 산이 없습니다. 그리고 이제는 선생님 댁에서 봤던 그 인자한 모습의 부처님 두상은 볼 수가 없겠지만, 한국에 가면 다시 볼 수 있는 겹겹이 쌓인 그 산자락의 풍경이 저의 갈증을 풀어 줄 것입니다. 그러면 네모난 자그마한 창틀로 물밀듯이 들어오던 그 산자락의 풍경이, 조용한 산의 모습이 떠오를 것이고, 인자한 부처님의 모습과 함께 선생님의 모습이 늘 생각나게 될 것입니다.

철제 불두를 나른 공덕을 잃어버리고

이종주
국문학자, 전북대학교 교수

혜화동 동성학교 교문을 들어서 수위실을 지나면 왼편에 등나무 그늘이 있고, 혜화동 성당 쪽으로 길게 운동장이 있었습니다. 그 운동장은 중학교 1학년 때부터 때론 체육 시간의 놀이터로, 때론 미술 시간의 야외스케치장으로 우리들의 몸과 마음을 6년간 키워 준 공간입니다.

내가 처음 박희진 선생님을 뵌 것은 이 운동장 등나무 그늘이었습니다. 운동장에서 그림을 그리거나 운동을 할 때, 혹은 점심시간이 되면 스포츠머리를 하신 어느 분이 가부좌에 가까운 자세로, 눈을 지긋 감고 심호흡하듯 앉아 계시곤 하였습니다. 마치 파란 하늘 기운을 모두 빨아들이는 듯하였습니다. 아마 '70년대 동성학교를 다닌 선후배들은 이런 모습을 보며, 어떤 분인가, 뭐 하시지 하는 의문을 품은 기억이 있을 것입니다. 보랏빛 등나무 꽃 색만큼이나 짙은 신비한 모습이었습니다.

의문이 풀리기 시작한 것은 고등학교에 올라가서였습니다. 당시 시골 선비의 막내아들이었던 저에게는 어렸을 적 몇 장 읽었던 명심보감의 기운이 남아 있었습니다. 또 치기 어린 도시 생활에 대한 반항으로, 공부는 작파하고 책 읽는 소년이 되어야 한다고 다짐하고 있었습니다.

당시 동성학교의 모든 선생님들은 한 분 한 분 자부심이 강하셨고, 우리들을 인문적 소양과 당당한 기개로 이끌어 주셨다고 기억합니다. 어린 나이여서 그 속은 잘 몰랐겠으나, 아마도 제가 겪어 알고 있는 작금의 교수 사회보다 교무실의 선비적 기질은 더 강하지 않았나 생각합니다. 물론 이런 분위기를 선도하는 분이 해마다 시집을 내놓으시던 황금찬, 박희진 두 분 시인 선생님, 그리고 모 여대 상대 학장을 지내고 부임하셔서 흐트러짐 없는 존재감을 주셨던 이문원 교장이셨습니다. 이분은 당시에 모으신 백자 등 골동품을 나중에 서강대학교 박물관에 기증하시기도 하였습니다. 교사들이 『동성논총』이라는 논문집을 내놓을 정도로 문풍이 만발하였던 것이 동성학교의 분위기였고, 선생님은 그 분위기를 등나무 꽃처럼 숨어서 이끄신 분이셨습니다.

이런 속에서 나는 천주교 신자가 아니면서도 가입이 가능했던 종교부의 '미리내'라는 동아리에 들어가 매주 무언가 책을 하나씩 읽고 토론하는 지적 호기심의 숲을 드나들고 있었습니다. 그리고 그 모임의 선배였던 이원복(전 국립중앙박물관 학예실장, 광주박물관장, 경기도박물관장), 김재문(천주교 부제 서품을 받고 서거한 지성적 수행자), 박영철(전 신세계건설 사장) 등 선배와 동기 이성우(철강회사 사장), 박동근(전 해군 대령), 서학원(치과의사), 김현배(천주교 신부) 등 동기들과 함께 박 선생님을 모시고 문학과 삶에 대하여 말씀을 듣는 만남을 가지면서 선생님을 가까이 접하게 되었습니다.

그 당시 나는 내 재주가 작품을 쓰는 문학 소년이라기보다는 작품을 읽는 문학 소년일 수밖에 없다는 것을 느끼고 있었습니다. 그러기에 글쟁이의 또 다른 방향인 기자가 되어 보면 어떨까 하는 마음으로 신문반 활동을 열심히 하고 있었습니다. 아마도 나의 글재주의 한계를 알았기 때문에 더욱 선생님을 큰 산으로 여겼을 것이라고 짐작합니다.

그 당시 우리는 세상에는 높은 하늘이 아니고 파란 하늘이 있다는 나름의 호연지기를 가지고 있었고, 모든 문학적 지식과 지혜를 작은 수첩에 깨알 같은 글씨로 적어 남기고 몸과 마음도 거기에 맞춰야 한다고 생각하고 있었습니다. 우리는 『선학의 황금시대』, 『당시』, 『삼국유사』, 『삼국사기』, 『불교 성전』을 여러 번 탐독하였고, 무슨 소리인 줄도 모르면서 플라톤의 『향연』을 가방에 넣고 다니기도 하였습니다. 안암동 선생님의 서재에 꽂힌 책이나 선생님 입에서 나온 작가의 책을 마른 걸레가 물 빨아들이듯 읽어 대던 추억도 있습니다. 선생님께서 번역하셨으나 절판되었던 라빈드라나드 타고르의 『기탄잘리』 문고본을 구하러 청계천 고서점을 드나들었고, 이미 서너 권을 샀음에도 좀 깨끗한 것을 보기만 하면 금궤를 발견한 듯 사 모으기도 했습니다.

지금까지도 "공부만 열심히 하거나 운동만 열심히 하는 저 애들은 뭔 재미일까?" 하는 오만과 치기가 스멀대던 그 시기가 나의 삶에 긍정일까, 부정일까 때로 의문이 일기도 합니다. 그만큼 그 당시 동성학교 분위기와 선생님은 우리들의 모방의 대상이었습니다. 그런데 국문과 선생으로서 부끄러움과 자부심을 함께 가지고 말하건대, 그것은 축복이라고 믿습니다. 지금도 강의 준비가 하나도 되어 있지 않은 상태에서 작품 하나를 복사해 가지고 강의실에 들어가면, 한 시간이건 두 시간이건 그것을 가지고 학생들과 토론할 수 있는 내 작은 힘은 누가 뭐래도 그 시절 길러진 것이라고 믿기 때문입니다.

이런 우리의 치기 어린 모습을 선생님께서는 '미소하는 침묵'으로 받아주셨던 게 아닌가 합니다. 고1 때부터 저는 조규만(서강대 물리학과 교수)이와 함께 안암동 선생님 댁을 어려움도 모르고 드나들며 선생님께 짜장면을 얻어먹게 되었습니다. 소년에게 그것은 참으로 즐거움이자 자랑이었습니다. 그리고 그 마음의 연장선에서 가을엔 『당시』를 들고 불암산 바위에 누워 왕유나 이태백과 함께 하늘을 보고 왔던 추억을 갖게 되었습니다. 그 당시 백 원이면 서너 개를 주던 태릉 배 맛이 아직도 입안에 있습니다.

그렇게 문학 소년의 옷을 입기 시작하던 고1(1971년) 가을쯤으로 기억합니다. 교실에 앉아있는데, 교무실에서 박 선생님께서 찾으신다는 전갈이 왔습니다. 국립박물관에서 고려시대 불두 복제를 구했어! 특별히 몇 개 복제한 것을 얻게 되었는데, 방과 후에 안암동 집으로 가져다 다오!

박물관인지 어디로 갔었던 듯한데, 상자 같은 데 담아서 누런 보자기로 감쌌기 때문에 무거웠지만 별 어려움 없이 혼자 안암동(안암 맨션 아파트) 댁에 들고 갔습니다. 선생님께서는 불두를 맞이하셔서 자리를 마련하시곤, 만족하신 듯했습니다. 이 미소를 보게! 어디에서 이런 미소를 볼 수 있겠어! 참으로 대단하지 않아!? 가라앉은 목소리였지만, 가벼운 흥분을 저도 느꼈습니다.

그 장면의 기억이 비교적 명징한 이유가 또 있습니다. 하나는 나도 이런 명품을 가져 보았으면 하는 부러운 마음이 강하게 일었던 것이었습니다. 그리고 또 하나는 선생님 누님의 말씀 때문입니다. 그때 선생님 댁에서 가끔 뵈었던 선생님 누님께서 반찬을 가지고 와 계셨는데, 선생님은 저와 누님을 번갈아 보시며 부처님의 미소를 강조하셨습니다. 그때 어린 제게 누님은 잊을 수 없는 말씀을 해 주셨습니다. "저 학생 얼굴도 비슷하네…!" 그때도 제 얼굴이 좀 둥글었습니다. 웃는 얼굴이라는 소리도 좀 들었었지요. 그런데 누님의 말씀은 요즘 청소년

말로 제겐 대박이었습니다. 그 말씀으로 제가 크게 흥분하거나 감동을 '먹었거나' 그러지는 않았고, 다소 덤덤했었다고 생각됩니다. 그러나 아직도 기억이 남은 것을 보면, 제 의식의 바탕에 보이지 않는 파문과 자긍심을 남긴 것만은 분명합니다.

그렇게 해서 저와 인연이 된 선생님 댁 철제 부처님은 그 후 대학에 들어가고, 친구 규만이와 함께 댁을 방문할 때면 늘 웃으시며 우리를 반겨 주셨습니다. 답답한 군대 생활 중에서는 다른 곳에서 '니들 맘 내가 안다'는 미소와 위로를 주셨습니다. 국립중앙박물관에 모셔진 그 부처님의 원형元兄이셨습니다. 군대 생활을 대전의 공군 부대에서 하던 저는 '이유 없는 빳다'와 3년이라는 지루한 일상의 탈출구로 미술사, 특히 동양회화사에 빠져 있었습니다. 미술책을 읽다가 주말 외출을 나오면 그 내용을 들고 박물관에 가서 실물을 보는 것으로 위안을 삼고 있었습니다. 불교미술실에 들어가 불두를 만나면 저는 선생님의 서재와 안암동을 떠올리고, 다시 평온한 마음으로 대전행 귀대 버스를 탈 수 있었습니다. 나이 들어 선생님 댁을 자주 가지 못하였을 때에도 어쩌다 박물관에 들르게 되면 그 앞에서는 선생님의 안암동 서재에 있는 것 같았습니다. 「메밀꽃 필 무렵」의 허 생원이 달빛 속에 빛나는 하얀 메밀꽃과 달빛 속에서, 수십 년 전 성 서방네 처녀를 가슴으로 느끼듯이 말입니다.

그런데 허 생원은 달빛 속에서 메밀꽃 향기를 맡으며, 단 한 번의 기막힌 인연을 품어 안고 변치 않는 장돌뱅이 홀아비로 견디며 살았던 데 비하여 저는 그러지 못했습니다. 1985년 저는 전주에 자리 잡은 지금 학교에 자리를 잡게 되었는데, 그 이후 선생님을 뵙는 기회가 급격히 줄어들었습니다. 형제처럼 지내며 선생님 댁을 함께 찾던 친구 조규만 교수가 오랜 미국 유학 생활 끝에 돌아왔고, 그가 돌아온 이후에야 선생님을 서너 번 뵙게 되었습니다. 때로는 몇 년을 뵙지 못하기도 하였는데, 그래도 선생님 댁과 가까운 수유리에 살던 조 교수는 가끔 선생님을 뵙고 소식을 전해 주기도 하였습니다.

이 시절 저는 세사를 벗어나지 못하고, 제 주변 일에 대하여 두드러기가 돋아나면서 책 보는 시간이 줄고 있었습니다. 게다가 지방에 있다는 적당한 핑계도 있어서 선생님과 부처님 얼굴을 마주하는 것을 회피하지 않았나 싶습니다. 이런 시간이 지나갈수록 얼굴과 언어가 사나워져 가고, 그 시절 부처님 얼굴과 닮았다던 모습을 잃어 가고 있지 않았나 싶습니다.

그러던 몇 년 전 어느 해 조규만 교수가 다시 연락을 해 왔습니다. 선생님이 너를 보고 싶어하셔! 내 생각엔 아마도 네가 선생님에 관한 글을 써야 할 것 같은 생각이 든다! 친구의 이 말을 듣고 저는 솔직히 말해 기쁘기도 하면서 한편 부담을 느꼈습니다. 적당히는 할 수 없고 서너 해는 온전히 매달려야 할 텐데 퇴임 전에 가능할까. 내가 고전 선생인데 다시 현대적 필력을 살릴 수 있을까? 이런 고민을 하다가 연암 박지원, 추사 김정희, 이상, 윤동주의 자화상을 불교적 인식론을 기반으로 비교한 글을 가지고 선생님을 찾아뵈었습니다. "선생님, 제 필력을 가늠해 보시고 말씀해 주세요." 이렇게 말씀드렸던 기억이 납니다.

그리고 다시 선생님을 한 삼 년 뵙지 못하였습니다. 그리고 이번에는 고등학교 때 문예반을 이끌던 친구 최동락 박사가 연락을 해 왔습니다. 선생님께서 자네를 보고 싶은 사람으로 꼽고 계시네. 친구의 말을 듣고도 한참 지난 뒤에야 겨우 선생님을 찾아뵐 수 있었고, 그 자리에서도 내가 맞부딪치고 있던 잡다한 세상과의 갈등을 말씀드렸던 기억이 있습니다. 그러면서 속으로는 이제 선생님을 좀 자주 뵈어야 할 때가 되었구나. 선생님을 뵙는 것이, 그리고 불두를 만나는 일이 내 자신으로 돌아와 진정 내가 하고픈 일을 하는 것이구나! 내가 너무 내 자신으로부터도 멀리 나와 있구나! 이런 생각이 머리를 때렸습니다. 그러나 그러면서도 자잘한 내 일상을 한칼에 내치고 돌아오지 못하였습니다. 내리칠 힘이 없다면 바지런해야 할 의무조차 지키지 않았던 것입니다.

올해 초에는 유독 잡다한 일상사가 내 주변을 괴롭혔습니다. 돌아보면 다 나의 욕심이 매운 업보로 되돌아온 일이었지만, 별 대책이 없이 휩쓸려 가고 있었습니다. 그런데 그 흐름 속에서 "선생님을 뵈어야 하는데! 뵈어야 해! 이번 주! 이번 주엔 꼭!" 이런 생각을 반복하면서 어느 때보다도 선생님을 뵈어야 한다는 의식은 강해졌었습니다. 마음속의 격랑이 강해질수록 더 자주 솟아오르고 있었습니다. 저를 잊지 않아 주신 선생님의 기억과 철불의 미소가 아마도 내가 의지하고 싶은 최후의 안식처였던 것 같습니다. 그러나 내 발로 그 평온 미소의 세계를 찾지 못하고 있던 어느 날, 최 박사가 선생님의 마지막 소식을 전해 주었습니다. 그날 장례식장 마당에는 매화꽃이 화창했습니다.

『삼국유사』의 감통편 '여노비 욱면이 염불하여 서방에 가다郁面婢 念佛西昇'란 글은, 계집종이 진심으로 기도하여, 귀진貴珍이란 주인의 부인보다 먼저 서방정토에 갔다는 사연입니다. 그녀는 당초 계戒를 얻지 못해 축생도畜生道에 떨어져서 부석사의 소가 되었으나, 불경을 싣고 나른 공덕으로 계집종으로 태어나 덕을 쌓았다고 합니다. 비록 소가 될 만큼 잘못을 저질렀어도 불경을 실어 나른 공덕과 부처를 향한 진심이 그를 서방으로 이끈 것입니다. 철제 불두를 안암동 선생님 댁으로 들어 나른 문학 소년의 공덕으로 저는 젊은 시절을 그 미소와 함께하는 복을 받았습니다. 그런데 나이가 들며 계를 잃어버리며, 안암동의 미소를 함께 잃었던 것입니다. 철제 부처님께, 그리고 선생님께 여쭙니다. 이제 다시 축생도에서 벗어날 공덕은 어디에서 쌓아야 할까요. 제가 언제 다시 선생님의 『미소하는 침묵』을 문학 소년의 마음으로 다시 읽을 수 있을까요.

철제 부처님 앞에, 선생님 영전에 두 손을 모읍니다.

수연 박희진 선생님을 기억하면서

조규만
물리학자, 서강대학교 교수

4월 1일 미국 워싱턴으로 출장 가기 위해 막 비행기에 탑승하려고 할 때, 선생님께서 돌아가셨다는 문자를 받았다. 순간 망치로 얻어맞은 것 같은 충격과 함께 생각하지도 못했던, 아니 평소 일어나지 말았으면 하고 바라던 일이 벌어졌다는 사실에, 머릿속이 텅 비어 가는 듯한 공허함에 빠지고 말았다. 꼭 하셔야만 하는 일들이 아직도 많이 남아 있었고, 또 그것을 이루기 위한 의지도 매우 강했던 분이셨기 때문에 이렇게 허망하게 돌아가시게 될 줄은 정말 꿈에도 몰랐다. 특히 내가 선생님 빈소를 지키지 못하게 되리라고는 생각지도 못했다.

그러면서 지척에 살면서도 선생님을 자주 찾아뵙지 못한 것과 "맛있는 반찬이라도 해다 드리자"고 해 놓고는 말로만 끝나 버린 집사람과의 다짐, 이런저런 후회들 때문에 열세 시간 반에 이르는 오랜 비행시간이 유난히도 힘들었던 기억이 새삼 다시 떠오른다. 선생님께서 나를 생각해 주시고 아껴 주신 것만큼 내가 선생님께 보답해 드리지 못했다는 죄책감과 뜻을 모두 이루지 못하고 돌아가신 선생님에 대한 연민이 내 머릿속에서 복잡하게 오갔다.

선생님은 중학교 1학년 때 영어 선생님으로 처음 만났으며 지금의 내가 있기까지 큰 영향을 주셨던 몇 분의 스승님들 중 한 분이셨다. 아직도 옆 반 교실에서 들려 왔던, 그래서 우리 교실에서 폭소가 터졌던 선생님의 첫 재채기 소리가 귀에 선하다. 이런 선생님과의 첫 만남은 뒤를 이어, 교실에 가득 찬 선생님의 가슴에서부터 공명하여 울리던 목소리, 시를 쓰시는 선생님이라는 신비감, 이런 외적인 것 외에도 선생님께서 내게 보여주신 많은 관심 때문에 내 마음속에 스승님으로 깊게 자리를 잡게 되었다.

이렇게 만나게 된 선생님과는 좋은 추억들도 많이 가지게 되었다. 고등학교 1학년 여름방학 잼보리에 참가하고 학교 신문에 기고한 글을 읽으시고 잘 썼다고 칭찬을 해 주셨을 때는, 그 기억이 아직까지도 생생하게 남아있을 만큼 정말로 날아갈 듯이 기뻤다. 또 용문 가톨릭 캠프장에 선생님을 모시고 가서 함께 야영을 하면서, 밤하늘의 별을 보며 지금은 자세히 생각나지는 않지만 많은 얘기를 들었다. 그리고 대학생이 된 이후로는 가끔 선생님 댁에 들러 좋아하던 음악을 마음껏 들었고, 그래서 지금도 바흐의 무반주 첼로 모음곡을 좋아하게 되었다. 어느 날엔가 거의 취하도록 술을 마시며 선생님께 고민을 털어놓자, 선생님은 절제된 그러면서도 솔직한 삶에 대한 얘기를 들려 주셨던 일도 떠오른다. 이런 많은 일들은 지금도 생생하게 내 기억 속에 남아있는 선생님과의 추억이다.

그 당시 선생님의 안암동 댁 좁은 거실 공간에서 선생님 옆에 놓여있던 불두, 조금은 어둡게 느껴졌던 백열등 아래에서 선생님 옆자리를 지키고 있었던 그 불두가 아직도 생생하게 내 눈에 어리는 것은 왜일까?

내가 아직도 잊지 못하는 마치 선문답과도 같은 선생님과의 대화도 생각난다. 대학교 2학년 겨울방학으로 기억이 되는데, 안암동에 있던 선생님 댁에 찾아가 손수 끓여 주신 오뎅국에 당시 학생 호주머니에서 어렵게 준비한 정종을 곁들이면서 얘기를 나누던 중이었다. 선생님께서 문득 이런 말씀을 하셨다. "장미꽃의 아름다움을 찾기 위해서 집중해서 자세하게 들여다본 적이 있느냐?" "아니요, 선생님…" 갑자기 선생님께서 던지신 질문에 할 말을 잃었는데, 이어서 선생님이 "사람들은 장미꽃에서 아름다움을 찾으려고 애쓰지 않는다. 그저 우리 기억 속에 남아 있는, 언제가 한 번 힐끗 보고 지나쳤던 그 장미꽃의 잔상을 보고 있는 거야. 지금 내가 보고 있는 장미꽃은 그게 아냐. 꽃잎에 서린 그림자도 달라졌고, 햇빛의 밝기도 달라졌고, … 들여다보면 볼수록 그것이 가지고 있는 아름다움이 새로워지지. 그런데 사람들은 그런 아름다움을 찾는 것을 그냥 시인의 권리로만 생각하고 지나쳐 버리지."라고 해 주신 말씀에서 나는 큰 깨달음을 얻게 되었고, 그 순간은 나를 바꿔놓은, 나에게는 잊을 수 없었던 순간으로 각인되었다.

이후로 나는 내 주변에 대하여 좀 더 많은 관심을 갖게 되었고, 지금의 내가 단순하게 물리학자로서 내가 하는 일에 심취해 최선을 다하고 있음은 물론이고, 그것을 통해서 내 주변의 모든 생물과 무생물에 내재한 심오한 뜻과 아름다움을 찾고자 심취할 수 있는 능력도 갖게 되었다.

몇 해 전 선생님을 우리 물리학과의 콜로키움에 연사로 모신 적이 있었다. 그때 선생님 강연의 제목이 '미란 무엇인가?'였는데, 이날 강연의 대주제도 역시 선생님께서 내게 해 주셨던 장미의 아름다움에 관한 것이었다. 이 강연을 통해서 내가 늘 학생들에게 해 주고 싶었던 얘기를 선생님께서 모두 해 주셨다. 강의 시간에 전공 교수로서 해 줄 수 없었던 물리학도로서 가져야 할 마음가짐과 태도에 대하여 말씀해 주셨고,

시인의 우주관과 자연관에 대해서도 열강을 하셨다. 그 자리에 있었던 많은 학생들과 교수들이 감동을 받았으며, 그 이후로 물리학 전공 분야와 전혀 관련이 없는 분도 연사로 모시는 계기가 되었다.

장미 안에는 무수한 장미가 깃들어 있다.
장미 밖에도 무수한 장미가 둘러싸고 있다.
진홍색 안에는 더욱 짙은 진홍색이,
순백색 안에는 더욱 순수무구한 순백색이
깃들어 있다. 숨 쉬고 있다.
꽃잎 안에는 더욱 매혹적인 신선한 꽃잎이,
장미향 안에는 더욱 맑고 고귀한 장미향이
무궁무진 들어 있다, 풍기고 있다.
한 번 거기에 도취한 사람은
이제 영영 깨어날 수가 없다.

–시집 『영통의 기쁨』에 들어 있는 「장미 안에는」 전문

작년 이른 가을에 '솔밭 공원'에서 조깅을 하던 중 선생님을 뵈었다. 난생 처음 뛰어 보는 풀코스 마라톤 준비가 절정이었던 때였기 때문에 내 몸은 땀으로 흥건히 젖어 있었고, 달리기에 의해 흥분이 절정에 달했을 쯤에 선생님과 마주치게 되었다. 나는 순간적으로 내가 건강한 모습을 선생님께 보여드릴 수 있게 된 것에, 그리고 내가 지극히 어려운 일에 도전을 하고 있다는 것을 알려드리고 싶은 마음에 선생님께 인사를 드리고 수다를 떨며 선생님과 저녁 식사 약속을 한 후에 다시 달리기를 계속했다. 하지만 다시 한 바퀴를 돌아 와서 어렵게 발걸음을 옮

겨 놓으시는 선생님의 뒷모습을 보고 곧 후회를 하게 됐다. 다시 선생님을 지나칠 수가 없어 다른 코스로 이동을 했다.

그날 선생님께 저녁 식사를 대접해 드리면서 다시 한 번 다짐을 했다. '이번에는 꼭 집사람에게 부탁을 해서 김치도 좀 해다 드리고, 냉장고를 채워 드려야지.' 그러나 결국 그날 저녁이 선생님과 함께한 이승의 마지막 시간이 되었다.

선생님은 플레이보이?

권혁수
시인

"선생님, 옴마니반메훔이 무슨 의미인가요?"

누군가 박희진 선생님께 여쭈었다. 젊은 여류 시인이었다.

"연꽃 속의 보석이란 진언이지요."

선생님은 그 여류 시인에게 다정하게 대답해 주셨다. 충주 탄금대에서였다. 5월의 쾌청한 봄 날씨만큼이나 선생님께서는 건강하셨고 기분도 꽤 괜찮으셨던 같다.

우리는 선생님과 사진도 한 컷씩 찍었다. 임진왜란 때 신립 장군이 왜군에게 수없이 활을 쏘아 뜨거워진 활시위를 식히느라 오르내렸다는 남한강 탄금대 바위 옆에서였다. 어느새 10년이란 세월이 흘러, 선생님과 만났던 기억이 희미하다. 하지만 그날의 기억은 마치 그 세월의 강물 속에 잠겨 굳어진 바위인 것 같다. 하여 회억이란 배를 타고 그 강을 거슬러 올라가다 보면 문득 가슴이 그 바위에 긁혀 눈이 감기고 아릿하다.

그날 독신으로 지내시는 대시인의 개인 문제에 대해서는 감히 여쭙지 못했다. 왠지 불경스러운 느낌이 들어서였다.

'왜, 저런 미남이 혼자 사실까? 평생 얼마나 돈을 버셨을까? 버신 돈은 다 어디다 쓰셨을까? 몇 명의 여자를 알고 계실까? 성性에 문제가 있는 것은 아니었을까?' 등등.

그러다 문뜩 선생님께서 담배를 피우시지 않는다는 데 생각이 미쳤다.

"선생님도 담배를 피우셨나요?"

"피웠지."

"오늘은 왜 안 피우시나요?"

"오래 전에 끊었지."

"심심초라는데, 왜 끊으셨어요?"

"성욕을 떨어뜨려서 끊었지."

그 봄날의 대화로 나는 그동안 가졌던 의문을 다 내려놓기로 하였다. 선생님께서는 신체가 건강한 수행자가 분명했던 것이다.

'성 불구자는 승단에 들어갈 수 없다'는 불교 초기 승단의 규율을 나는 알고 있었다. 하여 박희진 선생님은 원효 대사와 대비될 만한 분이란 생각이 들었다. 원효 대사가 소성 거사를 자처하며 뭇 백성들과 희로애락을 함께한 원융무애의 스님이요 대학자였다면 박희진 선생님은 인생 산각산과 인사동 언저리를 오가며 서민들과 고락을 함께한 다정한 대시인이었던 것이다. 불교 교리에도 밝고 심오하셨던 선생님은 또 고려 말의 나옹 화상이나 티베트의 승려시인 밀라레빠처럼 해탈의 길을 초연히 걸어가신 시인이 아니었나 싶기도 하다.

몇 해 전에는 다리가 불편해 산책하기가 어렵다고 말씀하신 적이 있다. 매일 실내에서 나무 봉을 이용해 다리와 허리 운동을 하신다고 말씀하셔서 마침 선생님이 쓰시는 봉보다 좀 더 굵은 것을 구해 드렸더니 매우 흡족해 하셨다. 그렇게 건강 관리를 열심히 하셨는데, 부음이라니 실로 애통한 일이 아닐 수 없다.

'나와 한국과 세계와 우주를 하나로 꿰뚫는 시대'를 여신 박희진 선생님. 선생님을 뵙는 마음으로 나는 오늘도 선생님께서 보내 주신 선생님의 『후기 시집』을 다시 펼쳐보았다. 그런데 이게 웬일. 시집 속에서 플레이보이(?)였던 선생님의 솔직한 심정을 엿보게 되다니! 새삼 어제 저녁 뵈었던 것처럼 체온과 숨결이 다정하게 느껴지는 것이었다.

어느 플레이보이의 고백*

나는 여자를 좇지는 않았어요,
제 발로 걸려들게 냄새만 피웠지요.
나는 여자를 차버리진 않았어요,
제 발로 떨어져 나가게 하였을 뿐.
(중략)
그래서 총 메고 나선 게 처녀 사냥,
생전 처음으로 여자를 좇았지요.
스릴 백 프로, 마침내 총을 겨누고 쏘려는데
어럽쇼, 난데없이 호랑이 한 마리
와락 내게 덤벼들어 혼비백산했죠.
그 뒤로 나는 그만 못 쓰게 되었어요.
〈개구리도 한철〉이라는 것을
나는 좀 더 일찍 알았어야 하는 건데.

—박희진 전집 3권 『후기시집 I 』에서

* 「어느 플레이보이의 고백」은 제12시집 『북한산 진달래』(2005)에 실린 작품인데, 시집 서문에서 밝히고 있듯이, 주어진 그림의 내용에 따라 시를 써 달라는 어느 일간지의 특별 청탁에 응해 쓴 7편 중 하나임. 시인은 이 작품들이 완전히 타의에 의해 주어진 계기에서 쓰인 시편들로서 통속 취향이기는 하나 독자들이 미소를 머금고 재미있게 읽어 주지 않을까 싶어 시집에 실었다고 적고 있음. [편집자]

박희진 선생님께

정재연
전 미술교사

선생님~

삼척의 정재연입니다. 선생님께 안부 전화 드릴 때 늘 하던 첫인사말이지만 오늘은 선생님의 영혼을 향해 인사를 드립니다.

선생님이 계시는 저승의 상황을 이승의 제가 짐작할 수조차 없지마는 선생님께선 수없이 많은 언어의 사원, 시詩를 구축하시는 데 삶 전부를 바치셨기에 지금 계시는 그곳 또한 좋은 기운들과 함께 하시리라 여겨집니다.

최 화백과의 화실 인연으로 변규백 선생과 연결되고, 또 선생님과의 만남으로 이어져 제겐 한 차원 높은 새로운 세계를 볼 수 있게 된 귀한 인연이 되었습니다.

삼척에서 '너나우리 꿈 그리고 만남'이라는 행사를 주관하면서 어떻게든 문화 변방에 살고 있는 우리의 꿈나무들에게 새로운 세계를 만나게 해 주고자 하는 저희들의 열망을 아시고 기꺼이 몇 차례의 시낭송회를 삼척에서 베풀어 주셨지요. 여름철이면 선생님의 시를 좋아하는 몇몇 동무들과 전국의 명승 사찰과 선생님이 궁금해 하시는 소나무들을 찾아 여행하던 시간들도 떠오릅니다.

태백산의 주목들과 천제단을 찾아 눈 덮인 길을 함께 오르기도 하였고, 정선의 몰운대 소나무와 화암동굴을 찾던 일, 단양팔경과 영월의 청령포와 개발되기 전의 김삿갓 묘소를 찾아간 것도 기억에 남는 여행이었습니다. 안동의 병산서원과 봉정사와 도산서원, 또한 용수사에서의 숙박도 잊을 수 없는 기억입니다. 문경 봉암사에서 일박을 하고 곡성 태안사를 향하며 고속도로를 잘못 들어섰던 일도 선하군요.

언젠가는 남도 여행 마무리에 울진 덕구 온천에서 피로를 풀고 나오시며 보름달에 머리를 받힐 뻔했다고 말씀하셔 웃은 일이 있는데, 그 말씀이 시로 탄생한 것을 시낭송회에서 다시 만나며 스스로 홍소를 터트리기도 했었지요.

봉정사를 찾으시며 선생님 당신께서는 산사 주변을 거닐면서 예불에 대신한다고도 하셨습니다.

몇 해 동안 이어서 선생님과 동행하던 여름 여행은 제겐 우리 문화에 대한 새로운 눈뜸과 성장의 과정이었습니다. 늦었지만 선생님 정말 고맙습니다.

여행이 뜸해지면서는 여름과 겨울 '인사동 시낭송회'에서 선생님의 변함없는 시에 대한 열정을 대하며, 때론 끝날 줄 모르는 열변으로 선생님 몫의 시간을 훨씬 넘기기도 하는 모습에서 외람되게도 열정 너머에서 노인의 외로움이 배어 나오는 것도 보기 시작했답니다.

아, 그러한 만남의 반복 속에서 저의 세월 또한 많이 저물었음을 함께 볼 수 있었어요.

작년 겨울이던가요? 새로 이사한 선생님 댁으로 찾아뵈었습니다. 신경구 선생으로부터 불편해진 몸을 치료받고 계셨습니다. 안타깝게도 선생님 댁엔 정리되지 않은 책들이 많이 쌓여 있었지요.

선생님은 제게 더 당당하고 자유로워 보인다고 말씀해 주시기도 하였습니다. 사실 그 자유스러움은 시에 전 삶을 투영하시던 선생님께서 보여주셨던 모습이었습니다.

그날 선생님을 뵙고 나서 오랜 동지였던 수진에게 더 늦어지기 전 선생님과의 여행을 시도해 보자고 제의를 하였고, 선생님은 두 선녀가 있는 동해안 쪽으로 여행하고 싶다셨어요.

동해의 곰칫국과 옥계의 소나무 군락지, 주문진의 기상이 넘치는 소나무들과 강릉 경포에서의 석양이 좋았습니다. 화장실이 멀어 출입이 불편하신 선생님께 수진이 요강을 준비해 왔고, 지금 그 요강은 기념비처럼 저의 집에 남아 있습니다.

선생님과의 마지막 여행에서 가장 큰 아쉬움은 드시고 싶으시다던 영덕 대게를 대접할 수 없었음입니다. 그 시기엔 대게 철이 아니었기 때문이었죠.

선생님~

사후의 영적 세계를 가늠할 수는 없지마는, 이승에서 품고 사는 기운이 저승에서 천층 만층 구만층의 기운들 중 동류의 기운들과 어울리게 된다는 어느 신학자의 이야기가 지금도 저를 끄덕이게 합니다.

선생님의 하루 중 오전 시간은 늘 시 작업에 쓰시고, 오후엔 선생님이 좋아하셨던 북한산 자락을 산책하시는 일로 보내신다 하셨어요. 북한산이 좋아 생애 마지막 삼십여 년 동안 북한산이 보이는 우이동을 고집하고 사신 선생님. 저는 지금 남원 만행산 자락에서 제 삶의 이모작을 꾸리기 시작했습니다. 선생님이 감탄하실 만한 멋진 소나무는 보이지 않지만 많은 산야초들이 보물처럼 숨어 있는 곳입니다. 이 숲으로 선생님을 모셨다면 얼마나 기뻐하셨을까요? 또 얼마나 많은 시가 태어났을까요?

지난주 제 휴일엔 보성에 사는 사촌 내외와 완도를 다녀오며 다산초당과 백련사를 스쳤습니다. 그곳 또한 예전에 동무들과 선생님을 모시고 함께 찾았던 곳. 여행 중 잠시 선생님과 병어조림으로 아침을 만들어 먹던 추억을 떠올려 보았습니다.

박희진 선생님~

내년 선생님의 서거 1주기에 즈음하여 선생님이 잠들어 계시는 남양주 봉인사에 수진과 함께 방문하렵니다. 평안히 안식하시고 훨훨 자유하시며 이승의 소나무들이 주는 기상보다 더 멋진 기운들과 함께하시옵소서.

2015년 8월 31일 정재연 합장

아직도 내 가슴에 남아 계신 선생님

김명숙
위스타트 삼척마을 관장

선생님의 시를 마지막 들을 수 있었던 것은 「애향가」였고, 2014년 11월에 삼척으로 모셔서 동해안의 수려한 소나무를 찾아 함께 여행을 한 것이 마지막 인연이 되었다.

1991년 청소년 단체 '너나우리'의 회장으로 선생님을 초청하면서부터 시작되어 2015년 선생님이 영면하시기 전까지 인연이 계속되었으니 나이를 초월하여 우린 전생에도 분명 절절한 친구였으리라 생각된다.

삼척을 방문하실 때에는 주변의 인연들이 모여서 시낭송회가 열렸고, 선생님의 목소리와 감성은 애절하였으며 우리를 늘 숙연하게 만들었다. 그리고 물론 뒤풀이도 있었다. 우린 선생님을 만나면 모두 순수한 어린이가 된다. 선생님은 자연과 교감을 하시는 것도 같았다. 늘 그윽하셨고 고요하셨다. 영靈이 맑아서인가?

강원도 삼척시엔
언제부터인가
때 묻지 않은 선남선녀들이
'너나우리' 모임을 이끌어 왔음.

〉

남이야 알든 말든
착한 일 하는 모임
그러면 기뻐서 눈물 난다는 모임.
청소년의 문화적 계도에 힘씀.

– 박희진 시 「'너나우리' 모임의 발전을 축원하며」에서

이렇게 시작된 선생님과의 인연. 강원도의 태백산, 망양정, 월송정, 무릉계곡, 죽서루, 정선 소금강, 몰운대, 법흥사, 정암사, 의림지, 건봉사 등등 이루 다 기록하지는 못하지만, 소나무가 있고 아름다운 풍광이 있는 곳이면 삼척의 두 선녀(선생님의 시집에 김명숙과 정재연을 그렇게 표현하셨다)가 선생님과 함께하였고 문경의 봉암사를 비롯하여 전국의 사찰을 성지 순례하듯 수 년 동안 찾아다녔다. 여행 중에도 시낭송회는 빠질 수 없는 레퍼토리가 되어 정점을 찍었다.

선생님과의 마지막 여행이 되어 버린 작년에는 「애향가」를 읊어 주셨다. 주치의 신경구 선생에게서 이 시에 붙여진 곡의 악보도 받고 흥얼거려 보았다. 시와 곡이 가슴에 와 닿는다. 나도 자연을 무척 좋아한다.

산비둘기는 산이 좋아 산에서
물오리는 물이 좋아 물에서 사노라네
나는 인간이라 집에서 살지만
산도 물도 좋아 이 강산 못 떠나네.
(이하 생략)

지금 나의 핸드폰 벨소리는 가곡 '애향가'로 울려 퍼진다. 벨이 울리면 선생님과의 소중했던 기억들이 떠오른다.

산도 물도 좋아 이 강산 못 떠나실 줄 알았던 선생님은 나의 가슴에 남아 계신다. 세월이 흘러서 언젠가 잊힐 수 있겠지만 선생님과의 아름다웠던 추억은 아직은 떠나보내지 못한다.

선생님이 이 강산 안 떠나시게 삼척의 인연에서 그리고 나에게서 오래 머무르게 하고 싶다.

2015년 9월 11일 수진守眞 김명숙 합장

선생님께서 좋아하시던 그림

임영길
판화가, 홍익대학교 교수

1973년.

박희진 선생님은 미술을 보는 눈이 남다르셨다. 고등학교 영어 수업 중에 선생님께서는 인사동에서 감상하셨던 독특한 미술 작품들을 학생들에게 소개해 주시곤 하셨다. 예를 들면 넓적한 반투명 아크릴 상자 안에 담배꽁초나 혹은 사용한 성냥개비를 가득 채워 넣은 설치 작품과 같이 매우 실험적인 작품들을 소개해 주셨다. 1970년대 초반 당시 우리나라의 미술은 주로 아카데믹한 풍의 사실 작품들이 주류를 이루던 시절이었는데 이러한 파격적인 작품을 이해하고자 하는 사람은 그리 많지 않았다. 예술을 공부하려는 사람에게는 개방성을 갖는 것이 필수적인데, 우리는 박희진 선생님으로부터 전통에서 한참 벗어난 전위적인 문화까지도 받아들일 수 있는 개방성을 배운 것이다. 지나고 나서 생각해 보면 한창 자라나던 시절에 이러한 파격적인 문화를 접할 수 있었던 것은 행운이었다고 생각한다. 이런 선생님에게서 배우고, 또한 건축과 음악, 그리고 미술이 있는 가톨릭의 문화 안에서 고등학교 생활을 했기 때문에 동성인들 중에는 예술을 전공하는 사람들이 유난히 많은 것 같다.

2011년.

동성 미술인회에서 박희진 선생님의 '시미전(시화전)'을 11월에 동성고등학교 백주년기념관 전시실에서 개최하기로 기획하였다. 동성 미술인회의 작가들이 선생님의 시를 주제로 그림을 그리기로 하였는데, 전시회에서 주제로 사용할 시를 받기 위해 임원 몇 명이 7월에 우이동에 있는 선생님의 자택을 방문하게 되었다. 선생님께서는 거실 소파 뒤에 걸려 있던 한 판화 작품을 가리키시며 말씀하시기를 저 작가의 목판화 작품 중에서 저 작품을 가장 좋아한다고 하셨다. 그러나 특별히 왜 그 작품을 좋아하시는지에 대해서는 말씀하시지 않은 것으로 기억한다. 마침 내 전공이 판화이기 때문에 그림을 자세히 관찰했다. 작가는 우리나라의 유명한 원로 목판화가이신 김상구인데, 작품을 제작한 시기로 보아 아마 작가가 젊었을 때의 작품인 것 같았다. 작가가 제작한 대부분의 작품들과는 다르게 그 작품의 이미지와 내용은 매우 단순했다. 세로로 된 직사각형의 그림은 판화용 칼로 세로와 가로로 몇 획을 그어서 판목을 파내고 진한 녹색으로 찍은 중간 크기의 목판화였던 것으로 기억한다. 박희진 선생님께서는 이 작품에 '빛소나무'라는 이름을 붙이셨는데, 거기서는 그림에서 일반적으로 기대하는 아름다운 색들이나 점, 선, 면이 어우러진 조화로운 형태에서 오는 정서적인 것을 기대할 수 없었다. 오직 단 몇 번의 칼질 자국만이 강렬한 상처처럼 종이에 찍혀 있었다.

2015년.

사람들은 살아가면서 이런 저런 일로 상처를 입는다. 특히 한국은 일제 식민지와 육이오 전쟁을 거치고, 남북한의 이념의 극단적인 대립에도 불구하고 짧은 기간에 산업화를 이룩했기 때문에 세대 간의 갈등뿐만 아니라 여러 가지 사회 문제가 발생했다. 이런 역사적 질곡과 사회문화적인 변화, 그리고 개인사로 인하여 한국인들은 비교적 많은 외상을 겪어 왔다. 그래서 우리나라는 세계적으로 자살률이 높은 나라에 속한다. 일반적으로 외상은 어떤 극심한 사건으로 인한 심적 충격을 말한다. 오스트리아의 정신분석학자 프로이트는 외상을 일컬어 방패를 뚫을 정도로 강력한 외부 자극이라 했다. 이러한 외상은 꿈과 같은 형태로 시간과 장소를 초월하여 '반복 강박적'으로 불쑥 나타나 외상의 기억을 상기하며 재현을 시도한다고 한다.

목판화에 사용되는 판목은 나무로 만들어지는데, 이는 기후와 토질의 영향을 받아 성장하는 자연의 재료이다. 아울러 계절과 기후의 변화에 따라 자라 온 시간과 경험의 축적으로서 나이테를 형성한다. 이것은 마치 인간이 몸담고 사는 세상의 변화에 맞서 형성된 마음과 닮아 있다. 외상은 흠집이 없는 순수한 마음과 같은 나무 표면에 날카로운 도구로 상처를 입히는 것과 같다. 목판화는 나무가 가진 모성에 작가가 깎고 새기는 제판 과정에서의 직접적인 신체적 경험을 더해서 자연의 감수성뿐만 아니라 인간사의 질곡과 상처의 자국들을 잘 표현할 수 있는 매체라고 생각한다.

박희진 선생님께서는 당신이 소장하셨던, 단지 몇 획으로 판목에 상처를 내고 찍은 단순한 목판화를 통해 이 시대가 겪고 있는 외상이 더 이상은 질병적인 요인이 아니라, 사람들에게는 긍정적인 삶의 이유로, 그리고 작가에게는 예술의 흔적으로 승화될 수 있다는 가능성임을 직감적으로 확인하신 것은 아니었을까 하는 생각을 해 본다.

소나무를 닮은 사람

윤채원
수필가, 김수영 문학관

누군가를 그리워한다는 말은 그 상대가 곁에 없다는 말이기에 애잔함이 더하다. 긴 시간의 인연이 아닐지라도 마음을 나누던 상대가 멀리 떠나면 그 상실감이 크기에 그분은 여전히 우이동 자락에 머무르며 창작활동을 하시려니 생각하고 애써 뒤를 보지 않았다.

인도 시인 타고르를 좋아했고, 소나무를 사랑했으며, 당신 작품에 대해 강한 자부심을 가지고 계셨던 거목의 시인과 인연 맺을 수 있었던 지난 시간들이 새삼 감사함으로 다가선다.

박희진 선생님과 인연이 된 것은 도봉문인협회에서 주관하는 문학상 수상자로 선생님이 선정되었기에 사무국에서 일하던 내가 그 소식을 전화로 알려 드리면서부터였다. '박희진 시인'을 사진으로만 뵈어 왔는데 수화기 너머로 들려온 그분의 음성엔 사뭇 힘이 실려 있었다. 이후 문학상 시상식장에서 처음 뵈었는데 큰 키에 트레이드마크였던 흰 수염을 본 순간 단번에 알아볼 수 있었다. 그렇게 인연이 되어 이따금 선생님 댁을 방문하여 일상의 소소한 일이나 우체국 잔심부름을 몇 번 해 드리면 집 가까운 곳에 있는 당신의 맛집에서 국수를 사 주시기도 했다.

작년 10월경 댁을 방문했는데 제주도 '김영갑 갤러리'에서 당신의 시낭송회를 열게 되었다며 약간 흥분된 모습을 보이며 어린아이처럼 좋아하셨다. 그 행사에서 사용할 현수막에 프린트된 사진을 자랑하시며 곧 제주도로 갈 날만 기다리고 계셨다. 제주도에 다녀오셔서도 흥분된 목소리로 사람들이 참 좋아했다며 무용담처럼 그날의 일을 들려주셨다. 지역의 문학 행사에 몇 번 모시고 나갔는데 대중 앞에서 열정적인 목소리로 시낭송하시는 것을 참 좋아하셨고 선생님이 힘 있는 목소리로 시를 낭송하면 다들 열정적인 박수를 아끼지 않았다.

선생님 댁을 방문하면서 가장 인상적이었던 것은 소파 위에 올려져 있는 손때 묻은 귀여운 동물 인형들이었다. 조카 집에서 얻어 오셨다며 혼자 지내다 보면 적적한데 그 인형들이 외로움을 조금은 덜어 준다고 말씀하셨다. 늘 여운형 묘소가 보이는 안방 책상에 앉아 창작활동을 하셨고, 처음부터 함께해 오셨다는 '공간시낭독회' 말씀을 자주 하셨다. 남에게 신세 지는 것을 싫어하셨던 선생님은 내가 방문할 때마다 소소한 간식거리를 사 가면 꼭 가격을 물어보셨는데 그럴 적마다 요거 사 올 만큼은 돈을 벌고 있다고 말씀 드리면 서가에서 당신 책을 꺼내서 내 손에 쥐어 주셨다. 아주 작은 마음을 더 크고 귀한 것으로 채워 주시는 그 마음이 늘 감사했다.

그렇게 간간이 인연을 이어 나가는 중에 올해 초 구정 즈음 해서 한 번 뵙고 개인적인 사정으로 마음 분주한 일이 있어 몇 달을 찾아뵙지를 못했다. 그러던 중 만우절이었던 2015년 4월 1일 새벽에 지인을 통해 거짓말 같은 선생님의 별세 소식을 듣고 한동안 둥둥거리며 마음을 잡을 수가 없었다.

사무실에 출근해서도 일이 손에 잡히지 않아 옥외 쉼터에 올라 찾아뵙지 못한 지난 시간을 자책하며 멍하니 구름이 흘러가는 하늘만 바라보았다. 퇴근 후 홀로 전철을 타고 선생님이 마지막으로 계시는 S병원으로 가는 내내 마음이 무거웠다. 병원에 도착해 보니 경황이 없어서인지 문상객도 별로 없는 상태라 더 마음이 쓸쓸했다. 영정을 물끄러미 바라보다 가시는 길에 예를 표하고 바로 뒤돌아 왔다. 눈으로 보고도 그 사실이 믿어지지 않았기 때문이다.

지금도 우이동으로 찾아뵈면 거실 테이블을 사이에 두고 앉아 조금 높은 톤으로 인도, 타고르, 소나무, 하이쿠, '공간시낭독회' 이야기를 들려주실 것만 같다. 선생님이 떠나시고도 우이동 쪽으로 넘어갈 일이 가끔 있어 댁 근처를 지나치며 슬쩍 사시던 빌라를 향해 고개를 돌리다 보면 여전히 울컥거린다.

사실 선생님과 인연이 된 것이 10여 년 정도로 긴 시간이 아니고 평소 당신의 속마음을 드러내시지도 않았기에 그분에 대해 많은 것을 알지 못한다. 다만 인연이 되고 한 달에 한 번씩 찾아가 인사 드리고 그분이 들려주시는 일상의 이야기를 듣거나 햇빛 좋은 날에 솔밭 길을 몇 번 산책한 것이 전부다. 인연 맺는 동안 단 한 번도 어린 나에게 말을 편하게 놓지도 않았고 항상 적당한 거리를 두고 대하셨다. 늘 쉬지 않고 창작하는 것에 대한 자부심이 대단하셨고 나에게도 늘 부지런히 글을 쓰라고 독려해 주셨다.

당시에는 그저 일상의 소소한 말들이 그분이 가시고 나서야 진지함으로 덜컥 찾아들 때가 있다. 사실 지금도 선생님이 아주 먼 곳으로 떠났다는 생각은 별로 들지 않는다. 다시는 만나 뵐 수 없다는 그 사실은 안타깝지만 강직하셨던 그분이 북한산 산자락 어디쯤에 터를 잡으시고 사시사철 솔향기를 풍기며 푸른 소나무로 머물고 계신다고 믿기에 애써 지난 시간들을 추억하지는 않는다.

소나무를 만날 때마다

윤효
시인

2006년 9월, 제천 박달재 휴양림에서 '생명의 숲' 문화교육 위원회가 주최하는 숲속 예술제가 열렸다. 60여 명 참가자들이 통나무집에서 하룻밤을 묵으면서 숲 탐방과 가을 별자리 탐색, 노래 공연 등의 여러 활동을 함께 하는 숲속 잔치였다.

그중 가장 인상적인 대목은 저녁 식사 후 통나무집 큰 방에서 열린 박희진 시인의 특강이었다. 우선 청중은 시인의 풍모에 압도되었다. 그윽한 눈빛과 맑고 윤기 나는 얼굴빛에 흰 수염이 자아내는 모습은 성자의 그것이었다. 자신이 가꾸어 가는 내면 풍경을 얼굴에, 전신에 가감 없이 고스란히 내비치는 그 자연스러움이 어떤 성스러움에 닿아 있었다.

그날 시인께서는 우리나라 산야에서 자라고 있는 나무들의 영성에 대해 말씀하셨다. 특히 소나무에 대한 예찬의 말씀과 함께 소나무를 노래한 여러 편의 시를 낭독해 주셨다.

나는 예술제에 시인을 섭외하고 또 서울에서 제천까지 오가시는 길을 승용차편으로 모시는 행운을 누렸다. 시인께서는 운전대를 잡은 나를 배려하시느라 많은 말씀을 이어 주셨다. 경기도 연천, 고려대학교 영문학과, 국민방위군, 동성학교 영어 교사, 화랑도, 공간시낭독회…,

이것들이 지금도 내 기억에 남아 있다.

헤아려 보니, 내가 시인을 친견한 것은 1980년대 초반 어느 날 인사동 밥집에서였다. 중광 스님과 작곡가 변규백 선생님 그리고 지금은 환속한 어느 스님과 함께 시인을 처음 뵈었다. 변규백 선생님이 곡을 붙인 시인의 시「시치미 떼지 말고」를 직접 부르시던 모습이 아련하다.

2000년대 초 '한국 야생화 연구회' 활동에 참여하면서, 그리고 이를 계기로 다시 '생명의 숲'에 참여하면서 시인의 활동은 나에게는 언제나 존경과 주목의 대상이셨다. 그런 가운데 2006년 '생명의 숲' 숲속 예술제로까지 시인과의 인연이 이어졌던 것이다.

2007년 5월이었던가. 장충동 한국현대문학관에서 열린 '공간시낭독회'에 초대해 주셨다. 그날 낭독회 마치고 그 언덕 아래 어느 맥줏집에서 찍은 한 컷 사진이 지금도 내 가슴에 남아 있다. 흐뭇한 미소 가득한 시인의 모습이라니!

2012년에는 내가 참여하고 있는 시 동인지『작은詩앗 · 채송화』제0호에 시인의 작품 두 편을 모시는 기쁨을 누리기도 했다.「아이와 비눗방울」,「최고의 아름다움」이 그때 시인께서 건네주신 작품이었다.

우리 동인지는 매호 원로, 중진 세 분을 '초대시'에 그리고 예닐곱 분의 동료나 후배 시인을 '채송화의 친구들'이란 이름으로 작품 두 편씩을 청탁해 모시고 있다. 이때 우리가 모신 시인들을 소개할 때 가급적 한눈에 시인의 전모를 나타내려 애쓰고 있는데, 시인을 모실 때 약력을 이렇게 써 드렸다. "1931년 경기 연천에서 태어난 시인은 시와 삶이 일치하는 수행자의 풍모를 견지하면서 장시에서 1행시에 이르는 다양한 형식으로 한국 정신사에 입각한 자연과 인간에 대한 깊은 성찰을 노래하고 있다."

다리가 불편하셨는데도 4층에 홀로 사셨다. 우이동 초원아트빌 401호, 호일당好日堂이 그립다. 이 땅의 소나무를 볼 때마다 시인을 떠올릴 일이다. '그늘에조차 엷은 보랏빛 신운神韻이 감도'는 소나무를 만날 때마다 시인의 푸른 영혼을 떠올릴 일이다.

연꽃 속의 부처

이승하
시인, 중앙대학교 교수

박희진 시인에 대한 평론 「하늘과 땅에 대한 경외심으로 시를」을 쓴 것도 어언 20년 저쪽의 일이다. 이것을 고맙게 생각하셨는지 선생님께서는 내시는 모든 시집을 내게 부쳐 주셨는데 그 양이 엄청나 그저 황송하고 놀랍고 존경스러울 따름이었다. 선생님은 오로지 시인이었고 한사코 시인이었다. 시를 위해 순교한 이가 바로 박희진 시인이었다.

사람을 대할 때, 시인은 부처님이었다. 30년 연하인 내게 시인은 말을 놓지 않았으며, 안부 전화를 드리면 까마득한 후학의 건강을 걱정하고 시작을 격려해 주셨다. 2년에 한 번 꼴로 시인의 댁을 찾아가면 근처 술집으로 데려가 파전과 빈대떡과 막걸리를 사 주셨고, 계단을 올라가야 하는 설렁탕집으로 데려가 곰탕과 수육을 사 주셨다(돈은 내가 지불했지만).

박희진 시인의 빈소에 달려갔다. 당도한 시간은 초저녁이었고 늦은 시각까지 삼성병원 영안실에 있었다. 사람들이 별로 안 와 무척 썰렁했다. 시인이 고등학교에 재직했을 때의 제자들이 상제 노릇을 하고 있었다. 좀 전에 이근배, 조영서, 오세영 등 원로 시인 몇 분이, 예술원의 김종길, 유종호, 김화영 선생이 다녀갔다고 이인평 시인이 말해주었다.

아, 박희진 시인께서 돌아가셨다. 평생 독신으로 사시면서 시를 아내로 자식으로 생각하고는 줄기차게 시만 썼던 진정한 시인, 올곧은 노익장. 마침내 연꽃 속의 부처가 되셨다.

삼가 명복을 빕니다.

스킨십, 활술活術

신경구
물리치료사

침뜸으로 만남

목요일은 우이동 초원아트빌 401호를 방문하는 날이다. 2012년 6월 지인의 부탁으로 박희진 선생님께 침뜸을 하게 되었고 날이 거듭되면서 스킨십(활술)도 하고 댁에 머무는 시간이 길어졌다. 그렇게 맺어진 선생님과의 만남은 매주 어김없이 이루어지고, 선생님은 언제나 환한 웃음으로 "신 선생, 나는 목요일이 기다려져요."라며 반겨 주시곤 했다.

매월 첫째 목요일은 선생님이 '공간시낭독회' 가시는 날이다. 오후 5시가 되면 윤준경 시인의 전화가 걸려 온다. "선생님, 내려오세요!"

맛집 나들이

침뜸과 활술을 마치면 오후가 되고, 선생님은 나를 맛집으로 데려가신다.

"신 선생, 오늘 어디로 갈까?" "선생님이 드시고 싶은 걸로 드시죠!" "아니, 신 선생이 먹고 싶은 걸로." "저는 살 날이 아직 많이 남았잖아요!" 유쾌한 실랑이가 벌어진다.

'솔밭 공원'과 4 · 19묘지 주변의 음식점 30여 곳. '언덕'(삼계탕), '금천옥'(설렁탕), '물맑'(버섯불고기), '진국해장국'(북엇국), '공릉멸치국수', '채선당'(샤브샤브), '아이세키'(전복죽), '춘천막국수'(빈대떡), '그고깃집'(쌈밥), '붕자네'(돔부리), '산책'(오므라이스), '갈쌈냉면', '쎄쎄'(짜장면), '오장동냉면'(석쇠불고기), '청수냉면'(갈비탕), '원주추어탕', '신정보리밥'(파전), '예와손만두'(손국수), '하루밥상'(곤드레 돌솥밥), '대보명가'(제천 약초 밥상) 등은 여러 차례 방문한 선생님의 단골집이다.

'금천옥'은 우편취급국 근처라서 소포를 부칠 때마다 간다. 설렁탕에 넣는 대파를 큰 대접으로 주는데 듬뿍 넣을 수 있어서 좋아하셨다.

'물맑'(버섯불고기)에서 반찬으로 나오는 샐러드는 선생님께서 무척 좋아하셨는데 한 접시 더 달라고 하면 갖다 준다고 하시면서 맛있게 드셨고, 큰 정자나무 아래 테이블에서 커피를 마시곤 했다. 황금찬 선생님을 가끔 만나기도 한다고 하셨다.

'진국해장국'(북엇국)은 선생님 혼자서 자주 다니셨다. 북엇국이 선생님 입맛에 참 잘 맞는다고 하셨는데 나는 먹어 보지 못했다.

'공릉멸치국수'는 선생님 댁에서 제일로 가까워서 자주 들르시고 단골인데도 혼자 가셔서는 한마디 말씀도 안 하신단다. 제주 시낭송회에서 돌아온 날 저녁에도 간단하게 국수라도 먹자고 하셔서 곽희준 제자분이랑 셋이서 먹었다.

'채선당'의 샤브샤브는 선생님께서 내게 처음 사 주신 음식으로 기억된다. 지금은 다른 음식점으로 바뀌어 추억의 장소가 하나 줄었다.

'그고깃집'(쌈밥)은 싼값에 고기를 드신다고 매우 만족해하시며 한동안 혼자서도 자주 다니셨다. 간판명이 참 재미있다고 하셨다.

'붕자네'의 돔부리 에비가츠동(새우덮밥)은 선생님이 좋아하는 단골 메뉴이다. 붕자(도모꼬)는 일본에서 한국으로 시집 온 여주인 이름. "나는 일본어 책이 훨씬 익숙해."라고 하시던 선생님은 돔부리(덮밥)를 즐겨 드셨다. 자주 드나들면서 도모꼬와 친해지고, 추석 때 친정에 다녀왔다며 도모꼬가 작은 선물까지 챙겨 주던 그 무렵, 저녁 메뉴인 연어초밥을 드시고는 너무 맛없다고 점차 안 가셨다.

'아이세키'의 전복죽에는 전복이 유난히 많아서 즐거웠고, 선생님이 좋아하시는 새우튀김을 추가로 시키기도 했다. 시낭송하러 제주에 가면 전복죽을 먹어 보고 여기 전복죽과 비교해 보자고 했는데 그렇게 못했다. 그 후 얼마 지나지 않아 이곳도 아쉽게 문을 닫았다.

'하루밥상'을 처음 갔을 때 여름 특선 메뉴로 곤드레 돌솥밥에 메밀냉면이 있는 정식을 먹었다. 윤준경 시인께서 길을 터 주신 덕분에 한신대까지 드라이브도 하고 정갈한 음식도 먹고… 이곳 주차장에는 인상적인 소나무도 있다.

'대보명가'의 제천 약초 밥상은 조미료가 안 들어가는 건강 밥상으로 조환수 제자분도 인정한 식단이라고 하셨다. 엄호열 회장님과 함께 드신 이후로 적극 추천하는 맛집이 되었다. (엄호열 회장님은 선생님의 49재 다음날 타계하셨다.)

'갈쌈냉면'의 모든 메뉴에는 숯불갈비가 딸려 나온다. 물냉면과 만둣국을 드시러 혼자서도 자주 다니셨던 곳이다.

'오장동냉면'에 가면 물냉면과 석쇠불고기를 함께 주문하셨다.

'청수냉면'은 선생님 댁에서 꽤 먼 장미원에 있다. 운동 삼아 일부러 걸어서 멀리까지 다니셨는데, 그 집 갈비탕에는 작은 갈비가 다섯 토막 들어 있다. 저렴하면서도 갈비가 많다고 좋아하신 메뉴이다. 돌아오실 때에는 만두를 사서 내게도 주시곤 했다.

'신정보리밥'은 처음에 선생님 혼자 가셨다가 '2인 이상 주문'이라 못 드시고 그냥 나오셨다고 했다. 그래서 둘이 더 자주 갔고 갈 때마다 꼭 파전을 추가로 주문하셨다. 이곳 열무김치를 무척 좋아하셔서 한 통 사 갖고 온 적도 있다.

'예와손만두'의 손국수는 선생님 것, 만둣국은 내 것. 추가로 손만두 4개를 둘이서 먹기가 조금 벅찬데도 늘 주문하신다. 작년에 선생님께서 혼자 식사하러 가셨다가 전부 토하고 서둘러 나오신 것을 못내 미안해 하시며 다시는 안 가셨는데, 그 다음 주에 선생님의 미안한 마음을 전했더니 오히려 그곳 직원들이 선생님의 건강을 걱정했다. 며칠 전 아내와 함께 식사하러 다녀왔고 여주인에게 선생님의 별세 소식을 전했다. "이제 앞으로 오실 일이 없겠네요!"라고 섭섭해 하며 애써 미소 짓는다.

'북서울 꿈의숲'에 있는 '메이린'은 선생님의 재작년 생신날에 이웃집 클라라 여사와 함께 갔다. 짜장면, 망치탕수육, 매생이누룽지를 먹는데 창밖에 눈보라가 쳤고, 정경이 아직도 눈에 선하다. 불편하신 몸으로 전망대까지 올라가서 북한산을 바라보며 사진도 찍었다.

'토속촌'은 창원 이영복 선생님 댁과 가까워서 두 분이 전에도 가끔 들르셨단다. 올해 1월에 창원 선생님과 함께 서울 미술관과 석파정 소나무를 둘러보고 삼계탕을 드셨는데, 아주 힘겹게 드시고는 처음으로 맛있다고 안 하셨다.

제주 시낭송회를 다녀오고, 가사 도우미 이정옥 여사가 방문하면서부터는 집안의 분위기가 많이 밝아지고 선생님만을 위한 특식이 준비되고 선생님의 맛집 나들이는 안 해도 되었다.

커피 그리고 솔밭 산책

선생님은 식사 후 물과 커피는 꼭 드신다. 가끔 카페도 들르자고 하시는데 아메리카노 커피와 달달하고 단단한 천 원짜리 쿠키를 함께 즐겨 드셨다.

날씨가 좋을 때엔 '솔밭 공원'을 한 바퀴 돌면서 솔향을 만끽하고 소나무의 영성과 은자에 대한 강의도 하시고…

대시인과 동행하기

'소나무 전시회', 400회 '공간시낭독회', 대한민국예술원, '위안부 할머니의 피눈물', 제주 시낭송회, 삼척 시낭송회 등을 함께 가면 너무 살뜰하게 챙겨 주시고 보디가드로서 과분한 대접을 받았다.

선생님은 일기처럼 매일매일 시를 쓰고, 자랑하듯 내게 보여 주곤 하셨다. 또한 소리 높여 낭송을 하고, 읽어 보라고 재촉하시고, 설명까지 곁들이시며…

나는 컴퓨터와 이메일을 잘 모르시는 선생님께 원고 청탁이 올 때마다 항상 "선생님, 이메일로 제가 보낼게요!"라고 자청했다. '도봉문학', '예술원보', '유심', '죽순문학'… 그리고 선생님의 시집 『영통의 기쁨』, 『니르바나의 바다』의 원고 일부를 정리하는 영광도 얻었다.

선생님과의 추억을 더듬으면 몸 깊은 곳에서부터 뜨거움이 밀려오면서 가슴이 먹먹해지고 눈시울이 금세 젖어 든다.

영원한 봄과 생에의 외경

송승호
홍성사 편집부장

이 봄엔 풀리게/ 내 뼛속에 얼었던 어둠까지/ 풀리게 하옵소서./ 겨우내 검은 침묵으로/ 추위를 견디었던 나무엔 가지마다/ 초록의 눈들과 땅속의/ 벌레들마저 눈뜨게 하옵소서./ 이제사 풀리는 하늘의 아지랑이,/ 골짜기마다 트이는 목청,/ 내 혈관을 꿰뚫고 흐르는/ 새 소리, 물소리에/ 귀는 열리게 나팔꽃인 양,/ 마치 죽음의 못물 같던/ 이 눈엔 생기를, 가슴엔 사랑을/ 불붙게 하옵소서. – 선생님의 「새봄의 기도」

내가 유일하게 외는 선생님의 시다. 초창기의 '공간시낭독회'—새봄의 기운이 느껴질 무렵의—에서 이 시를 낭독하셨던 것으로 기억한다. 해마다 봄이 다가오는 무렵이면 이 시를 떠올린다. 언젠가 선생님께선 봄에 피는 꽃들 가운데 목련을 '천사의 아이스크림'이라고 하셨는데, 이 시와 함께 그 천사의 아이스크림—바닐라 아이스크림일 것이다!—을 언제 눈으로 맛보게 될지를 하루하루 고대하며 봄을 맞이한다.

선생님을 처음 뵌 것도 이 시에서와 같은 새봄, 그러니까 고등학교 입학 후 첫 영어 시간이다(2학년 때도 선생님께 영어를 배우게 되었다). 영어를 매개로 뵙게 된 선생님을 통해 문학과 음악과 미술을 비롯한 동서고금의 예술 세계에 관심의 폭이 넓어졌고, 바로 그 영혼의 자양분을 통해 좌충우돌 질풍노도의 소년 시절과 청년기가 풍요로움을 더할 수 있었던 것은 참으로 감사한 일이다.

고등학교 때 나와 동기생 친구들은 매월 마지막 수요일 저녁 창덕궁 옆 공간사랑에서 열리던 '공간시낭독회'에 곧잘 참석했다. 구상 선생님과 성찬경 선생님을 비롯한 대가들의 시 세계를 사춘기를 거쳐 가던 소년이 얼마나 이해했으랴만, 알 듯 말 듯, 손에 잡힐 듯 말 듯한 궁극과 영원을 향한 끝없는 오솔길을 잠시 기웃거리는 것만으로도 가슴 벅찬 일이었다.

1990년대 중반에는 간간이 선생님을 모시고(혹은 선생님 지인 분들과) 사찰 답사 기행을 다녔다. 운전을 못하는 나는 대중교통편으로 선생님을 모실 수밖에 없었던 데다가 여유로운 일정을 잡기가 곤란하여 늘 아쉬웠다. 명산의 품에 안겨 있는 고찰의 위용과 그곳에 깃든 시언 그리고 불교 문화재들이 지닌 아우라… 등등을 선생님은 보석 같은 시들로 엮어 내셨다. 선생님의 사찰 기행시 가운데 일부가 활자화되는 과정에서 교정 일을 도와드리며 현장에서의 기억들을 다시금 반추해 보기도 했다.

2000년대에 접어들어 선생님과 함께한 해외여행도 잊을 수 없는 기억이다. 이집트와 그리스, 스페인, 포르투갈, 모로코, 터키 등의 투어에 선생님을 모시고 동행했다. 빡빡한 일정에 때로 엄청난 강행군이었지만 열정적으로 임하시던 모습이 눈에 선하다. 이후에도 해외여행의 기회가 많았지만 선생님과 더 이상 함께하지 못한 것이 못내 아쉽다.

작년 3월 중순경, 선생님께서 시낭독회 소식을 알려주셨다. 4월 10일(금) 저녁, 지인들과 함께하는 조촐한 자리라고 하셨다. 한동안 찾아뵙지도 못하고 안부도 제대로 여쭙지 못하던 터였는데… 무조건 참석하겠다고 말씀드렸다. 이날은 특별히 선생님의 중학교 때 스승이신 태암 김규영 선생님을 기리는 시들을 모아서 낭송하실 거라고 하셨다. 선생님의 시낭독을 들을 기회가 많았지만, 이런 시들로만 짜인 것은 처음이다(김규영 선생님은 2016년 1월 3일 별세하셨다).

김규영 선생님은 '공간시낭독회'에 거의 빠지지 않고 참석하셨다. 『시간론』을 비롯한 많은 저작을 남기신 선생님은 늘 단아한 풍모의 선비 같은 인상이었는데, 박희진 선생님은 "난세를 살아온 철학자로서 진리애眞理愛로 일관된 항심의 순수성과 지속성에 제일 감명을 받았다"고 술회하신 바 있다. 1960년에 나온 첫 시집 『실내악』에는 이런 헌사를 남기기도 하셨다. '내게 처음으로 생生에의 외경畏敬을 깨닫게 하신 김규영 스승께'. 중학생 문학 소년에서 중견 시인이 된 제자의 시 낭독에 귀 기울이시던 스승님의 모습이 눈에 선하다.

은사님을 기리는 시들로 엮어진 이 특별한 시낭독회를 열흘 앞두고, 안타깝게도 선생님은 하늘나라로 가셨다. 운명하시던 날 낮에도 이 시낭독회에 대한 각별한 애정과 의지를 보이셨다는데…. 이날 저녁, 선생님을 기억하는 적잖은 분들이 예정대로 모여 각자 좋아하는 선생님의 시를 낭독하며 선생님을 추모했다. 김규영 선생님을 기리는 시 가운데 「교실에서」라는 시를 최동락 선배님이 낭독하셨다. 중학교 시절 은사님과 첫 대면 할 때를 소재로 한 이 시의 첫 소절부터 그만 하염없이 눈물이 흘렀다. "오, 스승이여. 세월이 흘러 흘러 백발이 된/ 이제야 우리는 분명히 깨닫노니./ 당신이 온몸으로 가르쳐주었던 것,/ 그것은 한마디로 '생에의 외경'임을./ 정성, 공경, 믿음 말고 삶의 진수는 없다는 것을./ 시간은 영원의 그림자라는 것을."(4연)

선생님이 그 많은 시들을 통해 우리에게 가르쳐주신 것도 실은 '생에의 외경'이었음을 새삼 돌아보게 된다. 아직 겨울의 한가운데 있지만, 가슴속에는 선생님이 노래하신 영원한 새봄의 시냇물이 흐른다. 팍팍한 우리네 마음 밭을 적시면서….

선생님을 그리며

곽희준
동서교류 출판사 대표

봄이 열리고 있었다
바람이 일었고
나뭇잎이 하늘거렸고
땅이 기지개를 켰다

새 입 같은 잎들이 파릇파릇 돋았고
하얗고 밝은 연분홍 꽃들이
너른 노고산을 화폭 삼아
다문다문 몽환적인 수를 놓고 있었다

이런 좋은 시절에 선생님은 가셨습니다. 선생님께서 돌아가시던 날은 가물었던 대지가 오랜만의 단비와 남겨진 자들의 촉촉한 눈물로 흠뻑 젖고 있었습니다.

85세의 노구가 불살라지고, 뼈는 재가 되어 땅에 묻히고, 영혼은 하늘로 춤추며 승천하는 날은 흰 매화와 노란 개나리가 만발해 가시는 길을 배웅했습니다. 땅에 묻히심에 진분홍빛 진달래 동산이 슬픔에 흐느끼며 어둡고 무겁게 내려앉았습니다.

남양주 봉인사에 있는 선생님의 묘비이자 시비에는 앞면과 뒷면에 다음의 두 시가 적혀 있지요.

어느 시인의 묘비명

이 몸은 생전에도 보이지 않게
살기를 원했고 그렇게 살았으니
나의 시행과 시행의 사이
해와 달 별들이 보이면 그뿐!

통로通路

눈도 코도 없는 지열地熱의 어둠 뚫고
비바람 피해 긴 초록의 터널을 달리다가
마침내 어느 날 장미의 문을 열고 나가 보니
더는 갈 데 없네 적멸寂滅의 빛살바다!

「어느 시인의 묘비명」은 1972년에 쓰신 것으로 1982년의 제6시집 『사행시 백삼십사편』 그리고 1991년에 나온 제13시집 『사행시 삼백수』와 2002년의 『사행시 사백수』에 수록되어 있습니다.

「통로」는 제3시집인 『미소하는 침묵』에 처음 실렸습니다. 이 책이 발행된 것은 1970년 11월이고 후기를 쓰신 날은 1970년 10월로, 이때는 우리가 중학교 3학년이었는데 선생님이 학교 쉬는 시간에 교정에 핀 장미를 한참을 들여다보며 냄새를 맡고 관찰하시던 것을 본 기억이 있습니다. 아마도 이 시는 이때 나온 것이라고 짐작해 봅니다. 나이 들어 이 「통로」라는 시를 읽을 때 저도 모르게 야! 하는 감탄사를 내며 햐, 장미 하나를 보시면서도 이런 보이지 않는 세계를 시로 엮고 계셨었구나, 중얼거린 적이 있습니다.

40세 전후에 쓰신 이 두 편의 시로 묘비이자 시비를 만들어 놓으신 것을 보면 선생님께서는 일찌감치 완숙하셨고 일찌감치 죽음을 곁에 두며 생활하셨던 듯싶습니다.

제가 지난 늦가을부터 사무실이 딸린 자그마한 책 창고를 짓는다는 것을 아시고는 봄이 되면 거기서 시낭송을 하자고 진작부터 말씀하시며 수시로 전화해 건물의 진척 상황을 묻기도 하셨습니다. 그러던 바로 얼마 전인 3월 중순, 전화를 하셔서 또 시낭송 이야기를 꺼내시는 것이었습니다. 아직도 주변 마무리 공사가 남아 선생님을 모실 준비가 덜 되었다는 저에게 강력하고 단호하게 말씀하셨습니다.

"이제 내가 나이가 들어 언제 죽을지 모르는데 자꾸 그렇게 연기하면 안 된다. 공사가 마무리 되든 안 되든, 주변 정리가 되든 안 되든 나는 일단 날짜를 정하겠다."

"에이 선생님, 지금 오시면 꽃도 안 피었고 날씨도 쌀쌀해 썰렁할 텐데, 그래도 4월은 되어야지요. 그때가 되면 꽃도 좀 피고 따뜻해질 테니 지금보다야 훨씬 낫죠. 4월에 하시죠?"

"좋다. 그럼 4월 10일 금요일 시낭송을 할 거니 그렇게 알고 준비하시게. 연락할 사람, 시낭송집 등 다른 건 내가 알아서 할 테니."

이렇게 일방적으로 날짜와 시간을 정하시고 그날 시낭송에 올 사람들에게 손수 연락도 하시고 시낭송집도 만드시며 서두르시는 것이었습니다. 선생님은 이번 시낭송엔 선생님의 영원한 스승님이신 김규영 선생님에 관한 모든 시 12편을 낭송하시겠다고 했습니다. 그런데… 날은 잡았는데… 아, 애달프고도 서럽구나! 시낭송 열흘을 남겨두고 선생님은 홀연히 떠나셨으니…

선생님의 독촉과 성화를 돌이켜보니 무엇인가 이생에서 할 일을 서둘러 정리하시고자 했던 것 같습니다. 그리고 또한 우리네 인생이 그런 걸 기다려 주지 않는다는 무상함을 은연중 알게 하시고자 했던 것은 아닌가 하는 생각도 가져 보았습니다.

2015년 3월 31일 화요일 12시경. 한전병원 중환자실.

"철통같은 마음으로 사수하겠다!"

막힌 심혈관을 뚫어 주는 시술을 끝내고 다시 중환자실로 실려와 누워 계시는 선생님이 4월 10일로 예정되어 있는 시낭송회를 꼭 하시겠다며, 하실 수 있다며 결연한 의지를 다지는 말이었습니다.

"어이구~, 그 몸으로 하시겠단 말씀이에요? 휠체어라도 타시고요? 허허."

온 몸에 주사 바늘을 꼽은 백발노인의 이 다부진 발언과 농담기 섞인 제 말에 주위에 있던 사람들이 덩달아 웃었습니다. 이 단호한 말씀이 지상에서 선생님이 웃으면서 남기신 마지막 말이 되었습니다. 그러한 그분의 확고부동한 자세에 그 어느 누가 몇 시간 후에 이생을 하직하리라는 낌새를 챌 수 있었을까요…. 죽음은 이렇게 늘 우리의 곁에 서 있으며 예기치 않게 찾아오는 것인가 봅니다.

2015년 4월 10일 금요일 오후 6시.

선생님, 선생님이 시낭송을 하시겠다고 벼르고 벼르던 이날, 자목련이 피고 앵두꽃이 화사하게 피어 밝은 햇살 아래 보기 좋은데 선생님은 계시지 않고 대신, 이날 오기로 한 사람들이 모여 선생님의 시 한 편씩을 읽으며 선생님을 추모하는 시간을 가졌습니다.

선생님이 계시지 않으니 오히려 선생님을 생각하고 시를 생각하는 시간이 더욱 소중한 것 같습니다. 이런 생각도 들었습니다. 선생님의 가르침을 안내 삼아 처음부터 새로 시작해 보자고. 근본으로 돌아가자고. 시내의 징검다리처럼 띄엄띄엄 놓여 있던 배움과 이해 위에, 지금 있는 그대로의 나를 토대 삼아 유리안경 쓰고 다슬기 잡듯 찬찬히 찾아 줍고 거두어 보자고.

저희 가슴속에 늘 함께하시어 저희를 인도하시고 채찍질하시는 선생님, 이번 2015년 5월 '공간시낭독회'에서는 선생님을 추모하는 시문을 모아 특별 문집을 꾸민다고 해 이런 기회가 한 번 더 선생님을 생각하며 선생님에 대한 글을 쓸 수 있게 해 주기에 기꺼운 마음으로 동참하기로 했습니다.

'공간시낭독회'를 만들고 시낭송이 우리 주변에 널리 퍼지게 하는 데 혼신을 다하셨던 그 열과 성이 저희에게도 이런 소중한 인연으로 문학을, 시를 알고 배우게 해 주셨다고 봅니다. 고맙습니다.

한평생 한국의 시낭송을 이끌어 오신 선생님의 이승의 마지막 말씀도 시낭송이었던 것을 보면 선생님은 영락없는 시낭송 시인이십니다.

수연 선생님과의 추억 속으로 들어가며

최동락
철학자, 풍류사랑인문학연구원 원장

2015년 3월 31일, 삼성병원 뜰에 하얀 매화꽃이 짙은 향기를 날리던 날, 수연 선생님은 이 세상을 떠나셨다. 발인 전날 밤 늦게 상청에서 나와 뜰에서 매화 향기에 젖으며, 이승에서 선생님과 함께 했던 날들을 떠올렸다. 짧은 시간이었지만 지난날들의 큰 자취들은 순식간에 거의 다 떠올려졌다. 과거는 그렇게 압축될 수 있었다.

지난 시간 속의 만남은 모두 기적처럼 느껴진다. 수연 선생님과의 추억의 이야기는 뜻밖에 얻은 행운인 나의 서울 진학에서부터 시작해야 할 것 같다. 내가 동성중학교에 들어가게 된 이유는 경북 영천시永川市에서 30리길 떨어진 시골인 해선동海仙洞의 작은 성당에 다녔기 때문이었다. 영천시 본당에서 오전 미사를 드린 신부님이 오후에 오셔서 미사를 올리던 성당은, 햇살 좋은 곳에 남향으로 자리 잡고 있었다. 초등학교를 가는 길 옆, 동네 가장자리에 위치한 성당은 늘 조용하면서도 엄숙해 보이는 분위기였다. 학교 수업이 끝나고 돌아오는 길에 종종 친구들과 어울려 놀기도 하다 보니, 자연스럽게 미사에까지 동참하게 되었다.

그렇게 지내던 중인 초등학교 6학년 때의 어느 날이었다. 갑자기 아버지가 다시는 성당에 가지 말라는 호령을 내리셨다. 이유인즉, 신부님이 미사를 드리고 영천 본당으로 가시는 길에 우리 집에 들러, 나를 중학교는 가톨릭 소신학교(가톨릭 사제를 키우기 위한 예비 학교로서 중고등학교에 해당했는데 지금은 없어짐)에 보내라고 아버지를 설득하셨기 때문이었다. 당시 아버지는 도포를 입고 영천 향교에 출입하시던 유학자이셨고, 또 장래에 집안의 제사를 모셔야 할 처지에 있던 나였으니, 그런 나를 신부로 키울 생각은 전혀 없었던 것이다.

그런데 초등학교를 졸업하고 집안 사정상 중학교 진학은 못한 채 별볼일 없이 시골에서 소꼴이나 하면서 부모님의 잔일을 거들고 있던 나에게 큰 변화가 오게 되었다. '67년 가을, 추석을 맞아 고향에 차례를 모시러 오신 큰집 형님이 이렇게 시골에 두면 안 된다고 나를 서울로 데리고 온 것이다. 그래서 낮에는 형님 집에서 혼자 공부를 하고, 저녁에는 근처에 있던 입시 전문 학원에 다니면서 중학교 진학 준비를 하였다. 그리고 몇 개월 후에 치러진 입학시험에서 1차를 떨어지고 나니, 형님이 시골에서 성당에 잘 다녔으니 중학교는 당연히 가톨릭 재단에서 운영하는 동성에 가야 한다는 말에 끌려 동성중학교에 입학하게 되었다.

수연 선생님과의 인연은 중학교 2학년 봄에 싹이 텄다. 그때 시인 황금찬 선생님이 맡으신 국어 시간에 시조 읽기란 수업이 있었다. 황금찬 선생님은 그 과목이 끝나는 날의 수업 시간은 시조 한 편씩 짓는 것으로 마무리하셨다. 마침 그날따라 봄비가 하염없이 내렸다. 비에 젖는 창밖 풍경을 바라보며 고향을 향한 감상에 빠져 쓴 시조가 황금찬 선생님에게 큰 칭찬을 받게 되었다. 그 순간 느꼈던 강한 희열로 인해, 나는 지금도 이 시조를 잊을 수가 없다. 시골에서 갓 올라온 촌놈이 겪게 된 이 일은 결국 오늘날까지도 나의 삶에 큰 영향을 끼치고 있다. 이런 계기에 그 시조를 한번 소개해 보고 싶다. '가고픈 고향땅을 단꿈으로 찾아가니/ 옛 벗은 간 곳 없고 나비만 나폴거려/ 잠 깨어 일어나 보니 봄비 소리 쓸쓸하네.'(「봄비」)

그래서 그해 가을 황금찬 선생님의 추천으로 '문학의 밤'에 발표할 시 한 편을 쓰게 되었다. 그런데 그 시를 가지고 조언을 구한 것은 황금찬 선생님이 아니라 바로 수연 박희진 선생님이었다. 왜냐하면 쉬는 시간이나 점심시간에 등나무 아래나 장미 앞에서 홀로 하염없이 생각에 빠져 계시던 수연 선생님의 모습과 분위기가 당시 서울 생활에 잘 적응하지 못하여 헤매고 있던 나의 모습과 비슷하게 느껴졌기 때문이었다.(이때 나를 돌봐 주기로 하신 큰집 형님은 부도가 나서 망했다.)

그렇게 시작된 인연은 그해 겨울 선생님의 초대로 안암동 아파트를 방문하면서 긴 흐름으로 이어지게 되었다. 힘들게 선생님 댁을 찾아가서는 막상 할 말이 없어 몇 마디 인사의 말을 나눈 후 곧 침묵에 빠졌다. 나의 소심하고 내성적이었던 성격이 선생님과의 대화를 잘 풀지를 못했던 것도 있었지만, 선생님 또한 과묵하셔서 말씀이 적으셨기 때문이었다. 그때 어색한 침묵을 풀기 위해 선생님이 택하신 방법은 음악이었다. 첫 음악이 바로 '그레고리안 찬트'였다. 선생님의 설명을 들으면서 잘 모르는 세계로 들어가게 되었다. 가톨릭 수도원 수도사들의 맑고 장엄한 합창 소리는 그냥 편하게 빠질 수 있었다. (선생님이 평생 곁에 두고 들으셨던 명기인 AR스피커를 생전에 선물로 주고 가신 것도, 아마 이때부터 좋아하게 된 음악 사랑에 대한 상이었으리라 생각된다. 혹 그때 들었던 스피커가 이 AR이 아니었을까? 미처 여쭈어보지는 못했다.) 이 추억은 평생 이 곡을 좋아하게 만들었을 뿐만 아니라, 클래식이라는 음악의 세계에도 서서히 젖어들 수 있는 계기가 되었다. 그래서 지금도 종종 클래식 선율을 타고 편안하게 시간을 즐길 수 있는 여유를 갖곤 한다.

그리고 그날, 또 하나 깊이 새겨진 기억이 있다. 복숭아 연적에 관한 것이다. 몇 곡의 음악을 들으며 별 말도 없이 시간을 보내다가, 그 침묵을 깨고 선생님이 문득 책상 위에 있던 연적을 집어 들면서 말씀하셨다. "나는 마음이 산만할 때는 늘 이 연적을 머리에 기울인다. 그러면 오랜 시간 동안 이 연적 안에 고여 있던 고요가 내 머리를 맑게 해 준다."라며 연적을 들고 머리에 기울이는 모습을 보여 주셨다. 그때는 잘 이해되지 않았지만 나는 이 이야기의 상황을 고등학교를 졸업할 때 교지에다 「금동미륵보살 반가사유상」이라는 제목의 수필로 발표하였다.

선생님의 49재가 끝난 후, 추모문집 발간과 유품 전시관에 관한 의논을 위해, 상제를 같이 했던 제자들이 선생님 댁에서 모였다. 선생님이 계시지 않은 텅 빈 집, 책상 위에는 여전히 복숭아 연적이 시간을 정화시키고 있었다. 아니 추억마저도 그 연적 속으로 빨려 들어가는 듯했다.

거실로 나와 소파에 깊게 앉으니, 바로 정면에 안나푸르나 연봉과 산자락에 듬성듬성 붙어 있는 집들이 액자 속 사진에서 속삭이듯 다가왔다. 아릿한 파장을 일으키며 점점 선명해지는 추억들이 가슴을 파고들었다. 그래서 "저 사진에는 선생님과의 네팔 여행의 추억이 서려있습니다."라고 했더니, 이인평 시인이 "그 얘기 추모문집에 쓰면 되겠네요." 라고 했다. 아, 맞아.

그래, 2000년 봄이었다. 그 몇 해 전부터 네팔 카트만두에 자리 잡아 살고 있던 시인 김홍성 선배가 선생님과 나를 초대했던 때는. 그래서 곧 히말라야의 산자락을 향해 트레킹을 떠나게 되었다. 그때 동기 문병옥과 함께 선생님을 모시고 비행기를 탄 것이 나의 첫 해외여행이었다.

먼저 떠나 설산 트레킹을 마치고 내려온 동기 임준도 카트만두에서 만났다.

지금은 지진으로 많이 파괴되었을 카트만두 시내의 이국적인 풍경을 경이로운 눈으로 구경을 하고 난 후, 곧 이어서 김홍성 선배의 안내를 받으며 국립공원으로 지정된 랑탕 계곡으로 트레킹을 떠났다. (네팔에 머문 30여 일 동안, 카트만두에 있을 때는 늘 김홍성 선배 집에서 지냈다. 저녁이면 한국의 막걸리 비슷한 뚱바를 마시며, 김 선배 내외분의 푸짐한 대접을 받았다.)

새벽에 출발하여 경사가 심한 산자락에 층층이 이어진 손바닥만 한 밭들과 드문드문 제비집처럼 붙어 있는 집들에 시선을 뺏기다가 트리슐리 강 옆에 있는 작은 동네에서 점심을 먹었다. 그리고 다시 차를 타고 출발하니 고도가 급격히 높아졌다. 마찻길처럼 좁은 길이 굽이굽이 이어지는 수백 미터의 절벽 위로 곡예를 하듯 기어가는 차 속에서 바깥 풍경을 감탄과 두려움에 마음을 졸이면서 바라보았다. 저녁나절에야 무사히 종착지인 둔체라는 마을에 도착했다.

다음날 새벽, 어둠이 채 가시지 않은 시간에 일어나 설산을 행한 트레킹을 시작했다. 오르면 오를수록, 숨이 가빠지면 가빠질수록 눈부시게 가까이 다가오는 설산을 바라보는 호사, 마치 구름 위를 걷는 듯한 느낌으로 산자락을 오르다가 샤브르란 마을에서 트레킹의 첫날밤을 맞았다.

그날 밤, 피곤한 몸에 옷을 몇 겹이나 껴입어도 파고들던 추위 속에 뒤척이다가(선생님이 얇은 슬리핑백을 가져오셔서 좀 두터운 내 슬리핑백과 바꾸어서 잤음) 잠이 들었다. 그런데 곤하게 잠든 나를 깨우는 뜻밖의 사건이 일어났다. 누군가가 내 눈에다 강한 빛의 손전등 같은 것을 비췄기 때문이었다. 깜짝 놀라 일어나 보니 그건 허름한 지붕을 뚫고 들어온 설산의 강렬한 달빛이었다. 곁에 주무시던 선생님도 이 달빛에 먼저 잠에서 깨어나 계셨다. (네팔 여행 내내 선생님과 한방에서 지냈는데, 이 한방 생활은 그 후 몇 차례의 중국 여행이나 국내 여행에서도 늘 이어졌다. 지금 되돌아보면 이렇게 한방에서 같이 지내며 나누었던 이야기들과 같이 마셨던 술에 묻어나는 기억이 참으로 소중했음을 다시금 깨닫게 된다.)

그때의 추억을 선생님은 이렇게 시로 표현하셨다.

점점 밝아지는 달빛 때문일까.
나는 여러 번 반전을 거듭하다
잠든 모양인데, 새로 2시쯤엔
아예 일어나 앉기로 한다.
맞은편 침대 위에 잠들어 있는
백현白玄*의 얼굴, 거기에 쏜살처럼
달빛이 꽂히자 그가 잠 깨는
희한한 모습을 나는 옆에서
역력히 지켜보다.
벌떡 일어나며 백현이 하는 말,
「꿈속에서 달빛이 이마에 꽂혔어요
그래서 잠 깨 보긴 처음이네요.」 –「랑탕 히말 트레킹」 중에서

이 랑탕 히말의 트레킹은 선생님의 고산증으로 싱 곰파란 곳에서 끝내게 되었다. 그리고 하산하여 떠난 곳이 부처님 탄생지인 룸비니였다.

고산에서 아열대의 평지로 떠난 것이다. 한창 건축 중인 대성석가사大聖釋迦寺에 여장을 풀고, 오후의 맑은 하늘 아래 한적하게 펼쳐진 길을 따라 부처님 탄생 장소로 향했다. 석가사 주변에는 세계 각국에서 건립한 사찰들이 있었고, 룸비니 동산으로 들어가는 입구에는 '평화의 불꽃'이 외롭게 타고 있었다. 세계 평화를 기원하기 위해 UN이 정한 '세계 평화의 해'인 1986년 11월 1일 점화되었다고 하였다. 곧게 뻗은 긴 길에는 아무도 없었고, 저녁나절 붉게 물드는 햇살만 가득하였다.

탄생지에 도착하니 사각으로 된 연못 옆의 큰 보리수나무에서는 화려한 룽다가 바람에 날리고, 그 아래에서는 한 티베트 스님이 좌정하고 있었다. 그리고 아쇼카 왕이 세웠다는 우뚝 솟은 돌기둥에 새겨진 글들은 이곳이 바로 부처님이 탄생한 곳이라고 여전히 세상 사람들에게 알려주고 있었다. 연못 옆의 마야데비 사원에는 봄꽃들이 화려한 축제를 열고 있었다. 마야데비 왕비가 친정으로 가던 중 이곳에서 석가모니 부처님을 낳게 되었다는 것을 꽃들은 축복해 주고 있었던 것이다. 부처님은 태어나자마자 일곱 걸음을 옮긴 후, '천상천하 유아독존'이라고 외치셨다는데, 문득 그 전설이 가슴을 스쳐갔다. 그리고 여행의 고독감도 전설과 함께 노을에 짙게 물들어 갔다. 선생님도 사원 앞에 서서 입정에 드신 듯 두 눈을 감고 깊은 생각에 빠지셨다.

그때의 감흥을 선생님은 또 이렇게 읊으셨다.

오오 룸비니,
처음도 없거니와 끝도 없는 이곳
무한 고요와 광활한 초원만이
부드러움으로 펼쳐져 있구나.

참으로 부처님 탄생지다워라.
간밤에 들리던 늑대 울음소리
어디로 사라졌나.
(중간 생략)
그렇다 룸비니,
이곳은 진정 세계 평화의 샘,
아니 온 우주,
삼천대천세계三千大千世界가 한 송이 꽃임을
증거하는 생명의 핵이어늘. –「룸비니 찬가」 중에서

마침 백양사에서 인도와 네팔의 불교 성지 순례를 오신 스님들과 하룻밤을 같이 머문 인연으로, 다음날엔 냉방 잘 되는 대형 버스에 편안하게 몸을 실었다. (이때 날씨는 무척 더웠고, 포장 안 된 거리에서 날리는 입자 고운 황토 먼지를 목으로 삼키며 힘들게 다녀야 할 처지였다.) 그리고 룸비니 주변의 카필라 성과 불교 성지들을 둘러보고, 하루 더 석가사의 적막감 속에서 부처님의 탄생을 떠올리면서 편히 쉬었다. 다시 카트만두로 돌아와서는 유네스코 세계 문화유산으로 지정된 파탄과 박다푸르의 고풍스러운 옛 도시를 며칠 동안 구경하였다. 특이한 것은 그 오래된 건물에서 사람들의 일상생활이 관광객들 속에서도 계속 이어지고 있다는 것이다.

그 다음으로 떠난 곳이 아름다운 페와 호수가 있는 포카라였다. 바람 없는 맑은 날에는 안나푸르나의 설봉이 호수에 내려와 곧잘 물에 잠겨 명상에 들곤 한다는데, 우리가 간 날에는 바람에 이는 물결로 인해 그런 풍경을 상상으로만 해 보았다. 하지만 배 위에서 멀리 있는 설봉들과 눈빛은 주고받을 수 있었다. 호수 밖으로 나오니, 거리에서 파는 사진에는 안나푸르나 설봉들이 고요하게 호수에 잠겨 있었다.

다음날 새벽에 일어나서 안나푸르나의 일출을 보기 위해 미리 예약한 택시를 타고 어둠을 뚫고 사랑곳 전망에 올랐다. 어둠 속에서, 어둠의 무게만큼이나 적막한 침묵 속에서 모두들 일출을 기다리고 있었다. 그런데 갑자기 한순간, 안나푸르나 제1봉의 정점에 미세한 점과 같은 불꽃이 당겨지더니 곧이어 다음 봉우리, 다음 봉우리로 불길이 옮겨가기 시작하더니 서서히 산자락을 타고 내려오기 시작했다. 확산되는 빛의 향연, 숨이 멎을 듯한 경이로운 풍경이었다. 모두들 약속이나 한 듯 아! 아! 하고 감탄사를 쏟아내었다. 이와 더불어 맑은 눈을 뜨기 시작하는 주위의 풍광들과 산자락의 집들도 하나씩 다가왔다. 선생님 댁의 거실에 놓여 있는 사진은 바로 그때 그 추억을 떠올리게 한 것이다. 사진 속의 풍경은 바로 그 전망대에서 바라본 맑은 아침의 모습이었다. 선생님은 그때의 감흥을 간직하기 위해 이 사진을 그곳에서 구입하신 것이었다.

그래서 또 이렇게 그 느낌을 표현하셨다.

이윽고 맨 먼저 동트는 햇살 받고
신묘한 백금의 연소를 보인 한 점,
그것은 역시나 안나푸르나 주봉인 제1봉
그것의 심장부, 그 백금의 연소는 차츰
연봉 전체로 퍼져나가누나.

풍요의 여신, 안나푸르나가 베일을 벗고

마침내 순백의 알몸을 드러내자
사람들은 저마다 넋을 잃을밖에.
그것은 단순히 순수무구한 미美일 뿐 아니라
그야말로 초절적 신성神聖인 때문이리.

찰칵 찰칵 사진을 수십 번 찍는데도
결국 그건 헛거다. 순간 소리 없이
신속神速한 뇌수술을 받는 것에 비한다면.
신성한 것에 의해 그것을 받을진대
그는 이제 영원히 히말라야 사람 되리.

-「새벽의 포카라 전망대에서」 중에서

그래, 나도 그때 신속神速한 뇌수술을 받은 것이다. 사진을 바라보니 15년 전의 추억들이 바로 며칠 전의 일인 듯 선명하고 오롯하게 펼쳐졌다. 아니 그때 그 포카라의 냄새까지도 코로 전해지는 듯했다.

그날 저녁 포카라에서 겪은 또 하나의 일, 역시 잊을 수가 없다. 호텔에서 좀 이른 저녁 식사를 끝내고 산책도 하고 이국의 정취도 느낄 겸 하여, 맛있는 술을 파는 집을 물었더니 주인은 약도를 한 장 그려 주었다. 전통적인 제조법으로 만든 락시(소주를 직접 내린 것)를 파는 집이라고 했다. 동네 사람들 속에 섞여 약간의 불내음도 나는 락시를 맛있게 마시며 여수를 즐겼다.

기분 좋게 번지는 취기에 몸을 맡긴 채, 호텔에서 한 잔 더 마시기 위해 락시 한 병을 사서 돌아오는 길이었다. 그런데 갑자기 도시 전체가 암흑으로 변해 버렸다. 전기가 나간 것이다. 초행길에 힘들게 찾아간

술집, 돌아오는 길도 겨우 기억을 더듬는 중이었는데 난감하였다. 골목들이 모두 비슷해 보였고, 작은 호텔들도 비슷비슷하게 길게 이어져 있어 그 집이 그 집처럼 자꾸 헷갈리었다. 땀을 흘리며 찾아 헤매다 겨우 호텔 이름을 확인하고 들어가니, 마신 술이 다 깨 버린 것 같았다.

다음날 아침 일찍, 호텔 옥상에 올라가서 안나푸르나 설봉을 비추는 일출을 다시 보게 되었다. 그 후 지금까지 나는 종종 이 사랑곳에서 만났던 안나푸르나의 일출과 태양을 떠올리곤 하는데, 선생님도 역시 그 일출의 강렬함을 기억하고 계셨던 것이다. 이렇게 거실에서 사진을 보시면서.

이 거실은 선생님과 함께 이승에서 마지막 포도주를 마셨던 공간이다. 돌아가시기 일주일 전쯤 선생님이 전화를 하셨다. 저녁에 올 수 있겠느냐고. 그래서 같이 집 근처에서 저녁을 먹고 다시 집으로 들어와서 포도주를 마셨다. 누가 선물로 주고 갔는데 혼자 드시기보다 같이 먹는 것이 좋을 것 같아 불렀다고 하셨다. 그날 밤, 선생님은 당신께서 돌아가신 후의 몇 가지 일을 말씀해 주셨다. 미리 예감이라도 하신 듯. 그날 그렇게 포도주를 같이 마시며 나눈 그 대화가 선생님과 함께한 긴 인연의 마지막이 되었다.

그런데 수연 선생님이 돌아가신 며칠 후인 4월 17일, 선생님의 초상에서 장지까지 같이 가셨던 시인 이무원 선생님이 너무나 뜻밖에 이 세상을 떠나셨다. 그래서 고교 동기 곽희준, 후배 조환수와 함께 문상을 갔었다. 그때 환수가 말했다. “언젠간 선생님께서 형이 자식처럼 느껴진다고 말씀하신 적이 있어요.” 순간 가슴이 멍해졌다. 평소 이런 말씀은 한마디도 없으셨는데.

이제 다시 이렇게 선생님과의 지난 추억을 떠올리면서, 몇 자 회고의 글을 쓰는 순간 또다시 가슴이 멍해진다. 시골에서 홀로 서울에 올라와 마음을 의지했던 선생님. (동성고등학교 1학년 여름 방학 때 아버지가 돌아가셨다.) 선생님과 같이 보냈던 수많은 시간들이 파도처럼 밀려와 온 몸을 흔드는 듯하다. 그렇다, 추억은 사라지는 것이 아니다. 어느 날 문득, 번개처럼 순식간에 가슴을 파고드는 것이다. 매화 향기 짙게 가슴을 적시는 날이면 선생님 돌아가신 날의 백매白梅를 생각할 것이고, 초록의 나뭇잎들이 춤을 추며 속삭일 때는 혹 선생님의 말씀인양 귀를 모아 볼 것이다. 아니, 햇살과 바람의 애무 속에서도 문득문득 추억의 한 순간이 떠오를 것이다.

이제 선생님과의 추억을 접어야겠다. 그리고 마지막으로 선생님의 시 「히말라야 정상에서」를 읊어 본다. 아마 지금쯤은 싱 곰파에서 돌아섰던 그 아쉬움을 히말라야의 산자락과 설봉들을 마음껏 거닐며 풀고 계실지도 모른다. 은자(선생님은 생전에 스스로 도심 속 은자라고 하셨음)에서 벗어나 시공을 넘나드는 자유인으로서, 투명한 기쁨(선생님 수필집 제목)을 무한히 누리시면서.

세계의 지붕
신들의 거처
지구의 지성소
히말라야 정상에서
인간은 오래 머물 수 없다.

몸과 마음을 더불어 홀랑

벗기 전엔
삶뿐 아니라
죽음도 홀랑 벗기 전엔
텅 비어 있는 투명한 영기靈氣로
환원되기 전엔

죽은 다음에야
비로소 보이는 빛깔이 있음이여
죽은 다음에야
비로소 들리는 소리가 있음이여
죽은 다음에야
비로소 열리는 경지가 있음이여.
(뒤 생략)

「히말라야 정상에서」 중에서

* 백현(白玄) : 필자인 최동락의 호.

고 수연 박희진 선생님께 드리는 편지

이인평
시인, 전 '공간시낭독회' 회장, '산림문학' 주간

수연 선생님, 선생님께서 떠나신 지도 벌써 7개월이 넘었습니다. 삶과 죽음에 아랑곳하지 않고 세월은 흘러서, 매화꽃이 피어날 때 선생님은 떠났건만 어느새 물감을 뿌려놓은 듯 만산홍엽이 물든 가을도 겨울의 입김을 만나 낙엽을 흩날리기 시작합니다.

진즉 선생님께 편지를 쓰려고 하였으나 시간에 쫓겨 차일피일 미루다 보니 이렇게 11월까지 떠밀려오고 말았습니다. 이미 선생님께서도 아시겠지만 선생님이 떠나시고 보름 지나 뜻밖에도 이무원 선생님이 소천하시게 되어, 연이은 비보에 저희 '공간시낭독회'가 거듭해서 큰 슬픔에 잠기고 말았습니다. 참으로 잔인한 사월이 아닐 수 없었습니다. 하지만 저는 마음을 가다듬어 두 분의 장례에 이어 연달아 추모시와 추모글을 받아 오월과 유월에 걸쳐 각각 유족들과 지인들을 모시고 추모시낭송회를 거듭하였고, 계간 '다시올문학' 여름, 가을호에 두 분의 추모 특집 원고를 차례로 챙겨 실었습니다. 상임 시인들과 더불어 당연히 해야 할 일을 하였지만 무엇보다 세월의 흐름을 잊어버릴 정도로 제 감각의 일부는 아직까지도 말없는 실의에 젖어 있습니다.

선생님, 이렇듯 모든 것이 벌써 추억이 되고 말았습니다. 생멸을 반복하고 있는 청산유수의 진풍경을 바라볼 때마다 선생님께서 쏟아놓으신 시편들이 떠오르곤 합니다. 이 땅에서 풍류도 사상에 안겨 생의 기쁨을 간직했던 은자의 모습이 바로 선생님이셨다는 것을 생각할 때마다 한 생애를 시상에 잠겨 삼라만상과 영통의 기쁨을 누렸던 백발의 풍모가 눈앞에 다가오곤 합니다. 새삼 선생님이 안 계신 자리에서 참으로 인생은 꿈속처럼 덧없이 흘러가는 것인 줄 실감하지 않을 수 없습니다.

며칠 전, 11월 '공간시낭독회'에 배달된 선생님의 유고 시집 『니르바나의 바다』를 손에 든 순간, 선생님이 남기신 마지막 시편들이 가슴을 파고들면서 잠시 넋을 잃게 했습니다. 택배 박스를 열어 상임 시인들과 손님들에게 한 권씩 나누어 주면서도, 선생님의 시혼이 깃든 살아 있는 시어들이 제 안에서 꿈틀거리는 느낌 속에서 마음이 숙연해지곤 하였습니다. 마치 선생님을 다시 만나기라도 한 듯, 책장을 넘길 때마다 선생님의 목소리가 들려오곤 하였지만 선생님은 끝내 보이지 않았습니다. 선생님과 각별했던 '공간시낭독회' 상임 시인들도 저와 마찬가지로 선생님에 대한 깊은 소회를 느꼈을 것입니다.

사실 기억이 살아 있는 한 선생님은 제 안에 살아 계십니다. 어떻게 제가 선생님을 잊을 수 있겠습니까? 선생님과 함께 했던 추억의 영상들이 떠오르면 나도 모르게 선생님과 대화를 하기도 하고, 쩌렁쩌렁한 선생님의 말씀에 귀를 기울이다 보면 시간을 잃어버리기도 합니다. 더러 가까운 지인들로부터 선생님과 저의 관계가 마치 아버지와 아들 같았다는 말을 듣기도 하는데, 사실 선생님은 저의 아버지와 인상이 비슷하기도 했지만, 그보다는 서로 각별하게 정이 들다 보니 그렇게 되고도 남았다는 생각에는 변함이 없습니다. 비단 저뿐만 아니라 선생님으로부터 사랑받았던 가까운 제자분들 역시 그렇게 생각하는 데에 주저함이 없을 것입니다. 그러므로 선생님은 돌아가셨다 하더라도 선생님과 가까웠던 분들의 마음속에는 여전히 선생님이 살아 계신다는 것에 대해 의심의 여지가 없는 것이지요.

선생님, 인간의 좋은 인연은 이토록 기억의 유산을 가지고 있습니다. 선생님이 독신으로 시인의 삶을 살아오신 동안 가족적인 개념보다 더 인간적인 정을 나누었던 제자들과 지인들을 보더라도 선생님의 삶이 결코 외롭지 않았고 오히려 더 넓은 인간관계의 아우라 속에서 시혼의 기쁨과 보람을 교감하고 있었다는 것을 깨닫게 됩니다. 그런 까닭에 선생님은 남아 있는 사람들에게 고별의 슬픔보다는 삶과 죽음을 넘어선 사랑과 위로와 용기를 더해 주는 참시인다운 스승이 아닐 수 없습니다. 사실 저는 선생님의 삶에서 예수님을 느꼈습니다. 선생님을 따르는 제자들과 지인들을 대하는 선생님의 사랑이 예수님의 삶으로 드러날 때마다 선생님의 시인다운 심성과 인품에서 예수님의 마음을 느끼지 않을 수 없었던 것이지요.

선생님, 종교가 다르다고 해서 삶의 가치가 다르기보다는 종교가 달라도 사랑은 하나라는 생각을 저는 선생님에게서 느꼈던 것입니다. 그래서인지 저는 언제부턴가 선생님의 삶에서 드러난, 선생님께 대한 저의 존경심을 예수님의 은총에서 비롯된 인연의 소중함으로 간직하게 되었던 것입니다. 선생님과 함께 수없이 여행을 하면서, 끊임없이 나눈 대화를 통해서, 선생님의 시 정신과 종교적 영성을 통해서 저는 선생님이 지닌 시인으로서의 예지를 교감하는 가운데 그 모든 것이 선생님의 구도적인 삶에서 응축된 영혼의 빛이었음을 깨닫지 않을 수 없었습니다. 선생님의 생애가 사유의 깊이와 인간과 자연에 대한 애정으로 드러날 수밖에 없는 고결한 삶이었기에 그러한 느낌들이 저에게 자연스럽게 밀려들었던 것입니다. 저는 이미 그러한 선생님의 영혼의 빛이야말로 이승과 저승을 하나로 이어 가는 영원성에 닿아 있다는 것을 감지하였던 까닭에, 선생님께서 이승을 떠나서도 그 영혼의 빛은 곧 영생의 빛으로 머물게 될 것이라는 믿음을 가지고 있었습니다. 하지만 저는 이러한 말을 선생님 생전에는 쉽게 하지 못했습니다. 사후에 대한 말은 때로 현실과 동떨어진 예감을 심각하게 불러들이기도 하는 주술 같은 힘이 생겨나는 까닭입니다. 아직 살아 계신 선생님께 죽음을 사유하게 하는 부담이 닿지 않게 하기 위해서였을 것입니다. 시인에게 있어 말을 함부로 쓰는 것보다 더 위험한 일은 없으니까요.

선생님, 하지만 선생님은 벌써 영원한 세계로 가셨습니다. 아니 시집 『니르바나의 바다』를 펴내기도 전에 선생님의 영혼은 벌써 니르바나의 바다에 이르고 말았습니다. 한편 선생님이 떠나신 뒤의 모든 일은 순조롭게 진행되고 있습니다. 선생님이 생전에 유언하신 대로 후사를 맡긴 여섯 명의 제자들은 장례를 주도하여 정중히 잘 마쳤을 뿐만 아니라 현재까지 '박희진시인기념사업회'를 창립하였고, 유고 시집을 '서정시학'에서 간행하였으며, 이제 곧 추모문집을 '황금마루'에서 만들어 선생님 서거 1주기 때 봉정하려고 합니다. 여섯 명 모두가 선생님이 예상하신 대로 성실한 마음으로, 평소 선생님을 존경했던 그 정성으로 유지를 받들어 선생님의 삶과 시 정신을 고양하는 일에 한마음으로 나아가고 있습니다. 모두가 선생님이 살아 계셨을 때와 다름없는 기쁨으로 협심하고 있기 때문에 굳이 선생님께서 염려하실 일은 없습니다. 심성이 착하면 착한 삶을 살 수밖에 없고, 진실한 뜻은 진실로 통할 수밖에 없는 것이지요. '공간시낭독회' 상임 시인들도 창립 회원 세 분이 모두 떠난 후 유증을 잘 극복하면서 37년의 관록을 지닌 스타일대로 시의 순수성을 이어 가고 있습니다. 선생님이 들여다보셔도 제 말이 맞았다고 하실 것입니다.

선생님, 편지가 조금 길어졌습니다. 언제 또 선생님께 편지를 쓰게 될지 모르겠지만 이렇게 두서없이 편지를 쓰는 사이에 날이 밝았습니다. 늦가을 아침이 안개의 옷자락을 벗겨가고 있습니다. 안개의 실루엣 사이로 선생님의 미소가 보이기도 합니다. 선생님과 함께 했던 기쁨이 햇살 머금은 이슬같이 영롱합니다. 사람들은 누구나 마침내 죽음을 통해 다시 만날 수밖에 없는 생을 살고 있습니다. 생각보다 갑자기 떠나신 선생님이 떠오를 때마다 운명의 여신이 선생님의 시혼을 안고 니르바나의 바다에 이르렀을 것이라고 자위하면서도, 저는 제가 믿는 예수님과 성모님께 선생님의 영원한 안식을 위해 기도하고 있습니다.

아버지 같고, 스승 같고, 친구 같았던 수연 선생님, 부디 하늘나라에서도 먼저 가신 '공간시낭독회' 상임 시인들과 더불어 천상의 기쁨을 시의 찬미로 노래하소서!

선생님 댁을 처음 방문한 날의 인상

이희중
화가, 용인대학교 교수

1969년, 중학교 1학년 때 안암동 안암 아파트의 선생님 댁을 처음 방문했다. 아득한 옛날이지만 그때의 기억은 뇌리에서 떠나지 않는다.

현관을 들어섰을 때 처음 마주한 선생님의 두상 조각과 통일신라시대의 불두는, 젊은 날의 단아한 선생님의 모습과 후덕하고 넉넉한 미소를 띈 불상의 모습이 비슷하면서도 다른 듯, 제각각의 양식으로 그 존재감을 확인시켜 주는 듯했다. 그 다음에 눈에 들어온 것은 선생님의 외우이신 성찬경 시인의 그림이었다. 불꽃이 활활 타오르는 배경으로 선생님의 초상이 그려진 작품과 선생님의 시 「새봄의 기도」에 크레용으로 그린 작품이었는데 시인이 이런 재능을 가졌다는 사실이 놀라웠다.

선생님이 보여준 서재와 침실에는 성자 같이 보이는 인도의 세계적인 시인 타고르의 사진 액자와 석굴암 벽에 정말 빼어난 기술로 새겨놓은 부조 관세음상의 사진 액자가 있었다. 그리고 단순하면서도 세련된 조희룡의 난초 작품도 볼 수 있었다. 또한 가족들이 나눠 가졌다는 장승업의 기러기 병풍 중 한 폭이 있었는데, 이는 수묵의 농담을 쉽고도 간결하게 빨리 그린 듯 생생하게 표현된 놀라운 수작이었다. 이 외에 방을 꽉 채운 책들과 도자기, 민예품 등 모든 것이 정리정돈이 잘 되어 있었고, 서가 위의 AR스피커가 내 눈을 사로잡았다. 그 밑에는 게에 발가락이 물려 있으면서도 물고기를 끌고 가는 아이들이 그려져 있는 이중섭의 2단짜리 삽화가 있었다.

선생님 댁에서 점심을 먹고 차를 마신 후 나의 호기심을 자극했던 AR스피커를 통해 음악을 들을 수 있었다. 알비노니의 아다지오 G단조와 파블로 카잘스가 연주한 바흐의 무반주 첼로 모음곡을 감상했는데 주옥같은 선율이었지만 식사 후라 그런지 깜빡 졸 뻔했다.

그밖에 선생님 댁에서 일본의 집영사에서 발간한 화첩과 미술 수첩 등을 보았고 고미술에 관한 책들 역시 볼 수 있었다. 선생님의 관심이 예술의 전 분야에 있다는 것을 알 수 있었고, 이는 훗날 나의 예술관에도 영향을 미친 것 같다.

나는 그날을 이렇게 기억한다. 평생에 가장 배부른 예술밥을 먹은 날이라고…

한 분의 성자를 떠나보내면서

김종태
변호사, 법무법인 자유

오늘은 2015년 12월 31일. 또 한해가 저문다. 한해의 마지막 날을 보내면서 유달리 가슴 한쪽이 허전한 것은 비단 먹고 싶지 않은 나이를 한 살 더 먹는 때문만은 아닐 것이다.

선생님 돌아가신 지 만 9개월이 흘렀고 오늘로서 이제 막 해가 바뀌려 하고 있다. 그동안 선생님의 유언에 따라 선후배들과 함께 상제로서 장례 절차를 행하고 기념사업회를 만들어 이런 저런 일들이 진행되어 가고 있건만 지금도 우이동 선생님 댁을 찾아 현관 초인종을 누르면 인자하신 모습으로 문을 열어주시며 "어서 와." 하실 것만 같다.

이제 마음으로도 선생님을 편히 보내드려야 할 것 같은데 문득 문득 생각하면 아직도 선생님이 이 세상에 안 계신다는 게 실감이 나지 않는다. 선생님 가신 지 어언 9개월이 흘렀건만 지금까지 선생님을 모신 봉인사에 개인적으로 한 번도 들르지 못했다. 타고난 게으름 탓도 없지 않겠지만 나 스스로 선생님의 부재를 확인하고 실감하기 싫은 까닭 또한 없지 않았을 것이다.

1974년 고등학교 1학년 때 선생님이 서울 동성고등학교 영어 선생님으로 재직하실 때 스승과 제자로 처음 만나 그해 봄인지 가을인지는 분명치 않지만 서오릉으로 소풍 가서 까까머리 학생복 차림으로 옥골 선풍의 선생님 옆에 서서 기념사진을 찍은 이후 금년 봄 돌아가실 때까지 41년이란 세월이 흘렀다.

문경 촌놈이 중3 때 의지할 곳 없는 서울에 올라와 경제적 어려움과 사춘기의 외로움에 시달리며 학창 시절을 보낼 때 선생님은 그 어떤 말로도 표현할 수 없는 마음의 안식처를 제공해 주셨고 고비 고비마다 많은 도움을 베풀어 주셨다.

사법고시에 합격하던 해 1988년 가을에는 무일푼의 나를 데리고 1박 2일 통영, 소매물도 여행을 다녀오시고, 이듬해에는 나의 결혼식에 평소 완강하게 거절하시는 주례까지 서 주셨으며, 변호사 개업 때는 '신기묵단神機默斷'이란 글귀를 몸소 고르셔서 당신이 가장 존경하는 은사님이신 김규영 박사님으로부터 친필 휘호까지 받아 곱게 표구를 해 주시는 등 그간 선생님으로부터 받은 사랑은 참으로 한이 없다.

그러나 막상 학생, 고시준비생 신분을 벗어나 가정을 이루고 직장인이 되자 선생님을 자주 찾아뵙지도 못하고 그렇게 좋아하시는 여행 한 번 모시고 가지 못했으며 심지어 노년에 거동이 불편해졌을 때 가시고 싶은 곳 제대로 한 번 모시고 가지 못한 것이 못내 죄송스러울 따름이다.

평생을 은자와 같이 생활하시며 시업에 온 정성을 기울이시다가 입원한 지 나흘 만에 홀연히 이승을 뜨시니 이제 서른여섯 권의 자작시집만 오롯이 남았다.

선생님께서는 당신의 운명을 예견이라도 하셨듯이 돌아가시기 1년 전부터 유언장 작성을 서두르시더니 금년 3월 16일 나를 댁으로 불러 사전에 미리 일러 드린 양식에 맞추어 스스로 작성하신 유언장을 나에게 건네주시며 뒷일을 부탁하시고 최근에 지은 시를 낭송해 주시는가

하면 은사인 김규영 선생님에 관하여 자세히 말씀하시고 평소 좋아하시는 산책길인 '솔밭 공원'에 들러 한참 동안이나 앉아 계시다가 댁으로 들어가셨는데 그것이 선생님과의 마지막 외출이 될 줄은 꿈에도 몰랐다. 그로부터 불과 보름 후에 돌아가셨으니 말이다.

돌이켜 보면 훌륭하신 스승님을 모시고 41년이란 세월을 살아올 수 있었다는 것이 나에겐 과분한 행운이자 축복이었다. 소중함을 모르고 당연한 듯이 누리던 복을 한순간에 하늘이 거두어 가시고 이젠 허허벌판에 홀로 선 몸이 되고 말았다.

선생님, 그간 너무나 고마웠습니다. 평소 불효했던 못난 제자를 너그러이 용서해 주시고 84년 세월 동안 힘들었던 이승의 짐을 다 내려놓으시고 편히 쉬십시오.

선생님, 사랑합니다.

2015년 12월 31일 종태 올림

여전히 선생님의 숨결을 느끼며

조환수
문예 비평가, 가람언어연구원 원장

저는 지금 선생님께서 마지막으로 정리해 놓으신 시집 원고의 육필 노트를 보고 있습니다. 선생님께서는 노트 세 권에 흩어져 있던 신작 시들을 복사해서 정연하게 순서를 매기신 다음 목차를 만드시고 표제까지 정해 놓으셨지요. 니르바나의 바다! 결국 당신의 유고 시집이 되리란 걸 예견이라도 하셨는지 그 이름이 '니르바나의 바다'네요. 하지만 볼펜으로 꾹꾹 눌러 쓰신 한 글자 한 글자에는 어떠한 노년의 피로도 보이지 않습니다. 입적 며칠 전에 쓰신 원고까지도 활력이 여전한 베테랑 무인이 여유롭고도 경쾌하게 말을 몰듯 기운 생동하는 운필의 흔적이 역연합니다. 그리고 토해 내는 목소리엔 거침이 없습니다. 힘이 넘칩니다.

해방 70년
광복 70년이 그냥 그대로
분단과 분열의 70년이라니!
그 긴 암흑을 거뜬히 견뎌낸
알몸 소년 있으니, 그는 누구인가?

네 굽을 놓고 달리는 백마 타고 하늘을 날며
알몸으로 피리를 불어대는.

한라산 백록담에서 백두산 천지까지
백두산 천지에서 한라산 백록담까지
하루에도 몇 차례 순식간에 왕복하는
저 기적의 소년은 누구인가?
그는 우리 배달겨레 정통의 피를 지닌
우리의 아들, 아니 우리의 아버지.
평화통일의 염원을 되새기는.

자나 깨나 잊지 말고 통일을 되새겨라.
칠천만 동포 한 사람 한 사람의 간에 새겨라.
소년은 하루 한 순간도 잊은 적 없나니.
반만년 역사에 일찍이 이런 곤욕은 없었다고.
소년은 하늘 향해 오늘도 피리를 불고 있다.
평화통일의 염원을 불고 있다.
오, 고마워라. 우리의 예언자, 불멸의 겨레혼아.

–「박돈 회고전에 부쳐」 전문

다시는 귀가하지 못하신 마지막 외출 이틀 전에 완성하신 선생님의 최종 작품입니다. 원로화가 박돈 선생의 그림 '일출봉의 노래'를 보고 쓰신 걸로 보이는데, 70여 년 시를 써 오신 노시인이 토해 낸 최후의 낱말들이 심상치 않군요. 겨레혼. 불멸. 예언자. '우리의 예언자, 불멸의 겨레혼아.' 우리가 떠올릴 수 있는 가장 힘찬 말들이 읽는 이를 압도합니다. 비록 선생님의 육신은 금생의 종막을 향해 허물어지고 있었지만 선생님의 시혼은 조금도 시들지 않았던 것입니다.

선생님 말년의 모습은 늘 그러하셨습니다. 아니, 평생이 그러하셨을 겁니다. 선생님의 두뇌는 자나 깨나 쉬지 않고 시어를 합성해 흘려내는 용광로였습니다. 한밤중에 주무시다가도 시구가 떠오르면 곧바로 일어나 펜을 드시는 게 오래 전부터 몸에 밴 습관이었다 하니 평생 자나 깨나 시를 쓰셨다 해도 큰 과장은 아닐 겁니다. 척추 수술 후유증으로 몹시도 불편했던 왼쪽 다리와 모르는 새 이미 많이 녹슬어 있었던 심장으로 힘겹게 지탱되던 육신임에도 불구하고 책상 앞에 앉아서 시를 쓰실 때에는 늘 샘솟는 활기와 희열에 휩싸여 몇 시간이라도 훌쩍 보내시게 된다고 말씀하곤 하셨습니다. 그야말로 염념상속念念相續 무유간단無有間斷 신어의업身語意業 무유피염無有疲厭, 곧 정신의 순수 지속 상태에서 몸과 말과 생각과 행위에 지침이나 싫증이 전혀 없으셨던 것이지요. 그게 바로 선생님이셨습니다.

선생님의 그 놀라운 창작 에너지는 당신의 삶과 자작시를 확고히 긍정하는 힘에서 나왔을 거라 봅니다. 선생님께서는 창작 과정에서뿐만 아니라 삶 전체를 통해서도 생각과 말과 행위에 일말의 아쉬움 또는 후회 거리를 남기지 않는 생애를 사셨던 것 같습니다. 삼라만상을 대긍정의 시선으로 바라보며 우주 안 일체의 현상과 작용들을 관통하여 흐르는 다즉일多卽一, 일즉다一卽多, 원융무애의 묘체를 찾던 시인의 눈은 당신 자신까지도 늘 긍정의 시선으로 바라보면서 매순간 자신감과 자족감이 넘치는 삶의 길을 찾았습니다. 그러니 비록 평생 은수자처럼 독신 생활을 고수하셨지만 선생님의 삶은 결코 궁하거나 쓸쓸할 리가 없었을 겁니다. 어쩌면 선생님께서는 태곳적부터 금생을 스쳐간 수십억 인류 가운데 가장 풍요롭고 복된 삶을 살다 가신 분이었는지도 모릅니다. 달통한 이의 자재自在로움. 그 이상 더한 복이 또 어디 있겠습니까? 산은 산이요 물은 물이라 하는 무미無味의 명제가 자연스럽게 일상적 관념의 한 부분이 되는 삶을 사셨으니, 그보다 더한 호사가 또 어디 있겠습니까? 이럴 때 이승과 저승의 경계 같은 게 무슨 의미가 있겠습니까? 삶과 죽음을 한눈에 바라보며 언제나 모순 없는 당신 모습을 있는 그대로 꾸밈없이 드러내시고 당당히 당신 갈 길을 가시던 선생님께서는 분명 평소에 당신이 그렇게도 찬양하시던 진인, 곧 진정한 의미의 풍류도인이셨을 겁니다.

생사여일의 풍류도인이 우리 곁을 훌쩍 떠나셨습니다. 많은 사람들의 애도와 따듯한 배웅을 받으며 떠나셨습니다. 선생님 빈소가 마련된 자리는 단순히 애통하는 분위기에 머물지 않고 대체로 선생님의 평생을 잘 이해하는 이들이 조용히 선생님의 삶을 기리며 찬미하는 분위기였습니다. '선종善終'이요 '호상好喪'이라는 고마운 위로의 말도 간간이 오갔습니다. 하지만, 가까이서 지켜보다가 보내 드리는 사람의 마음엔 그처럼 고마운 덕담들도 꽤나 거북스럽게 들리더군요. 지난여름 아버지를 보내 드리던 일이 떠오릅니다. 일곱 자녀에 평생 큰 병치레 없이 아흔세 살까지 착하게 살다가 별 고생 안 하고 가셨으니 그보다 더한 호상이 어디 있겠느냐 하는 식의 얘기가 참 많았습니다. 그때도 역시 보내 드리는 자식의 마음은 많이 다르더군요. 돌아가시던 마지막 며칠간의 순간순간들이 모두 다 아쉽고 안타깝고, 더 이상 아버지를 볼 수 없게 되었다는 게 무척이나 슬펐습니다. 시든 모습이나마 살아 계셔 보던 게 얼마나 복된 일었는지 새삼 깨달았습니다. 가까이서 지켜보다가 보내 드리는 사람들에겐 애당초 '호상'이란 말 자체가 성립하지 않는 것 같습니다. 또 다른 의미의 아버지 한 분을 보내 드리던 날, 그분과 함께 했던 그때 그 상황들, 그때 그 일들을 떠올리며 눈물을 흘리지 않을 수 없었습니다.

사십 년 전 수줍은 십대 소년의 모습으로 선생님을 처음 뵙던 순간의 그 떨림, 헤아릴 수도 없이 찾아가서 함께 밥해 먹고 술 마시고 음악 듣고 명상을 흉내 내며 불안한 청춘기를 견뎌낼 힘을 얻었던 안암동 십오 평 공간, 동서고금을 넘나들며 오갔던 온갖 담론들, 그 숱한 깨우침과 공감의 순간들, 함께 거닐었던 산책길들, 선생님을 따라 가봤던 이곳저곳 명소들, 내 이십대 삶 전반기의 설레는 일부였던 공간사랑의 시 잔치, 삼십 년 가까이 선생님의 만년을 지켜 봐 온 쌍문동·우이동 시대 곧 북한산 시대, 중환자실 병상에서 지내신 마지막 며칠… 그 어린 시절부터 검은머리보다 백발이 훨씬 더 많아진 오늘에 이르기까지 제 인생의 굽이굽이에 새겨진 뭇 기억들이 저를 울게 했습니다. 선생님을 함께 보내 드린 제자들 모두 같은 마음으로 울었을 겁니다. 선생님께서는 저희의 아버지셨습니다.

선생님께서는 눈물을 흘리는 제자들에게 이렇게 말씀하고 싶으셨을 것도 같습니다.

"이 사람들아, 울지 마라. 삶과 죽음은 둘이 아니란다."

그렇습니다. 저희의 감정에 묻히기보다는 다시 선생님의 영광스러웠던 모습으로 돌아가야 마땅하겠지요. 선생님께서 떠나신 3월 31일은 그리스도교 교회력으로 수난주간 이틀째였습니다. 그것은 곧 부활주일로 이어짐을 뜻하지요. 장례 모시고 사흘째 되던 날 꽃 한 다발 바치려 봉인사의 선생님 묘역을 찾았을 때 거기서 만난 적경 스님이 이렇게 말해 함께 웃었습니다. “선생님 가신 날로부터 엿새째인 내일이 부활주일인가요? 예수님이 돌아가시고 사흘 만에 부활하셨다 하니, 선생님 같은 분 정도면 엿새째 되는 날쯤 부활하실지도 모르겠네요.”

우리는 찻잔을 앞에 놓고 고즈넉이 묘역 쪽을 바라보았습니다. 그리고 거기 서있는 선생님 시비의 「어느 시인의 묘비명」을 함께 되새겼습니다.

지금 이 순간에도 저는 선생님의 묘비명을 생각하고 있습니다. 그리고 몇 해 전에 쓴 졸고 하나를 떠올립니다. 어느 책에 실렸던 글의 도입부인데, 앞으로 더 크게 부활할 선생님의 영광을 어렴풋이나마 짚어 보고파 여기에 옮겨 봅니다.

불혹의 나이를 갓 넘길 무렵 박희진은, 시인으로서 그동안 자신이 걸어왔고 또 앞으로 걷게 될 평생 여정의 성격을 규정하듯, 짧지만 의미심장한 묘비명 하나를 새겼다

이 몸은 생전에도 보이지 않게
살기를 원했고 그렇게 살았으니
나의 시행과 시행의 사이
해와 달 별들이 보이면 그뿐! – 「어느 시인의 묘비명」 전문

예전의 은일거사들처럼 세상에 자신을 드러내지 않되 자기 시에는 온 우주를 담아내겠다는 중년 시인의 야심만만한 배포와 자부심이 읽히는데, 이는 스물다섯 살로 문단에 나오면서 스스로 제시했던 시작 기준, 즉 ‘낭만의 바탕에다 주지적이란 뜻의 상징적

수법으로 신고전적 격조를 갖출 것'이라던 포에티카 선포와 맞물려 이 시인의 내면에 흐르는 문학 정신을 짐작케 한다. 한마디로 동서고금의 시문학 고전들을 골고루 흡수 · 소화하되 한 편 한 편 우주적 질량과 구조를 지닌 공전절후의 새로운 고전을 탄생시키겠다는 것이다. 나이 여든을 한 해 앞둔 지금 그의 평생포부가 얼마나 그리고 어떻게 실현되었는가 촘촘히 따져 본다면 세상 어느 예술가에게서나 그렇듯 아쉬운 면도 꽤 있겠지만, 그가 동서양을 통틀어 동시대 여느 시인들이 도달하지 못한 새로운 차원의 질량과 구조를 지닌 격조 높은 시편들을 두루 써 냈다는 것은 부인할 수 없는 사실이다.

그의 평생 화두는 '인간'과 '우주'였다. 젊은 시절 인간사에 집중되었던 그의 시선은 세월이 갈수록 전체 자연으로 확장되었다. 현상적 가치 이면의 인간 본질과 인간 정신의 상승 가능성에 투철해 있던 의식이 점차 자연, 그리고 인간과 자연의 경계가 허물어진 초차원의 경지로 나아가면서 그는 마침내 시로써 우주적 스케일의 자유영혼을 확보하기에 이르렀다. 그런 의미에서 먼 훗날 그를 위해 묘비를 하나 더 세운다면 이런 명문이 썩 잘 어울릴지도 모른다. — '젊은 박희진은 인간을 노래했다. 연륜 더해진 박희진은 천지자연을, 우주를 노래했다. 인간을 노래하던 그는 상승하는 영혼의 불꽃으로 치열했고, 우주를 노래하던 그는 무념무상했다. 그는 평생 치열한 영혼과 무념무상한 심경을 아우르는 거대한 모순적 진폭의 중심에서 인간과 우주 그리고 신이 하나임을 증언했다.'

– 박희진론, 『한국예술총집–문학Ⅵ』(대한민국예술원, 2009) 중에서

아, 갑자기 선생님의 숨결이 느껴지네요. 쩌렁쩌렁하던 그 음성도 들리고요. 긴 백발과 흰 수염은 꽃바람에 나부끼고 있어요. 선생님, 진짜 부활하셨나요? 청청한 소나무 우듬지에, 귓가를 스치는 바람소리에, 햇살을 희롱하는 목련 꽃잎 꽃잎에, 잔물결 지는 시냇물의 흐름 위에, 은은한 녹차 향기 결 속에, 시계 초침 움직임들 틈 가운데, 하늘에 떠가는 흰 구름 사이사이에… 여기저기 선생님이 계세요. 선생님은 가셨어도 아주 가신 게 아닌가 봐요.

지금만이 아니겠죠? 오늘내일은 물론 앞으로도 꽤나 오래도록 도처에서 선생님을 보고 듣고 느끼고 냄새 맡게 될 것 같네요. 하지만 이건 오로지 저희 몫일 거예요. 선생님은 이제 아무 구속도 제약도 관념도 없을 그곳 니르바나에 계실 테니까요. 거기서 영원한 평화와 안식을 누리고 계실 테니까요. 다만 아직 무상한 색계를 헤매는 저희가 선생님과 함께했던 그 무수한 시간과 기억들을 쉬이 내려놓지 못하는 것이겠지요. 오늘도 내일도, 그리고 또 그 다음 내일도, 선생님!

2015년 4월 18일 부족한 제자 삼가 씁니다

제3부 50년대 회고록 그리고 실명實名소설
지워지지 않는 시간의 흔적들

믿음이 없는 시대에 사는 무리
대낮의 어둠 속에 헤매는 무리
서로 부딪치며 물고 뜯고
피 흘릴 밖엔 없는 카인의 후예들

눈이 있어도 보이지 않고
귀가 있어도 들리지 않는구나
저마다 가슴속의 불길이 꺼졌기에
악마의 꼭두각시 손을 닮았구나

우리도 그분을 만나지 못했다면
마침내 몸에서 썩은 내 풍기고
검은 추깃물이 흘렀을 것을

만남의 고마움 그것은 기적이다
그분이 우리 눈동자에 들어오면
가슴엔 고요 차고 고요는 불길 된다

–「방 안드레아 신부」(제3시집『미소하는 침묵』) 중에서

50년대 회고록

박희진 형을 돌아보며

이호철
소설가, 대한민국예술원 회원

1.

내가 박희진 형을 처음 만난 것은 1955년이었다. 그해 '문학예술'지 7월호에 단편소설 「탈향」이 황순원 선생을 통해 첫 추천이 되었고, 나보다 한 살 위였던 박희진 형은 이한직 시인을 통해서 첫 추천을 받아, 이를테면 우리 둘은 문단 데뷔 동기생이었다. 그러니까 그때 막 고려대학교 영문과를 졸업한 상태였던 박희진과 나는 이를테면 '문학예술'지 추천 제도의 첫 관문을 같이 통과한 제1회 졸업생인 셈이었다.

그 뒤로 시로는 박성룡, 신경림, 이성교, 허만하, 성찬경 등이, 소설로는 최상규 등이 같은 '문학예술'지를 통해 등단하는데, 그중의 몇몇은 이미 고인이 되었다.

나는 북에서 1950년 12월에 피난민으로 부산에 와 부두 노동, 제면소 직공, 미국 정보기관 재크JACK 경비원을 거쳤다. 1952년 겨울 환도 전에 서울로 올라와 역시 미국 기관이던 속칭 KRD한국연구소라는 데 경비원으로 근무하게 돼 아예 현재 숙명여대 뒤편의 효창동 숙소에서 기거했는데, 첫 작품인 「탈향」이 '문학예술' 1955년 7월호에 게재되면서 곧장 그해 가을 그 미국 기관에 사표를 내고 그만두었다.

그 이유도 참으로 무모하였다. 고향 쪽 동창 하나가, "마침 내 친척되는 사람 하나가 문성여자중학교의 교장으로 재직하고 있는데, 당장 그 학교에서 국어 선생이 필요한 모양이니 나랑 같이 가 보자. 너도 이젠 그렇게 새로 이 나라 문학인이 되었으니 틀림없이 채용해 줄 것이다."라고 하지를 않는가. 그때 홑 스물세 살이었던 나는, 특히 그 '여자중학'이라는 소리에 벌써 홀딱 빠져들어, 그 녀석 권하는 대로 덜컥 사표를 내고는 그 기관에서 마지막 봉급에 여분으로 몇 달분까지 더 얹어준 두둑한 돈으로 돈암동 끝에 제각기 독방 차지로 두 사람 몫의 하숙비까지 물었다.

다음다음 날인가, 그 녀석과 전차를 타고 그 문성여중을 찾아 간다며 시청 앞까지 나와, 전차에서 내려 아현동 쪽으로 막 돌아서 걷던 찰나에, 웬 자전거 한 대가 느닷없이 그 친구에게 맞바로 부딪쳐 그가 그대로 길 한가운데 벌렁 뻗어 버렸다. 그러자 자전거를 타고 있던 상대가 "야, 이 사기꾼 놈의 새끼, 바로 여기서 만나는구나." 하며 넘어진 그 친구의 멱살부터 잡는 것이 아닌가. 그러니 나는 어쩔 것인가. 그렇게 끌려가면서 그 친구는 그저 내 쪽에 대고 한마디, "너 먼저 돈암동으로 들어가거라. 내 곧 뒤따라 들어갈게." 하는 거였다. 나도 별 수 없이 그냥 혼자서만 돈암동 하숙집으로 돌아왔을 밖에. 그리고 그뿐이었다. 그 친구는 그 뒤 아무런 소식 한마디 없이 종적을 감추어 버렸으니…

그때는 1955년 가을. 오늘 2015년까지 이 남한 땅 서울에서 살아오면서 그때 겪었던 절망 상태 이상으로 앞이 캄캄했던 일은 내 평생에 다시 없었다. 이 서울 천지에서 어느 한 사람 기대 볼 구석이라곤 없는 홀몸으로 월남해 온 이북 피난민으로 참으로 막막하였다. 그때가 어떤 때인가. 그야말로 절벽이었다. 이제 나는 어쩔 것인가. 천애의 고아 신세가 아닌가. 나와 한동갑이던 그 고향 쪽 내 친구라는 녀석도 나보다 먼저 1948년에 단신으로 넘어왔던 모양인데, 그동안에 그런 식으로, 이를테면 사기꾼 행각으로 하루하루 넘겨 왔던가 보았다.

바로 그때 내가 이 서울 바닥에서 당장 알고 있는 사람은 '문학예술' 잡지 임원들이었던 박남수 시인과 나를 그 잡지에 추천해 주셨던 황순원 선생과 고향이 같았던 번역가 원응서 선생뿐이었다. 하지만 이 다급한 사정을 그이들에게 알린들 무슨 뾰족한 수가 있을 것인가. 스스로 망신만 더할 것이었다.

그리고 또 한 사람, 그때 같이 추천을 받았던 바로 박희진 형이 있었다. 하지만 다시 혼자서 곰곰 차근차근 생각해 보니, 그렇게 그에게도 당장의 내 어려운 형편을 알려 본들 무슨 해결책이 나설 것인가. 자칫 내 꼴만 더 이상해질 것이다. 그러니 나로서는 이제 당장 어쩔 것인가. 남은 길 하나는, 어쨌거나 두 번째 추천작 한 편을 최고 걸작으로 끝내주게 써 내는 길밖에 없었다. 당장은 일단 그 길밖에 없었다. 나는 그렇게 입까지 힘껏 앙다물며 마음을 굳혔다.

그런데 실제로는 바로 돈암동서 고개 하나 너머에 있던 박희진 형 집으로까지 찾아가긴 했었다. 그렇게 그 댁의 박희진 형 방에서 이런 저런 문학담을 나누면서 그렇게 같이 그 댁에서 저녁밥까지 얻어먹으면서도 나는 당장 내 신상에 벌어졌던 그 이야기는 단 한마디도 내비치지 않고 입에 올리지 않았다. 그렇게 마음속으로는, 그런 나 자신을 혼자서 독하게 와작와작 씹어 보면서 그 어떤 긍지 같은 것까지 나는 느꼈었다.

그로부터 어언 꼭 60년이 지나서 이제 고인이 된 박희진 형 이야기를 몇 자 적어 보자고 드니까 바로 그때 겪었던 그 일부터 떠오르며, 새삼 그때의 나를 그렇게 맞아 주었던 박희진 형에게 새삼 진정으로 감사한 마음부터 든다. 도대체 무엇이 감사했다는 말인가. 그 점은 나도 잘은 모르겠다. 단지 진정으로, 진정으로 감사하다. 이런 경지는, 사람 사이에서 흔한 말 몇 마디만으로는 전해질 수 있는 것도 아님을, 지금도 나 혼자서만 거듭 곱씹게 된다.

2.

실제로 그렇게 나는 그 뒤 열흘 정도를 밤낮을 가리지 않고, 그 두 번째 작품, 그러니까 마지막 두 번째 추천 작품을 최고 걸작으로 써 내자는 쪽으로만 오로지 혼신으로 대들었던 거였다. 그야말로 그 작품에만 오로지 전 생애, 생명을 걸었다. 이를테면 죽기 살기로, 사느냐 죽느냐 생사 자체를 걸듯이 오로지 독하게 마음먹고 그 두 번째 추천작, 「나상」 쓰기에만 매달렸다.

그러고 보면 그로부터 60년이라는 세월이 지난 지금 이 시점에 와서도 그렇다. 이때까지 내 평생에 이때 이 작품을 쓰던 때만큼 마음이고 몸이고 최고로 치열했던 때는 두 번 다시 없었다고까지 장담할 수가 있다.

어쨌건 그걸 쓰는 일밖에는 모든 일, 세상만사는 싸그리 잊자, 잊어버리자, 세상 살아갈 걱정 같은 것, 그런 따위에서는 천리, 만리로 멀어져 버리자, 앞으로 살아갈 일 같은 것, 그런 따위가 다 뭐냐, 그런 쓰레기 같은 일일랑 싸그리 깨끗이 잊어버리자며, 오로지 그 「나상」 쓰기에만 밤낮을 가리지 않고 거의 침식도 잊어버리다시피, 전심전력 골몰하였다.

더러 한밤중에는 나 자신이 바로 천재가 되었다는 듯이 혼자서 기고만장, 자신만만해지다가도 바로 이튿날 아침이 되어 간밤에 열을 내어 썼던 것들을 읽어 보면서는 통째로 절망감에 빠져들며 방 한가운데 벌렁 자빠져서는, 이걸 어쩌지, 이걸 어쩌지, 간밤엔 내가 훼까닥했었어, 이걸 잘 썼다고 기고만장했었으니 원… 하면서 낙망하곤 했다. 열흘 정도의 밤낮을 이렇게 낙관과 절망을 거듭하면서 겨우 2백 자 원고지로 55장 정도의 그 「나상」을 완성하는 데 파지 2천 장 정도를 냈다면 지금 이 글을 읽고 있는 여러분들께는 곧이들리겠는가?

그래서 지금에 와서도 지난 60년 동안 수없이 많은 작품을 써 왔지만 가장 으뜸으로 공을 들였던 작품 한 편을 고르라면 나는 서슴없이 이 작품을 내밀고는 한다.

기왕 이야기 나온 김에 이 이야기도 털어놓겠거니와, 2014년에 약 스무 날 동안 독일의 일곱 개 도시에서 독일어판 단편소설집 『탈향』의 낭독회가 있어 다녀왔는데, 여기서도 주로 초기 작품인 이 「나상」을 다루었고, 독일 독자들도 늙은이 젊은이 할 것 없이 이 작품을 썩 좋아하던 것이었다. 어느 도시에선가는 현지 방송국의 전문 낭독자 여성이 독일어판의 이 작품을 읽으면서 울먹울먹하기까지 하던 것이었다. 이 낭독자뿐이 아니었다. 그 밖에도 독일 늙은이 젊은이 할 것 없이 청중들 중에 울먹거리는 사람이 한둘이 아니었다.

그뿐이 아니었다. 이때 독일로 떠나기 직전에도 전라도 익산에 산다는 고3짜리 남학생 하나가 메일을 보내 왔는데, 「나상」을 처음으로 읽고 감격에 겨워 눈물까지 흘렸다며, 그런 작품을 써 주신 선생님에게 뒤늦게 감사한다는 내용이었다. 이때에도 나는 새삼 크게 감격했었다. 내가 60년 전 겨우 스무 살 무렵에 썼던 이 작품을, 바로 지금 2014년에 겨우 열아홉 살짜리 소년이 뒤늦게 읽고 감격에 겨워 눈물까지 흘린다!

바로 이거야말로, 문학이라는 것이 지닌 '영원성'의 살아 있는 징표가 아니겠는지, 85세 가까이 되어서 이런 과한 행운을 맛보는 영광을 혼자 곱씹으며, 그 옛날 1955년 가을에 이 일로 극도의 절망감에 빠져 열흘 가량이나 밤낮을 가리지 않고 애오라지 이 작품 쓰기에만 매달렸던 그 일을 혼자서 감개 섞어 새삼 되떠올렸던 것이다.

박희진 형을 추억하자는 자리에서 내 이야기가 너무 길어지지 않았는가 모르겠는데, 그러니까 그런 지극한 위국에 빠져 있을 그때, 내가 그런 일로 의논이라도 할 상대는 오직 박희진 형밖에는 아무도 없었던 것이었다. 그때 내 거처가 돈암동이었는데 바로 그 뒤 미아리 언덕을 넘으면 박희진 형 댁이었으니까 나는 벌써 그이의 서재에서 몇 차례 잠도 같이 자며 그 가족들과도 친숙해져 있었다. 그이의 본댁이 연천이라는 것도 알았던 거였다.

그런데 나는 그렇게 「나상」 쓰기에 그 정도로 혼신으로 골몰하면서도, 내 그 극도로 어려웠던 사정, 고향 친구라는 자가 내 앞에서 증발했던 사실만은 박희진 형에게 전혀 입 끝에조차 올리지도 않았던 거였다. 그 이야기를 털어놓아 보았자 역시 백수 시인이었던 박희진 형에게서 별 도움을 받을 길은 없다는 것을 나는 이미 알고 있었고, 자칫 내 자존심만 구기게 될 것이 뻔했기 때문이었다.

그렇게 내가 문단에 나와서 처음으로 안 것이 바로 박희진 형이었지만, 그이와의 관계에서 첫 느낌으로 떠오르는 것도 바로 이 일이었다. 그때 내 그 가장 다급하고 어려웠던 사정을 그이에게도 단 한마디도 발설하지 않았던 일… 요컨대 우리네 인생살이라는 것의 진면목은 바로 이런 것이 아니겠는지. 바로 이래서 문학이라는 것도 있어 왔고, 앞으로도 필히 두고두고 있어야 하는 것이 아니겠는지…

3.

박희진 형을 통해 문단 동료 두 사람을 명동 '돌체 다방'에서 소개 받았던 것이 서기원과 성찬경이였다. 그 당시 경복중학교를 나와 서울대학교 상과대학에 들었다가 공군에 입대, 제대하여 동화통신 경제부 기자로 재무부에 출입하던 서기원은 본시 홍성 사람으로 나보다 두 살 위였으며 위인이 단아하였고, 박희진 형과 함께 보성중학교를 나왔던 예산 사람 성찬경은 서기원과 이종사촌 간으로 셋은 그 무렵에 똑같이 문학에 심취해 열을 내고 있던 청년들이었다.

그렇게 박희진 형의 알선으로 그이들과 처음 만났던 날에도 서기원이 미도파 뒤에 있던 동화통신사 뒷골목의 그의 단골집인 중국집에서 걸판지게 술자리를 마련하였데, 이때도 모두가 내 「나상」을 최고로 칭찬들을 해 주어서 나도 잔뜩 기고만장하여 독한 배갈을 엄청 퍼 마시곤 북에서 월남한 뒤 처음으로 남쪽에서 동년배의 문학인들을 모처럼 만난 감격에 겨워 펑펑 울기까지 했었다.

그렇게 그때부터 사귀게 된 같은 소설가 서기원과는 그가 세상 떠나기 전까지 5,60년간을 거의 매일 저녁이다시피 만났을 정도로 가장 친숙한 사이로 거의 평생을 같이 지냈는데, 박희진 형도 비슷하게 평생 그와 친밀하게 지냈다. 바로 몇 년 전의 그의 서거 때는 내가 친지 대표로 몇 마디 조사까지 했었다.

그 밖에 그 무렵 1955,6년쯤에 나는 명동 '돌체 다방' 말고도 지금의 롯데 백화점 맞은편의 문학인들 전용 다방인 '문예살롱' 다방에를 매일 저녁 드나들었다. 거기서 '현대문학' 잡지 기자이며 삼천포가 고향이던 나보다 한 살 아래였던 시인 박재삼, 그리고 시인 김관식과도 엄청 어울렸다. 명名단편소설 「독목교」의 작가 곽학송과 역시 명단편소설 「부랑아」의 작가이면서 연합신문의 문화부장을 했던 추식 씨와 서울신문 정치부 기자이며 시인이던 이형기도 저녁이면 꼭 한 번씩 거기를 들렀다. 그 밖에도 '현대문학'지의 주간 조연현과 곽종원 평론가, 그리고 더러는 미당 서정주와 부산에서 올라온 유치환, 또 박목월, 이동주 시인이며 서근배 소설가, 최정희, 강신재, 손소희 등 여류 소설가들도 빠짐이 없었다. 내가 환도 뒤에 황순원 선생을 만나 첫 작품 「탈향」을 건넸던 곳도 바로 이 '문예살롱'이었다.

그렇게 나는 그 다방을 중심으로, 김동리 선생이 회장이었고 시인 박기원 씨가 총무였던 문학인 주호회酒好會의 최연소 회원으로 그 근처 술집인 '명천옥明泉屋'에도 매일 저녁 드나들곤 했다.

그 뒤 60년대 들어서는 명동 동회장의 부인이 경영 했던 '갈채 다방'에도 몇 년 동안 단골로 드나들며, 그 한편으로는 주로 '돌체 다방'에서 프랑스로 떠나기 전의 이일 시인과도 어울리며 엄청 막걸리를 퍼 마셨다. 그때 이일은 서울대학교 불어불문학과 출신으로 오상원, 박이문 등과 함께 『구도』 동인으로 이름이 알려졌었고, 나는 그가 살던 가회동에도 수없이 가서 잠을 자기도 했었다.

그리고 그때도 박희진 형은 무척 고고한 쪽이어서 그런 쪽으로는 그닥 어울려 들지를 않았지만 나하고만은 그대로 친분을 유지해, 나는 걸핏하면 미아리 그 댁에 가서 먹고 자기도 여러 번이었다.

다만 이 무렵의 일로 털어 놓을 또 한 가지가 있다.

1958년인가, 내가 삼선교에서 하숙 생활을 할 때 박희진 형의 보성중학교적 선배의 형님 하나가 새로 출판사를 시작했는데 세계문학전집의 첫 권으로 톨스토이의 『안나 카레니나』를 번역해 내려는데 우리나라에 아직은 러시아 원어로 번역해 낼 사람이 없어 일본어판을 번역해서 내고자 해 부탁해 왔다며 그 소설의 전반부를 박희진 형 자신이 맡고 후반부 번역을 내 쪽에서 맡아 달라고 하였다. 지금의 종로구 견지동 2층에 자리해 있던 출판사에 같이 가서 그렇게 계약서까지 쓰고 일을 시작했는데, 그 뒤 열흘쯤 지나서 박희진 형이 연락을 해서 나갔더니, 자기는 본시 시만 써 와서 산문 번역은 썩 자신이 없다고 했다. 그간에 2백자 원고지로 20여 장 정도 번역했던 물건을 나더러 읽어 보아달라고 하여 내가 그걸 고쳐서 보였더니 자기는 도저히 번역해 낼 수 없겠다며 나더러 그 소설 전반부까지 혼자서 하라고 하여, 몇 달 걸려 그걸 나 혼자서 몽땅 번역해 냈던 거였다. 그렇게 해서 책이 되어 나온 것은 1960년 4 · 19 무렵이었다.

그 무렵에는 황순원 선생께서도 도스토예프스키의 『죄와 벌』을 일본어판에서 번역해 냈던 것으로 나는 기억하고 있지만, 그 뒤 그 출판사는 어물어물 문을 닫았는데, 번역료는 몇 푼 받았던 것으로 기억하지만 정작 그 책은 몇 부 받았을 것인데 지금 내 손에는 없다. 그간에 서울 곳곳의 고서점에도 알아보았지만 구할 수가 없었다. 그러니 지금 이 글을 읽는 분들 중 혹시 그 책을 갖고 있거나 주위에 혹여 그런 분이 있거든 알려 주시기를 바란다.

기왕 이야기 나온 김에 또 한 가지.

그 비슷한 무렵인 1957,8년쯤으로 기억하는데, 그 무렵에 학원사에서 아동물로 위인전들을 냈었는데, 나폴레옹 전기 같은 세계 위인전들은 일본어판을 주로 번역했지만, 우리나라 위인들은 필자 구하기가 여간 힘들지가 않았던 모양이었다. 하여, 내게 『이순신』을 써 달라고 하였다. 지금은 고인이 된 소설가 최현식 형이 학원사 편집부장인가가 자기와 같은 함경도 동향이라며 나더러 그걸 써 볼 수는 없겠는가 물어 와서, 적지 않은 원고료가 탐이 나서 덜컥 맡았던 거였다.

한데 그때로서는 이순신의 자료가 너무 너무 없었다. 이광수의 소설 하나가 있었고, 그 밖에 조각 글 같은 것이 더러 있을까, 그냥저냥 황무지였다. 하지만 근근이 2백 자 원고지로 8백 장 가량을 써서 넘겼더니 학원사 측에서는 너무너무 잘 썼다며 대번에 두둑하게 원고료를 주며 또『을지문덕』도 써 달라고 간청을 하였지만 나는 응하지 않았다.

그런 다음에 곳곳에서 수없이 나도는 아동물『이순신』들을 더러더러 눈 여겨 보니 그 물건들은 거의 죄다가 내『이순신』을 원본으로 한 것들이 아닌가. 그러고 보면 학원사와도 처음부터 인세 계약으로 했었더라면 엄청 돈더미에 올랐었을 터였는데, 나는 원체 그런 쪽으로는 너무너무 무식했었다.

그로부터 60년이 지났지만, 지금이라도, 그 무렵에 학원사에서 출간되었던 그 아동물『이순신』을 혹여 갖고 계신 분이 있으면 그 원저자인 나에게 양도하실 생각이 없으시겠는지?

이상, 망언다사妄言多謝, 몇 마디 덧붙였다.

실명 전기 소설

은둔의 성에 사는 시인

호영송
소설가, 시인

무명한 자 같으나 유명한 자요, 죽은 자 같으나 죽임을 당하지 아니하고… 가난한 자 같으나 많은 사람을 부요하게 하고… (고린도 후서 6장 9~10절)

1.

창피한 그 일, …내가 18살 때의 일이었다. 나는 대학 입시 따위는 마음 쓴 일도 없었다. 나는 파스칼의 『팡세』를 읽었고 가브리엘 마르셀이나 칼 야스퍼스 같은 실존주의 철학자들에 사로잡혔다. 10살도 채 안 된 나이에 전쟁터 한계상황에 던져졌고 그러다 보니, 결국 실존주의 사상에 깊이 빠져들었다. 어떤 때는 에른스트 카시러의 『인간론』을 줄 쳐가며 읽었다. 그것들을 오독誤讀한 것인지 나는 어리석은 도전에 나섰다. 많은 수면제를 먹고 죽음의 아가리에 뛰어들었는데, 웬걸, 죽음은 그 아가리로 도로 나를 토해 냈다.

나는 이번엔 아름다운 생명의 합창에 흠뻑 취했다. 내게 살아 있음의 환희를 알려 준 것은 포스터의 명곡 '아름다운 꿈'이었다. 어느 합창단의 연주라는 것 상관없이, 나는 그 곡의 아름다움에 흠뻑 빠졌다. 화음도 좋고, 생명의 활기가 넘치는 기막힌 노래였다.

> 아름다운 꿈꾸는 이여, 꿈에서 깨어
> 별빛과 이슬방울이 기다리는 것을 바라보라!…"
> Beautiful dreamer, wake unto me,
> Starlight and dewdrops are waiting for thee ; …

나는 강원도 춘천의 우두동 우두산의 한 작은 정자에서 스르르 잠들었다가, 그 아름다운 합창 소리에 깨어났다. 아직 대낮이었다. 1960년대 초의 춘천은 선량하나 세련되지 못한 시골 색시 같은 느낌의 도시였다.

나는 6 · 25전쟁의 1 · 4후퇴 때, 폭격을 본새 있게 두 차례나 당했다. 미군 전투기는 민간인처럼 위장한 공산군들이 있다는 첩보에 따라 민간인 우마차 대열까지도 폭격했다. 우마차 한 대를 중심으로 우리 가족 친척들로 이루어진 대열은 그 단 한 차례의 폭격에 정통으로 맞고 나뒹굴었다. 바로 옆의 내 엄마도 죽고, 식구 절반이 피 흘리며 쓰러졌다. 반 이상은 단 한 차례 그 총탄 세례로 절명했고, 몇몇은 내장이 보이지만 죽지는 않은 상태였다. 내 경우는 바른손에서 피를 많이 흘렸고 혼자서는 움직일 수가 없었다. 그 폭격은 다가 아니었다. 나는 이후에도 한 번 더 끔찍한 비행기 공습에서 살아났다. 그 밖에도 이상하게 생긴 작은 폭탄을 가지고 놀다가 죽을 고비를 넘긴 일, 용케 적敵의 북행 행렬에 소집되지 않고 밤중에 산으로 도망쳐 살아난 일도 있었다.

그런데, 나는 전쟁과 죽음의 트라우마를 제대로 극복하지 못했다.

나는 엉뚱한 일을 저질렀다. "언젠가는 죽음의 호랑이에게 먹힐 목숨, 지금 내가 선수를 쳐서 죽음의 호랑이와 겨루어 보자!" 이런 당돌한 결심으로 덤벼들었으나, 꼴사납게 실패! 아버지는 불효한 나를 야단치지 않았다. 배움이 많지는 않았지만, 아버지는 의외로 사려 깊은 태도였다. 국민학교(초등학교) 교장에게 월사금 봉투(주: 학비를 매월 분납하는 월사금을 넣는 봉투)를 만들어 돌리고 그 비용을 부담하게 하는 법적 근거를 밝히라고 많은 학부형 앞에서 따지기도 아버지였다. 아버지는 단 한 번도 나무람 없이 "춘천 지인의 집에 가서 한두 달 정양을 해 보라"는 배려를 했다. 그런 배려 탓인지 겨우 두 주일 만에 나는 놀라운 대반전大反轉의 드라마에 감싸였다. 바로 우두산의 정자에서 포스터의 합창곡을 듣고, 삶의 한가운데로 되돌아오게 됐다. 당시 그 근처에는 무슨 레코드 상점 같은 것도 없었고 라디오에서 그런 음악이 나오지도 않았는데, 대체 그 음악은 어디서 들려 온 것일까?

그 이튿날로 나는 서울에 올라왔다. 학교보다는 더욱 의미 있는 나날을 살자는 생각이 들었다. 아버지는 이번에도 내키는 대로 하라고 하셨다. 새로운 도전의 나날이었다. 어느 날은 스님 복장의 한 시인을 강화도 전등사로 찾아갔다가 길이 어긋나서 허탕을 치기도 했다. 한동안 나는 새벽에 나가, 고시 준비하는 이들과 함께 긴 줄을 섰다. 붉은 벽돌로 지은 국립도서관(주: 현재 소공동 롯데호텔 자리) 열람석을 차지하려는 것이었다. 도서관에 자리를 잡으면, 이 책 저 책 게걸스레 읽어 댔다. 어떤 날은 명동 어느 음악실에서 하루 종일 원고를 썼다.

내가 미아리 공동묘지(물론 지금은 주택가)의 수천의 묘를 돌아본 날은 날씨가 좋았다. 미아리 그 수많은 무덤들은 사람들에게 어떤 특별한 감동이나 회상을 주지는 못할, 범속하게 정형화定型化된 삶의 초라

한 에필로그처럼 거기 웅크리고 있었다. 그들의 침묵은 너무 단조했다. 양철지붕 위를 두드리는 수백만 수천만의 빗방울 두드림 소리같이 단순하게 정형화된 느낌. 그러한 분위기 속에서 나는 이질적인 한 존재를 보았다. 쭈그리고 앉아 있었지만, 거기 쓸쓸히 버려진 여느 존재들과는 다른 느낌의 한 존재. 수천의 죽음들을 벗 삼고 그들의 침묵의 병풍屛風 가운데 즐기는 듯 혼자로 있는 사나이. 죽음의 산에 올라 있으나, 책 읽기와 명상을 즐기는 젊은 남자. 그가 시인 박희진이었다. 그의 얼굴은 내가 알 수 있었다. 어느 책에선가 본 얼굴이었다.

하지만, 나는 그에게 선뜻 다가가지 못했다. 내가 시인의 시간을 깨트리는 거나 아닌가? 집에 와서 나는 후회했다. 다행히도 시인의 집은 미아동 가까운 하월곡동이었다. 나는 거기서 몇 킬로미터 거리의 미아동 안의 인수동회 앞에 살고 있었다. 어느 날, 나는 시인의 집을 찾기로 했다. 물론 집에 따로 전화를 둔 집이 드문 때여서, 나는 무작정 찾아갔다.

다행히도 박희진의 산문집에 그 대목이 들어 있다. 그 시인의 책에서 인용하자.

그 다음의 사실 하나만은 마치 하나의 강렬한 사건인 양, 내 뇌리에 각인되어 있다. 당시 나는 하월곡동에 살고 있었다. 어느 날 집에 늦게 돌아와 보니 대문에 쪽지가 하나 꽂혀 있었던 것. 그것은 호영송의 글이었다. 깨알처럼 쓰인 글의 사연인 즉 – 선생님 댁을 찾느라고 한 갑의 성냥을 몽땅 소모했다는 것이었다. 겨우겨우 찾았는데 안 계셔서 돌아간다고…. 요즘 사람에겐 무슨 말인지 잘 실감이 안 날 것 같아 몇 마디 더 부연하기로 한다. 당시 하월곡동은 어두운 동네였다. 외등도 거의 단 집이 없었기에 어둠을 몰아내고 주소를 확인하는 방법으로 성냥불을 일일이 켜 대었다는 얘기인 것이다. 나는 감동했다. 그의 간절한 마음의 진실이 처음으로 뜨겁게 가슴에 와 닿았다.

이래 우리는 자주 그리고 여러 번 만났다.

– 박희진 시론집 『상처와 영광』(2013년 간행) 1,129쪽에서

미아동 안의 하월곡동, 시인 박희진의 방은 비좁은 골목길 바로 옆에 있었는데, 방은 길쭉하고 비좁았다. 그 방 한쪽엔 작은 창문, 바로 그 창밖은 비좁은 골목길이었다. 방문은 자우 미단이 창호지 문. 방문을 열면 저 건너 한쪽에는 재래식 화장실. (당시엔 모두 재래식 화장실을 썼기에 본채에서 좀 떼어 위치시켰다.) 집의 안채엔 시인의 머리칼 희끗희끗한 부모님들이 사용하는 안방, 그리고 그 방과 사이로 부엌이 있고, 맏형님 내외가 쓰는 건넌방. 다시, 시인의 방의 옆에 있는 가운뎃방은 아마 조카들로 보이는 중고등학생들 공부방. 이렇게 네 개의 방이 있는 집은 당시 수준으로는 당당한 중산층에 속했다. 아니 중산층이란 말도 쓰이지 않을 때였던가 보다. 그 시절 이미 시인은 누군가에 기대지 않고 살려고 교편을 잡고 있었다. 그런 때 그는 어엿한 직장인이었다.

빈틈이라곤 보이지 않을 만큼, 눈 가는 데는 책이 잔뜩 꽂힌 시인의 방. 여러 개의 책꽂이가 놓여 있어서 삼면 벽을 가렸다. 그 책꽂이는 대개 여닫이문이 없는 단순한 모양이었는데, 작은 소책자들이 책꽂이 앞쪽 빈자리에 놓이기도 했다. 장서는 줄잡아 수 백 권은 넘었을 것이다. 절반은 일어판으로 보였다. 나는 일본어를 모른 채 릴케 시집 등을 본 기억도 나고, 화집도 본 듯한데 내가 좋아하는 앙리 루소 화집은 거

기서 본 기억이 없다. 당시에는 아직 출판가가 활발하지도 않았는데, 6·25 뒤 처음으로 출간된 전집이라고 화제가 된 소설가 춘원 이광수의 전집(삼중당판) 한 질이 꽤 눈에 띄었다. 춘원의 친일 행적을 문제 삼는 일이 아직 없을 때였다. 영문이나 일문 책자 중 일부는 중고 서점에서 싸게 구한 듯했다. 그는 토마스 만의 대표적인 장편소설『마의 산』과 황순원의 장편소설『일월』을 내게 들려 준 적도 있었다. 한국 작가가『마의 산』같은 깊이 있는 소설을 언제 낼지 의문이라는 말도 했다. 내가 연극학도라는 점을 의식했는지 희곡「아난존자와 프라크리티」(단막 시극)라는 작품의 구상을 말하고, 그 후에 '현대문학'지든가 그것이 발표된 것을 보여준 적이 있었다. 나는 그 작품이 드라마틱한 전개가 좀 적은 듯하여 아쉽다고 조심스럽게 지적하였고 그는 어떤 설명을 했다. 드라마틱한 요소는 적지만, 구도적求道的인 이미지에 충실하려 했다는 말이었던 듯하다.

젊은 시인은 자기가 살고 있는 하월곡동 집에 대해서 산문적인 설명을 한 적이 한 차례도 없다. 그의 좁은 방은 점잖은 손님이 와서 잠을 잘 여유를 안 보였다. 한 번은 자기의 방이 좁다는 생각이 들어서였는지, 시인은 웃으며 "이 방이 우주선 캡슐 같지?"라고 했다. 그 말은 당시 그가 발표한 시에 나오는 구절이었다. 그때 나의 눈에는 그의 방이 전혀 궁상스러워 보이지 않았다. 그때 내 형편은 문학 책이 100권도 안 되어 부자 친구네 집을 자주 가서 책을 읽던 처지였다.

어느 날인가, 나는 그 시인의 방에서 하룻밤을 묵게 되었다. 그날 시내에서 당시 한국 시단 동인지 운동의 맨 앞장에 선『육십년대사화집六十年代詞華集』동인들의 모임이 명동에서 늦게야 끝났던 것이다.

나는 우선 박희진 선생 댁으로 함께 갔다. 나는 그가 댁에 들어가는 것을 본 뒤에, 미아리 공동묘지를 택지로 바꾼 큰 언덕을 한달음에 뛰어 넘어 우리 집에 갈 생각이었다.

"통금 시간이 다 됐는데 자고 가지."

"예, 그러죠."

그 당시에는 아직 통행금지가 엄중해서 밤 12시 이후에는 거리를 통행하는 것이 금지되어 있었다. '통금'은 인권 원칙에는 어긋나지만, 누구라도 받아들이는 '불가침의 바다'였다. 시민에게 세금보다 무서운 어둠 속의 괴물이었다.

그런데, 남자들이 밤을 함께 하는 것은 또 다른 의미가 있었다. 그것은 당시의 우리네 끈끈한 정서의 한 가지이다. 문인이든 그 누구이든, 친교親交를 하는 남자들 사이에서는 다소 불편해도 같은 방에서 잠을 자는 것이 추억도 되고, 우정의 매듭 하나를 갖게 된다는 점. "내가 시인, 또는 아무개 선생님과 그의 비좁은 방에서 같이 지낸 적이 있다."라고 하면, 주변에 상당한 친분 과시를 하는 것이 된다. 밤새껏 정담을 나누고 만일 토론을 했다면 그것은 관계의 농도를 말해 주는 것이다.

'60년대 중반까지도 박희진은 실상 아직 신진 시인이었다. 남달리 젊고 패기 넘치던 시기였다. 실지로 그는 가끔 열을 올리며 좌중의 문인들의 주목을 끌 정도로 자기의 주장을 펼치곤 했다. 그는 동년배 시인들에게서 단순한 우정 이상의 무엇인가를 받고 있었던 것 같다. 동년배지만 시인들 가운데서 박희진은 마치 맏형님이나 리더 같은 느낌을 풍겼다. 그가 『육십년대사화집』의 리더였기 때문에 더욱 그러했을까? 동인지 운영을 자료적인 면에서 밝혀 두는 게 좋은 것이다. 새로 한 호를 낼 때마다 발간비로 회원 각자가 300원을 냈고 국판 사이즈로 50~60페이지로 발행되었는데, 꼭 지난 '8,90년대의 중국 연변 동포들의 잡지 같은 초라한 모양이었다. 서울에서만 『현대시』, 『돌과 사랑』, 『신춘시』, 『사계』 등이 줄을 이어 발족했는데, 시단 동인지마다 조금씩 사정은 달랐겠지만, 우리 사화집은 여러 가지로 기준이 되고 모델이 되었다.

회지가 출판되면 일단 잔치 같은 모임이 열렸다. 왜냐하면 당시에는 인쇄된 책자가 드물었고, 문학지가 소중해 보이던 시기였다. 회원들이 각자 몇 부씩 가져가고, 일부는 시단 대선배들과 신문사 문화부에 보내고, 다시 일부는 당시 제일 큰 서점 '종로서적' 같은 곳에 진열 판매하였다. 회비 거출과 경비 지출 연락 업무는 주로 이경남 회원이 맡았다. 특기할 일의 하나. '중앙공보관中央公報館'(주: 전시실 2개와 소형 영화관 및 강연 장소 등이 있던 정부 관할 문화기관, 소공동에 위치함)은 당시 서울에서 가장 중요한 전시 공간이었는데, 거기서 큰 시화전을 열어서 당시 동아, 조선 등 일간지는 그것을 중요하게 보도하였다. 우리는 그 빈곤한 형편 가운데 소풍 모임도 가졌다. 카메라가 귀하던 시절이어서 누군가 사진기를 하나 들고 와서 기념사진을 찍어 돌리던 기억이 있다.

우리들의 가장 중요한 모임은 명동 모임이었다. 우리는 한동안 명동에서 월례 모임을 갖곤 했다. 당시의 어떤 모임이건 문화적 모임의 보편적 장소는 주로 명동이었다. 사화집의 모임엔 종종 게스트가 한 명씩 참석했다. 당대의 신문 문화면에 자주 오르내리던 작가 서기원, 이호철, 그리고 화가 박서보, 윤명로 같은 분들이 게스트로 소개되었다. 박서보 화가는 파리 유학 중에 잠시 귀국 중이었던 것 같았다. 시인과 화가는 특히 친할 수 있는 조건으로 알려진 게 세계 공통의 흐름이었다. 젊은 시인으로서의 나의 큰 고민 하나는 언제나, 단 한 편이라도 에스프리가 강한 것이 느껴지는 것을 작품에 담는 게 지상의 과제인 것인데, 뛰어난 화가들의 작업을 보면 그 에스프리가 급박하게 전달되어 오는 듯한 느낌을 받았다. 당대 화가 아니라도 앙리 루소, 뭉크나 키리코나 클림트(놀랍게도 클림트 같은 화가의 화집을 큰 서점에서 찾아도 잘 알아듣지 못했다)고 하는 화가들이 그런 느낌을 주었다. 개성 강한 유럽의 많은 시인들과 화가들의 친교와 예술 활동이 그런 영향을 준 것인지? 화가들의 작업엔 번역이 필요치 않아서 좋았다. 그러나 유럽 화단에서 아직 인정받는 우리 화가는 없는 듯했다. 김창렬은 빨리 번역 과정 없는 이웃 문화 영역에서 그 가능성을 인정받은 한국 화가인지 모른다. 어느 누구보다 시인들은 예민하게 그것을 지켜보았다. 아무튼 '60년대엔 시인과 화가가 친구로 지내는 것이 당연한 풍속이었던 것을 나도 종종 목도했다. 나중에 내 소설에 자주 화가가 등장하는 것도 그런 풍속의 영향을 받았던 듯하다.

사화집 모임에 초대받은 사람들은 그것을 은근히 긍지로 여기는 듯했다. 게스트로 오는 손님들에게 나는 노상 '막내'로 소개되었다. 자주 젊은 예술가들의 호기와 객담이 무르익었다. 나중에 생각하니, 그런 것들이 대개 박희진과 성찬경의 머리에서 어우러져 나온 것이었다. 그리고 출판계의 중견으로 실무에 종사하던 이경남 시인은 박희진과 성찬경에게 현실적인 면으로 도움 되는 역할을 떠맡곤 했다. 그는 6·25 때 황해도 구월산 유격대의 실무 부대장을 맡은 적도 있고, 작가 유주현의 인기 소설『조선 총독부』의 실제 집필자이기도 했다. 어느 한 번의 모임엔 아직 승복을 걸친 젊은 시인 고은의 모습도 보였다. 그는 나를 보자 대뜸 "파격적인 시풍의 시인 호영송을 여기서 만나는구나!"라고 해서 그 장면의 기억이 아직도 생생하다.

시사적詩史的 정리를 하려는 독자를 위해서 밝힌다. 1961년~1967까지 12집이 발행된 이 동인 활동에 참여한 동인 회원들은 다음과 같다. 강위석, 구자운, 김종원, 박성룡, 박재삼, 박희진, 범대순, 성찬경, 신기선, 이경남, 이성교, 이종헌, 이제하, 이창대, 이희철, 정현종, 허소라, 호영송 등. 제12집 수록 박희진의 종간사(자진 종간)는 동인지 발간의 우여곡절을 밝혀 준다.

시인 박희진은 별로 큰 키는 아니지만, 얼굴이 주는 단정함과 중후감이 인상적이었다, 그의 풍모는 '꽃미남'을 내세우는 요즘의 기준에는 잘 안 맞을는지 모른다. 그는 너무 중후해서 손해 보는 타입은 아니었을까? 친구들이 그에게 쉽게 가벼운 농담 같은 것을 걸지 못했다. 그 '60년대엔 6 · 25전쟁 이후의 아방가르드 같은 분위기도 있었지만, 반면 진지한 기풍도 뜨겁게 존재했다. 아무튼 당시 대폿집 모임은 곧잘 취하고 취하자는 분위기였다. 삼천포 출신의 박재삼 시인은 종종 일어나서 중남미 스타일(?)의 춤을 추어 좌중의 흥을 돋우곤 했다. 남자들끼리의 모임이라 더러 와이당도 돌곤 했는데 박희진은 한 번도 그런 와이당에 끼어들지 않았다. 본래 그런 성품인 데다가 그의 '문학예술'(주: 1950년대에 발행된 고급 문학지) 데뷔 때, 추천 시인은 문단의 큰 어른 같은 시인 조지훈이었다. 조지훈의 『지조론志操論』은 시작품들보다 널리 알려진 긴 논저인데 그것이 높이 평가되었다. 그 글의 필자가 엄정한 처신을 가졌기에 일반 지식인들에게까지 회자되었다. 조지훈은 실지로 조선 선비의 스탠다드에 무척 근접했을 것이다. 중년의 나이에 그 풍모나 언동이 좌중이나 상대를 압도하였다. 박희진은 어쩐지 조지훈과 비슷하게 경건주의에 기울어지는 품성이었다. 물론 이 경건주의는 억압적이거나 교조주의적인 것은 아니다. 그의 이런 품성은 그의 작풍作風에서도 느껴지는데, 육감적 자극에 빠지고 싶은 사람들에게는 코드가 안 맞을 것이다.

흔히 아들은 그 아버지의 흉을 보면서 닮는다고 한다. 나는 문득, 박희진 선생의 어떤 면을 닮을까 경계했다. 그 하나가 자존심이 무척 강하다는 것. 20대, 30대, 특히 내가 첫 소설을 발표하던 '73년부터는 되도록 겸허한 모습을 보이려 애썼다. 내가 기독교에 들어간 이후에도 당연하고 어려운 덕목은 '겸손'의 가르침을 실천하는 것. 그러나 박희진은 기독교인이 되지도 않았고 불교인이 되지도 않았다. 40대 이후의 박희진의 외로운 처신은 더욱 심화되었을지 모른다. 어떤 인기 작가나 시인은, 귀신이 보인다는 나이 40에, 일부러(!) 술을 내세워 '음란 선생'으로 지칭 받을 만한 기행을 하기도 했는데, 그는 누구와 음란에 빠졌다는 헛소문 하나 돌지 않았다. 이것은 맑은 물에 물고기가 꼬이지 않음 같다. 오로지 성찬경 같은 시인만이 꾸준히 서로 찾는 우정이었던 듯.

그들은 '60년대 한국 시단이 어지러울 만큼 복잡다사하면서도 반면에 가장 큰 한국시의 결핍은 사상적 메시지에 있었다고 보았다. 그런데 그는 한 무명 시학도의 시편에서 그것을 찾아냈고 평생의 지기知己 성찬경의 뜻을 묻게 됐다. 신진 시인들 그룹인『육십년대사화집』의 동인으로 제5집부터 참가하면 좋겠다는 회원들 합의가 있었다는 것. 그것은 기성 문단에 대한 비판과 적개심으로 차 있던 대학 1학년 연극(!) 학도 호영송의 심경에 큰 물결을 일으켰다.

나는 불火의 한복판에서

나의 살肉의 재를 보았다. – 호영송의 시 「불火 이후」에서

이 대목은 '60년대 시단에 큰 충격을 일으켰다. 으레 '신춘문예'나 문학지 추천으로 시단 데뷔를 하던 관습을 당당히 깬 것이다. 그 관행이 깨지는 과정에서 기존 멤버(시인) 하나와 신문기자(평론가)의 비판이 있었지만, 오히려 박희진을 중심으로 한, 처음 얼굴을 대하는 다른 동인들이나 다른 시단 사람들은 나를 뜨겁게 격려하여 주었다. 그 무렵부터 나 자신은 평생을 부단히 싸워야 할 명제를 받은 셈이다. '현대시학'지의 창간자이며 시단의 대선배인 전봉건 시인은 「상처와 영광」이라는 시론으로 젊은 시인들의 색채를 분석했다. 나는 클로즈업되기도 했다. 훗날 내가 '끊임없이 새 메시지를 보내려 하는' 기독교에 들은 것도 이 명제를 받음과 관계가 있을 것이다.

내가 십자가를 목에 건 사람이 된 것을 수연 선생은 당연한 귀결로 본 듯하다. 그런데 나는 죽음이 친구처럼 보이는 80대의 그에게 부활의 메시지를 전하지 못했다. 어느 저녁 식사 뒤, 나는 그의 집 소파에 나란히 앉아 있었다. 나는 그저, 슬슬 돌려서, "지금 이 순간에 하나님의 존재를 믿으세요?"라고 말했다. 그는 거의 폭발적인 큰 목소리로 외쳤다. "하나님이 안 계시다면, 어찌 이 우주만물이 생겨나며, 이런 기막힌 질서 순환 속에 존속하겠는가!" 둘만 있는 집안이긴 해도 그의 소리는 너무 커서 놀랐다. 나는 그 다음을 이어갈 생각이 없어졌다. 2015년 2월 13일, 내 마지막 그의 우이동 댁 방문 때의 일이었다.

2.

1950년대 말, 작가 황순원은 장편소설 『나무들 비탈에 서다』를 연재했다. 그 제목의 '비탈'은 한국전 뒤의 사회 상황의 불안정성과 고달픔을 암시했다. 당대에 작가 황순원은 사회의 폭넓은 존경을 받았고, 그가 재직하는 대학에서는 긍지로 여기고 은근히 얼굴로 내세웠다. 미당 서정주 시인이 동국대학교의 얼굴이었던 것처럼. 그런데, 지금 우리 '문학'에는 그런 큰 얼굴들은 안 보이고 문학은 마치 골목길에 쫓겨난 듯하다. 한국인들이 연신 세계의 중심에 들락날락하고, 한류 열풍도 대단하다지만, 한국 문학은 세계 문학의 바깥쪽에 머문다. 이제, 문학은 간절한 열정이 있는 사람이라야 힘껏 끌어안게 된다. 수연 박희진 시인은, 음지에 섰든 양지에 섰든, 80여 평생 시만(!) 끌어안았다. 노년에 이르러 더욱 맑은 영성의 시를 썼다. 문단은 그를 소 닭 쳐다보듯 했는지 모른다. 한 유력한 문학 출판사는 그더러 "나이가 너무 많다"는 구실을 대며 외면하기도 했다. 문학잡지의 책임자치곤 말솜씨도 없는 멋쩍은 대답이었다. 내향적이고 나이 먹은 시인은 외로움을 탔다. 그는 두이노 성이 주어졌다면 모든 것을 팽개치고 거기서 살려 했을 것이다. 그는 아마도 시인 라이너 마리아 릴케를 가장 사랑한 시인일는지 모른다. 다만 그는 독일어를 잘 몰랐다. 나는, 그가 죽음에 들기 전 '시인 릴케와 박희진의 밤'을 혼자 궁리해 본 적이 두어 번 있었다. 이후, 수연 선생의 건강이 좋았고 그의 삶이 계속되었다면 내가 추진했을지 모른다. 내가 라이너 마리아 릴케와 수연 박희진을 긴밀하게 연결시켜 보려 한 것은 두 시인의 삶, 삶을 존중하는 태도, 종내 시를 위해서만 살려고 한 그 순수성과 관련 있지 않을까?

"라이너 마리아 릴케는 단연 최고의 시인이야!"라고 그는 내 앞에서 외치기도 했다. 박희진은 평생 시에 붙들려 살았다. 다른 것은 욕심도 없었다. 유년기부터 '신통한 말들을 토하곤 했다는데'(박희진이 남긴 마지막 시집의 첫 작품 「시인의 유년시절」에서), 시와 맺어져 다른 무엇이 틈입할 수 없었던 삶을 산 그는 시를 사랑하는 이들에게는 즐거운 과제를 많이 남겨 준 시의 기인일 것이다. 그는 단순한 다작의 시인이 아니다. 그는 얼핏 보면 새롭지 않은 시인인 듯했으면서도 어느 시인보다 당대의 핵심어核心語를 정면으로 많이 끌어안은 시인이었다. 관념적이 아니라 실천적으로 현대 문명의 비인간적 요소를 비판했고, 자연, 소나무, 반문명, 은둔, 풍류… 등은 상당히 의미 있는 핵심어라 할 수 있다.

가령 은둔, 또는 은자는 퇴영적이고 비현대적인 언어로 보일 수 있지만, 아마도 영원한 현대어로 존재할 것이다. 박희진은 스스로 은둔자, 또는 은자로 자처하며 오래 깊은 탐구를 했는데,

> 곁에 은자가 즈무해 고요인 양
> 단좌하여 숨 쉬고 있는 것만으로도
> 나는 엄청 맑아진 공기를 느껴요. – 박희진의 시 「은자의 감화력」 서두

이 시는 은자의 소중함, 그 은둔적 존재가 현대 사회에 불가결한 존재임을 말한다. 참으로 미묘한 문제가 바로 우리 시대에 놓여 있다. 복잡다단한 현대 과학문명을 적극적으로 수용하는 지식인 타입(예를 들며, 7대의 컴퓨터를 쓰며 첨단 지식까지도 놓치지 않으려는 이어령)도 존중하지만, 또한 전자를 비판하고 자연 옹호 입장에 서는 지식인 타입(예를 들면, 휴대전화를 사용하지 않으며, 소나무를 찾아다니는 박희진)을 존중해야 된다는 이 모순적인 갈등 관계. 이 고통스러운 운명을

감수하는 것은 마치 ‘시지프의 바위’를 져야 하는 운명 같다. 시지프의 바위 비유는 이미 참신하지 않지만, 당대 지식인들의 갈등과 순응해야 하는 모습은 시지프를 연상시킨다.

박희진은 어떤 은둔자였는가. 평생 35권의 시집(주: 출판사들이 독자적으로 기획한 선시집과 산문집은 제외)을 냈지만 그중에 베스트셀러가 한 권도 없었다. 그나마 박 시인의 손을 탄 시집 중 스테디셀러(베스트셀러 아닌) 대열에 들어 있는 『기탄잘리』는 ‘노벨 문학상 최초의 동양인 수상자’라는 다소 민망한 타이틀의 타고르 원작의 번역이다. 그런데 이 시집은 지금도 곧잘 팔린다. 이 시들은 마치 박희진의 창작물 같다. 그는 스스로도 밝히곤 했지만, 구도적이며 명상적인 시인이다. 세계적인 시인 타고르 못지않은! 타고르와 박희진은 마치 혈연관계처럼 상통하는 면을 보인다. 바로 그런 점이 왜곡과 일탈의 현대인의 정서에 잘 맞지 않는 것 같기도 하다. 성한 새 바지를 일부러 찢어 입고 ‘똥꼬바지’를 우쭐대며 입는 시대, 미성은커녕 탁성濁聲이라야 재즈의 매력으로 치는 이 시대에 박희진은 너무 바르고 진지한 존재 아닐까? 그런데 그는 실상 엄숙주의자는 아니다. 한두 번 문인들의 예술원 회원 입회 자격에서 윤리 일탈 문제가 거론 되자 그는 그런 문제야 회원 자격의 본질은 아니라는 의견이었다. 의외로 대범한 태도였다. 그는 연애시집을 쓰기도 했다. 그는 평생 난해시를 혐오했다. 꾸준히 시낭송 운동에 참여하면서 귀로 듣기만 해도 이해될 시를 쓰려고 했다. 4행시, 1행시, 17자시 등 다양한 형태의 시도를 하기도 했다. 그의 시 형태 감각은 유연하였다. 박희진은 자기모방이나 매너리즘에 사로잡히곤 하는 시인들의 폐단에 빠지지 않으려 했다. 그는 ‘찬물 바가지 뒤집어쓰는 식’의 정진精進을 남모르게 계속했다.

그가 30대 초에 종종 이런 말을 한 것을 나는 기억한다.

"대예술가라면 70세나 80세까지 상승 곡선을 그리며 마침내 노경에 이르러서 긍정적 세계관을 펼치게 될 거야."

80대의 나이에도 시 한 편 쓰고 그렇게 아이처럼 의기양양하고 기분이 상승하는 것을 보면, 그가 젊은 나이에 이미 자기의 긴 인생의 구도를 길게 구상하고 있었다는 생각이 든다. 그가 말년에 한 외롭고 불편한 육체의 노인이 되긴 했어도, 그건 긴 인생의 한 장면일 뿐이었던 것 아닐까? 박희진의 시집들이 당대에 잘 안 팔렸다 해도 그건 중요한 문제가 아니다. 1,800편의 좋은 시를 쓰고도 시인들의 파티에 초대받지 못한 시인(주: 에밀리 디킨슨Emily Dickinson 1830~1886)이 미국 문학사에서 빛나는 것을 보면, 오히려 박희진은 행운 아니었나? 에밀리 디킨슨이 은둔자라면, 한 나라의 예술원 회원이기도 했던 박희진은 혹시 '엄살' 은둔자 아니었던가? 박희진은 에밀리 디킨슨에 관해서는 노코멘트였다

무엇보다도 다행한 점 하나. 시인 박희진의 노년기인 2007년부터 예술원에서 매달 보내 주는 돈으로 경제적인 흔들림을 면했다. 70년 동안 줄곧 가까운 우정을 나눈 성찬경 시인(주: 서울대 영문과를 1등으로 졸업한 그는 1960년대 전반기, 비정규직인 학원 영어 강사였으면서도 "혹시 거기 들어가서 스파이 짓이나 하라면 어쩌나 해서" 미 대사관의 정규직 좋은 자리를 스스로 사양했다.)이 내게 말하던 소리를 기억한다.

"희진이가 예술원 회원이 되어서 얼마나 다행인지!…"

박희진은 지난 2014년에는 불편한 몸으로 제주도에 가서 시낭송회를 열었다. 시 사랑은 여러 가지 불편을 넘어서게 했다. 그는 2015년

2월과 3월, 개인 시낭송 모임을 준비했다. 제자 곽희준이 경기도 일영에 출판사 사무실을 신축한 일의 축하와 격려를 겸해, 그 신사옥에서 시낭송 모임을 열기로 한 것. 이 모임은 병석의 은사 김규영에게 고마움을 전하려는 취지도 있었다. 중학 시절의 은사 김규영(주: 1919년생. 철학자. 학술원 회원, 한국철학회장 역임.)*은 첫날부터 예사롭지 않았다. 처음 보던 날, 김규영 선생은 교탁에서 고개를 숙인 채, 학생들이 인사를 마친 뒤에도 숙인 고개를 들지 않았다. 오히려 학생들이 스승의 절을 받는 형국이었다.

김규영 선생은 다음도 그 다음에도 정성을 다해 인사했다. 김 선생의 거동은 겸손하고 무슨 일에나 성심이 배어 있었다.

"저분이야말로 군자로구나!" 박희진 학생은 감동했다.

매년 설날이면 김 선생 댁에 찾아가 세배했다. 오랜 세월이 흐르고도 그랬다. 첫 시집 『실내악』을 출간할 때 그 시집에 '내게 처음으로 생生에의 외경을 깨닫게 하신 김규영 스승께'라는 헌사를 붙였다. 이 같은 헌사는 당시 한국의 문학서적에서 찾아보기 어려운 것이다. 예의를 꽤나 내세우면서도 중요한 정신적 노작에는 그런 헌사를 잘 붙이지 않는 풍속….

물론 성찬경도 그의 첫 시집 『화형 둔주곡火刑遁走曲』을 낼 때 김규영에게 헌사를 드렸다. 박희진과 성찬경 두 시인은 서로 존경하며 좋은 점을 권하고 배웠다. 그들은 '친구 따라 강남 간다'는 속담 이야기대로, 『육십년대사화집』 동인 시스템을 함께 이끌었고 1979년에는 '공간시낭독회'를 함께 창립, 운영해 왔다.

이 '공간시낭독회'는 2015년 5월 7일 창덕궁 옆의 '풍류'에서 〈수연 박희진 시인 추모 시낭독회〉를 열었는데, 그것이 제418차 모임이었다. 아마도 온 세계에서 이렇게 오래 지속된 시낭송회의 전통은 찾아보기 어려울 것이다. 박희진, 성찬경 두 시인과 가톨릭 원로 시인 구상具常이 주최자로 참여해 줄곧 이어 온 이 모임은, 이제 세 원로가 다 별세하고 저절로 세대교체를 하는 시점에 이르렀다. 특이한 가톨릭 시인인 이인평이 회장으로 모임을 이끌어 가고 있다. 한국 고유의 정형시인 시조가 조선조에 대중들 사이에 깊이 뿌리를 내렸던 점을 염두에 두면, 시낭송은 연면한 전통으로 정착될 조건을 갖고 있다. 그러나 아직은 시인들만을 위한 모임인 느낌도 있다.

박희진은 스승 김규영을 위한 시낭송회를 세심하게 준비했다. 작은 계획이지만 박희진이 기대에 부풀어 있던 어느 날, 소화가 잘 안 되는지 구토가 나고 어지러운 등 몸이 몹시 불편하였다. 2015년 3월 26일 저녁 식사 후였다. 다음날 아침에도 기력이 회복되지 않자 독신의 노시인은 조환수에게 전화를 걸었고, 전화를 받은 그는 강남에서 우이동까지 급히 달려왔다. 그는 동성고등학교 때의 제자인데, 그날 그 시간부터 시인의 임종 때까지 며칠간 스승 곁을 지켰다. '시인생각'이라는 출판사가 『항아리』라는 박희진 선시집을 낼 때는 조환수가 박희진 시인을 대신하여 작품들을 선정했다. 이것은 그가 박 시인의 시 세계를 두루 꿰고 있다는 것과 박 시인의 신임이 두터웠다는 뜻이다. 시인이 이 세상의 산소로 마지막 숨을 쉬던 그날까지 그는 잠이며 모든 일상생활을 떠나 오직 스승 일로만 진땀을 흘렸다. 2014년 여름, 조환수의 부친이 세상을 떠나던 때만 해도 그의 형제가 여럿이라서 겪지 않았던 험한 장면에도 부딪치고, 순간순간 어려운 결정을 내리기도 해야 했다. 그러나 지금 그는 외로운 스승을 위한 탄식을 할 겨를도 없었다.

며칠간 병원에서 살다시피 하고, 삼성병원 장례식장에 빈소를 차리기까지 그는 잠을 제대로 잘 수도 없었다.

고인의 뜻으로 가슴에 검은 상장을 단 옛 제자들은 대개 졸업기수도 다르고 나이나 사회 경력이 제각각이었다. 그렇게 제자들 여럿이 당연한 듯이 상제 리본을 가슴에 단 것은 드문 일이었을 것이다. 그들은 힘든 일을 분담하며, 정중하게 문상객들을 맞았다. 제자들은 고인의 유지대로 화장(벽제 승화원)하여 봉인사(경기도 남양주시)에 모시고, 불교식으로 49재도 치렀다. 절에서 장례를 한 것은 고인의 의사를 존중한 것이다. 봉인사 주지 적경寂鏡 스님은 동성고 제자였다. 그는 조환수와는 고교생 때의 동기이기도 했다. 수연은 생전에 몇 차례 봉인사를 찾고, 더러 유머러스한 담화를 섞으며 대화를 진행하곤 했다고 한다. 그런 스승을 닮아서인지 주지 적경 스님은 "절의 중들은 고객한테 서비스를 잘해야 하죠."라며 웃는다. 스님을 '서비스업자'라고 하는 말은 재미있는 해학이지만 어떤 종교인들의 권위주의적 태도에 대한 반성을 슬며시 담은 뜻도 있지 않을까. 폼 잡기 좋아 하는 스님은 입 밖에 내지 못할 말이다.

불교의 깊은 지식과 해학은 모르더라도

"츰부 츰부 츰츰부 아가셔츰부 바결랍츰부 … (중략) … 후루 후루 규루술 두미리 미리디 미리대 뷘자더 허러 히리 후루 후루루"

이런 식으로 이어지는 다라니경 같은 주문이나 독경을 듣고 있노라면, 슬픔이고 번뇌이고 죄다 잊어버리고, 허허허 웃음도 나온다.

문학 길의 제자도 아닌 사람들이 장례 때 여럿이 나선 것을 보면, 박희진은 동성학교 영어 교사 때에, 그가 스승의 도를 잘 보여주어 감동시켰나 보다. 혹은 제자들을 사로잡을 만한 무슨 매력이 있었던 것 같기도 하다.

나는 옛 스승 영전에 찾아와 한숨짓는 한 중견 기업인을 보기도 했다. (나는 동성학교 출신이지만, 박희진 교사의 수업을 직접 받은 적은 없었다.)

박희진이 별렀던 시낭송회에서는, 먼저 97세의 원로 철학자 김규영 박사(따님이 모시고 있음)에게 드리는 박희진의 시가 읽혀졌다. 그 뒤에, 박희진의 여러 편의 시를 참석자들이 돌아가며 읽었다. 시낭송 사이사이 진솔한 추모담도 나왔다. 이 세상에서 좋은 시 쓰는 것을 최선의 삶이라 여긴 시인을 위한 그 봄날 저녁 모임은 그윽한 분위기에서 진행되었다.

박희진은 불교인은 아니었다. 머리를 밀거나, 독거하는 자택에서 처사處士처럼 한 일도 없었다. 단지 작은 부처님 상 정도는 누가 선물로 가져와 거실에 놓기는 했을 뿐. 예전에 성철 스님을 해인사로 찾아가 3천배를 했다 해도 그것은 인생에 대한 그의 탐구의 태도였으리라. 한때 그는 전국의 유명 사찰을 답사했다. 불교인들과의 교분도 더러 있었다. 옛날, 내가 젊은 시인 박희진과 시내 나들이를 하던 중, 그가 어느 서점에서 한 스님과 만났다. 그 스님이 사라진 뒤, 박희진은 내게 일러주었다. "지금 그 친구가 법정이야." 법정은 젊은 날에도 잡지의 필자로 종종 등장하여서, 나도 그의 이름은 알고 있었다.

두 사람은 다른 분야에서 살아 왔지만, 삶의 중요한 면모에서 서로 비슷한 면이 있다. 한 사람은 불교 승려로서 구도의 삶을 살았다. 큰절의 주지라든지 엄청난 재산권 행사를 할 기회가 품안에 들었는데 옆으로 넘겼다는 이야기도 유명하다. 더욱이 놀라운 일은 잘 팔리는 책들의 출판권을 스스로 죽여버림(!)으로써, 1964년 노벨문학상 수상의 영예를 스스로(!) 거부한 작가 장 폴 사르트르도 놀랄 일을 '실천'한 것이다. 시인 박희진도 평생 시인으로 살았지만, 혼자 살고 구도적인 면모를 지켰다. 그는 무슨 개량 한복 같은 것을 입고 나서지는 않았다. 한편 그는 전국의 잘생긴 소나무들을 찾아다니고 어떤 책을 온통 소나무 예찬으로 채우기도 했다. 그가 받은 상 중에서 '녹색 문학상'(2011년, 제1회)은 참으로 마땅하고 잘 어울리는 상이었던 듯하다.

그의 만년, 집에서 전화벨이 보통은 3~4분은 울려야 했다. 휴대전화를 소유한 일이 없는 그는, 감각 없는 왼쪽 다리를 끌면서 오래 걸려서 재래식 전화기 옆으로 갔다. 백발의 노시인은 그의 흰 수염은 좀 아낀 듯하다. 반면에, 피가 안 통해서 차가운 그 왼쪽 다리는 외로운 그의 삶에 혹처럼 붙어 있어서, 삶이 갖는 불편함과 외로움을 상징하는 듯했다. 그는 거의 10년 동안, 그 다리를 끌며 하루 한 끼 정도는 동네의 국숫집이나 중국음식집 등을 찾았다. 그것은 부족한 운동을 때우는 방법이기도 했다.

그가 무척 존경한 스승 김규영은 가톨릭 신자이었다. 70년 동안 깊은 우정으로 지내 온 시인 성찬경도 독실한 가톨릭, 그리고 박희진의 중요한 시 「방 안드레아 신부」, 「프란치스코 교황의 한국 방문」(주: 생전에 마지막으로 발표한 5편 중 한 편)을 보면 그도 가톨릭일 것 같은데, 그는 가톨릭이 아니었다. 아니, 기성의 어느 종교 신자가 아니었다. 꼼꼼한 그 성품대로 이미 연전에 서울대학교 미술대 조소과 교수인 제자 신현중에게 시비 디자인을 맡겼고, 봉인사 경내에 그 시비가 세워졌으나, 불교인도 아니었다. 경도硬度 높은 오석을 쓴 이 비석은 앞으로 시비의 한 모델이 될 수 있을 만큼, 우아하고 품격도 좋다.

그의 용의주도한 성품을 잘 보여주는 실화 하나만 더 말해 두자. 그는 노년기에 살던 집(우이동 소재 40평 빌라)과 수천 권 장서(몇 년 전에 그의 장서 1만여 권이 기증 등으로 처분되어 2015년엔 수천 권 정도), 그리고 약간의 미술 수집품을 남겼다. 재산 처리나 다른 기념사업 등은 앞으로 6인의 제자들로 이루어진 기념사업회 제자들의 모임에서 협의 처리될 것이다. '박희진시인기념사업회'는 곽희준, 최동락, 이인평, 이희중, 김종태, 조환수 등 6인을 운영위원으로 하고 있다. 고인이 생전에 직접 인선한 사람들이다.

동성학교 제자이며 소문난 애서가인 변호사 김종태는 고인의 의사에 따라 이미 유언장을 작성하여 두었다. 이 특수한 조건(고인이 평생 독신 생활을 영위, 처자를 두지 않은 상태를 말함)에서 만사를 스무드하게 처리할 방안이 필요하다고 생각한 박희진이 그 나름으로 미리 대비한 것이다.

3.

박희진의 두 번째 시집『청동시대』가 나온 뒤, 내가 그 책을 동국대 유치진 교수에게 전했다.

"박 시인이 아주 잘생겼네."

연출가, 극작가로서 그 당시의 톱클라스 연극인이나 배우를 많이 발탁하고 지도한 적이 있는 그는 흔히 경상도 남자들의 무뚝뚝함과 달리 말은 부드럽고 자상한 느낌을 풍겼다.

"그런데 이 시인, 장가는 들었어?"

우리는 함께 웃었다. 내가『육십년대사화집』동인이 되고 박희진 시인을 자주 만나자, 다른 이들은 종종 질문을 했다.

"희진이는 언제 장가간대요?"

"어, 저, 그런 말씀 못 들었어요."

요즘은 우리 사회도 '사생활' 개념이 확실해지고, 독신자가 늘었지만, 그 시절만 해도 우리 사회는 결혼 문제를 남들이 더 중요한 화제로 내놓았다. 더욱이 박희진은 잘생긴 데다가 건강하며 직장도 확실하겠다!… 그가 잘생겼다는 것은, 요즘처럼 '꽃미남' 선호가 없었기 때문인지, 좋은 골격에다가 얼굴에 살집이 좋고 피부가 멀끔한 것을 말한다. 그의 제자들은 지금도 교실에서 가르치던 박 선생의 멋있는 모습을 웃으며 회상한다.

박희진은 결혼 문제를 절실한 것으로 여기지 않았다. 친한 친구 성찬경이 명동 성당에서 36세로 늦결혼하게 된 경우에나, 연소한 내가 그의 앞에 청첩장을 내놓았을 때도 자신의 결혼관 같은 것은 말한 적이 없었다. 유명한 작가 카프카는 두 차례나 파혼했다. 두 차례 다 정상적인 연애였다. 그런데 카프카는 두 여자에게 약혼 중에 파혼을 선언한 것이다. 그 이유는 간명했다.

"내가 결혼하면 가정에도 충실할 수 없어요. 물론 문학에도 집중할 수 없을 것이고. 그러니 결혼을 그만둡시다."

같은 방식으로 두 번이나 파혼한 그는 꽤나 우직한 작가였다. 무슨 근사한 이론을 갖다 붙이지도 않았다. 박희진은 처음부터 약혼도 결혼도 안 했으니 카프카보다 더 사려 깊은 예술가인 셈이다. 옆으로 휘며 곡선적 인생살이에 능한 눈으로 보면 박희진은 너무 경직되고, 가까운 이웃으로 하기엔 얼마간 부담스럽기도 하리라.

나는 그 시인과 나의 고등학교 시절부터 가까이 지냈고, 말년에도 종종 만났었지만, 그가 단 한 번도 내 가족, 주변 사람의 안부를 묻지 않았다. 이 점은 그와 다른 스타일로 살아온 평론가 이어령의 경우도 마찬가지이다. 이어령은 누구에게나 주변 사람의 안부 같은 것을 묻는 일이 없었다. 이런 점이 그가 차가운 사람으로 보이게 하는 데 큰 부분을 차지했으리라. 특히 한국 사람들은 적당히, 슬쩍 상대방의 사생활을 침해해 줄 때 허물없는 사이라고 은근히 좋아하는 면이 있다.

박희진과 이어령은 서로 판이한 듯하지만, 공통되는 점이 또 있다. 박희진과 이어령은 사람들이 문학 이야기에 그만 싫증을 낼 때, 더욱 신나게 열을 낸다. 팔순에도 문학청년 같은 그 사람들! 그 외에 닮은 점. 평생 와이당 같은 걸 해 본 일이 없는 것도 닮았을 테지만, 각각, 문학은 "내가 최고"라는 자부심! 따지자면 박희진은 이미 중학생 시절에 당시 최고의 시인이라는 명성을 누린 정지용鄭芝溶의 칭찬과 격려를 받은 일이 있고, 1955년 '문학예술'지로 데뷔하던 때 조지훈, 이한직 같은 대가들의 까다로운 눈을 거쳤다. 또한 이어령은 문단 데뷔 전후에 기성 문단이 떠들썩할 만큼 공격적인 나팔 소리를 울리며 진격하였다.(주: 민음사 간행 한운사韓雲史 회고록『구름의 역사』109페이지 참조)

그 두 사람의 그런 높은 자존감은 두 가지 측면이 있다. 알바트로스라는 큰 새가 하늘에 떠올라 유유히 날고 있을 때 보기가 좋은데, 오르고 내리는 그 새는 누가 보아도 어색하다. 그들에게도 알바트로스의 약점 같은 게 있었다.

내가 우이동 '솔밭 공원'을 지나서 박희진 선생 댁을 방문할 때 지닌 문제들은 이러했다.

첫째, 내가 여러 해 동안 박희진을 댁으로 찾지 않았던 이유를 어떻게 설명해야 하나? 나는 이미 지난 일이었으나, 박희진은 한 시대의 시인으로서 히스토리컬 센스historical sense가 희박하며 자기애에 너무 집착하는 것 아닌가 하는 회의가 심하였다. 한번은 그가 우이동 지역의 생태환경 보호를 위해 주민들의 연기명連記名 서명 운동을 받는다는 소식을 듣고 “박 선생님의 태도가 달라졌나 보다.” 하고 반가워한 일이 있을 정도였다.

둘째, 이미 80대의 나이에 보행도 어려운 그를 안전하게 돌봐 줄 사람들은 누가 있을까? 2013년 4월에 나는 옛 동인 강위석 시인(주: 박두진 시인 추천으로 데뷔. 국제상사 전무로 근무하던 중 그룹이 해체되어 그만두기도 했으나 한때 부탄 국왕의 경제고문을 함)의 늦은 첫 시집 발간을 축하하려고 시인 성찬경과 모임을 약속했다. 그런데, 갑자기 2월 어느 날, 성찬경 시인 별세 소식을 들었다. 나는 한 잡지에 추도문을 썼다. 이어, 나는 “이제, 독신으로 사는 박희진 시인을 이제라도 보살펴 드릴 사람이 있어야 하는데!” 하는 걱정을 했다. 그런 뒤, 두 달에 한 번은 우이동 댁을 방문하고 시인의 문학 이야기 상대가 되려 했다. 그래서 노상, 점심 식사도 저녁 식사도 함께 했다. (내가 멀리 하남에 살기에, 그를 자주 못 찾아가는 게 안타까웠다.)

이제는 여기쯤서 밝히자. 혼자 살아오고 여럿인 조카들과도 거의 연락이 두절된 채 지내고 있다(우이동 댁 방문 때 몇 차례나 노시인은 내게 그렇게 말한 적이 있었다)는 박 선생님의 일로 나는 2013년부터 고민했다. 노시인이 혹시 노여워할까봐 문제 제기도 못하던 어느 날. 그날 노시인은 자연스레 자신의 시론집『상처와 영광』을 내 앞에 내놓았고, 그 책에 여러 편 글을 올리고 있는 조환수라는 생소한 필자에 대한 문답이 주로 펼쳐졌다. 그에 대해 묻고 답하다가 마침내 나는 그와 전화 통화도 하였다. 제자 조환수에 대한 박 선생님의 큰 신뢰를 안 것은 그때가 처음이었다. 조 후배와 나는 피차간 해외여행으로 시간을 못 맞추다가, 2015년 1월 21일 올림픽 파크텔 커피숍에서 비로소 만났다. “박 선생님이 이미 노경이고, 혹시 어려운 일이 생기면 어찌 감당하랴?” 하고 내가 의논을 청했다. 그런데, 나보다 20년 가까이나 연소한 그는 담담하며 침착하기가 남달랐다. 내가 전에 고등학교 후배인 영화배우 안성기 씨와 만나고 인터뷰 기사를 쓴 일이 있는데, 그때 10년 후배인 안 배우가 오히려 내 선배 같은 느낌에 크게 감동했다. 그 비슷한 감동을 바로 동문 후배 조환수 씨와 만나면서 경험하였다. 내 느낌은 “박 선생님에게 저런 믿음직한 제자가 있는데, 이제야 그걸 알았네!”였다. 나중에 보니, 박 선생님 60회 환갑 기념 모임(1991년, 인사동)을 진행하던 때의 기념사진 속에 아직 젊은 조환수 씨를 찾아내기 했다. 조환수 씨와 만나 안심하게 된 일을 박 선생님에게 알렸다.

셋째, 내가 근년에 ‘이어령 평전’을 쓰게 된 이유를 쉽게 설명할 방법은 무엇인가? (내 책 『창조의 아이콘 이어령 평전』은 2013년 10월 출간됐다.)

나는 문단 생활을 일찍 시작한 데다가 문학잡지, 출판사 일 등을 하면서 문인들의 사생활이나 성품들에 관한 숱한 이야기를 알고 있었다. 박희진과 이어령은 동년배 문인이나 서로 적대적 관계도 아니지만, 우호적일 수도 없는 관계였다. 그런데 나는 두 분 모두 개인적으로 존경하는 분들이기도 해서 만일 한자리에 그들이 있다면 내가 다소 난처할 듯했다.

당대 문학인들이 상대방을 인식하거나 평가할 때, 순간적인 감정이

나 편견에 의한 경우가 많다는 것은 국내외를 막론하고 상식이다. 박희진의 시를 비평가 이어령이 좋게 평가한 적이 없다. 내가 이어령 평전을 출간했다는 사실을 박희진에게 설명하는 데는 무려 서너 달 이상의 긴 시간이 걸렸다. 어느 날, 내가 설명을 마친 뒤, 수연은 이렇게 말했다. "어쨌든 이어령 씨가 공격적 이미지를 가진 것은 사실 아닌가?" 나는 별 수 없다는 생각이 들었다. 그래서 나는 문제의 내 책을 끝내 보이지 못했다. 그 책은 더 나가서 소위 한국 문단을 주도하는 비평가들의 문제점을 비판하기도 했다. 세칭 '창비학교', '문지학교'의 문제점을 드러낸 것이다.

나는 문득 내 속 깊은 곳에서 떠오르는 이상한 소리를 들었다. 아마 '그'가 내 딴지를 걸고 있는 것이다. (내게는 어쩌다 그의 이상한 존재의 소리가 들려온다. 나는 그에게 더러 도움도 받고 더러는 골탕도 먹는다. 감히 말하자면, 소크라테스 같은 위대한 학자도, 다른 사람의 눈에는 뵈지 않는 누군가와 말씨름을 하는 일이 있었다고 하지 않는가!… 아, '갑론을박'의 짓궂음이여!)

"왜 유별나게 자존감 강한 선배들 옆에서 그들의 비위를 맞추려 하는가?"

"아니! 비위를 맞추려는 게 아니다. 내가 이미 세상을 떠났거나, 머잖아 죽음을 맞을 어르신들의 비위를 맞추어 뭣 하겠어?"

"그건 그렇군…"

"종적縱的인 흐름 속에서, 우리 앞의 세대를 잘 이해하기 위해, 또한 그들의 노고에 경의를 표할 것은 표하고 잘못이 있다면 그것을 밝혀 두려는 것이다. 굳이 말하자면, 우리가 살아온 이 험난한 시대에 대해

대차대조표를 작성해 두는 것이다."

"굳이 그런 사명을 맡은 듯이 해야 하나?"

"우리는 아버지나 할아버지가 물려준 재산이나 그들이 가르쳐준 것을 가지고 살아가면서, 혼자선 불평을 말하고, 다른 이들 앞에선 존경하는 포즈를 취하곤 한다. 위선적 구조를 못 벗어나고 있다. 까놓고 말하자! 우리 문학에선 종종 김동리, 황순원을 이야기했는데, 그들의 광범하고 깊은 영향력에 상응하는 전기傳記 작품이 제대로 나온 게 있나? 자서전적인 거야 본인들 몫이라 하지만 객관화 과정을 거친 것은 고사하고, 해바라기 성향의 기록이라도 제대로 나왔나? … 그리고 근대近代 이야기를 하자면, … 그럼, 이제 백범 김구 이야기를 해 보자! 그 유명한 김구의 자서전 『백범일지白凡逸志』란 책의 '진실은 1할이고, 뻥튀기 한 것이 9할'이라는 한 연구자의 저서 『김구 청문회』가 출판(주: 문화일보는 2014년 8월 6일 '백범 김구의 자서전의 허구성'이란 헤드라인으로 김상구의 신간 저서 출판을 보도함. 같은 시기의 연합뉴스 등 참조)되어 하나의 보편성을 얻은 우상을 타파하려는데, 왜 이 런 문제를 모른 척하고 있나? 김구 연구자 도진순 교수 등이 책의 진실성을 전적으로 부정하지 못하는 판인데, 왜 지식인들이 가만히 있나? 김구의 『백범일지』에서 한국 현대사의 여러 문제들이 덩달아 우쭐우쭐거렸고, DJ와 YS 등 당대를 쥐락펴락하던 지도자들이 모두 백범 앞에서는 고개를 숙였는데, 왜 지금은 모두 모른 척인가? 춘원 이광수의 친일 문제는 거침없이 파고들면서, 백범의 자서전의 정도 이상의 미화 작업은 왜 모른 척하는가? 작은 불씨 하나 무시하다가 곳간이 죄다 불탈 수도 있지 않나?"

"그렇게 떠들면…"

“적당히 넘어가자는 이야기인가? 그럼, 축구단체 FIFA의 블래터 회장은 왜 물러나 조사 받나?”

“시인 박희진의 자존감 이야기가 이상하게 번지는군!”

“사실, 박희진은 우리 사회의 좌파 우파, 진보파 보수파 문제에 대해 기준도 가지고 있었고 그 나름의 판단이 있었지. 다만, 박희진은 어떤 문젯거리는 별 수 없이 그 분야 전문가들에게 맡겨 주자는 것 같았어.”

“전문가들?…”

“박희진 자신은 시의 전문가였고, 시와 알콩달콩하며 사는 그것으로 행복했을 거야.”

실제로 박희진은 그의 시에서처럼 ‘백만 송이 붓꽃’이 ‘군락을 이룬’ 곳(박희진 시 「백만 송이 붓꽃 군락」에서)에서 지금 꽃들과 어우러져 있거나, ‘지상의 바람은 하늘로 불어가고, 하늘의 바람은 지상으로 불어와서, 서로 얼싸안고 하나를 이루는 곳’(박희진 시 「지상의 소나무는」에서)에 머물고 있을지 모른다.

여기에 신라의 고운 최치원의 ‘풍류風流 사상’도 좀 배어 있다. 프랑스의 대시인 폴 발레리의 ‘바람이 분다. 살아야겠다.’와는 또 다른 정신세계! 그 세계에 대한 탐구는 중요한 가치가 있지 않은가?

* 필자의 말 : 수연 선생의 장례식이 끝난 직후였다. 문인협회 신임 이사장 문효치 씨(시인)가 내게 직접 전화해 단편소설을 청탁했다. 나는 박희진의 파노라마를 떠올렸다. 전기소설 「은둔의 성에 사는 시인」은 바로 쓰이고 발표(‘월간문학’ 2015년 8월호)되었다. 다양한 전기 문학을 시험해 오던 내게 그 작업은 더욱 의미가 컸다. 이 지

면에서는 내용을 좀 추가했다. 아마 문인협회의 문 이사장은 내가 청탁에 너무 순순히 응하는 게 이상했을지 모른다. 1960년대 한국 시단의 한 정경이 살아나기를 바란다.

* 철학자 김규영 선생은 이 글이 발표된 뒤인 2016년 1월 3일 별세하였음.[편집자]

제4부 연보 및 문학 세계
인간 그리고 우주와 영통하다!

저 히말라야의 냉엄한 설백雪白을 보라.
인간은 저렇듯 정화될 수도 있다.
저 태평양의 쉴 새 없는 무궁동無窮動 보라.
인간은 저렇듯 출렁일 수도 있다.
저 밤하늘 별들의 고요 보라.
인간은 저렇듯 침묵할 수도 있다.
왜 고요는 빛이 되고 빛은 고요 되는지.
저 팍팍한 사막은 여전히 입 다물고 있지만
보라, 느닷없이 방울뱀 한 마리 기게 하는 것을.
그 방울뱀 소리 온 우주를 진동케 하는 것을.

–「자연과 인간」(유고 시집 『니르바나의 바다』) 전문

연보

1931년 12월 4일(음력 10월 25일) 경기도 연천에서 박염하朴濂夏와 이군자李君子의 7남매 중 여섯째(셋째아들)로 태어나다. 초등학교 1학년 때 서울로 전학하다.

1947년 정지용이 논설주간으로 있던 경향신문 2월 26자 투고 작품란에 실린 만 15세 박희진 소년의 「그의 시」가 그 표현과 사유의 조숙함으로 문단에 큰 화제를 불러일으키다. 나중에 비평가 김동석이 이 작품을 자의적으로 해석하여 쓴 비평서를 냄으로써 또 한 번 문단의 화제가 되기도 했다.

1955년 3월 보성 중학교(6년제)를 거쳐 고려대학교 영문학과를 졸업하다. 보성 중학교 고학년 때부터 시인 성찬경, 소설가 서기원과 친교를 맺다. 이 해에 이한직 · 조지훈의 추천으로 '문학예술'지를 통해 문단에 나오다.

1959년 라빈드라나드 타고르의 시집 『기탄잘리』를 번역하여 양문문고에서 출간하다. (이후 20여 년 동안 절판 상태에 있던 이 시집은 1982년 홍성사에서 수정판을 내 22쇄까지 찍었으며, 2002년부터는 현암사에서 내다가, 2015년 1월 서정시학에서 최종 수정판을 내었다.)

1960년 11월 첫 시집 『실내악』을 사상계사에서 5백 부 한정판으로 간행하다. 같은 해 4월 동성 중고등학교 영어 교사로 취임하여 이후 1983년 12월까지 23년간 근속하다.

1961년 시 동인지 『육십년대사화집』을 출범시켜 1967년 종간호(제12집)가 나올 때까지 주도적으로 이끌다. 『육십년대사화집』은 당대 한국 문학계에 새로운 지성적 바람을 불러 일으켰으며, 이후 새로운 여러 동인지가 나오게 하는 기폭제가 되었다. 한국 문학사상 최장수 동인지로 알려지기도 했다.

1965년 9월 제2시집 『청동시대』를 모음출판사에서 간행하다. 그 기념으로 신문회관 강당에서 '박희진 자작시 낭독의 밤'을 열다.

1968년 5월 신문회관 화랑에서 '박희진 시미전詩美展'을 열다.

1970년 4월부터 매주 화요일 저녁 4회에 걸쳐 명동의 까페 떼아뜨르에서 '박희진 성찬경 2인 시낭독회'를 열다. 연출가 김정옥(훗날 대한민국예술원 회장)이 연출을 맡다. 11월 제3시집 『미소하는 침묵』을 현대문학사에서 간행하다. 같은 해 부모님, 형님 가족들과 대가족으로 살던 서울시 성북구 하월곡동 88-173 단독주택에서 서울시 성북구 안암동 4가 23-3 안암 맨션아파트 309호로 이사해 독립생활을 시작하다.

1975년 미국 아이오와대학교 '국제 창작계획' 4개월 과정을 마친 다음 프랑스, 영국, 이탈리아, 일본을 순방하고 이듬해에 귀국하다.

1976년 9월 제4시집 『빛과 어둠의 사이』를 조광출판사에서 간행하다. 이 시집으로 제11회 월탄 문학상을 받다.

1979년 4월 구상 · 성찬경과 함께 '공간시낭독회'를 창립하여 2015년 3월 별세할 때까지 상임 시인으로 참여해 오다. 12월 제5시집인 민요시집 『서울의 하늘 아래』를 문학예술사에서 간행하다.

1982년 5월 제6시집 『사행시 백삼십사편』을 삼일당에서 간행하다. 10월 제7시집 『가슴속의 시냇물』을 홍성사에서 간행하다. 12월 오랫동안 절판되었던 타고르 시집 『기탄잘리』를 개역하여 홍성사에서 간행하다.

1983년 12월 23년간 근속해 온 동성 중고등학교를 사임하고 이후 집필 생활에만 전념하다.

1984년 약 1개월간 인도를 여행하고 스리랑카와 태국을 둘러본 후 귀국하다. 또 프랑스, 이탈리아, 요르단, 인도를 여행하다.

1985년 8월 제8시집 『아이오와에서 꿈에』를 오상사에서 간행하다. 11월 제9시집 『라일락 속의 연인들』을 정음사에서 간행하다. 12월 제10시집 『시인아 너는 선지자 되라』를 민족문화사에서 간행하다.

1986년 5월 16년 동안 살던 서울시 성북구 안암동 4가 23-3 안암 맨션아파트 309호에서 서울시 도봉구 쌍문1동 524-87 우이빌라 3동 303호로 이사하다. 12월 첫 시 선집 『꿈꾸는 빛바다』를 고려원에서 간행하다.

1987년 9월 둘째 시 선집 『바다 만세 바다』를 문학사상사에서 간행하다. 같은 달 창무회創舞會 특별 기획 '시와 무용의 만남'의 하나로 시 「메아리 애가」에 임현선이 안무하여 '창무춤터'에서 3일간 공연하다.

1988년 시 「지리산시초智異山詩抄」로 제8회 현대시학 작품상을 받다. 1월 아시아 시인 회의 대중臺中 대회 참석차 대만을 다녀오다. 5월 제11시집 『산화가散花歌』를 불일출판사에서 간행하다. 11월 창무회 특별 기획 '춤과 미술과 시의 만남'의 하나로 「빛과 어둠의 사이」에 이애현이 안무하여 '창무춤터'에서 3일간 공연하다.

1989년 3월 호암 아트홀에서 열린 재미 무용가 아이리스 박의 공연에 초청되어 아이리스 박이 춤추고 있는 무대를 종횡으로 누비면서 자신이 번역한 타고르의 『기탄잘리』에 나오는 시 10여 편을 낭독하다.

1990년 6월 첫 수필집 『투명한 기쁨』을 도서출판 산방에서 간행하다. 12월 제12시집 『북한산 진달래』를 같은 곳에서 간행하다.

1991년 제12시집 『북한산 진달래』로 제23회 한국시인협회상을 받다. 7월 상해上海, 장춘長春, 연길延吉, 용정龍井, 북경北京, 서안西安, 계림桂林, 광주廣州, 항주杭州, 소주蘇州 등 중국 10여 개 도시를 여행하다. 이때 처음으로 백두산에 오르다. 11월 제13시집 『사행시 삼백수』를 도서출판 토방에서 간행하고, 연거푸 화가 이호중의 협력으로 시화집 『소나무에 관하여』를 도서출판 다스림에서, 첫 시집 『실내악』의 재판을 도서출판 하라도서에서, 시 선집 『한 방울의 만남』을 미래사에서, 둘째 수필집 『서울의 로빈슨 크루소』를 도서출판 책세상에서 간행하다.

1992년 7월 모스크바에서 열린 민족문학 발전을 위한 학술회의에 참가하여 동포 문인들과 교류하고, 특별 시낭독회에 초청되어 많은 해외 동포 앞에서 시를 낭독하다. 이어 러시아, 카자흐스탄, 헝가리, 체코슬로바키아, 독일을 여행하다.

1993년 '우이동 시낭송회'에 상임 시인으로 참여하기 시작하다. 10월 제14시집 『연꽃 속의 부처님』을 도서출판 만다라에서 간행하다. 11월 미국 서부를 여행하다.

1994년 우리나라 명산고찰을 탐방하기 시작하다. 이후 3년 동안 전국의 220여 사찰을 방문하여 250여 편의 사찰시寺刹詩를 쓰다.

1995년 12월 제15시집 『몰운대의 소나무』를 시와 시학에서 간행하다.

1997년 4월 하순부터 1개월간 제주도 성읍에 있는 사진가 강태길의 자택에 혼자 머물며 제주도의 풍광 속을 누비다. 이때 사진가 김영갑이 교통편 제공 등 각종 수발을 들어 주다. 9월 제16시집 『1행시 7백수』를 예문관에서 간행하다. 10월 제17시집 『문화재, 아아 우리 문화재!』를 효형출판에서 간행하다. 이 해 후반부터 시인 이생진과 동행하여 섬을 찾기 시작하다. 사진가 김영갑과 함께 시화집 『삽시간에 붙잡힌 한라산의 황홀』을 도서출판 하날오름에서 간행하다.

1999년 5월 제18시집 『백사백경百寺百景』을 불광출판부에서 간행하다. 10월 문화의 날에 대한민국 정부로부터 보관 문화훈장을 받다. 12월 제19시집 『화랑영가花郎靈歌』와 제20시집 『동강 12경』을 수문출판사에서 간행하다.

2000년 3월 카트만두에 거주하는 시인 김홍성의 초대로 최동락, 문병옥과 동행하여 1개월간 네팔을 여행하다. 5월 제15회 상화尙火 시인상을 받다. 6월 두 번째로 중국에 가 상해, 계림 등지를 둘러보다. 12월 제21시집 『하늘 · 땅 · 사람』을 수문출판사에서 간행하다. 12월부터 이생진과 둘이서 인사동 '아트사이드'에서 월례 '인사동 아트사이드 시낭송회'를 시작하다.

2001년 12월 제22시집 『박희진 세계기행시집』을 도서출판 시와 진실에서 간행하다.

2002년 1월 타고르 시집 『기탄잘리』의 두 번째 개정판을 현암사에서 간행하다. 5월 절판 되었던 제14시집 『연꽃 속의 부처님』을 도서출판 시와 진실에서 재출간하다. 6월 29일 성균관대학교 퇴계인문관에서 열린 한국철학연구소 제4회 학술 문화 강좌에서 '풍류도에 대한 시적 이해'를 주제로 학술강연을 하다. 8월 중국 산동성 제남齊南, 곡부曲阜 등지를 둘러보다. 11월 제23시집 『사행시 사백수』를 도서출판 시와 진실에서 간행하다. 연말에서 이듬해 연초에 걸쳐 이집트, 그리스를 여행하다.

2003년 1월 '인사동 아트사이드 시낭송회' 장소를 '시인학교'로 옮기고 명칭을 '인사동 시낭송회'로 바꾸다. 6월 25일 '문학의 집. 서울'에서 열린 제32회 수요 문학 강좌에서 '혼돈과 창조 – 내 문학의 뿌리'를 발표하다. 7월 제24시집 『1행시 960수와 17자시 730수 · 기타』를 도서출판 시와 진실에서 간행하다. 8월 일본의 아름다운 숲 탐방차 아카사와 자연휴양림과 교토 기타야마의 삼나무 숲을 둘러보다. 이때 고찰 광륭사廣隆寺와 법륭사法隆寺도 방문하다.

2004년 3월 절판되었던 시화집 『소나무에 관하여』에 논설 '소나무를 한국의 나라나무로'를 추가하여 『내 사랑 소나무』란 이름으로 도서출판 솔숲에서 재출간하다. 8월 중국 상해를 거쳐 무이산武夷山을 찾아 주자朱子 묘소를 방문하다. 이어서 같은 달에 중국 청도靑島 대학에서 개최한 한중 현대시 세미나 및 시낭송회에 참가하다. 9월 박희진 시 전집 1권인 『초기시집』을 도서출판 시와 진실에서 간행하다. 10월 『초기시집』 출판기념회를 종로구 수송동의 '쟈콥'에서 열다. 제25시집 『꿈꾸는 탐라섬』을 도서출판 시와 진실에서 간행하다.

2005년 3월 3일 프레스센터 기자회견실에서 열린 '죽어 가는 소나무를 살리기 위한 긴급동의'('솔바람 모임' 주최)에 발기자 및 동의 제출자로 참여하다. 5월 금강산을 관광하다. 7월 박희진 시 전집 2권인 『중기시집』을 도서출판 시와 진실에서 간행하다. 8월 포르투갈, 모로코, 스페인을 여행하다. 9월 제26시집 『소나무 만다라』를 도서출판 시와 진실에서 간행하다. 같은 달 30일 국회 의원회관 소회의실에서 열린 '나라나무 소나무 지정을 위한 정책 토론회'에 주제 발표자의 한 사람으로 참가하다. 10월 박희진 시 전집 3권인 『후기시집 Ⅰ』과 4권인 『후기시집 Ⅱ』를 도서출판 시와 진실에서 간행하다. 영역 시집 『동해의 일출Sunrise over the East Sea』을 고창수 번역으로 미국 뉴저지의 호마 앤드 세키 북스Homa & Sekey Books 출판사에서 간행하다.

2006년 4월 중국 항주를 거쳐 안휘성安徽省 황산黃山을 탐방하다. 6월 중국 장춘, 연길, 심양瀋陽 등지를 경유하여 백두산에 오르다. 11월 제27시집 『섬들은 외롭지 않다』와 제28시집 『이승에서 영원을 사는 섬들』을 도서출판 시와 진실에서 간행하다.

2007년 7월 대한민국예술원 회원으로 선출되다. 독역 시집 『하늘의 그물Himmelsnetz』을 최두환 · 레기네 최 공역으로 슈투트가르트의 에디치온 델타Edition Delta 출판사에서 간행하다. 이후 한동안 독일과 프랑스의 접경 지역인 프랑스 알사스 지방(독일어권)에서 신문에 여러 차례 현지 비평가들의 호평(주로 '박희진의 시는 현대 유럽 시인들한테선 기대하기 어려운 삶의 예지와 자연에 대한 심오한 통찰로 가득하다'는 내용들)이 실리고, 여러 방송을 통해 박희진의 작품을 조명하는 프로그램이 전파를 타다. 12월 제2회 도봉 문학상을 받다. 같은 달 제29시집 『이집트 그리스 시편』, 제30시집『포르투갈 모로코 스페인 시편』, 제31시집『중국 터키 시편』을 도서출판 시와 진실에서 간행하다.

2008년 12월 시 선집『미래의 시인에게』를 도서출판 우리글에서 간행하다. 일역 시집『한 방울의 만남一滴の出會い』과『사행시집 7월의 포플라四行詩集 七月のポプラ』를 고노 에이지鴻農映二 번역으로 도쿄문예관東京文藝館에서 간행하여 일본 문예계에 충격을 주다.

2009년 3월 도봉구 쌍문동 우이빌라에서 강북구 우이동 56-34 초원아트빌 401호로 이사하다. 10월 제16회 자랑스러운 보성인상을 받다.

2010년 12월 제32시집『산 · 폭포 · 정자 · 소나무』를 도서출판 뿌리깊은나무에서 간행하다.

2011년 7월『라일락 속의 연인들』 증보판을 도서출판 시와 진실에서 간행하다. 9월 제33시집『까치와 시인』을 도서출판 뿌리깊은나무에서 간행하다. 12월 제27회 펜 문학상을 받다.

2012년 5월 대한민국예술원 제47회 회원 세미나에서 '고운 최치원과 범부 김정설 - 풍류도와 관련하여'를 가지고 주제발표를 하다. 10월 제1회 녹색 문학상을 받다. 12월 제34시집『4행시와 17자시』를 서정시학에서 간행하다. 같은 달 셋째 수필집인『소나무 수필집』을 도서출판 황금마루에서 간행하다.

2013년 7월 시 선집『항아리』를 시인생각에서 간행하다. 12월 시론집『상처와 영광』을 도서출판 뿌리깊은나무에서 간행하다.

2014년 4월 제25시집『꿈꾸는 탐라섬』 개정판을 동서교류에서 간행하다. 5월 제35시집『영통靈通의 기쁨』을 서정시학에서 간행하다. 10월 18일 제주도 김영갑 갤러리 두모악에서 생애 마지막 개인 시낭독회를 열다.

2015년 2월 타고르 시집 『기탄잘리』의 최종 수정판을 서정시학에서 간행하다.

2015년 3월 31일 오후 7시 몇 분 전 서울에서 니르바나에 들다.

시집

제01시집 1960년『실내악』, 사상계사 (1991년 하락도서에서 재간행)

제02시집 1965년『청동시대』, 모음출판사

제03시집 1970년『미소하는 침묵』, 현대문학사

제04시집 1976년『빛과 어둠의 사이』, 조광출판사

제05시집 1979년『서울의 하늘 아래』, 문학예술사

제06시집 1982년『사행시 백삼십사편』, 삼일당

제07시집 1982년『가슴속의 시냇물』, 홍성사

제08시집 1985년『아이오와에서 꿈에』, 오상사

제09시집 1985년『라일락 속의 연인들』, 정음사
(2011년 시와 진실에서 증보판 간행)

제10시집 1985년『시인아 너는 선지자 되라』, 민족문화사

제11시집 1988년『산화가散花歌』, 불일출판사

제12시집 1990년『북한산 진달래』, 산방

제13시집 1991년『사행시 삼백수』, 토방

제14시집 1993년『연꽃 속의 부처님』, 만다라

제15시집 1995년『몰운대의 소나무』, 시와 시학

제16시집 1997년『1행시 7백수』, 예문관

제17시집 1997년『문화재, 아아 우리 문화재!』, 효형출판

제18시집　1999년 『백사백경百寺百景』, 불광출판부

제19시집　1999년 『화랑영가花郎靈歌』, 수문출판사

제20시집　1999년 『동강 12경』, 수문출판사

제21시집　2000년 『하늘 · 땅 · 사람』, 수문출판사

제22시집　2001년 『박희진 세계기행시집』, 시와 진실

제23시집　2002년 『사행시 사백수』, 시와 진실

제24시집　2003년 『1행시 960수와 17자시 730수 · 기타』, 시와 진실

제25시집　2004년 『꿈꾸는 탐라섬』, 시와 진실
(2014년 동서교류에서 개정판 간행)

제26시집　2005년 『소나무 만다라』, 시와 진실

제27시집　2006년 『섬들은 외롭지 않다』, 시와 진실

제28시집　2006년 『이승에서 영원을 사는 섬들』, 시와 진실

제29시집　2007년 『이집트 그리스 시편』, 시와 진실

제30시집　2007년 『포르투갈 모로코 스페인 시편』, 시와 진실

제31시집　2007년 『중국 터키 시편』, 시와 진실

제32시집　2010년 『산 · 폭포 · 정자 · 소나무』, 뿌리깊은나무

제33시집　2011년 『까치와 시인』, 뿌리깊은나무

제34시집　2012년 『4행시와 17자시』, 서정시학

제35시집　2014년 『영통의 기쁨』, 서정시학

제36시집　2015년 『니르바나의 바다』, 서정시학

시 선집

1986년　『꿈꾸는 빛바다』, 고려원

1987년　『바다 만세 바다』, 문학사상사

1991년　『한 방울의 만남』, 미래사

2008년　『미래의 시인에게』, 우리글

2013년　『항아리』, 시인생각

수필집

1990년　『투명한 기쁨』, 산방

1991년　『서울의 로빈슨 크루소』, 책세상

2012년　『소나무 수필집』, 황금마루

시론집

2013년　『상처와 영광』, 뿌리깊은나무

시화집

1991년　『소나무에 관하여』[시 · 박희진/그림 · 이호중], 다스림
(2004년 도서출판 솔숲에서 『내 사랑 소나무』로 재간행)

1997년　『삽시간에 붙잡힌 한라산의 황홀』[시 · 박희진/사진 · 김영갑], 하날오름

시 전집

2004년　『초기시집』, 시와 진실

2005년　『중기시집』, 시와 진실

2005년　『후기시집 Ⅰ』, 시와 진실

2005년　『후기시집 Ⅱ』, 시와 진실

번역 시집

1959년　타고르 시집 『기탄잘리』, 양문문고 (2015년 서정시학에서 3차 수정판 간행 · 시판중)

외국어로 번역 · 출간된 시집

2005년　『Sunrise over the East Sea』(고창수 번역), Homa & Sekey Books, 미국 뉴저지

2007년　『Himmelsnetz』(최두환 · 레기네 최 공역), Edition Delta, 독일 슈투트가르트

2008년　『一滴の出會い』(고노 에이지鴻農映二 번역), 東京文藝館, 일본 도쿄

2008년　『四行詩集 七月のポプラ』(고노 에이지鴻農映二 번역), 東京文藝館, 일본 도쿄

수상

1976년　월탄 문학상

1988년　현대시학 작품상

1991년　한국시협상

1999년　보관 문화훈장

2000년　상화 시인상

2007년　도봉 문학상

2009년　제16회 자랑스러운 보성인상

2011년　펜 문학상

2012년　제1회 녹색 문학상

인간과 우주를 하나로 꿰뚫은 대자유인의 노래

정리/ 박희진시인추모문집 간행위원회

0. **에피소드 두 개** : 2007년 박희진 시인의 독역 시집『하늘의 그물Himmelsnetz』(최두환 · 레기네 최 공역)이 독일 에디치온 델타 출판사에서 나왔을 무렵, 독 · 프 접경 지역인 프랑스 알사스 지방에서는 여러 차례 이 시집을 소개하는 신문평과 방송 프로그램이 있었다. 현지의 한 저명 문예 비평가는 "한국 시인 박희진의 시는 현대 유럽 시인들한테선 기대하기 어려운 삶의 예지와 자연에 대한 심오한 통찰로 가득하다."라고 극찬했다. 다른 사람들의 평도 대개 비슷한 논조였다.(문예 비평가이자 불문학자인 곽광수 서울대 명예교수의 전언)

2008년 박희진 시인의 일역 시집『한 방울의 만남一滴の出會い』과『4행시집 칠월의 포플라四行詩集 七月のポプラ』가 도쿄東京문예관에서 출간되자 일본의 한 원로 시인이 "왜 전후 일본에는 박희진 선생과 같은 대시인이 나오지 않는가?"라며 탄식하는 내용의 서신을 번역자에게 보내 왔다.(번역자인 문예 비평가 고노 에이지鴻農映二 씨의 전언).

1. **묘비명** : 불혹의 나이를 갓 넘길 무렵 박희진 시인은, 시인으로서 그동안 자신이 걸어왔고 또 앞으로 걷게 될 평생 여정의 성격을 규

정하듯, 짧지만 의미심장한 묘비명 하나를 새겼다.

이 몸은 생전에도 보이지 않게
살기를 원했고 그렇게 살았으니
나의 시행과 시행의 사이
해와 달 별들이 보이면 그뿐! –「어느 시인의 묘비명」 전문

예전의 은일거사들처럼 세상에 자신을 드러내지 않되 자기 시에는 온 우주를 담아내겠다는 중년 시인의 야심만만한 배포와 자부심이 읽히는데, 이는 스물다섯 살로 문단에 나오면서 스스로 제시했던 시작 기준, 즉 '낭만의 바탕에다 주지적이란 뜻의 상징적 수법으로 신고전적 격조를 갖출 것'이라던 포에티카 선포와 맞물려 이 시인의 내면에 흐르는 문학 정신을 짐작케 한다. 한마디로 동서고금의 시문학 고전들을 골고루 흡수 · 소화하되 한 편 한 편 우주적 질량과 구조를 지닌 공전절후의 새로운 고전을 탄생시키겠다는 것이다. 그가 여든네 해 생애를 마치고 니르바나에 든 지금 그 평생포부가 얼마나 그리고 어떻게 실현되었는가 촘촘히 따져 본다면 세상 어느 예술가에게서나 그렇듯 아쉬운 면이 없을 리야 없겠지만, 그가 동서양을 통틀어 동시대 여느 시인들이 도달하지 못한 새로운 차원의 질량과 구조를 지닌 격조 높은 시편들을 두루 써 냈다는 것은 부인할 수 없는 사실이다.

그의 평생 화두는 '인간'과 '우주'였다. 젊은 시절 인간사에 집중되었던 그의 시선은 세월이 갈수록 전체 자연으로 확장되었다. 현상적 가치 이면의 인간 본질과 인간 정신의 상승 가능성에 투철해 있던 의식이 점차 자연, 그리고 인간과 자연의 경계가 허물어진 초차원의 경

지로 나아가면서 그는 마침내 시로써 우주적 스케일의 자유영혼을 확보하기에 이르렀다. 그런 의미에서 먼 훗날 그를 위해 묘비를 하나 더 세운다면 이런 명문이 썩 잘 어울릴지도 모른다. — '젊은 박희진은 인간을 노래했다. 연륜 더해진 박희진은 천지자연을, 우주를 노래했다. 인간을 노래하던 그는 상승하는 영혼의 불꽃으로 치열했고, 우주를 노래하던 그는 무념무상했다. 그는 평생 치열한 영혼과 무념무상한 심경을 아우르는 거대한 모순적 진폭의 중심에서 인간과 우주 그리고 신이 하나임을 증언했다.'

2. **화두 하나 - 인간** : 한국전쟁은 인간 박희진이 시인으로 완성돼 가는 과정에 가장 중요한 전환점이 된다. 이 충격적인 동족상잔은 제2차 세계대전 이후 대립 이념의 각축장이 되어 버린 '세계의 하수구', 약소국 한국이 어쩔 수 없이 당해야 했던 역사의 필연 아닌 필연이었다. 초록빛 꿈으로 빛나야 할 스무 살 나이에 불안과 공포, 배고픔과 굴욕, 절망과 죽음의 한계상황에 맞닥뜨린 그는 역사와 세계, 인간의 실존과 본질을 깊이 성찰하면서 정신적으로 몇 단계 비약한다. 그의 첫 시집『실내악』(1960)은 바로 그 정신적 성숙의 결과를 담고 있는데, 여기서는 전쟁이라는 한계상황을 희유의 비범한 의지로 초극하려 노력한 끝에 도달한 드높은 정신세계가 펼쳐진다. 젊은 시인은 무수히 만나는 삶과 죽음의 갈림길에서 표피적 · 현상적 · 순간적 가치에 매몰되길 강요당하는, 그리고 거의 모든 사람들이 그 강요에 굴복하고 마는 암흑시대를 헤쳐 가면서도 시대 · 현실에 단선적으로 즉각 반응하기보다는 인간과 세계의 본질에 좀 더 가까이 가고자 하는 굳건한 내면 지향성을 견지하였다. 본질보다 실존이 앞선다는 한계

상황 속에서 고집스럽게 실존보다는 본질에 집착한 셈이다. 동시대를 살았던 동서양의 무수한 지성인들 가운데서 그와 같은 '철학적 반골'을 찾기란 그리 쉬운 일이 아니다. 20대 시인 박희진은 세상 사람들이 대부분 들떠 있던 어지러운 시대의 심부에서 고독하게 삶의 고요한 중심과 '세계내면공간Weltinnenraum'을 탐색하였다.

30대에 이르면 『실내악』에서 보이던 영혼의 철저한 본질 탐색 및 내면 지향 성향이 폭발적 자기확산 쪽으로 바뀐다. 폭넓은 주제와 엄청난 지적 파괴력으로 당대 한국 시단을 크게 흔들어 놓았던 둘째 시집 『청동시대』(1965)는 박탈당했던 청춘을 보상받기 위한 대리만족적 외침이랄까 억눌렸던 욕구의 분출이랄까, 사랑 · 예술 · 고전 · 대시인을 향한 찬미, 관념과 미학 세계에 대한 탐구, 시대 · 사회를 향한 비판, 새로운 역사에 대한 예언과 비전 제시 등등 갖가지 방식으로 삶의 다양한 실상들을 시형식의 틀 안에 담아내고 있다. 이제 청춘기의 정신적 순결주의 · 결벽주의에서 벗어나 어떠한 현상 세계도 배제하지 않는 대긍정大肯定의 인식 단계로 나아간 시인은 시를 통해 다채롭고 풍요로운 생명력을 있는 그대로 드러내고자 한다. 그리하여 육체와 영혼, 암흑과 광명의 그 엄청난 양극을 아우르고 있는 것이 바로 인간 생명의 실상임을 증언한다.

30대 중반 고개를 넘어설 무렵 그는 소란하고 공허한 시대, 물질주의와 동물성으로 가득 찬 정신 부재의 시대를 살아가는 현대인에게 가장 결핍되어 있는 것, 즉 가장 필요한 것은 영성靈性이라는 깨달음을 얻는다. 『청동시대』의 청춘 방일에서 다시 자신을 한곳으로 수렴시킬 필요성을 새롭게 인식한 그는 이제 성자 이미지를 모색하는 데 시적 에너지를 집중한다. 영성 자각에 투철한 정신의 수호자들로 이해되는 성자들이야말로 그에게는 최고의 찬미 대상이 아닐 수 없었다. 그는 극소수에 불과하나 '미소하며 침묵하는' 그들이 있어 이 험악한 세상이 궤멸을 면한다고 믿으며, 가장 참되고 아름다운 인간상인 동시에 공허한 시대의 아쉬움을 채워 주는 존재로서 고금의 성자 · 각자들을 탐구한다. 셋째 시집 『미소하는 침묵』(1970)은 그러한 영성 탐구의 결과물을 담고 있다. 이는 인간에 대한 시인의 지극하고도 정성스러운 관심의 표명이자 참인간을 향한 갈망의 표현이었다.

결과를 보고 뒤에 내린 판단이긴 하지만, 박희진 시인은 첫 시집 『실내악』 시절에는 제2시집 『청동시대』의 정신세계를 예견케 했고, 『청동시대』 시절에는 제3시집 『미소하는 침묵』을 예견케 했다 할 수 있다. 세 시집이 수렴하는 정신과 확산하는 정신이 갈마드는 삶 본래의 리듬을 타고 있었기 때문이다. 그런데 이 질서가 『미소하는 침묵』과 제4시집 『빛과 어둠의 사이』(1976)의 관계에서 깨지게 된다. 『빛과 어둠의 사이』에서는 수렴과 확산의 차원을 넘어 인간 삶의 온갖 극단들이 커다란 시 정신의 용광로 안에서 하나로 녹아들기에 이른다. 『청동시대』에서 외부 세계를 향해 뻗어 나가던 시선이 『미소하는 침묵』을 지나 이 시기에 이르러서는 마침내 투철한 내면 응시로 귀결하면서, 생명의 찬미자요 미의 사제로서, 그리고 영성의 순례자로서 반평생을 살아 온 시인의 정신사가 정리된다. 특히 이 시집의 표제시이기도 한 장시 「빛과 어둠의 사이」에서는 온갖 삶의 상극 요소들이 궁극에는 하나라는 '모순적 · 역설적 일체성'의 진리가 한 편의 드라마처럼 생동감 있게 제시된다. 그 깨달음의 정점에서 시인은 이렇게 읊는다.

눈물이여, 눈물이여, 은총의 이슬이여

법열의 구슬이여, 신비의 극치여

너야말로 육체와
영혼의 합일을 증명하는 명백한 존재

너는 지금 이 두 눈에 솟건만
넘쳐서 흐르건만

어떻게 너를 찬미하랴
너를 기릴 언어는 이미 없는 것을

너는 말하여질 수 있는 모든 언어가
말해진 다음에야 샘솟는 언어

그 언어에는 소리가 없음이여
어떠한 고요도 따르지 못할 만큼

투명한 양심의 불길이 있음이여
마음에서 마음으로 직통인 불길이

무쇠도 녹는 너의 부드러움엔
모든 게 하나로 용해될 따름

너로 해서 천국과 지옥도 결혼하고

삼세의 업장이 일시에 소멸한다

눈물이여, 눈물이여, 은총의 이슬이여
법열의 구슬이여, 신비의 극치여 – 「빛과 어둠의 사이」 마지막 장

마흔여섯에 『빛과 어둠의 사이』를 내기까지 박희진 시인은 어쩌면 인류 문화사를 통해 세기별로 한 문화권에서 가장 높이 평가될 만한 시인들이 평생에 걸쳐서야 성취할 수 있었던 것 대부분을 이미 이룩해 놓았는지도 모른다. 그 빛나는 성취의 흔적인 전반기 시집 4권을 통해 우리는, 인간을 바라보며 삶을 외경하며 '완성'을 향해 치열한 행보를 재촉해 온 시인의 남다른 영혼의 구조를 읽어 낼 수 있다. 그는 끊임없이 인간 존재와 삶의 본질을 통찰하면서 자신의 내부에서 영감과 의지로 뜨겁게 달군 영혼의 핵들을 빛나는 언어로 토해 냈던 것이다.

인간을 향한 박희진 시인의 관심은 이후 그 특유의 상상하는 자유정신과 결합하여 한 차원 더 큰 규모로 풍요롭게 확장되는 양상을 띤다. 『서울의 하늘 아래』(1979), 『가슴속의 시냇물』(1982), 『아이오와에서 꿈에』(1985), 『라일락 속의 연인들』(1985), 『시인아 너는 선지자 되라』(1985) 등 40대 말에서 50대 중반까지 그가 펴낸 시집들 대부분이 남녀 간의 사랑, 인정, 절망과 희망, 예술, 사회, 역사, 세계성 등등 인간 문제를 두루 다룬 시집들로 꼽힌다.

사족 한마디만 덧붙인다. – 박희진 시의 '인간'을 이야기할 때 흔히 놓치는 게 있다. 세상에 잘 알려지지 않았을 뿐이지, 광복 이후 오늘날까지 격동의 한국 현대사를 헤쳐 오는 동안 그는 늘 시대 · 현실과

‘함께’ 있었다. 자유당 독재 시절 이후, 좀 좁혀 잡으면 5·16군사반란 이후 ’80년대 후반에 이르기까지 민주주의가 말살되는 어둠의 역사를 거치면서 정치적 저항성이 두드러진 시들이 크게 부각되던 이 땅의 문화 풍토에서 세상 사람들은 각자 자기 깜냥으로 이해한 부분을 그의 전체로 오해하여 뚜렷한 일관성으로 대사회적 메시지를 꾸준히 던져 온 그의 또 다른 면모를 놓치고 말았지만, ‘순수시인’쯤으로만 알려져 있던 시인 박희진의 본질 한구석에는 시대와 역사를 향한 증언자 · 비판자 · 예언자의 의지와 에너지가 자리 잡고 있었다. 다만 넓은 바다에서는 커다란 소용돌이도 두드러지지 않듯이 그가 구축한 예술세계의 거대한 규모 때문에 그것이 겉으로 잘 드러나지 않았을 뿐이다. (물론, 남 앞에 나서서 목소리를 높이거나, 핏대를 세우고 누구와 다투거나, 여럿이 우르르 몰려다니거나 하는 것을 생리적으로 불편해 했던 그의 기질이 많은 것을 설명하고 있기는 하다. 또, 세상살이에 이것저것 살피며 조심하는 데 익숙한 일반인들의 방식과는 상당히 달랐던 그의 소통 방식을 거북스러워하며 애초부터 그에 대한 이해를 거부하려 드는 이들도 꽤 있었던 듯하다.) 제10시집 『시인아 너는 선지자 되라』를 보라. 그러면 그의 또 다른 일면을 알게 되리라.

한마디로 ‘자유 수호 의지’와 ‘인간 옹호 정신’과 ‘긍정적 미래에 대한 신념’이라는 일관성으로 꿰뚫리는 그의 시대관 · 역사관은 현실을 평가하고 사회의 올바른 방향성을 파악하는 일관된 판단 준거였다. — “시인아, 너는 선지자 되라!” 이것은 어느 이름난 ‘저항 시인’의 외침이 아니다. 그저 사람을 사랑했던 ‘시인’의 목소리다. 그는 언제나 ‘시인’으로서 ‘거기’에 있었다. 왕성한 생명력이 발동하는 대로 정직하고 치열하게 정신의 자유를 추구해 온 그는 사랑이 필요할 때엔 사랑을 읊고, 장미가 감각에 꽂히면 장미를 읊고, 형이상이 다가오면 형이상을, 형이하가 절박하면 형이하를 읊고, 시대 · 역사 문제가 영혼의 삼투막을 자극하면 그것을 시로 읊었다. 그는 언제나 자신의 자유의지와 시인적 기질에 따라 어떤 강요에도 흔들림 없이 '자기 노래'를 불렀다.

3. **화두 둘 - 우주** : 3년 전 창작자의 더 큰 자유를 찾아 직장을 그만두었던 박희진 시인은 1986년 열여섯 해의 안암동 시대를 마감하고 백운대, 만경대, 인수봉이 마주 보이는 풍광 수려한 우이동(행정구역상으로는 쌍문동) 언덕으로 거처를 옮기면서 시작 생애의 후기를 시작한다. 안암동 시대까지의 주요 화두가 '인간의 삶'이었다면 우이동 시대에는 그것이 '자연'으로 그리고 인간과 자연의 조화를 의미하는 '풍류도'로 확장된다. 물론 '자연'과 '풍류도'가 어느 날 갑자기 등장한 사상은 아니고 이미 오래전부터 그 틀이 형성돼 오고 있던 것이기는 하나 그는 이 무렵에 이르러 넓디넓은 그 세계에 각별히 정신을 집중하기 시작하여 시의 외연을 증폭시키고 내포를 다층화한다.

『북한산 진달래』(1990)와 『몰운대의 소나무』(1995), 그리고 이어 나온 『백사백경』(1999), 『화랑영가』(1999), 『동강 십이경』(1999), 『하늘 · 땅 · 사람』(2000)은 모두 '자연 · 풍류도' 사상을 배경으로 하는 시집들로서 한마디로 우이동 시대 전기(20세기에 해당함)의 '자연 · 풍류도 6부작'이라 할 만하다. 이후 21세기에 나온 시집들도 크게 다르지 않아, 말년에 나온 『산 · 폭포 · 정자 · 소나무』(2010), 『까치와 시인』(2011), 『4행시와 17자시』(2012), 『영통의 기쁨』(2014)과 유고 시집 『니르바나의 바다』(2015)에 이르기까지 동일한 사상을 더욱 심화시켜 구현하고 있으며, 일행시집 · 사행시집 · 세계기행시집들 중의 많은 작품들이 같은 사상의 동심원 상에 있다.

우이동 시대에 쏟아진 박희진 시인의 작품들은 인간과 자연의 일치 의식儀式 속에서 인간 · 자연 그리고 시공을 초월한 세계를 향해 무한히 확장되는 의식意識이 자연스럽게 도달한 영적 산물이다. 이는 박희진이라는 현대 시인의 20세기 · 21세기 노래임에 틀림없으나 그 안에서는 태곳적 신화와 전설이 꿈틀댄다.

> 오늘은 아주 길하디길한 날,
> 구름 한 점 없는 날,
> 청정한 날이로세.
> 동쪽의 해와 서쪽의 달이
> 마주 바라보며 웃는 날이로세.
> 파란 하늘 아래
> 산은 홍록의 자태를 드러내고,
> 계곡 물엔 티 하나 근접을 못하는 날.
> 사람들이 저마다
> 거울 속처럼 환히 드러나는
> 영혼을 서로 비춰보는 날이로세.
> 아아, 더없이 아름다운 날이로세.
> 찬미할진저, 찬미할진저.
> 천지만물이 시간 속에 있으면서
> 그냥 그대로,
> 영원의 모습으로 빛나고 있음이여!

해도 오너라, 달도 오너라.
사슴도 거북도 학도 오너라.
대나무도 소나무도 바위도 오너라.
우리 모두 손잡고 춤추며 노래하세.
이 좋은 날,
더없이 아름답고 더없이 화락한,
빛 뿜는 날을. —「추일영가(秋日靈歌)」 전문

하늘이 몹시 맑은 어느 가을날, 곧 길하디길한 어느 날 시인은 자연의 신령한 기운을 온몸으로 빨아들이며 생명의 충족감을 이렇게 노래하였다. 박희진 시인의 시 세계에서 어느 하루가 '길하디길한 날'이 되는 조건은 지극히 단순하고 소박하다. 구름 한 점 없이 하늘이 청정하기만 하면 된다. 그런 날이라면 해와 달이 마주 보며 웃게 되고, 사람들은 저마다 거울 속처럼 환히 드러나는 영혼을 서로 비춰볼 수 있게 된다. 자신의 영혼을 성찰하는 눈에는 일말의 분심잡념도 없고, 자신의 영혼을 남에게 드러내는 마음에는 추호의 협잡도 없다. 오직 맑고 시원한 자연의 에너지가 흘러가는 대로, 즉 '풍류風流'하는 대로 자신을 내맡기면 그만이다. 그러면 '나'와 '너'와 '그'와 '천지'의 경계가 허물어지고 모두 하나가 되는 새로운 경지가 열린다. 거기서는 천지만유가 시간 속에 있으면서 그냥 그대로 영원의 모습으로 빛난다. 삼라만상이 불멸의 존재성을 획득하게 되는 것이니, 제행무상諸行無常이라는 존재의 제약성이 간단히 극복된다. 이제 자연은 길고 인생은 짧달 것도, 인생과 세상사가 덧없달 것도 없이 '나'와 '너'와 '그'와 '자연'이 완전한 자기충족 속에서 한데 어우러져 찬란한 빛을 뿜게 된다.

문명 발달과 함께 자연의 신비 또는 영혼과 교감하는 인간의 영성 능력은 적잖이 퇴화한 듯하다. 인간의 형이상학이 이성 · 감성의 영역 안에서만 맴돎으로써 그 영역 밖의 광대무변한 세계가 품고 있을 초이성적 · 초감성적 진실에 무지하고 둔감한 상태에 빠져 버린 게 우리의 현주소다. 무지나 둔감 정도를 넘어 고도의 지적 근거를 들이대며 영성 · 신성의 세계를 전적으로 부정하는 논리도 만만치 않다. 하지만 시인 박희진은 영성 부정의 논리를 거부한다. 그는 이 시대에 나타나는 인간 영성의 퇴화 현상을 아쉬워하면서도 이를 영속적인 것으로는 보지 않는다. 그는 오히려 인간 영성의 진화를 믿는 편이다. 우리가 끊임없이 천지자연과 교감하는 능력을 키워 갈 때 높은 차원의 영성적 자각이 가능해지리라는 생각이다. 그의 의식 체계 안에서는 인간과 자연, 현실과 초현실, 생명과 무생명, 물성과 신성, 존재와 무, 순간과 영원이 하나로 녹아들어 춤춘다.

지상의 소나무는 하늘로 뻗어 가고
하늘의 소나무는 지상으로 뻗어 와서
서로 얼싸안고 하나를 이루는 곳
그윽한 향기 인다 신묘한 소리 난다

지상의 물은 하늘로 흘러가고
하늘의 물은 지상으로 흘러와서
서로 얼싸안고 하나를 이루는 곳
무지개 선다 영생의 무지개가

지상의 바람은 하늘로 불어 가고
하늘의 바람은 지상으로 불어 와서
서로 얼싸안고 하나를 이루는 곳
해가 씻기운다 이글이글 타오른다 -「지상의 소나무는」 전문

영성을 상실한 사람들은 하늘의 것은 하늘의 것, 땅의 것은 땅의 것, 사람의 것은 사람의 것으로만 받아들인다. 때로는, 땅에 붙어서 사는 게 인간의 물리적 한계인 까닭에 하늘로 상징되는 피안의 세계와 땅으로 상징되는 현실 세계를 나누어 피안의 세계를 인간과 땅으로 이루어진 지상의 세계와 대립하는 곳으로 여기기도 한다. 박희진 시인은 이러한 생각에 정면으로 맞서며 지상(인간, 그리고 인간 삶의 터전인 땅)과 천상(지상 밖의 우주 전체)이 하나를 이루는 경지를 모색하고 찬양한다. 이 경지는 그의 이념이 만들어 낸 허구가 아니라 분별심을 여읜 사람이면 누구나 만날 수 있는 우주의 축제요, 실제 상황인 것이다.

청명한 날의 소나무는 하늘의 악기
하늘의 기운, 바람이 타는 악기
그것도 가장 좋은 하늘의 기운
은하수에서 불어오는 바람이
즐겨 타는 악기. -「몰운대의 소나무」 중에서

우주에는 큰 소리가 있다. 그것은 일월성신을 운행케 하는 거대한 에너지이자 거대한 파동이다. 인간의 귀에는 들리지 않는 정적일 뿐

이나 모든 소리의 원형, 곧 우주율宇宙律, 곧 시원의 소리다. 솔잎 · 댓잎에 스치는 바람 소리, 폭포수 소리, 파도 소리, 시냇물 소리, 가랑잎 소리, 새소리, 풀벌레 소리, 기러기 날아가는 소리, 된장찌개 끓는 소리, 아기가 엄마 젖을 빠는 소리, 거문고 소리, 피아노 소리, 병아리 삐악삐악 소리… 심지어는 공장에서 기계 돌아가는 소리까지 우리가 듣는 온갖 소리들이 이 우주율의 변주다. 이 무수한 소리들은 모두 고요로 통하고 우주의 근원으로 통한다, 시원의 소리를 가늠케 한다. 하지만 똑같은 소리가 듣는 귀에 따라 우주의 율동이 되기도 하고, 생명의 소리가 되기도 하고, 무의미한 음향이 되기도 하고, 소음이 되기도 한다. 박희진 시인은 도처에서 남이 듣지 못하는 우주율, 시원의 소리를 짚어 낸다.

현상 세계를 살면서 육신의 귀에 들리지 않는 소리, 시원의 소리를 들을 줄 아는 이의 영혼은 아름다우리라. 그런 의미에서 소나무를 보며 '은하수에서 불어오는 바람이 즐겨 타는 악기'의 멜로디를 듣는 시인 역시 아름다운 영혼의 소유자임에 틀림없다. 이쯤에서 우리는 박희진 시인이 시를 통해 그려 낸 인간의 이상형, 곧 천지인일기天地人一氣의 묘리를 체득한 인간의 모습이 바로 그의 자화상은 아닐까 짐작하게 된다.

4. 마지막 : 동서고금의 위대한 예술가들이 흔히 그러했듯이, 박희진이란 한국 현대문학사의 거목은 사회적 고독을 꽤나 '치열하게 누리며' 살아왔다. 그의 진면목을 통찰한 혜안의 소유자도 상당수 있기는 하지만, 한국 문단은 대체로 이 예술가를 제대로 보지 못하였다. 세상의 수많은 시를 순수시와 참여시로 나누는 저차원의 이분 논리에

따라 그를 '순수시인'쯤의 단순 개념으로 환원시켜 이해하려는 분위기가 있었는가 하면, 그의 시가 보여 온 거대한 사상적 진폭의 본질을 가늠하지 못한 채 시 정신의 일관성 내지 정체성을 의심하는 분위기도 만만치 않았다.

하지만 그의 시 세계를 사심 없는 눈으로 찬찬히 들여다보면, 그가 삼라만상의 다양한 실상들을 마음껏 노래하되 일체의 현상과 작용을 대긍정의 눈으로 바라보면서 그 안을 관통하여 흐르는 '다즉일多卽一 일즉다一卽多', '원융무애圓融無碍'의 묘체를 추구하는 데 평생 일관하여 왔음을 알 수 있다. 또 한편으로는 천지자연과 초차원의 신명 세계를 향해 마음을 열고 인간의 영성 진화 가능성을 찾아 수도자처럼 정진해 온 향기로운 사람을 만날 수 있다. 어떠한 사상과 이념의 구속도 거부하고 파격적 자유의 진폭을 거리낌 없이 허락해 온 한 언어 예술가의 진정한 정체성 · 일관성 · 한결같음이란 모름지기 그런 게 아닐까.

분별심을 까마득히 여의고 있는 이 시인의 자유영혼은 감동의 소지가 있는 것이면 무엇이든 소재로 삼아 황홀한 신화적 메타포로 살려낸다. 태초에 창조주가 그랬을까, 이 세상 만유에 새로운 기운을 불어넣어 생명의 우주적 변주곡을 연주해 내는 것이다. 하여 그의 작품을 읽을 때에는 시인의 자유로운 음성을 '있는 그대로' 받아들이고 그 울림에 '그냥 그대로' 반응하려는 순수한 마음가짐이 필요하다. 시어 하나하나에서 사소한 비유나 상징을 찾으려 골몰하기보다는 시 한 편 한 편 또는 시집 한 권 한 권을 하나의 거대한 비유 또는 상징으로 받아들일 때 그 안에서 살아 숨 쉬는 신화를 놓치지 않게 되고 영육의 경계, 시간과 공간의 경계, 현상과 본질의 경계에서 파동 쳐 오는 신비로운 곡조를 듣게 된다.

박희진 시인의 자유영혼 안에서는 인간과 우주의 온갖 현상들을 '한 방울의 만남'으로 잇는 인드라의 구슬이 빛난다. 이러한 영혼의 기반 위에서 그는 무한히 상상의 나래를 펼치며 형식의 자유, 소재의 자유, 표현의 자유, 이념의 자유를 한껏 향유하였다. 이는 세상 어느 시인도 부려 보지 못한 상상력이요, 어느 시인도 누려 보지 못한 자유다. — 치열한 영혼과 무념무상한 심경을 아우르는 거대한 모순적 진폭의 중심에서 상상의 극한을 달려온 대자유인! 그의 시를 읽을 때 우리는 광막한 우주로 통하는 새로운 생명의 에너지로 충전된다.

* 이 글은 박희진 시론집 『상처와 영광』(뿌리깊은나무, 2013)에 수정본으로 수록된 조환수의 비평 「현대의 고전을 빛어내는 영혼의 울림」(505쪽), 「시대와 함께한 대자유인의 거대한 진폭」(545쪽), 「우이동 시대의 두 화두, '자연' 그리고 '풍류도'」(580쪽), 「천 · 지 · 인 삼재가 어우러진 생명의 우주적 변주」(596쪽) 및 같은 필자가 쓴 그 밖의 몇몇 시인론을 저본으로 삼아 간략하게 재정리한 것임. [편집자]

필자 이름 색인 (가나다 순서)

* 이름 오른쪽 숫자는 필자의 글이 시작되는 쪽수임.